财务会计 修订版

CaiwuKuaiji

普通高等学校会计系列教材

主　编⊙吕静宜

副主编⊙崔桂林　陈良机　文佑云

暨南大学出版社
JINAN UNIVERSITY PRESS
中国·广州

图书在版编目（CIP）数据

财务会计/吕静宜主编；崔桂林，陈良机，文佑云副主编．—修订版．—广州：暨南大学出版社，2010.1（2012.1 重印）
（普通高等学校会计系列教材）
ISBN 978－7－81135－138－5

Ⅰ. 财…　Ⅱ. ①吕…②崔…③陈…④文…　Ⅲ. 财务会计—高等学校—教材　Ⅳ. F234.4

中国版本图书馆 CIP 数据核字（2008）第 181820 号

出版发行：暨南大学出版社

地　址：中国广州暨南大学
电　话：总编室（8620）85221601
营销部（8620）85225284　85228291　85228292（邮购）
传　真：（8620）85221583（办公室）　85223774（营销部）
邮　编：510630
网　址：http：//www.jnupress.com　http：//press.jnu.edu.cn

排　版：暨南大学出版社照排中心
印　刷：江门市新教彩印有限公司

开　本：787mm×1092mm　1/16
印　张：18.5
字　数：482 千
版　次：2009 年 1 月第 1 版　2010 年 1 月修订版
印　次：2012 年 1 月第 3 次

定　价：29.80 元

前　言

自2007年1月1日起，我国《企业会计准则》正式实施。这是我国实现企业会计同国际接轨、有效提高会计信息质量、进一步提高会计整体水平迈出的重要一步。同时这也意味着我国企业会计从此进入以会计准则为主导的发展阶段。

会计理论的巨大变革和会计实践的深刻变化，必然冲击传统的会计教学。高等院校的会计教学如何应对这一变化，在教学中尽快、全面地将《企业会计准则》的内容移植到会计专业的课程中，成为新时期、新条件下高校会计教学的重要课题。

在此背景下，笔者以《企业会计准则》为导向编写了《财务会计》一书。本书阐述了财务会计的基本理论和方法，具有较强的理论性、实践性和通用性。

与其他同类教材相比，本书有如下特点：

（1）内容新颖。教材以新《企业会计准则》为导向，对更新后的会计准则作了具体、详细的讲解，并配以大量的例题进行分析，体现教材的先进性和科学性。

（2）形式生动。教材每章以“引导案例”开篇，通过典型、生动的案例引导学生思考，有利于激发学生的学习兴趣。

（3）突出素质培养。教材全面阐述本学科的基本理论、基本方法和基本技能，力求培养学生的会计素养。

（4）强化考试能力。教材渗透了全国会计专业技术资格考试大纲精神，力求给学生奠定相关职称和资格考试的应考基础。

本书由多位作者共同努力完成，吕静宜任主编，崔桂林、陈良机、文佑云任副主编，其中，第一章由崔桂林编写，第二、三章由陈良机、张战胜编写，第七章由文佑云编写，吕静宜负责上述章节以外的编写工作及本书的统稿工作。

在编写过程中，我们参考了国内其他权威财务会计教材、相关科研论文成果，并吸收借鉴了一线教师丰富的教学实践经验，在此一并表示感谢。

本教材是财务会计最新教学改革成果，可作为高等院校及高职学校会计专业教材、新会计准则的培训教材，以及企业会计从业人员岗位培训教材。

由于编者水平有限，本书在编写上难免有偏颇和不足之处，恳请广大读者批评指正。

编　者

2008年9月

目 录

第一章 总 论

引导案例

曾被誉为“中国农业第一股”的蓝田股份公司（以下简称“蓝田股份”）自1996年上市以后，总资产规模从上市前的2.66亿元发展到2000年年末的28.38亿元，增长了10倍；历年年报的业绩都在每股0.6元以上，最高达到1.15元。虽然蓝田股份一直以来都受到市场有关人士的怀疑和中国证券监督管理委员会的调查，但蓝田股份财务造假的直接证据始终未能查到。2001年10月，中央财经大学研究员刘姝威运用国际通用的分析方法，主要分析了从蓝田股份的招股说明书到2001年中期财务报告的全部财务报告和其他公开信息。根据推理得出：蓝田股份的偿债能力越来越恶化，扣除各项成本和费用后，公司没有净收入来源；公司不能创造足够的现金流量以维持正常经营活动和保证按时偿还银行贷款的本金和利息。因此，刘姝威写了一篇600多字的研究推理短文《应立即停止对蓝田股份公司发放贷款》，发给《金融内参》。文中指出，蓝田股份过去几年的高增长其实是依靠银行的贷款维持运转，银行应该立即停止对蓝田公司发放贷款。此后，蓝田股份的资金链开始断裂。2002年1月，因涉嫌提供虚假财务信息，蓝田股份10名高层管理人员被拘传接受调查。2002年3月，公司实行特别处理。2002年5月，公司终因连续3年亏损，暂停上市。

——摘自：http：//news. hexun. com

思考： 1. 中央财经大学研究员刘姝威通过什么方式揭露蓝田股份公司？

2. 财务报告与财务会计有什么关系？

财务会计作为现代会计的一个重要分支，主要承担着向与企业有利害关系的信息使用者提供对决策有用的信息的重任。与管理会计相比，财务会计有其自身的特征和规律，在会计实务中形成了自身的理论与方法。

第一节 财务会计概述

一、财务会计的本质与特征

会计是一个以提供财务信息为主的经济信息系统，是研究如何对企业资金的筹集、使用、耗费和回收、分配等进行连续、系统、全面、综合地核算和监督，为有关方面提供可靠、有用的财务信息的科学。以财务状况、经营成果和现金流量为主的企业会计信息，是企业决策的依据，有助于加强财务、成本、资金、人才等方面的管理工作，以及加强企业防范和化解经营风险、信用风险等。

由于现代企业制度下的两权分离，使会计信息使用者分化为外部与内部两部分，为尊重这一客观事实并适应两类不同的信息使用者的需要，现代企业会计便逐步形成了两个重要的分支。其一为财务会计，又称对外报告会计，它以会计准则为依据，以货币为主要计量单位，对特定会计主体引起会计要素变动的交易或事项，通过确认、计量、记录和报告，旨在为会计信息使用者提供整个主体的财务状况、经营业绩、现金流量及有助于使用者作出决策等信息的一个价值管理信息系统。其主要为企业的股东、债权人、政府管制机构（如证券监管、财政、审计、工商、税务等部门）、供应商与客户以及社会公众提供服务。其二为管理会计，管理会计是通过财务会计、统计和其他有关资料整理计算、对比、分析产生的一系列信息。它主要是为了适应企业内部计划和控制的需要，以企业内部各级管理人员为主要服务对象，为企业管理当局提供管理决策所需的会计信息，其运用的方法具有较大的灵活性，依赖于企业的具体环境与具体需要。

财务会计与管理会计作为现代企业会计的两个分支，它们之间存在以下两方面的区别：

一是财务会计与管理会计的目标差异。财务会计的使用者，既包括企业外部的投资者和债权人，也包括企业内部的经营管理人员，以不直接参与企业的日常经营，关心企业的财务状况、经营业绩和现金流动情况，并据以作为各类决策的投资者和债权人主要的信息提供对象。其通过财务会计提供的会计信息，了解企业的盈利能力、财务状况，判断企业的发展前景，从而作出自己的决策。财务会计采取在公认会计原则或企业会计准则的约束下，在考虑所有信息使用者共同的信息需求的基础上，提供一套通用的财务报表来满足不同会计信息使用者的需求。然后由不同的信息使用者根据各自信息需求的范围、复杂程度和侧重点，对通用财务报告进行分析，得出更为有用的信息。当然，企业内部管理层也是财务会计信息的使用者，只不过他们不是主要的信息使用者而已。管理会计信息的主要使用者是企业内部各个层次的管理人员。管理当局需要的会计信息主要是能够有助于他们进行经营决策、长期投资决策和全面预算管理的信息。面向未来和科学的预测是管理会计信息的特征。

二是财务会计与管理会计在系统结构上存在差异。财务会计最终对外提供的财务报告，必须通过一系列较为严格的程序来完成。它主要由确认、计量、记录、报告和表外信息披露等程序或环节构成。其处理程序和最终编制的财务报告都必须符合公认会计原则、企业会计准则或相应的规范。相对而言，管理会计信息的加工往往没有一个特定的、一致性的系统结构或模式。管理会计主要有预测、计划、计算、评估、比较、选择等程序，但每一程序所应用的方法是相对灵活的，它没有财务会计那样的公认会计原则的制约。管理会计提供的信息主要是面向未来的，因此，预测科学、决策理论、行为科学、现代数学等均可在管理当中加以应用，这使得管理会计的方法有别于财务会计，体现出灵活性、数量化和模型化的特点。

财务会计与管理会计两者相互依存、辩证统一，是在会计工作的实践中逐步完善和发展起来的，共同服务于市场经济条件下的现代企业。

通过以上分析，财务会计相对管理会计而言，具有以下特点：

（1）财务会计主要是为企业外部有关方面提供会计信息。

财务会计提供的信息虽然可供企业外部和内部使用，但主要是为企业外部的会计信息使用者，如投资人、债权人、政府部门（包括国家计划统计部门、财政部门、审计部门、税务部门、工商行政管理部门、证券监管部门等）、职工和其他外部会计信息使用者进行投资决策、信贷决策、征税决策、证券上市许可和证券交易管理决策以及其他经济决策提供依据。这些会计信息主要是某一特定日期的企业财务状况与某一会计期间的经营成果，是通用的会计信息，各会计信息使用者可按照各自的不同目的进行取舍与分析。

（2）财务会计主要是提供有关企业过去和现在的经济活动情况及其结果的会计信息。

财务会计从数据处理开始，这些数据来自企业每日每时已发生的、过去交易和事项中能够货币量化的业务，这些记录是对企业经营活动的历史记载。信息来自数据，数据又是历史的，那么加工后的信息，也必然是历史的。因此，财务会计所提供的信息不但主要是财务的，而且也主要是历史的。

（3）财务会计必须按统一的会计规范提供会计信息。

为保护会计信息使用者的利益免受侵害，保证会计信息的客观、明晰、可比等，财务会计信息的生产和提供以会计法律、企业会计准则和会计制度为基本依据，受其约束。

（4）财务会计有定型的会计处理程序与方法。

财务会计从工作程序和方法来看，有一套比较科学的、统一的、定型的会计处理程序和方法，如填制会计凭证、登记账簿、编制会计报表等。

二、财务会计的目标

任何学科的研究工作，都必须首先明确学科的研究范围和目标。会计理论体系以会计目标为起点。会计目标是会计理论体系的基础，整个会计理论体系和会计实务都建立在会计目标的基础之上。会计目标主要明确为什么要提供会计信息、向谁提供会计信息、提供哪些会计信息等问题。只有会计目标明确了，才能进一步明确会计应当搜集哪些会计数据，以及如何加工、采用何种方法加工和处理这些会计数据，从而为会计信息的使用者提供有用的信息。财务会计作为一个以提供财务信息为主的经济信息系统，与其他任何人造的系统一样，都必须有一个目标，作为系统运行的基本导向和最终归宿。

财务会计的目标是向财务报告使用者提供财务状况、经营成果和现金流量等会计信息，反映企业管理者受托责任履行情况，有助于财务报告使用者作出经济决策。现阶段我国财务会计的目标主要有以下两个方面：

（1）财务会计应当向一系列会计信息使用者提供对决策有用的会计信息。

一系列会计信息使用者是指现在的和潜在的投资人、债权人、职工、供应者、销售客户、政府有关部门和公众。其中，一般认为投资人和债权人是主要的信息使用者，而这类使用者的决策对于资源的分配具有重大影响。所以财务会计的最主要目标就是帮助投资者和债权人作出合理的投资和信贷决策。当然，符合投资者和债权人需要的信息，一般对于其他使用者也是有帮助的。因此，财务会计应把服务于投资者和债权人作为其主要目标。

（2）财务会计应当反映企业管理层受托责任履行情况，以考察与评价企业管理当局资源的责任和绩效。

在现代公司制下，企业所有权与经营权相分离，企业的经济资源均为投资者及债权人所提供，委托企业经营者保管和经营，投资者和经营者之间存在着一种委托代理关系。投资者和债权人要随时了解和掌握企业经营者管理和运用其资源的情况，以便考评经营者的经营绩效，适时改变投资方向或更换经营者。这就要求企业财务报告提供这方面的信息，说明企业怎样管理和使用资源，向所有者报告其经营情况，以便明确其经营责任。因此财务报告应当反映企业管理层受托责任的履行情况，以助于评价企业的经营管理责任和资源的有效性。

第二节 会计基本假设

会计基本假设，是对会计信息系统运行所依存的客观环境中与会计相关的因素进行的抽象与概括，是企业进行会计确认、计量和报告的前提。

由于财务会计所处的社会经济环境极为复杂，其所反映的经济活动也具有一定的不确定性。面对变化不定的经济环境，为了使财务会计能够连续、系统、综合地反映企业的生产经营活动，提供信息使用者所需要的有用信息，必须对会计实务中那些尚未确知或无法正面论证的先决条件及其环境，根据客观的或经常的情况作出合理的推断和规定。这些合理的推断和规定就构成了财务会计的基本假设。

会计基本假设的前提，是将客观不确定因素进行人为的限定，以使财务报告边界清晰、内容有用、计算合理。只有规定了这些会计前提，会计核算才得以正常进行。

目前，我国的会计假设包括五项：会计主体、持续经营、会计期间、货币计量和权责发生制。

一、会计主体

会计主体亦称会计实体或会计个体，是指会计为其服务的特定单位或组织。会计主体所指的“特定单位”，可以是企业组织，也可以是机关团体。会计主体的作用在于界定不同会计主体会计核算的范围。从企业来说，它要求会计核算区分自身的经济活动与其他企业单位的经济活动；区分企业的经济活动与企业投资者的经济活动。企业的会计记录和会计报表涉及的只是会计主体范围内的经济活动，而不核算反映企业投资者或所有者的经济活动，也不核算反映其他企业或其他经济主体的经济活动。会计主体规定了会计核算内容的空间范围。

会计主体与法律主体不是同一概念。一般来说，法律主体必然是会计主体，但会计主体并不一定就是法律主体。任何企业，无论是独资、合资还是合伙，都是一个会计主体。在企业规模较大的情况下，为了便于掌握其分支机构的生产经营活动和收支情况，可以将分支机构作为一个会计主体，要求其定期编制会计报表。此外，在控制经营的情况下，母公司及其控制的子公司均为独立的法律主体，各为一会计主体，但在编制合并会计报表时，也可将母公司和子公司这些独立的法律主体组成的企业集团视为一会计主体，将其各自的会计报表予以合并，以反映企业集团整体财务状况和经营成果。也就是说，会计主体，可以是独立法人，也可以是非法人；可以是一个企业，也可以是企业内部的某一单位或企业中的一个特殊的部分；可以是单一企业，也可以是由几个企业组成的企业集团。

二、持续经营

持续经营是指在没有确凿证据证明企业的生命即将终止之前，在会计核算上假设企业将继续经营下去，在可预见的将来不会解散或清算。

在商品经济条件下，每一会计主体都存在经营失败的风险，这与持续经营基本前提并不矛盾。因为，总体上讲破产清算的企业终究是少数，对绝大多数企业来说，持续经营基本前提是合理的；对少数企业来说，如有证据说明一个会计主体已无法履行其承担的义务，其正常的经营活动亦无法持续下去，则持续经营基本前提将不再适用，而只能改用清算基础，进行破产清算的会计处理。

只有将会计主体的存在时间设定为在可预见的未来持续经营下去，才能建立起会计确认和计量的原则和方法，解决常见的资产计价和收益确定的问题。所以，持续经营是会计核算方法背景的限定。

三、会计分期

会计分期是指人为地把会计主体持续不断的生产经营活动划分为一定的会计期间，以分别按每一会计期间进行会计核算，并通过编制会计报表向使用人及时提供会计信息。

会计期间分为年度、半年度、季度和月度。我国《企业会计准则》规定，我国企业的会计期间划分为年度和中期，以公历年度为一个会计年度，短于一个完整的会计年度的报告期间为中期。

会计分期基本前提的主要意义在于使企业定期进行结账、报账，为企业的投资者、债权人、政府有关部门和与企业有利害关系的人提供有价值的财务会计信息。会计分期不仅规定了会计核算的时间界限，而且产生了会计核算本期和非本期的区别，进一步产生了权责发生制和收付实现制这两种记账基础的选择问题，产生了收入与费用配比的原则以及应收、应付、折旧、摊销等会计处理。

四、货币计量

货币计量是指会计主体应对所有的会计对象采用同一种货币作为统一尺度进行计量，并把企业经营活动和财务状况的数据资料转化为按同一货币单位反映的会计信息。

具体来说，货币计量基本前提包括两层含义。首先，货币单位是会计计量的基本单位，其他计量单位作为辅助计量单位。财产物资可采用不同的计量单位，但在会计核算中，只有采用货币单位才更能体现会计目的，即表达财务状况和经营成果。其次，会计核算需要确定一种货币作为记账本位币。记账本位币是会计核算统一使用的币种。在多种货币存在的条件下，会计核算就需要采用某一种货币作为记账本位币。

货币计量基本前提本身包含着币值稳定不变的假设，即作为本位币的货币价值是不变的。以其作为计量单位，不需考虑货币购买力的波动，以此反映的会计信息不会受到物价变动的影响。按国际惯例，当货币本身波动不大，或前后波动可抵消时，会计核算中可不考虑这些波动，仍认为币值是稳定的，且为了简化会计计量，保证会计信息的可比性，在币值变动幅度不大的情况下，一般可以不考虑币值变动的影响。当然在发生恶性通货膨胀时，则需要采用物价变动会计准则来处理有关的经济活动。

五、权责发生制

权责发生制又称应计制，是指企业单位对各项收入和费用的认定，一律以其实际发生期即应归属期作为标准，而不考虑款项实际收到的会计时间。也就是说，凡应属本期的收入和费用，不论其是否实际收到或付出款项，在会计上均作本期的收入和费用；反之，凡不应归属本期的收入和费用，即使已经收到或付出款项，在会计上也不能作为本期的收入和费用。因此，每期末都要对各项跨期收支作出调整。

采用权责发生制假设前提，核算手续较为麻烦，但能使各个会计期间的收入和费用实现合理的配比，因而其所计算的收支和盈亏指标也就比较准确。

第三节 会计信息质量要求

会计信息质量要求是对企业财务报告中所提供的会计信息质量的基本要求，是使财务报告中所提供的会计信息对投资者等使用者决策有用应具备的基本特征。它主要包括客观性、相关性、可理解性、可比性、实质重于形式性、重要性、谨慎性和及时性等。

一、客观性

客观性原则是指会计核算应当以实际发生的经济交易或事项为依据进行会计确认、计量和报告，如实反映符合确认和计量要求的各项会计要素及其他相关信息，保证会计信息真实可靠、内容完整。

客观性原则强调会计的确认、计量和报告的技术处理应以实际交易或事项为依据，强调真实、可靠、完整。

客观性是衡量会计信息质量最重要的一个原则。如果企业的会计核算不是以实际发生的经济交易或事项为依据，没有如实反映企业的财务状况、经营成果和现金流量，会计工作就会失去存在的意义，甚至会误导会计信息使用者，导致决策的失误。

二、相关性

相关性原则是指会计信息应当与财务报告使用者的经济决策需要相关，有助于财务报告使用者对企业过去、现在或者未来的情况作出评价或者预测。

相关性是会计信息的重要质量特征。会计信息若与决策无关，这样的信息则毫无用处。与决策相关的会计信息必须具有预测未来年度企业盈利状况的价值；与决策相关的会计信息必须具有反馈价值，能使企业提出改进经营管理的措施。

三、可理解性

可理解性要求企业提供的会计信息清晰明了，便于投资者等财务报告使用者理解和使用。

企业编制财务报告、提供会计信息的目的在于能够让使用者有效地使用会计信息，能让其了解会计信息的内涵，明白会计信息的内容，这就要求财务报告所提供的会计信息应当清晰明了、易于理解。只有这样，才能提高会计信息的有用性，实现财务报告的目的，满足为投资者等财务报告使用者提供决策有用信息的要求。

会计信息是一种专业性较强的信息产品。在强调会计信息可理解性要求的同时，还应假定使用者具有一定的相关企业经营活动和会计方面的知识，并且愿意付出努力去研究这些信息。对于某些复杂的信息，如果与使用的经济决策相关，企业就应当在财务报告中予以充分披露，企业不应仅仅以该信息会使某些使用者难以理解，而将其排除在财务报告所应披露的信息之外。

四、可比性

可比性原则要求企业提供的会计信息应当相互可比，主要有以下两层含义：

第一，同一企业不同时期发生的相同或相似的会计信息应当可比。

这一要求主要是为了便于投资者等财务报告使用者了解企业的财务状况、经营成果和现金流量的变化趋势，比较企业在不同时期的财务报告信息，全面、客观地评价过去、预测未来，从而作出决策。其要求企业发生的交易或事项，应当采用一致的会计政策，不得随意变更。若确实需要变更且变更后可以提供更可靠、更相关的会计信息，企业可以变更会计政策，但应当在附注中说明。

第二，不同企业相同会计期间的会计信息应当可比。

为了财务报告使用者评价和对比不同企业的财务状况、经营状况和现金流量及其变动情况，可比性要求不同企业在同一会计期间发生的相同或相似的交易或事项，应当采用规定的会计政策、确保会计信息口径一致、相互可比，以使不同企业按照一致的确认、计量和报告要求提供有关的会计信息。

五、及时性

及时性原则是指企业对于已经发生的交易或事项，应当及时进行会计确认、计量和报告，不得提前或延后。

及时性原则要求会计核算工作要讲求时效：一要及时搜集会计信息；二要及时对会计信息进行加工处理；三要及时传递会计信息。这样，才能使会计信息在失去决策作用之前就为决策者掌握和使用。它强调了会计技术处理过程中的每一个环节都不得提前或延后。

六、重要性

重要性原则是指企业提供的会计信息应当反映与企业财务状况、经营成果和现金流量等有关的所有重要交易或事项。

如果财务报告中提供的会计信息省略或者错报影响投资者等使用者据此作出决策的，该信息就具有重要性。企业在会计核算过程中，对交易或事项应当区分其重要程度，采用不同的核算方式。对资产、负债、损益等有较大影响，并进而影响财务报告使用者据以作出合理判断的重要会计事项，必须按照规定的会计方法和程序予以处理，并在财务报告中予以充分、准确地披露。对于次要的会计事项，在不影响会计信息真实性和不至于导致财务报告使用者作出错误判断的前提下，可适当简化处理。

七、谨慎性

谨慎性原则亦称稳健性原则、审慎原则或保守原则，是指企业对交易或者事项的会计确认、计量和报告应当保持应有的谨慎，不应高估资产或收益、低估负债或者费用。

在市场经济条件下，企业经营存在着各种风险。为做好应付各种可能出现的风险的准备，在会计核算中应遵循谨慎性原则，体现风险意识。谨慎性原则要求会计核算在合理的前提下，应选择适当的估计方法充分估计可能发生的损失和费用，而不预计任何可能的收入，不能高估资产和收益的价值，也不能随意低估负债和费用的金额。

但是，谨慎性的应用并不允许企业设置秘密准备，如果故意低估资产或收益，或者故意高估负债或费用，就会违背会计信息的客观性和相关性要求，损害会计信息质量，扭曲企业实际的财务状况和经营成果，从而对使用者的决策产生误导。

八、实质重于形式

实质重于形式原则要求企业按照交易或事项的经济实质进行会计确认、计量和报告，不应以交易或事项的法律形式为依据。

在实际工作中，交易或事项的外在法律形式并不总能完全真实地反映其实质内容。所以，会计信息要想反映其拟反映的交易或事项，就必须根据交易或事项的实质和经济现实，而不能仅仅根据它们的法律形式进行核算和反映。

例如，销售商品的售后回购，如果企业已将商品所有权上的主要风险和报酬转移给购货方，并同时满足收入确认的其他条件，则销售实现，应当确认收入；如果企业没有将商品所有权上的主要风险和报酬转移给购货方，或没有满足收入确认的其他条件，即使企业已将商品交付购货方，销售也没能实现，则不应当确认收入。再如，以融资租赁方式租入的资产，虽然从法律形式来讲企业并不拥有其所有权，但是由于租赁合同中规定的租赁期相当长，接近于该资产的使用寿命，租赁期结束时承租企业有优先购买该资产的选择权；在租赁期内，承租企业有权支配资产并从中受益，所以，以其经济实质来看，企业能够控制其创造的未来经济利益，会计核算上将以融资租赁方式租入的资产视为企业的资产。

如果企业的会计核算仅仅按照交易或事项的法律形式进行，而其法律形式又没有反映其经济实质和经济现实，那么，其最终结果将不利于会计信息使用者的决策，甚至还会误导会计信息使用者的决策。

第四节　会计要素的确认与计量

一、会计要素

会计要素是对企业经济业务的分类。经济业务是影响企业经济利益变化的经济活动。

《企业会计准则》规定会计基本要素为资产、负债、所有者权益、收入、费用、利润等六大类。

1. 资产

资产是指由企业过去的交易、事项形成的，企业拥有或者控制的，预期会给企业带来经济利益的资源。资产具有以下基本特征：

（1）资产是由于过去的交易、事项所形成的。也就是说，资产必须是现实的资产，而不能是预期的资产，是由于过去已经发生的交易或事项所产生的结果。至于未来交易或事项以及未发生的交易或事项可能产生的结果，则不属于现在的资产，不得作为资产确认。如已经发生的固定资产购买交易会形成企业的资产，而计划中的固定资产购买交易则不能作业企业的资产。

（2）资产是企业拥有或者控制的。一般来说，一项资源要作为企业的资产予以确认，对于企业来说要拥有其所有权，可以按照自己的意愿使用或处置。对于一些特殊方式形成的资产，企业虽然对其不拥有所有权，但能够实际控制的，如融资租入固定资产，按照实质重于形式原则的要求，也应当将其作为企业资产予以确认。

（3）资产预期会给企业带来经济利益，即资产是可以给企业带来现金流入的经济资源。凡是不能给企业提供未来经济利益的都不能确认为资产。

2. 负债

负债是指由过去的交易或事项形成的、预期会导致经济利益流出企业的现时义务。负债具有以下基本特征：

（1）负债是企业的现时义务。负债作为企业承担的一种义务，是由企业过去的交易或事项形成的、现已承担的义务。例如，银行借款是因为企业接受了银行贷款形成的，如果没有接受贷款就不会发生银行借款这项负债。应付账款是因为赊购商品或接受劳务形成的，在这种购买未发生之前，相应的应付账款并不存在。

（2）负债的清偿预期会导致经济利益流出企业。无论负债以何种形式出现，其作为一种现时义务，最终的履行预期均会导致经济利益流出企业。具体表现为交付资产、提供劳务、将一部分股权转给债权人等。对此，企业不能或很少可以回避。从这个意义上说，企业能够回避的义务，不能确认为一项负债。

3. 所有者权益

所有者权益是指企业资产扣除负债后由所有者享有的剩余权益。所有者权益包括所有者投入的资本、直接计入所有者权益的利得和损失、留存收益等。

所有者权益与负债有着本质的不同。负债是企业所承担的现时义务，履行该义务预期会导致经济利益流出企业，而所有者权益在一般的情况下企业不需要归还其投资者；使用负债所形成的资金通常需要企业支付费用，如支出借款利息等，而使用所有者权益所形成的资金则不需要支付费用；在企业清算时，债权人拥有优先清偿权，在清偿所有的负债后才返还给投资者；投资者可以参与企业利润分配，而债权人则不能参与利润分配，只能按照预先约定的条件取得利息收入。

4. 收入

收入是指企业在日常活动中所形成的、会导致所有者权益增加的、与所有者投入资本无关的经济利益的总流入。

收入只有在经济利益很可能流入从而导致企业资产增加或者负债减少，且经济利益的流入能可靠计量时才能确认。

5. 费用

费用是指企业在日常活动中所发生的、会导致所有者权益减少的、与向所有者分配利润无关的经济利益的总流出。

企业要进行生产经营活动，必然相应地发生一定的费用，如工业企业在生产过程中要耗费原材料、燃料和动力；要发生机器设备的折旧费用和修理费用；要支付职工的工资和其他各项生产费用。费用中能予以对象化的部分就是成本，即制造成本；不能予以对象化的部分，就是期间费用。费用不包括处置固定资产净损失、投资损失等。

6. 利润

利润是指企业在一定会计期间的经营成果。它包括收入减去费用后的净额、直接计入当期利润的利得和损失等。利得是指由企业非日常活动所形成的、会导致所有者权益增加的、与所有者投入资本无关的经济利益的流入。

利得与收入都是经济利益的流入，会导致所有者权益增加。但是两者在会计处理上、报表归属上有所差异。收入是经济利益的总流入，而利得是经济利益的净流入；收入计入利润表，而利得则有些计入利润表，有些计入资产负债表的权益。损失是指由企业非日常活动所发生的、会导致所有者权益减少的、与向所有者分配利润无关的经济利益的流出。

损失与费用都是经济利益的流出，会导致所有者权益减少。但是两者在会计处理上和报表归属上有所差异。费用是经济利益的总流出，而损失是经济利益的净流出；费用计入利润表，而损失有些计入利润表，有些冲减资产负债表的权益。

以上六项会计要素科学地概括了会计对象的基本内容，它们既具有不同的性质和特点，同时又存在紧密的内在联系。

二、会计等式

会计等式又叫做会计平衡公式，它是反映各个会计要素在价值总额上必然相等的关系式。

1. 资产、负债、所有者权益之间的关系

在商品经济条件下，企业为进行正常的生产经营活动，必须拥有或控制一定数量的资产。这些资产有自然属性和社会属性。资产以一定物质的或非物质的形态存在于企业，表现了资产的自然属性。而这些资产又具有一定的所有关系，企业投资人（所有者）和债权人对其拥有的所有权，表明企业的资产又具有一定的社会属性。

企业投资人和债权人对企业资产的要求权称为权益，也就是说权益分为债权人权益和所有者权益两种，但二者之间又有质的区别：所有者权益是所有者对企业的一项永久性投资，企业只要不清算就不能抽回，所有者依据其投资可以参与企业经营管理与利润分配；而债权人权益是债权人定期要求企业支付利息和归还本金的一项权益。

资产和权益是企业经济资源的两个不同方面，体现了企业经济资源的自然属性和社会属性。资产说明了企业拥有或控制的经济资源的存在、使用和分布状况，权益则说明企业经济资源的来源渠道，因此，一个企业的资产和权益的总额必然是相等的。用数学等式表示为：

资产＝权益

由于权益包括债权人权益和所有者权益，上述等式又可以表示为：

资产＝债权人权益＋所有者权益

即，

资产＝负债＋所有者权益

这一等式是国际上通用的会计基本等式。它不仅说明了企业全部资产和两种权益在总量上相等的数量关系，而且也揭示了其中所包含的经济关系。它是编制资产负债表的依据。

2. 收入、费用和利润之间的关系

在商品经济条件下，企业开展经济活动的直接目的是为了获取利润。企业通过生产经营活动实现一定的收入，相应地也会发生一定的费用，以收入和费用相比较，则可以确定利润。收入、费用和利润这三个会计要素之间的关系可以表示为：

收入－费用＝利润

这一会计等式是编制利润表的理论依据。

3. 资产、负债、所有者权益、收入、费用、利润之间的关系

上述会计等式分别说明了有关会计要素之间的联系。它们分别表明企业在某一特定日期的财务状况和某一会计期间的经营成果。企业取得的经营成果若为利润，可以增加所有者权益和资产，若为亏损则会使资产和所有者权益相应减少。因此，六项会计要素之间关系可以用以下公式表示：

资产＝负债＋所有者权益＋（收入－费用）

这一综合会计等式把企业的财务状况和经营成果的内在联系直接表示出来，说明了经营成果对资产和所有者权益的影响，反映了在某一会计期间内，企业经营成果结算之前任何一时刻的财务状况和经营情况。企业经营成果结算后，利润按规定程序和项目分配给投资人或留存企业时，综合会计等式又还原为会计基本等式。

三、会计要素的确认与计量的含义

会计要素作为会计报表的基本构件，其确认和计量是会计处理的重要环节。确认和计量是会计报表编制的前提，其恰当与否关系到会计信息的质量，也关系到会计目标能否实现。

会计确认是指按照一定的标准，确认某项目应否作为会计对象要素正式加以记录，并进一步确定已记录和加工的数据资料是否应全部列入会计报表，以及如何列入会计报表的过程。从这个概念上看，这里包含两个层次的意思。任何一项交易，从开始进入会计信息系统进行处理到通过报表传递已加工信息，总要经过两次确认：第一次确认是为了正确地记录，称为初始确认；第二次确认为正确地列报，称为再确认。也就是说初次确认是指应否、何时

和如何进行日常会计记录，而再确认是指应否、何时和如何在财务报表表内进行表述。例如，购买一项原材料，其数量、价格、交货期限均已在合同中规定，双方已在合同上签字，合同中的经济数据是可能影响企业财务活动的，但它不应由会计处理，从会计上来说，合同中的内容是未实现的经济活动，因而合同上的数据不能进入会计信息系统进行处理。但如果供货方按照合同发来一批材料，并附有正式的发票和其他运杂费及应税单据，经验收合格，企业或立即付款，或采取其他付款方式，该交易引起的经济数据都基本确定，因而都可以在会计上予以确认，正式加以记录，我们把这步可看成初次确认的第一步。

会计计量是将符合确认条件的会计要素登记入账，并列报了财务报表而确定其金额的过程。计量主要解决某项经济业务事项在会计上“反映多少”的问题。

会计确认与计量之间存在着密切的内在联系。会计确认解决定性问题，即“是不是”、“算不算”的问题；会计计量则是解决定量问题，即“是多大”、“是多少”的问题。

四、会计要素计量属性

我国会计计量属性主要有以下五种：

1. 历史成本

在历史成本计量下，资产按照购置时支付的现金或者现金等价物的金额，或者按照购置资产时所付出的对价的公允价值计量。负债按照因承担现时义务而实际收到的款项或者资产的金额，或者承担现时义务的合同金额，或者按照日常活动中为偿还负债预期需要支付的现金或者现金等价物的金额计量。

2. 重置成本

在重置成本计量下，资产按照现在购买相同或者相似资产所需要支付的现金或者现金等价物的金额计量。负债按照现在偿付该项债务所需支付的现金或现金等价物的金额计量。

3. 可变现净值

在可变现净值计量下，资产按照其正常对外销售所能收到的现金或现金等价物的金额扣减该资产至完工时估计将要发生的成本、估计的销售费用以及相关税费后的金额计量。

4. 现值

在现值计量下，资产按照预计从其持续使用和最终处置中所产生的未来净现金流入量的折现金额计量。负债按照预计期限内需要偿还的未来净现金流出量的折现金额计量。

5. 公允价值

在公允价值下，资产和负债按照在公平交易中，熟悉情况的交易双方自愿进行资产交换或者债务清偿的金额计量。

企业在对会计要素进行计量时，一般采取历史成本，采用重置成本、可变现净值、现值、公允价值计量的，应当保证所确定的会计要素金额能够取得并可靠计量。

第五节　财务会计规范

会计工作应遵循一定的规范。财务会计规范是涉及财务会计领域的会计法律、行政法规、会计准则和会计制度的总称。

一、会计法律

会计法律是一种泛称，它泛指所有对会计工作具有规范和约束作用的各种法律。一般来讲，能够作为会计法律的，必须是国家立法机构依法定程序制定和颁布的，具有高度的强制性、规范性和可执行性等特点。会计法律通常有两种表现形式：一是单独制定法律，即专门针对会计工作制定一部独立的法律，如我国1985年制定并实施，1993年12月29日经第八届全国人民代表大会常务委员会第五次会议决定修正，1999年10月31日再次经第九届全国人民代表大会常务委员会第十二次会计修订的《中华人民共和国会计法》就是一部独立的会计法律；二是将会计法律规范并入其他经济法律当中，如《公司法》、《企业破产法》等经济法律中都包括一些关于会计实务规范的条款。

《会计法》是我国会计工作的根本大法，在我国的会计规范体系中处于最高层次，是其他会计规范制定的基本依据。《会计法》以法律形式确定了会计工作的地位和作用，它共分为七章五十二条，对我国会计管理的体制，会计核算和会计监督的对象及内容，会计机构、会计人员的职责和权限以及有关的法律责任作出了明确的规定。这些规定是我国进行会计工作的基本依据。

修改后的《会计法》，在内容上的重大变化有：①突出了规范会计行为、保证会计资料质量的立法宗旨。②强调了单位负责人（董事长及类似权力机构的人员）对本单位会计工作和会计资料真实性、完整性的责任。③进一步完善了会计核算规则。④对公司、企业会计核算作出了特别的规定。⑤进一步加强了会计监督制度。⑥规定国有大中型企业必须设置总会计师。⑦对会计从业资格管理作出了规定。⑧对法律责任作了较大修改。

我国的会计法律除独立的《会计法》以外，其他经济法律中也有一些有关财务会计规范的条款，如《公司法》中就设有独立的"公司财务、会计"一章，同时，还有对公司净利润的分配、股本筹集及公积金、法定公益金的形成和使用等方面的具体财务会计问题作出了明确规定。又如《税法》、《企业破产法》、《经济合同法》，甚至《民事诉讼法》等法律中也涉及了一些有关财务会计方面的规定。这些规定都会对企业财务会计工作产生不同的影响，因而均可纳入其他会计法律的范畴。

目前在我国经济法律体系尚待健全、有些单行法尚待制定的情况下，对企业财务工作具有较大影响和规范作用的其他会计法律主要有《公司法》和《税法》。

二、会计行政法规

会计行政法规是指由国家最高行政机关——国务院制定的会计法律法规。会计行政法规根据会计法律制定，是对会计法律的具体化或某个方面的补充。在我国的行政法规中，属于会计行政法规的有《企业财务会计报告条例》、《总会计师条例》等。

《企业财务会计报告条例》是国务院于2000年6月21日发布的，自2001年1月1日起施行。它共分为六章四十六条，主要是对企业财务报告的构成、编制、对外提供和法律责任等作出规定。

《总会计师条例》是国务院于1990年12月31日发布的。它共分为五章二十三条，主要对总会计师的职责、总会计师的权限、任免与奖惩作出了规定。

三、会计准则

企业会计准则是约束和规范财务会计行为、指导财务报表的规范，是企业进行会计确认、计量、记录和报告必须遵循的基本规则。通常由权威机构制定和颁发，对企业的财务会计行为具有一定的权威性、强制性和约束力，因而它也具有法律的性质。

我国企业会计准则是制定会计核算制度和组织会计核算工作的基本规范。我国会计准则包括基本会计准则和具体准则两部分。

1. 基本准则

基本准则是对整个财务会计核算工作具有普遍指导意义的准则，它是关于财务会计核算的一般要求，体现了财务会计核算工作的基本规定。

基本准则主要就会计核算基本内容作出原则性的规定，其内容一般包括四部分：一是会计核算的基本假设；二是会计信息质量要求；三是会计要素及其确认与计量；四是财务报告的基本内容和要求。

2. 具体准则

具体准则是根据基本准则的要求，对财务会计核算与报告中的基本业务和特殊行业的财务会计核算所作的规定，它对企业财务会计实务具有直接的规范作用。

具体准则的内容一般包括：基本业务会计准则、财务报表准则和特殊行业特殊会计业务准则。例如，现金流量表、关联方关系及交易的披露、收入、投资、债务重组、资产负债表日后事项、或有事项、无形资产、租赁、借款费用等。具体准则必须在上述会计基本准则的基础上制定，两者要保持一致，才称得上一部完整的会计准则。

四、会计制度

会计制度是根据我国《会计法》和其他有关法律、法规及会计准则制定的，是企业进行会计工作所应遵循的规则、方法、程序的总称。会计制度有广义和狭义之分。广义的会计制度包括会计管理工作的规则、会计科目和会计报表、会计事项处理程序、记账方法、会计核算规程、会计监督和检查方法、会计档案管理方法、会计人员的职业道德标准及其他会计事务的规定等。狭义的会计制度主要是指财政部颁布的企业会计制度。其主要内容包括：会计科目及其核算内容、会计事项的处理方法及会计报表的编制方法等。

我国现行的会计制度是于2000年12月29日由财政部发布的，2001年1月1日起施行，适用于除不对外筹集资金、经营规模较小的企业以及金融保险企业以外的所有企业。其结构和内容包括：第一部分是一般规定，即对会计要素和重要经济业务事项的确认、计量、报告等，并以条款的形式作了原则规定；第二部分是会计科目和会计报表，即对会计科目和会计报表部分规定了经济业务事项应当设置的会计科目及使用说明，会计报表的格式及编制说明；第三部分是附录，即列举了主要会计事项的具体账务的处理方法。

第二章　货币资金

引导案例

刘立与朋友共同投资开办了一家民营企业。成立初期，业务量少，刘立自己负责出纳工作，同时聘请了代理记账公司帮助记账并编制会计报表。后来企业发展得快，刘立无力顾及出纳工作，就聘请自己的内弟王敏当出纳。为节省费用，干脆也不再请代理记账公司，会计(记账)、出纳均由其内弟王敏一人全包，甚至连支票印鉴也交给他。起初王敏还老实，后来就截留收入用于炒股，结果全部套牢。这时，刚好又赶上企业因业务发展急需一笔大额资金，因此白白失去了一次大好机会。

——摘自：黄晓榕《财务会计》

思考：你能指出该家民营企业在货币资金管理中存在的主要问题吗？应该如何对货币资金进行管理和控制？

货币资金是指企业生产经营过程中以货币形态存在的资产，是企业资产的重要组成部分，也是流动性最强的资产。加强货币资金的控制和核算是财务会计的重要内容。货币资金包括库存现金、银行存款和其他货币资金。

第一节　库存现金

一、库存现金的概述

库存现金是流动性最强的一种货币性资产，可以随时用于其购买所需的物资，支付有关费用，偿还债务，也可随时存入银行。广义的“库存现金”包括库存现金、银行存款和其他符合现金定义的票证。我国会计上的“库存现金”仅指企业库存现金，包括库存的人民币和外币。

（一）库存现金的使用范围

根据国务院发布的《现金管理暂行条例》的规定，现金的使用范围包括以下内容：

（1）职工工资、各种工资性津贴。

（2）个人劳务报酬。

（3）根据国家规定颁发给个人的科学技术、文化艺术、体育等各种奖金。

（4）各种劳保、福利费用以及国家规定的支付给个人的其他支出。

(5) 向个人收购农副产品和其他物资支付的价款。

(6) 出差人员必须随身携带的差旅费。

(7) 结算起点（1 000 元）以下的零星支出。

(8) 中国人民银行确定需要支付现金的其他支出。

超出上述规定范围以外的款项的支付，不得使用现金，必须通过开户银行办理转账结算。

（二）库存现金的管理与控制

1. 库存现金限额的规定

企业在正常经营过程中，为满足日常零星开支的需要，可以保留一定数额的库存现金，但不允许超过规定的限额。开户银行应根据实际情况，核定开户单位的库存现金限额。库存现金限额由开户单位以其日常零星开支量为依据，向开户银行提出计划，由开户银行审批。一般单位的库存现金限额，相当于其 3 ~ 5 天的日常零星开支所需要的库存现金；边远地区或交通不便地区的单位，其库存现金限额可以适当增加，但最多不得超过 15 天的日常零星开支。超过限额的库存现金应于当日终了前存入银行。

2. 库存现金收支规定

开户单位收入现金应当于当日送存银行，当日送存银行确实有困难的，由开户银行确定送存时间；开户单位支付现金，可以从本单位库存现金中支付或从开户银行提取，不得"坐支"现金。所谓坐支现金，是指企业未经批准将其收取的产品销售及其他销售等款项，直接用于本企业的现金支出。坐支现金不利于银行了解企业收入、支出的去向和数量，从而无法对其现金收支活动进行监督和管理。如有特殊情况需要坐支现金的，应事先提出申请，经开户银行核定坐支范围和金额。

企业收支现金必须入账。开户单位从开户银行提取现金时，应如实写明提取现金的用途，由本单位财会部门负责人签字盖章，并经开户银行审查批准后予以支付。因采购地点不确定、交通不便、抢险救灾及其他特殊情况必须使用现金的单位，应向开户银行提出书面申请，由本单位财会部门负责人签字盖章，并经开户银行审查批准后予以支付。另外，企业不得用不符合财务制度的凭证顶替库存现金，即不得"白条抵库"；不得与其他企业单位互相借用现金；不得谎报用途套取现金；不得利用银行账户代其他单位或个人存入或支取现金；不得将单位收入的现金以个人名义存入储蓄；不得保留账外公款（即小金库）。

3. 库存现金内部控制

企业加强现金的管理除了遵守国家的有关管理规定之外，还应建立健全的控制程序和方法，这些程序和方法就构成了现金的内部控制制度。内部控制制度的主要内容有以下六点：

(1) 建立库存现金的岗位责任制。

企业要建立岗位责任制，明确企业单位的出纳人员与会计人员的职责分工，对不相容的工作应分别由企业的出纳人员与会计人员分开处理，以免出现各种弊端和财务漏洞。一般来说，企业的出纳人员只负责有关现金收付及现金日记账的登记工作，不得兼任稽核、会计档案保管和收入、支出、费用、债权债务账目的登记工作，不得由一人办理库存现金的全过程；会计人员只负责记账，不得兼管现金。

(2) 实行岗位轮换。

企业办理库存现金的业务，应配备合格人员并应定期进行岗位轮换。

（3）执行授权批准制度。

企业应当建立严格的库存现金业务的授权批准制度。明确审批人员对库存现金业务的授权批准方式、权限、程序、责任和相关控制措施，规定经办员办理库存现金业务的职责范围和要求，未经授权的部门和人员一律不得办理库存现金业务。

（4）加强有关印章管理。

企业要加强银行预留印鉴的管理，财务专用章由专人保管，个人印章必须由本人或其授权人保管，严禁一人保管支付款项所需的全部印章。

（5）加强与库存现金有关的票证管理。

企业应加强与现金有关的票据管理，明确各种与库存现金有关的票据的购买、保管、领用、背书转让、注销等环节的职责权限和程序，并设账簿进行记录，防止空白票据的遗失和被盗。

（6）实施内部稽核，加强监督检查。

设置内部稽核单位和人员，对库存现金进行定期盘点核对工作，以保证账款、账账相符，对发现的问题应当及时采取措施。

二、库存现金的核算

1. 库存现金的日常核算

为加强对库存现金的核算与管理，详细地掌握企业现金收支的动态和结存情况，企业必须设置“库存现金日记账”，按照业务发生的先后顺序逐日逐笔登记库存现金日记账。每日终了时，出纳人员要结出本日合计收入、本日合计支付和本日余额，并将账面余额与库存现金余额进行核对，保证账款相符。

2. 库存现金的总分类核算

库存现金的总分类核算是通过设置“库存现金”账户进行的。“库存现金”科目是资产类科目，借方反映库存现金的收入，贷方反映库存现金的支出，余额在借方，表示企业持有库存现金。

库存现金总分类账由不从事出纳工作的会计人员登记，一般采用订本式“三栏式”账簿。月份终了，库存现金总分类账余额与出纳人员登记的现金日记账余额应核对相符。

企业内部各部门周转使用的备用金，可以单独设置“备用金”科目进行核算。

【例 2-1】企业销售材料取得现金收入 8 000 元。编制会计分录如下：

借：库存现金　　8 000

　贷：其他业务收入　　8 000

【例 2-2】企业销售部门报销市内运输费 160 元，用现金支付。编制会计分录如下：

借：销售费用——运输费　　160

　贷：库存现金　　160

3. 库存现金的清查核算

企业应当按规定进行库存现金的清查，一般采用实地盘点法。对于清查的结果应当编制现金盘点报告单。对于账款不符的，应先通过“待处理财产损溢——待处理流动资产损溢”科目进行核算。按管理权限报经批准后，分别按下列情况处理：

（1）如为现金短缺，属于应由责任人赔偿或保险公司赔偿的部分，计入“其他应收款”；属于无法查明原因的部分，计入“管理费用”。

（2）如为现金溢余，属于应支付给有关人员或单位的，计入“其他应付款”；属于无法查明原因的，计入“营业外收入”。

【例2－3】甲企业2007年3月清查库存现金时发现短款60元，应编制会计分录如下：

借：待处理财产损溢——待处理流动资产损溢　60
　贷：库存现金　60

经查，发现该项短款属于出纳人员的责任，应由出纳人员赔偿：

借：其他应收款——出纳　60
　贷：待处理财产损溢——待处理流动资产损溢　60

4. 库存备用金的核算

由于企业不允许坐支现金，所以企业在进行货币支付时，都需通过银行办理结算。但是，在企业的经营过程中，经常需要支付一些零星开支，这些开支的金额较小，不足以采用支票方式支付，因此，大多数企业就会设置定额备用金，专门用于支付这类零星开支。

在建立备用金的时候，企业首先应根据日常开支的需要，确定一个备用金定额，如1 000元，以及备用金保管人。然后开出一张收款人为备用金保管人的支票。设立备用金时作分录：

借：备用金　1 000
　贷：银行存款　1 000

备用金保管人可将备用金放在一个保管箱里。从备用金支取现金时，支取人应交给备用金保管人经过恰当审核的付款凭证。备用金保管人按付款凭证上写明的金额支付给支取人后，在付款凭证上加盖“付讫”章，并将付款凭证放入备用金保管箱。此时，会计人员不需要作任何会计分录。当备用金保管箱里的现金减少到一定程度时，保管员应将付款凭证取出，向出纳申请报销。出纳根据报销总额开出支票，交给备用金保管员，同时作会计分录记录补足备用金。

报销日常管理支出800元，财务部门补足定额：

借：管理费用　800
　贷：库存现金　800

补足了备用金之后，备用金保管箱里的金额又是1 000元。事实上，由于备用金的规模是固定的，所以在任何时候，备用金保管箱里的现金金额加上已付讫的付款凭证金额之和都等于备用金的定额，在本例中即1 000元。

将定额减至500元时：

借：银行存款　500
　贷：备用金　500

第二节 银行存款

一、银行存款的概述

银行存款是企业存放在银行和其他金融机构的货币资金。企业一切货币资金的收支，除了按规定可以用库存现金结算方式直接以库存现金收付外，其余一律用非现金结算方式，通过银行划拨转账，即由银行按结算方式规定的手续，将结算款项从付款单位的账户划到收款单位的账户，来完成各企业单位之间的款项收付业务。

1. 银行存款开户的有关规定

按照国家《支付结算办法》、《银行账户管理办法》的规定，企业应当在当地银行开立账户，办理存款、取款和转账结算业务。银行存款账户分为基本存款账户、一般存款账户、临时存款账户和专用存款账户。

基本存款账户是指企业办理日常结算和现金收付的账户。企业的工资、奖金等现金的支取，只能通过基本存款账户办理。

一般存款账户是企业在基本存款账户以外的银行借款转存、与基本存款账户的企业不在同一地点的附属非独立核算单位的账户，企业可以通过本账户办理转账结算和现金缴存，但不能办理现金支取。

临时存款账户是企业因临时经营活动需要开立的账户。企业可通过本账户办理转账结算和根据国家现金管理规定办理现金支付。

专用存款账户是指企业因特定用途需要开立的账户。

一个企业只能选择一家银行的一个营业机构开立一个基本存款账户，不得在多家银行机构开立基本存款账户；不得在同一家银行的几个分支机构开立一般存款账户。

2. 银行结算纪律

企业应当严格遵守银行结算纪律：

（1）不准签发没有资金保证的票据（即不准签发空头支票）或远期支票，套取银行信用。

（2）不准签发、取得和转让没有真实交易和债权、债务的票据，不得套取银行和他人资金。

（3）不准无理由拒绝付款和任意占用他人资金。

（4）不准违反规定开立和使用银行账户。

3. 银行结算方式

我国相关制度规定：开户单位之间的经济往来，除按规定可使用现金以外，都必须通过开户银行办理转账结算。目前，通过银行办理转账结算已成为我国社会活动中进行资金结算的主要形式。

我国目前银行结算支付方式包括：

（1）银行汇票。

银行汇票是汇款人将款项交存当地银行，由银行签发给汇款人持往异地办理转账结算或支取现金的票据。利用银行汇票进行结算的方式称为银行汇票结算方式。银行汇票具有使用灵活、票随人到、兑付性强等特点，适用于先收款后发货或钱货两清的商品交易。单位和个人的各种款项结算，均可使用银行汇票。

银行汇票可以用于转账，填明“库存现金”字样的银行汇票也可以用于支取现金。银行汇票的付款期限为自出票日起1个月内。超过付款期限提示不获付款的，持票人须在票据权利时效内向出票银行作出说明，并提供本人身份证件或单位证明，持银行汇票和解讫通知向出票银行请求付款。

（2）商业汇票。

商业汇票是由出票人签发的，委托付款人在指定日期无条件支付确定的金额给收款人或者持票人的票据。在银行开立存款账户的法人与其他组织之间须具有真实的交易关系或债权、债务关系，才能使用商业汇票。商业汇票的付款期限由交易双方商定，但最长不得超过6个月。商业汇票的提示付款期限自汇票到期日起10日内。

付款人应当自收到提示承兑的汇票之日起3日内承兑或者拒绝承兑。付款人拒绝承兑的，必须出具拒绝承兑的证明。商业汇票可以背书转让，符合条件的商业承兑汇票的持票人可持未到期的商业承兑汇票连同贴现凭证，向银行申请贴现。

商业汇票按承兑人不同分为商业承兑汇票和银行承兑汇票两种。

①商业承兑汇票。

商业承兑汇票是由银行以外的付款人承兑。商业承兑汇票按交易双方约定，由销货企业或购货企业签发，但由购货企业承兑。承兑时，购货企业应在汇票正面记载“承兑”字样、承兑日期并签章。承兑不得附有条件，否则视为拒绝承兑。汇票到期时，购货企业的开户银行凭票将票款划给销货企业或贴现银行。汇票到期时，如果购货企业的存款不足支付票款，开户银行应将汇票退还销货企业，银行不负责付款，由购销双方自行处理。

②银行承兑汇票。

银行承兑汇票由银行承兑，由在承兑银行开立存款账户的存款人签发。承兑银行按票面金额向出票人收取万分之五的手续费。

购货企业应于汇票到期前将票款足额交存其开户银行，以备由承兑银行在汇票到期日或到期日后的见票当日支付票款。销货企业应在汇票到期时将汇票连同进账单送交开户银行以便转账收款。承兑银行凭汇票将承兑款项划转给销货企业，如果购货企业于汇票到期日未能足额交存票款时，承兑银行除凭票向持票人无条件付款外，对出票人尚未支付的汇票金额按照每天万分之五计收罚息。

（3）支票。

支票是单位或个人签发的，委托办理支票存款业务的银行在见票时无条件支付确定的金额给收款人或者持票人的票据。

支票的提示付款期限为自出票日起10日内，中国人民银行另有规定的除外。超过付款期限的，持票人开户银行不予受理，付款人不予付款。转账支票可以根据需要在票据交换区域内背书转让。

企业进行账务处理时，收款单位对于收到的支票，应在收到支票的当日填制进账单，并连同支票送交银行，根据银行盖章退回的进账单第一联和有关的原始凭证，编制收款凭证，或根据银行转来由签发人送交银行支票后，经银行审查盖章的进账单第一联和有关的原始凭证，编制收款凭证，借记“银行存款”科目，贷记有关科目；付款单位对于付出的支票，应根据支票存根和有关原始凭证及时编制付款凭证，借记有关科目，贷记“银行存款”科目。

（4）汇兑。

汇兑是汇款人委托银行将其款项支付给收款人的结算方式。单位和个人的各种款项的结算均可使用汇兑结算方式。

企业进行账务处理时，收款单位对于汇入的款项，应在收到银行的收账通知时，据以编制收款凭证，借记“银行存款”科目，贷记有关科目；付款单位对于汇出的款项，应在向银行办理汇款后，根据汇款回单编制付款凭证，借记有关科目，贷记“银行存款”科目。

（5）委托收款。

委托收款是收款人委托银行向付款人收取款项的结算方式，适用于单位和个人已承兑商业汇票、债券、存单等付款人债务证明办理款项的结算。

付款单位收到银行交给的委托收款凭证及债务证明，应签收并在收到委托收款通知的次日起3日内，由审查债务证明是否真实、是否是本单位的债务，确认之后，主动通知银行是否付款。如果不通知银行，银行视同企业同意付款并在第4日，从单位账户中付出此笔委托收款款项。付款人在3日内审查有关债务证明后，认为债务证明或与此有关的事项符合拒绝付款的规定，应出具拒绝付款理由书和委托收款凭证第五联及持有的债务证明，向银行提出拒绝付款。

收款企业在委托收款凭证第二联上签章后，将有关委托收款凭证和债务证明提交开户银行，在收到银行转来的收账通知时，编制收款凭证，借记“银行存款”科目，贷记“应收账款”等科目；付款单位在收到银行转来的委托收款凭证后，根据委托收款凭证的付款通知和有关的原始凭证，编制付款凭证，借记“应付账款”等科目，贷记“银行存款”科目。如在付款期满前提前付款，应于通知银行付款之日，编制付款凭证；如拒绝付款的，不作账务处理。

（6）托收承付。

托收承付是根据购销合同由收款人发货后委托银行向异地付款人收取款项，由付款人向银行承认付款的结算方式。办理托收承付结算的款项，必须是商品交易，以及因商品交易而产生的劳务供应的款项。代销、寄销、赊销商品的款项，不得办理托收承付结算。

企业进行账务处理时，收款单位对于托收款项，根据银行的收账通知和有关的原始凭证，编制收款凭证，借记“银行存款”科目，贷记“应收账款”等科目；付款单位对于承付的款项，应于承付时根据托收承付结算凭证的承付支款通知和有关发票账单等原始凭证，编制付款凭证，借记“在途物资”、“应交税费——应交增值税（进项税额）”等科目，贷记“银行存款”等科目。如拒绝付款，属于全部拒付的，不作账务处理；属于部分拒付的，付款部分按上述规定处理，拒付部分不作账务处理。

（7）银行本票。

银行本票是申请人将款项交存银行，由银行签发、凭以办理转账结算或支取现金的票据。在同一票据交换区域内利用银行本票办理商品交易、劳务供应及其他款项结算的方式称为银行本票结算方式。无论单位或个人，在同一票据交换区域内支付各种款项都可以使用银行本票。银行本票见票即付，具有信誉高、支付功能强的特点。

银行本票分为定额本票和不定额本票两种。定额银行本票的面额有1 000元、5 000元、10 000元和50 000元。银行本票的付款期为两个月，付款期不论大月、小月，统一按次月对日计算。超过付款期或其他原因要求退款的，可持银行本票到签发银行办理退款。在付款期内银行本票允许背书转让。

（8）信用卡。

信用卡是指商业银行向个人和单位发行的，凭以向特约单位购物、消费和向银行存取现金，且具有消费信用的特制载体卡片。

信用卡按使用对象分为单位卡和个人卡；按信誉等级分为金卡和普通卡。

凡在中国境内金融机构开立基本存款账户的单位可申领单位卡。单位卡账户的资金一律从其基本存款账户转账存入，在使用过程中，需要向其账户续存资金的，也一律从其基本存款账户转账存入，不得交存现金，不得将销货收入的款项存入其账户。单位卡一律不得用于10万元以上的商品交易、劳务供应款项的结算，且不得支取现金。

信用卡在规定的限额和期限内允许善意透支，透支额金卡最高不得超过10 000元，普通卡最高不得超过5 000元。透支期限最长为60天。透支利息，自签单日或银行记账日起15日内按日息万分之五计算，超过15日按日息万分之十计算，超过30日或透支金额超过规定限额的，按日息万分之十五计算。透支计算不分段，按最后期限或者最高透支额的最高利率档次计息。超过规定限额或规定期限，并且经发卡银行催收无效的透支行为称为恶意透支。持卡人使用信用卡不得发生恶意透支。严禁将单位的款项存入个人卡账户中。

（9）信用证。

信用证结算方式是国际结算的一种主要方式。经中国人民银行批准经营结算业务的商业银行总行以及经商业银行总行批准开办信用证结算业务的分支机构，也可以办理国内企业之间商品交易的信用证结算业务。

上述各种结算方式的运用，需以加强结算纪律为保证。中国人民银行发布的《支付结算办法》中规定了银行结算纪律，即不准签发没有资金保证的票据或远期支票、套取银行信用；不准签发、取得和转让没有真实交易和债权债务的票据、套取银行和他人资金；不准无理拒绝付款、任意占用他人资金；不准违反规定开立和使用账户等。企业必须严格遵守银行支付结算办法规定的结算纪律，保证结算业务的正常进行。

二、银行存款的核算

1. 银行存款的序时核算

银行存款的明细分类核算通过设置“银行存款日记账”进行。银行存款日记账格式的登记方法与库存现金日记账基本相同，由出纳人员根据审核后的原始凭证和银行存款收款凭证、付款凭证，按业务发生的顺序，逐日逐笔序时登记，要求做到日清月结，保证账款相符。

2. 银行存款的总分类核算

银行存款的总分类核算通过设置“银行存款”科目进行。“银行存款”科目是资产类科目，借方反映银行存款的收入，贷方反映银行存款的支出，余额在借方，表示期末银行存款的实际结存数。

【例2-4】企业销售产品收到货款70 000元，企业将款项存入银行。编制会计分录如下：

借：银行存款　　　　70 000

贷：主营业务收入 70 000

【例2-5】企业购买5 000元的原材料，材料验收入库，用银行存款支付价款。编制会计分录如下：

借：原材料 5 000

贷：银行存款 5 000

三、银行存款的核对

为了防止记账发生差错，正确掌握银行存款的实际余额，企业应定期（通常在月末）同开户银行核对银行存款账。企业核对银行存款，要先认真检查自己所登记的账目，保证银行存款日记账记录的正确性和完整性，然后再同银行送来的对账单逐笔核对，查明双方账目有无错误或遗漏。

在同一时期内，企业银行存款日记账上的余额与银行对账单的存款余额如果不一致，除了记账差错外，还可能存在"未达账项"。所谓未达账项，就是指一方已经入账，而另一方尚未接到有关凭证，因而没有入账的款项。

未达账项的发生，通常有四种情况：①企业已收，银行未收款项；②企业已付，银行未付款项；③银行已收，企业未收款项；④银行已付，企业未付款项。

为了查明银行存款的正确数字，并消除未达账项的影响，进一步了解双方账目的登记有无差错，就要将银行的对账单同企业的银行存款日记账的收支记录逐笔进行核对。在核对过程中，如有疑问，应请银行提供证明。如发现银行的记录有错账、漏账，要及时通知银行查明更正。对于未达账项，要于查明后编制"银行存款余额调节表"，然后再行核对。

【例2-6】某企业在2007年8月31日"银行存款日记账"的结算户存款的账面余额是23 450元，"银行对账单"上的企业结算户存款余额是24 000元。经逐笔核对后，查明有以下未达账项：

（1）企业于月末把进货单位的转账支票2 000元存入银行，银行尚未入账。

（2）企业于月末开出转账支票200元，持票人尚未到银行办理转账，银行尚未入账。

（3）企业委托银行代收销货款3 000元，银行已经收款入账，但企业尚未收到转账通知，没有入账。

（4）银行代企业支付电费650元，但企业尚未收到银行转账通知，没有入账。

根据以上未达账项，企业可以编制如表2-1所示的"银行存款余额调节表"。

表2-1 银行存款余额调节表

2007年8月31日 单位：元

项目	余额	项目	余额
企业银行存款日记账余额	23 450	银行对账单余额	24 000
加：银行已收、企业未收	3 000	加：企业已收、银行未收	2 000
减：银行已付、企业未付	650	减：企业已付、银行未付	200
调整后的存款余额	25 800	调整后的存款余额	25 800

该表调整后的存款余额，是月末根据双方的未达账项对双方账面存款余额调整后计算的存款余额。它反映企业在月末可以动用的结算户存款实有额。银行存款余额调整表，不能作为原始凭证，据以调整账面记录，登记未达账项。只有等到有关银行结算凭证到达企业，未达账项变成了已达账项，才能根据收到的结算凭证进行账务处理。

第三节 其他货币资金

一、其他货币资金概述

其他货币资金是指除库存现金和银行存款以外的货币资金，包括银行汇票存款、银行本票存款、信用卡存款、信用证保证金存款、存出投资款、外埠存款等。

1. 银行汇票存款

银行汇票存款是指企业为取得银行汇票，按照规定存入银行的款项。

2. 银行本票存款

银行本票存款是指企业为取得银行本票，按照规定存入银行的款项。

3. 信用卡存款

信用卡存款是指企业为取得信用卡，按照规定存入银行的款项，属于银行卡的一种。

4. 信用证保证金存款

信用证保证金存款是指企业为取得信用证，按规定存入银行的保证金。

5. 存出投资款

存出投资款是指企业已存入证券公司但尚未进行投资的现金。

6. 外埠存款

外埠存款指企业到外地进行临时或零星采购时，汇往采购地银行开立采购专户的款项。

二、其他货币资金的核算

企业核算其他货币资金，需要设置“其他货币资金”科目。该账户为资产类账户，借方反映其他货币资金的增加金额，贷方反映其他货币资金由于使用而减少的金额，期末余额在借方，反映企业实际持有的其他货币资金。在“其他货币资金”科目下，应设置“外埠存款”、“银行汇票存款”、“银行本票存款”、“信用证保证金存款”、“存出投资款”等二级明细科目，并可按外埠存款的开户行、银行汇票或本票的收款单位等设置三级明细科目。

1. 银行汇票存款

【例2-7】某企业要求银行办理银行汇票60 000元，企业填送银行汇票委托书并将60 000元交存银行，取得银行汇票后，根据银行退回的委托书存根联。编制会计分录如下：

借：其他货币资金——银行汇票存款　　60 000

　贷：银行存款　　60 000

企业使用银行汇票后，应根据发票账单及开户行转来的银行汇票第四联等凭证记录采购支出，所支付的金额为58 500元，其中货款50 000元，增值税税额8 500元。编制会计分录如下：

借：物资采购　　50 000
　　应交税费——应交增值税（进项税额）　　8 500
　贷：其他货币资金——银行汇票存款　　58 500

银行汇票使用完毕，收回“其他货币资金——银行汇票存款”余额1 500元。编制会计分录如下：

借：银行存款　　1 500
　贷：其他货币资金——银行汇票存款　　1 500

2. 银行本票存款

【例2-8】某企业申请办理银行本票40 000元，在企业向银行提交“银行本票申请书”，并将款项交存银行取得银行本票时，应根据银行盖章退回的申请书存根联。编制会计分录如下：

借：其他货币资金——银行本票存款　　40 000
　贷：银行存款　　40 000

如企业因本票超过付款期等原因未曾使用而要求银行退款时，应填制进账单一式二联，连同本票一并交送银行，然后，根据银行收回本票时盖章退回的进账单第二联。编制会计分录如下：

借：银行存款　　40 000
　贷：其他货币资金——银行本票存款　　40 000

3. 信用卡存款

企业应按规定填制申请表，连同支票和有关资料一并送交发卡银行，根据银行盖章退回的进账单第二联，借记“其他货币资金——信用卡”科目，贷记“银行存款”科目。企业用信用卡购物或支付有关费用，借记有关科目，贷记“其他货币资金——信用卡”科目。企业在信用卡使用过程中，需要向其账户续存资金的，按实际续存的金额，借记“其他货币资金——信用卡”科目，贷记“银行存款”科目。

4. 信用证保证金存款

企业向银行申请开立信用证，应按规定向银行提交开证申请书、信用证申请人承诺书和购销合同。企业向银行交纳保证金，根据银行退回的进账单第一联，借记“其他货币资金——信用证保证金”科目，贷记“银行存款”科目。根据开证行交来的信用证来单通知书及有关单据列明的金额，借记“物资采购”或“原材料”、“库存商品”、“应交税费——应交增值税（进项税额）”等科目，贷记“其他货币资金——信用证保证金”和“银行存款”科目。

5. 存出投资款

企业向证券公司划出资金时，应按实际划出的金额，借记“其他货币资金——存出投资款”科目，贷记“银行存款”科目；购买股票、债券时，按实际发生的金额，借记“短期投资”科目，贷记“其他货币资金——存出投资款”科目。

6. 外埠存款

【例2-9】某企业委托当地开户银行汇款120 000元给采购地银行开立专户。编制会计分录如下：

借：其他货币资金——外埠存款　　120 000

贷：银行存款　　120 000

收到采购员交来的供应单位发票等报销凭证 119 000 元，注明货款 100 000 元，增值税税额 17 000 元，运杂费 2 000 元，材料未到。编制会计分录如下：

借：物资采购　　102 000

应交税费——应交增值税（进项税额）　　17 000

贷：其他货币资金——外埠存款　　119 000

采购员完成了采购任务，将多余的外埠存款转回当地开户银行时，根据银行的收账通知，转销“其他货币资金——外埠存款”科目。编制会计分录如下：

借：银行存款　　1 000

贷：其他货币资金——外埠存款　　1 000

第三章　应收及预付款项

引导案例

＊ST 长钢（原长城股份）2007 年 1 月 31 日发布的业绩预告公告称，预计亏损 2.4 亿元左右，并从 2006 年年报披露之日起被实施退市风险警示的特别处理。

＊ST 长钢在连续多年微利后，最近两年收入徘徊不前，净利润一泻千里。有意思的是，2005 年和 2006 年，＊ST 长钢分别亏损 9 285 万元和 2.72 亿元，而计提的资产减值准备则分别为 9 443 万元和 2.71 亿元。计提的资产减值准备主要是：应收款项 1.04 亿元（其中应收账款 9 787 万元），存货 4 859 万元，固定资产 1.12 亿元。年报中披露，＊ST 长钢自 2005 年 9 月 30 日起对应收款项坏账准备计提方法进行了变更。从＊ST 长钢的整体情况来分析，＊ST 长钢变更前坏账准备计提比例过低，而变更后的比例也只是接近一般水平。

＊ST 长钢称："本年度对应收账款进行了全面清理，本公司管理层认为，资产负债表中已经丧失诉讼时效的、债务单位已关闭或已破产的应收账款和清欠收入不足以弥补清欠成本的小额应收账款共计 170.74 亿元，该类应收账款预计无法收回，按个别认定法计提坏账准备。"

结果是，2006 年，＊ST 长钢对年末账龄在 2～3 年的 3 764 万元应收账款就计提了 3 758 万元的坏账准备，比例高达 99.82%。从历史数据来看，2005 年年末公司 2～3 年应收账款为 3 303 万元，一年后变成 1 973 万元，说明公司已经收回了其中的 40%。

那么，2006 年这 3 764 万元的 2～3 年应收账款是否与众不同？这些应收账款产生于 2004 年，当时是钢铁行业相当景气的时候，有数据显示当年新增应收账款很少，似乎不应该有很大金额的不可收回应收款项。

——摘自：21 世纪经济报道《＊ST 长钢扭亏前夜：大幅计提》

思考：＊ST 长钢按账龄划分的应收账款，在 2006 年年报中有了很大变化。可令人奇怪的是，计提的坏账准备分文不变，又基本符合公司会计政策和会计估计既定的比例，公司这样做的意图究竟是什么？

应收及预付款项指企业在日常生产经营过程中发生的各项债权。

应收款项按其来源，分为商业应收款和非商业应收款。商业应收款指企业由于在正常经营过程中向购货单位赊销货物或者劳务而取得的在未来的某个时候收取款项的权利。例如，甲乙两公司签订合同，约定：甲公司向乙公司销售 1 000 件产品，乙公司在甲公司发货后 30 天内付款，那么，在发货日，甲公司就可以确认一项商业应收款。非商业应收款是指企业从其他活动中获得的向其他单位收取款项的权利。例如，甲公司的经理向公司预支 3 000 元的差旅费，那么甲公司就应当确认一项非商业应收款。

商业应收款包括应收账款和应收票据。其中，应收账款是由于企业向客户销售产品或者劳务，而获得客户将在未来支付现金或其他资产的口头承诺。这种口头承诺的最终实现取决于客户的信誉，因此，应收账款使企业承担了一定的风险。上例中甲公司确认的应收乙公司货款就属于应收账款。但如果甲公司对乙公司的信用风险没有把握的话，那么，它也可以拒绝接受乙公司的口头承诺，代之以要求乙公司作出书面承诺，即提供相应金额的银行承兑汇票或商业承兑汇票。这时候，甲公司所确认的就是应收票据。应收票据在性质上与应收账款相似，都是由于企业向客户赊销商品或者劳务而从客户处获得的付款承诺。应收票据比应收账款在收款上更有保障，企业所承担的风险也较小。

非商业应收款是在除销售产品或劳务以外的活动中形成的向其他主体、企业员工等收取的现金或者其他金融资产的权利，包括应收股利、应收利息、其他应收款等。应收股利是指由于被投资企业宣布股利发放而获得的收取股利的权利。应收利息是指由于企业将现金的使用权让渡给其他方面而获得的收取利息的权利。例如，因持有国债而获得的应收利息。其他应收款包括除应收股利、应收利息以外的其他各种非商业性的应收、暂付款项，常见的有应收的各种赔款和罚款、应收出租包装物租金、应向职工收取的各种垫付款项、存出保证金等。

第一节　应收账款

一、应收账款概述

应收账款是指企业因销售商品、产品、提供劳务等，应向购货单位或接受劳务单位收取的款项。

应收账款有其特定的核算范围。第一，应收账款是指因销售产品、提供劳务等交易活动形成的债权，不包括应收职工欠款、应收债务人的利息等其他应收款；第二，应收账款是指流动资产性质的债权，不包括长期的债权，如购买的长期债券等；第三，应收账款是指本企业应收客户的款项，不包括本企业付出的各类存出保证金，如投标保证金和租入包装物保证金等。

二、应收账款的计价

《企业会计制度》规定，应收账款应按实际发生额入账。其入账价值包括销售货物或提供劳务的价款、增值税，以及代购货方垫付的包装费、运杂费等。在确认应收账款的入账价值时，还要考虑商业折扣和现金折扣等因素。

1. 商业折扣

商业折扣是指企业为了鼓励客户多购商品而在商品标价上给予的扣除。通常用百分数来表示，如10%、20%等。

商业折扣是企业最常用的促销手段。企业为了扩大销售、占领市场，对于批发商往往给予商业折扣，采用销量越多、价格越低的促销策略，即通常所说的“薄利多销”。

商业折扣一般在发生时即已确定，它仅仅是确定实际销售价格的一种手段，不需在买卖双方任何一方的账上反映，所以商业折扣对应收账款的入账价值没有什么实质性的影响。因此，在存在商业折扣的情况下，企业应收账款入账金额应按扣除商业折扣以后的实际售价确认计量。

2. 现金折扣

现金折扣是指债权人为鼓励债务人在规定的期限内付款，向债务人提供的债务扣除。现金折扣通常发生在以赊销方式销售商品及提供劳务的交易中。企业为了鼓励客户提前偿付货款，通常与债务人达成协议，债务人在不同期限内付款可享受不同比例的折扣。现金折扣一般用符号“折扣/付款期限”表示。例如，买方在10天内付款可按售价给予2%的折扣，用符号“2/10”表示；在20天内付款按售价给予1%的折扣，用符号“1/20”表示；在30天内付款，则不给折扣，用符号“n/30”表示。

存在现金折扣的情况下，应收账款入账金额确认有两种方法：一种是总价法，另一种是净价法。

总价法是将未减去现金折扣的金额作为实际售价，据以确认应收账款的入账价值。现金折扣只有客户在折扣期内支付货款时，才予以确认。在这种方法下，销售方把给予客户的现金折扣视为融资的理财费用，会计上作为财务费用处理。当然，总价法可以比较好地反映销售的总过程，但在客户可能享受折扣的情况下会引起高估应收账款和销售收入。

净价法是将扣减现金折扣后的金额作为实际售价，据以确认应收账款的入账价值。这种方法是把客户取得折扣视为正常现象，认为客户一般都会提前付款，而将由于客户超过折扣期限而多收入的金额，视为提供信贷获得的收入，在收到账款时入账，作冲减财务费用处理。净价法可以避免总价法的不足，但在顾客没有享受现金折扣时，由于以净额入账，从而必须再查对原销售总额。期末结账时，对已经超过期限尚未付款的应收账款，按客户未享受的现金折扣进行调整，操作起来比较麻烦。

我国的会计实务采用总价法。

三、应收账款的核算

企业销售商品、产品或提供劳务发生应收账款，在没有商业折扣的情况下，按应收的全部金额借记“应收账款”科目，贷记“主营业务收入”、“应交税费——应交增值税（销项税额）”等科目。收回应收账款时，按实收金额，借记“银行存款”科目，贷记“应收账款”科目。

【例3-1】 A公司向B公司销售甲产品400件，其单位售价600元，已开出的增值税发票中注明该批商品增值税税额为40 800元，款项尚未收到。据此，应编制会计分录为：

借：应收账款——B公司　　280 800

　贷：主营业务收入　　240 000

　　　应交税费——应交增值税（销项税额）　　40 800

接到银行通知，收到B公司转来所欠款项时，应编制会计分录为：

借：银行存款　　280 800

　贷：应收账款——B公司　　280 800

企业发生的应收账款，在有商业折扣的情况下，应按扣除商业折扣后的金额入账。

【例3-2】 甲企业销售一批产品给丙企业，按价目表标明的价格计算，金额为10 000

元，由于是成批销售，甲企业给丙企业10%的商业折扣，折扣金额为1 000元，增值税税率为17%。甲企业应编制分录如下：

借：应收账款——丙企业　　10 530
　贷：主营业务收入　　9 000
　　　应交税费——应交增值税（销项税）　　1 530

甲企业收到银行收款通知，收到上述货款时，作如下账务处理：

借：银行存款　　10 530
　贷：应收账款——丙企业　　10 530

企业发生的应收账款，在有现金折扣的情况下，如果采用总价法进行核算，发生的现金折扣作为财务费用处理。

【例3-3】甲企业于2007年10月1日销售一批产品给丁公司，增值税专用发票上注明售价为10 000元，规定的现金折扣条件为“2/10，1/20，*n*/30”，适用的增值税税率为17%，产品交付并办妥托收手续。甲企业应编制分录如下：

借：应收账款——丁公司　　11 700
　贷：主营业务收入　　10 000
　　　应交税费——应交增值税（销项税）　　1 700

如果丁公司在10天内付款，甲企业应作如下账务处理：

借：银行存款　　11 466
　　财务费用　　234
　贷：应收账款——丁公司　　11 700

如果丁公司在20天内付款，甲企业应作如下账务处理：

借：银行存款　　11 583
　　财务费用　　117
　贷：应收账款——丁公司　　11 700

如果丁公司在30天内付款，甲企业应作如下账务处理：

借：银行存款　　11 700
　贷：应收账款——丁公司　　11 700

值得注意的是，在有商业折扣的情况下，企业的实际收入通常就是扣除商业折扣后的金额，因此应交的增值税应按实际销售收入计算，而不存在折扣的问题。在有现金折扣的情况下，应交的增值税中是否存在现金折扣应视购销双方的约定而定。

第二节　应收票据

一、应收票据概述

1. 应收票据的概念

应收票据是指企业采用商业汇票支付方式销售商品、产品、提供劳务等而收到的商业汇票，或者是因为购货单位以商业汇票抵偿应收账款而收的商业汇票，也可能是因为借款给联营企业而收到的商业汇票。商业汇票是出票人签发的、委托付款人在指定日期无条件支付确定的金额给收款人或持票人的票据。在银行开立存款账户的法人及其他组织之间须具有真实的交易关系或债权、债务关系，才能使用商业汇票。

2. 应收票据的分类

商业汇票按其承兑人的不同，分为商业承兑汇票和银行承兑汇票。

商业汇票按是否计息可分为带息票据和不带息票据两种。带息票据是指在票据到期时，承兑人必须按票面金额（即面值）加上应计利息向收款人或被背书人支付款项的票据。不带息票据是指商业汇票到期时，承兑人只按票面金额（即面值）向收款人或被背书人支付款项的票据。

3. 应收票据的计量

我国《企业会计制度》规定，应收票据应当按票据的面值计价，即企业收到应收票据时，应按照票据的面值入账。但对于带息的应收票据，按照现行的制度的规定，应于期末（指中期期末和年度终了）按票据的票面价值和确定的利率计提利息，计提的利息应增加应收票据的账面价值。到期不能收回的应收票据，应将其账面余额转入应收账款，并不再计提利息。

二、应收票据的核算

1. 不带息应收票据的核算

企业收到的商业汇票，需通过“应收票据”科目进行核算，该科目借方登记应收票据的面值，贷方登记到期收回票款或到期前向银行贴现的应收票据的票面余额，期末余额在借方，反映企业尚未收回且未申请贴现的应收票据的面值。本账户按商业汇票的种类设置明细账，进行明细核算。

企业收到应收票据时，按票据的票面金额借记“应收票据”科目，贷记“主营业务收入”、“应交税费——应交增值税（销项税额）”等科目。应收票据到期时，按实际收到的金额，借记“银行存款”科目，贷记“应收票据”科目。商业承兑汇票到期，承兑人违约或无力偿还票款，收款企业应将到期票据的票面金额转入“应收账款”科目。

【例 3-4】A 企业销售一批产品给 B 企业，货已发出，货款 20 000 元，增值税税额为 3 400元。双方约定采用商业汇票结算。B 企业交给 A 企业一张不带息三个月到期的商业承兑汇票，面额为 23 400 元。作会计分录如下：

借：应收票据	23 400	
贷：主营业务收入		20 000
应交税费——应交增值税（销项税）		3 400

三个月后，票据到期，A 企业收回款项 23 400 元，存入银行。作会计分录如下：

借：银行存款	23 400	
贷：应收票据		23 400

或该票据到期，B 企业无力偿还票款，A 企业应将票据的票面金额转入“应收账款”科目。作会计分录如下：

借：应收账款——B 企业	23 400	
贷：应收票据		23 400

2. 带息应收票据的核算

企业收到带息应收票据，除按照上述原则进行核算外，还应于期末（指中期期末和年度终了），按应收票据的票面金额和确定的利率计提票据利息，并增加应收票据的账面价值，同时冲减“财务费用”。计提票据利息时，借记“应收票据”科目，贷记“财务费用”科目。

应收票据的利息是以票据面额、规定的利率以及约定的期限计算的。

票据利息 = 本金 × 票面利率 × 期限

上式中的“票面利率”一般指年利率，“期限”指签发日至到期日的时间间隔。票据的期限，有按月表示和按日表示两种。

票据的期限按月表示时，应以到期月份中与出票日相同的那一天为到期日。如5月2日签发的期限为一个月的票据，则6月2日为到期日。月末签发的票据，不论月份大小，以到期月份的月末那一天为到期日。如1月31日签发的票据，期限为一个月的票据于2月28日到期（闰年为2月29日），期限为两个月的票据于3月31日到期，期限为三个月的票据于4月30日到期。

与此相适应，计算利息使用的利率要换算成月利率（年利率 ÷ 12）。

票据的期限按日表示时，应从出票日起按实际经历天数计算，通常出票日和到期日只能算其中的一天，即“算头不算尾”或“算尾不算头”。例如，4月10日签发的90天票据，则到期日为：

90天 − 4月份剩余天数 − 5月份实有天数 − 6月份实有天数 = 90 −（30 − 10）− 31 − 30 = 9

可见，该票据于7月9日到期。

与此相适应，计算利息使用的利率也要换算成日利率（年利率 ÷ 360）。

应收票据的到期价值是指票据的面值与票据利息的合计数。

应收票据的到期价值 = 本金 + 票据利息 = 本金 + 本金 × 利率 × 期限 = 本金 ×（1 + 利率 × 期限）

带息应收票据到期收回款项时，应按收到的本息，借记“银行存款”科目，按账面余额，贷记“应收票据”科目，按其差额（未计提利息部分），贷记“财务费用”科目。带息应收票据到期不能收回款项时，应按其账面余额转入“应收账款”科目，并不再计提利息。其所包含的利息，在有关备查簿中进行登记，待实际收到时再冲减收到当期的财务费用。

【例3－5】A公司收到购货单位开出的商业承兑汇票一张，偿还其所欠货款。汇票面值为60 000元，12月1日签发，三个月到期，票面利率6%，到期时，收到票据款。作会计分录为：

（1）收到商业汇票：

借：应收票据	60 000	
贷：应收账款		60 000

（2）12月末计息：

票据利息 = 60 000 × 6% ÷ 12 × 1 = 300

借：应收票据 300
　贷：财务费用 300

（3）到期收回款项：

票据到期值 = 60 000 + 60 000 × 6% ÷ 12 × 3 = 60 900

借：银行存款 60 900
　贷：应收票据 60 300
　　财务费用 600

3. 应收票据背书转让

企业可以将自己持有的商业汇票背书转让。背书，是指票据转让时持有人在票据背面签字的称谓。签字人称为背书人，他对票据的到期付款负有法律责任。凡票据转让都必须经过背书手续，经过背书的票据，如遭拒付，持票人可以根据法律向背书人追索。

企业将持有的商业汇票背书转让以取得所需物资时，应按计入取得物资成本的价值，借记“在途物资”、“原材料”、“库存商品”等科目，按专用发票上注明的增值税税额，借记“应交税费——应交增值税（进项税额）”科目，按应收票据的账面余额，贷记“应收票据”科目，如有差额，借记或贷记“银行存款”等科目。

如为带息应收票据，企业将持有的商业汇票背书转让以取得所需物资时，应按计入取得物资成本的价值，借记“在途物资”、“原材料”、“库存商品”等科目，按专用发票上注明的增值税税额，借记“应交税费——应交增值税（进项税额）”科目，按应收票据的账面余额，贷记“应收票据”科目，按尚未计提的利息，贷记“财务费用”科目，按借贷双方的差额，借记或贷记“银行存款”等科目。

4. 应收票据贴现

应收票据贴现是指持票人因急需资金，将未到期的商业汇票背书转让给银行，银行受理后，从应收票据到期金额中扣除按银行的贴现率计算的贴现利息，将余额付给贴现企业的业务活动。

票据贴现实质上是企业融资的一种形式，在贴现中，企业付给银行的利息称为贴现利息，银行计算贴现利息的利率称为贴现率，企业从银行获得的票据到期值扣除贴现利息后的货币收入，称为贴现所得，即贴现净额。

票据贴现要计算贴现期、贴现利息和贴现净额。其中贴现期是指自贴现日起至到期日为止的实际天数，也采用“算头不算尾”或“算尾不算头”的方法计算确定。贴现的计算公式如下：

应收票据的到期价值 = 票据面值 + 票据利息

贴现利息 = 票据到期值 × 贴现率 × 贴现期

贴现净额 = 票据到期值 − 贴现利息

上述计算公式中，不带息票据的到期值即其面值；带息票据的到期值则是其面值加上按票据载明的利率计算的票据全部期间的利息。

应收票据的贴现根据票据的风险是否转移分为两种情况：一种带追索权，贴现企业在法律上负连带责任；另一种不带追索权，企业将应收票据上的风险和未来的经济利益全部转让给银行。其会计核算分别有以下两种情况：

（1）带追索权的票据贴现。

企业在销售商品、提供劳务以后，以取得的应收票据等应收债权向银行等金融机构申请贴现。如企业与银行等金融机构签订的协议中规定，在贴现的应收债权到期、债务人未按期偿还时，申请贴现的企业负有向银行等金融机构还款的责任。根据实质重于形式的原则，该类协议从实质上看，与所贴现应收债权有关的风险和报酬并未转移，应收债权可能产生的风险仍由申请贴现的企业承担，属于以应收债权为质押取得的借款，申请贴现的企业应按照以应收债权为质押取得借款的规定进行会计处理。

企业持有未到期的不带息的应收票据向银行申请贴现时，应根据银行盖章退回的贴现凭证第四联收账通知，按贴现净额，借记“银行存款”账户，按应收票据的票面金额，贷记“短期借款”账户，按二者的差额，借记或贷记“财务费用”账户。

企业持有未到期的带息的应收票据向银行申请贴现时，按贴现净额，借记“银行存款”账户，按应收票据的到期值，贷记“短期借款”账户，按二者的差额，借记或贷记“财务费用”账户。

【例3－6】甲企业2007年11月1日取得一张面值20 000元、期限为三个月、票面利率为4%的带息商业承兑汇票，企业持有一个月后向银行申请贴现，贴现率为6%，计算贴现净额并进行账务处理，该票据带追索权。

票据到期值＝票据面值＋票据利息＝20 000＋20 000×4%÷12×3＝20 200（元）

贴现利息＝20 200×6%÷12×2＝202（元）

贴现净额＝20 200－202＝19 998（元）

根据上述计算，作会计分录如下：

借：银行存款	19 998	
财务费用	202	
贷：短期借款		20 200

若贴现的商业承兑汇票到期，承兑人按期付款，对不带息票据而言，注销其应收票据的票面价值，借记“短期借款”账户，贷记“应收票据”；对带息票据而言，则按应收票据的账面价值转销，借记“短期借款”账户，按应收票据的账面余额贷记“应收票据”，未结算入账的利息计入“财务费用”。

【例3－7】承【例3－6】，票据到期，承兑人按期付款。作会计分录如下：

甲企业于2007年12月31日计提应收票据的利息：

20 000×4%÷12×2＝133.33（元）

借：应收票据	133.33	
贷：财务费用		133.33
借：短期借款	20 200	
贷：应收票据		20 133.33
财务费用		66.67

若到期承兑人无力支付款项，银行将支款通知随同汇票、付款人未付票款通知书送交申请贴现的企业，贴现企业有义务将有关款项按票据的到期值支付给银行。此时，不带息票据的贴现企业应按票据的面值，借记“应收账款”账户，贷记“应收票据”账户。同时，按银行实际扣款金额，借记“短期借款”账户，贷记“银行存款”账户；对带息票据，按所付票据账面余额，借记“应收账款”账户，贷记“应收票据”账户。同时，按银行实际扣

款金额，借记“短期借款”账户，贷记“银行存款”账户。

（2）不带追索权的票据贴现。

如果企业与银行等金融机构在签订的协议中规定，在贴现的应收债权到期、债务人未按期偿还、申请贴现的企业不负有任何偿还责任时，应视同应收债权的出售不带追索权的票据贴现。企业将应收票据上的风险和未来经济利益全部转让给银行，冲减应收票据的账面价值，应收票据贴现值（即贴现所得金额）与账面价值之差额计入“财务费用”（可能在借方，也可能在贷方）。

若协议中没有约定预计将发生的销售退回和销售折让（包括现金折扣，下同）的金额，在贴现时按贴现实际所得，借记“银行存款”账户，按应收票据的账面价值，贷记“应收票据”账户，按其差额计入“财务费用”账户。

值得注意的是，对已贴现的不带追索权的商业汇票到期，因贴现企业不承担连带偿付责任，不作任何会计处理。

【例3-8】甲企业收到购货单位交来2006年12月31日签发的带息商业票据一张，票面利率为4%，金额900 000元，承兑期限五个月。不带追索权，2007年1月31日企业持汇票向银行申请贴现，年贴现率为5%。

到期值 $=900\,000\times(1+4\%\times5/12)=915\,000$（元）

贴现息 $=915\,000\times5\%\times4/12=15\,250$（元）

贴现净额 $=915\,000-15\,250=899\,750$（元）

根据上述计算，作会计分录如下：

2007年1月31日期末计提利息：

借：应收票据　　　　3 000

　贷：财务费用　　　　3 000

贴现时：

借：银行存款　　　　899 750

　　财务费用　　　　3 250

　贷：应收票据　　　　903 000

第三节　预付账款和其他应收款

一、预付账款

1. 预付账款的概念

预付账款，是指企业按照购货合同或劳务合同规定，预先支付给供货方或提供劳务方的款项。预付账款是企业暂时被供应单位占用的资金。企业预付账款后，有权要求对方按照购货合同的规定发货。预付账款必须以购销双方签订的购货合同为条件，按照规定的程序和方法进行核算。

预付账款与应收账款都属于企业的债权，但两者产生的原因不同：应收账款是企业应收的销货款，即应向购货方收取的款项；预付账款是企业预付的购货款，即预先付给供货方的款项。因此，两者应当分别设置科目进行核算。

2. 预付账款的核算

企业向供货方预付账款时，应借记“预付账款”科目，贷记“银行存款”科目。企业收到预购的材料或商品时，应根据发票账单等列明的应计入购入货物成本的金额，借记“材料采购”或“原材料”等科目，按专用发票上注明的增值税，借记“应交税费——应交增值税（进项税额）”科目，贷记“预付账款”科目。当预付货款小于采购货物所需支付的款项时，应将不足的部分补付，借记“预付账款”科目，贷记“银行存款”科目；当预付货款大于采购货物所需支付的款项时，对收回的多余款项应借记“银行存款”科目，贷记“预付账款”科目。

【例3－9】威力公司预付给岭南企业材料款20 000元，通过银行转账支付，则会计分录如下：

借：预付账款——岭南企业　　20 000
　贷：银行存款　　20 000

收到材料和专用发票时，全部货款为70 000元，增值税金额为11 900元，威力公司补付款项61 900元。编制会计分录如下：

借：原材料　　70 000
　　应交税费——应交增值税（进项税额）　　11 900
　贷：预付账款——威力公司　　81 900

补付的货款：

借：预付账款——威力公司　　61 900
　贷：银行存款　　61 900

预付货款情况不多的企业，也可以将预付的货款直接计入“应付账款”科目的借方，预付货款时，借记“应付账款”科目，贷记“银行存款”科目，收到材料或商品时再予以转销。

通过“应付账款”科目登记预付货款业务，会使应付账款的某些明细科目出现借方余额。在期末编制资产负债表时，“应付账款”所属明细科目有借方余额的，应将这部分借方余额在资产负债表的预付账款列示。

二、其他应收款

1. 其他应收款的概念及内容

其他应收款项是企业的一项流动资产，属于短期性债权。它是指除应收账款、应收票据、预付账款以外，企业应收、暂付其他单位和个人的各种款项，主要有以下内容：

（1）应收的各种赔款、罚款，包括应向责任者个人和保险公司收取的财产物资等损失的赔偿款项。

（2）应收出租包装物的租金。

（3）应向职工个人收取的各种垫付款项，如为员工垫付的水电费、应由职工负担的医药费和房租费等。

（4）存出的保证金，如包装物押金等。

（5）应收、暂付上级单位和下属单位的款项。

（6）其他应收、暂付款项。

2. 其他应收款的核算

为了加强其他应收款项的核算和管理，应设置“其他应收款”科目，用来核算企业发生的非购销活动形成的债权。该科目借方登记企业所发生的各种其他应收款项，贷方登记企业收到和结转的其他应收款项，期末余额一般在借方，反映企业应收未收的各项其他应收款项。该科目应按其他应收款的项目分类，并按不同的债务人设置明细账，进行明细核算。

【例3-10】东方公司支付一笔包装物押金，共计10 000元，该款项已从银行存款中付出。编制会计分录如下：

借：其他应收款——押金　　10 000
　贷：银行存款　　10 000

【例3-11】东方公司以银行存款代职工李明垫付应由其个人负担的医药费2 000元，拟发放工资时扣回，则会计处理如下：

（1）公司垫付时：

借：其他应收款——李明　　2 000
　贷：银行存款　　2 000

（2）公司扣回款项时：

借：应付职工薪酬——工资　　2 000
　贷：其他应收款——李明　　2 000

第四节　应收款项减值的核算

一、应收款项减值的概述

应收款项减值是指企业无法收回或收回可能性极小的应收款项，包括应收账款和其他应收款等。由于发生应收款项减值而产生的损失，称为减值损失。

企业应当在资产负债表日对应收款项的账面价值进行全面检查，有客观证据表明该应收款项发生减值的，应当将该应收款项的账面价值减记至预计未来现金流量现值，减记的金额确认减值损失，计提坏账准备。

表明应收款项减值的客观证据，是指应收款项初始确认后实际发生的、对该应收款项的预计未来现金流量有影响，且企业能够对该影响进行可靠计量的事项。应收款项发生减值的客观证据，包括下列各项：

（1）债务人发生严重财务困难。

（2）债务人违反合同条款，如偿付利息或本金发生违约或逾期等。

（3）债权人出于经济或法律等方面因素的考虑，对发生财务困难的债务人作出让步。

（4）债务人很可能倒闭或进行其他财务重组。

（5）无法辨认一组应收款项中的某项资产的现金流量是否已经减少，但根据公开的数据对其进行总体评价后发现，该组应收款项自初始确认以来的预计未来现金流量已减少且可计量。如该组应收款项的债务人支付能力逐步恶化，或者债务人所在国家或地区失业率提高、担保物在其所在地区的价格明显下降、所处行业不景气等。

(6) 其他表明应收款项发生减值的客观证据。

需要注意的是，通常情况下，企业难以找到某一单独的客观证据表明应收款项可能发生减值。因此，应当在综合考虑上述各种因素的基础上进行分析判断。

二、应收款项减值损失的计量

应收款项减值测试分为单项金额重大和单项金额不重大两种。

对于单项金额重大的应收款项，应单独进行减值测试，如有客观证据表明其已发生减值，应当于资产负债表日比较其账面价值与未来现金流量的现值，根据其未来现金流量现值低于其账面价值的差额，确认减值损失，计提坏账准备。这里的账面价值是指应收款项账面余额减去减值准备后的金额。

对于单项金额不重大的应收款项，以及单项金额重大但经单独测试未发生减值的应收款项，应包括在具有类似信用风险特征的金融资产组合中再进行减值测试。按信用风险特征划分为若干个组合，再按这些应收款项组合在资产负债表日余额的一定比例计算确定减值损失，计提坏账准备。根据应收账款组合余额的一定比例计算确定的坏账准备，应当反映各项目实际发生的减值损失，即各项组合的账面价值超过其未来现金流量现值的金额。企业应当根据以前年度与之相同或相类似的、具有类似信用风险特征的应收款项组合的实际损失率为基础，结合现时情况确定本期各项组合计提坏账准备的比例，计算本期应计提的坏账准备金。

坏账准备可按以下公式计算：

当期应计提的坏账准备 = 当期按应收款项计算应计提坏账准备金额 − （+）“坏账准备”科目的贷方（或借方）余额

三、应收款项减值损失的核算

我国企业会计制度规定，企业应采用备抵法核算减值损失。

备抵法是企业采取按期估计减值损失，事先形成坏账准备金，当某一应收款项全部或者部分被确认为减值时，根据其减值金额冲减坏账准备，同时转销相应的应收款项金额的一种方法。在这种核算方法下，销售收入与之相关的坏账损失被计入同一会计期间，从而较好地遵循了配比原则；资产负债表能够客观地反映全部应收款项可变现的净值，从而更真实地反映资产所能带来的未来经济利益，避免高估资产，现实地反映企业的财务状况。另外，将可能无法收回的应收款项及时入账，较好地贯彻了权责发生制，也体现了谨慎性原则。但由于采用估计数作为确认减值损失、计提坏账准备的基础，不可避免地带有主观色彩，因此会给管理层带来盈余操纵的机会。

采用备抵法核算减值损失的企业应设置“坏账准备”科目，核算企业按规定从应收款项中提取的坏账准备金数额。企业应在计提坏账准备时，借记“资产减值损失——计提的坏账准备”科目，贷记“坏账准备”科目；冲减多计提的坏账准备时，借记“坏账准备”科目，贷记“资产减值损失——计提的坏账准备”科目。

实际确认减值损失时，借记“坏账准备”科目，贷记“应收账款”科目。若前已确认并转销的应收账款后又收回，则应按实际收到的金额，借记“应收账款”科目，贷记“坏账准备”科目，以恢复债权并转回已转销的坏账准备金额。同时，借记“银行存款”科目，贷记“应收账款”科目，以反映应收账款的收回情况。

企业采用备抵法进行坏账核算时，测试减值损失的方法有个别认定法、应收账款总额法、账龄分析法。

1. 个别认定法

此方法适合于单项金额重大的应收款项计提坏账准备。

当期应计提的坏账准备 = 应收款项的账面价值 − 预计未来现金流量的现值

【例 3 − 12】某企业 2008 年 1 月应收甲公司销货款 1 200 000 元，收款日为 2008 年 10 月 30 日。但由于甲公司发生财务困难，截至 2008 年 12 月 31 日尚未归还。但甲公司承诺将于 2009 年 12 月 31 日偿还 900 000 元，假设未来现金流量 900 000 元的现值为873 786元。其他款项未作承诺。

企业应计提的坏账准备为：1 200 000 − 873 786 = 326 214（元）

则企业于 2008 年年末应作会计分录如下：

借：资产减值损失——计提的坏账准备　　326 214
　贷：坏账准备　　326 214

2. 应收账款总额法

这种方法是指将应收账款的整个余额乘以一个预计的综合坏账比率，以此来确定坏账准备余额的方法。采用应收账款总额法估计减值损失比较简明实用，但只能根据经验数据来估计减值损失占应收款项余额的百分比。

【例 3 − 13】岭南公司 2007 年年末应收款项的余额为 500 000 元，经岭南公司对应收账款的减值测试决定按 3% 计提坏账准备。2008 年 4 月应收乙企业的货款确认为坏账损失 20 000 元，2008 年年末应收款项的余额为 550 000 元，经减值测试仍按 3% 计提坏账准备。2009 年 5 月，上年已确认为坏账的应收账款又收回 15 000 元，2009 年年末应收款项的余额为600 000元，经减值测试应按 5% 计提坏账准备。作会计分录如下：

（1）2007 年年末：

应提坏账准备 = 500 000 × 3% = 15 000（元）

期初“坏账准备”账户的余额为 0，本期计提额 = 15 000 − 0 = 15 000（元）

借：资产减值损失——计提的坏账准备　　15 000
　贷：坏账准备　　15 000

（2）2008 年 4 月，发生坏账时：

借：坏账准备　　20 000
　贷：应收账款——乙企业　　20 000

（3）2008 年年末：

应提坏账准备 = 550 000 × 3% = 16 500（元）

计提前“坏账准备”账户的借方余额为 5 000

本期计提额 = 16 500 + 5 000 = 21 500（元）

借：资产减值损失——计提的坏账准备　　21 500
　贷：坏账准备　　21 500

（4）2009 年 5 月坏账收回时：

借：应收账款——乙企业　　15 000
　贷：坏账准备　　15 000
借：银行存款　　15 000
　贷：应收账款——乙企业　　15 000

（5）2009 年年末：

应提坏账准备 = 600 000 × 5% = 30 000（元）

计提前“坏账准备”账户贷方余额 = 16 500 + 15 000 = 31 500（元）

本期冲减额 = 31 500 − 30 500 = 1 500（元）

借：坏账准备　　1 500
　贷：资产减值损失——计提的坏账准备　　1 500

3. 账龄分析法

账龄分析法是根据各项应收款入账时间的长短来估计减值损失的方法。

由于应收款拖欠期越长，发生坏账的概率越大，因此，将全部应收款按账龄分成若干组别，分别估计各组发生减值的概率，然后用这些概率估计全部应收款的预计减值总金额，进而求得应计提的坏账准备金。

【例 3 − 14】威力公司根据以往经验，将全部应收账款分为未到期、逾期 1 个月、逾期 2 ~ 3 个月、逾期 4 ~ 6 个月及逾期 6 个月以上五组。每组估计减值损失率分别为 0.5%、1%、2%、3%、5%。2007 年 12 月 31 日全部应收账款金额为 1 243 500 元，根据账龄估计减值损失，如表 3 − 1 所示。

表 3 − 1　　威力公司应收账款账龄分析表

2007 年 12 月 31 日　　单位：元

客户名称	应收账款	未到期	逾期 1 个月	逾期 2 ~ 3 个月	逾期 4 ~ 6 个月	逾期 6 个月以上
估计坏账（%）		0.5%	1%	2%	3%	5%
甲企业	15 000	10 000	5 000			
乙企业	234 000	8 000	6 000	150 000		70 000
丙企业	583 200		400 000	50 000	120 000	13 200
丁企业	75 000	3 000	58 000	14 000		
戊企业	336 300		265 300		71 000	
估计坏账	21 618	105	7 343	4 280	5 730	4 160

从表 3 − 1 可以看出，威力公司 2007 年年末全部应收账款为 1 243 500 元，根据以往经验计算减值损失估计为 21 618 元。若年末计提坏账准备前“坏账准备”科目贷方余额为 1 520元，则本年末实际应计提坏账准备金额为：21 618 − 1 520 = 20 098（元）。

年末补提坏账准备，编制会计分录如下：

借：资产减值损失——计提的坏账准备　　20 098

　贷：坏账准备　　20 098

需要指出的是，采用账龄分析法计提坏账准备时，收到债务单位当期偿还的部分债务后，剩余的应收账款，不应改变其账龄，仍应按原账龄加上本期应增加的账龄确定；在存在多笔应收账款，且各笔应收账款账龄不同的情况时，收到债务单位当期偿还的部分债务，应当逐笔认定收到的是哪一笔应收账款；如果确实无法认定的，按照先发生先收回的原则确定，剩余应收账款的账龄按上述同一原则认定。

总而言之，采用备抵法核算坏账，实际上就是根据估计的减值损失计提坏账准备。在采用余额百分比法与账龄分析法估计减值损失的情况下，如果各期估计减值（“坏账准备”科目应保留的贷方余额）与估计减值前的“坏账准备”科目的余额不符，应对“坏账准备”科目进行相应调整，使调整后“坏账准备”科目的贷方余额与本期所估计的坏账数额一致。

需要说明的是，在计提坏账准备时，应注意以下三个问题：

（1）除有确凿证据表明该项应收款项不能够收回或收回的可能性不大外（如债务单位已撤销、破产、资不抵债、现金流量严重不足、发生严重的自然灾害等导致停产而在短时间内无法偿付债务等，以及三年以上的应收款项），下列各种情况不能全额计提坏账准备：①当年发生的应收款项；②计划对应收款项进行重组；③与关联方发生的应收款项；④其他已逾期，但无确凿证据表明不能收回的应收款项。

如果不考虑企业的实际情况，故意设立秘密准备，则应作为重大会计差错进行处理。

（2）企业的预付账款，如有确凿证据表明不符合预付账款性质，或者因供货单位破产、撤销等原因已无望再收到所购货物的，应当将原计入预付账款的金额转入其他应收款，并按规定计提坏账准备。

（3）企业不应对应收票据计提坏账准备，而应待应收票据到期不能收回转入应收账款后，再按规定计提坏账准备。但是，如有确凿证据证明不能收回或收回的可能性不大时，可将其账面余额转入应收账款，并计提相应的坏账准备。

第四章　存　货

引导案例

湖洲纺织厂主要设有纺纱车间、织布车间和维修车间。纺纱车间和织布车间对发出的存货均采用加权平均法计价。2008年，全球经济萧条后，工厂面临的问题是销售业务不景气，拟将存货计价方法改为先进先出法，以求改善公司经营业绩。

纺纱车间所需棉花等原材料价格大幅上涨，所幸库存棉花较充足，短期内可满足生产和销售之需。织布车间生产的主要产品原色棉布的销售数额大幅下降。若按加权平均法计价，其年底存货余额为850 000元；若按先进先出法计价，年底存货余额大约为1 050 000元。公司所得税税率为25%。

思考：

1. 如果将存货计价方法改为先进先出法，对资产负债表中存货项目的数额有何影响？对公司本期利润有何影响？对交纳所得税有何影响？

2. 该公司改变存货计价方法有何利弊？

存货是企业流动资产的重要组成部分，不仅影响企业的资金周转，同时存货取得和发出的计价还直接影响企业各期的财务成果。因此，存货资产会计核算的准确与否，影响着企业编制财务报告的有效性，企业必须正确进行存货的确认、计量、记录和报告。

第一节　存货概述

一、存货的概念

存货是指企业在日常活动中持有以备出售的产成品或商品，处在生产过程中的在产品，在生产过程或提供劳务过程中耗用的材料、物料等。企业的存货包括为销售和为耗用而储存的有形资产。

存货的概念涉及三个方面的内容：

第一，在日常活动中持有以备出售的存货，是指企业在日常生产经营过程中处于行销状态的各种物品。如商品流通企业的库存商品，工业企业的库存产成品、可供销售的半成品以及外购商品等。

第二，处在生产过程中的存货，是指为了最终出售但目前尚处于生产加工过程中的各种物品。如委托加工物资，工业企业产品生产过程中的自制半成品、在产品，施工企业的在建工程等。

第三，在生产或提供劳务过程中将消耗的材料物资，指在正常生产经营过程中储存的供生产产品或提供劳务耗用的各种物品。如工业企业为生产产品而储存的原材料、燃料，各类企业的包装物、低值易耗品等。

二、存货的确认

要在资产负债表中作为存货项目予以确认，除了符合存货定义还必须满足以下两个确认条件：

1. 与该存货有关的经济利益很可能流入企业

实务中，对存货的经济利益是否能够流入企业的确认，应该以企业对存货是否具有法定的所有权为依据。凡在盘存日，法定所有权属于企业的一切商品，不论其存放地点，都应视为存货。如委托代销商品，由于其所有权并未转移至受托方，因而委托代销的商品属于委托企业存货的一部分。反之，凡是法定所有权不属于企业的物品，即使存放于企业，也不应确认为企业的存货。例如，根据销售合同已经售出（取得现金或收取现金的权利）、所有权已经转移的存货，因其所含经济利益已不能流入企业，因而不能再作为企业的存货核算，即使该存货尚未运离企业。

2. 该存货的成本能够可靠地计量

成本能够可靠地计量是资产确认的一项基本条件。存货作为企业资产的组成部分，要予以确认也必须能够对其成本进行可靠的计量。存货的成本能够可靠地计量必须以取得确凿、可靠的证据为依据，并且具有可验证性。如果存货成本不能可靠地计量，则不能将其确认为存货。

三、存货的分类

企业存货分为：原材料、在产品、自制半成品、产成品、商品、周转材料、委托代销商品等。

（1）原材料，是指供生产制造产品而购入的各种物品，如原料及主要材料、辅助材料、外购半成品、修理用备件、包装材料、燃料等。如中国石化的主要原材料之一是原油，他们把原油从地下开采出来，然后在此基础上加工成汽油。

（2）在产品，是指企业正在制造但尚未完工的产品，包括正在各个生产工序上加工的产品，和已加工完毕但尚未验收，或已验收但尚未办理入库手续的产品。

（3）自制半成品，是指经过一定生产过程并已检验合格交付半成品仓库保管，但尚未制造完工成为产成品，仍需进一步加工的中间产品。但不包括从一个车间直接转给另一个车间继续加工的自制半成品，以及不能单独计算成本的自制半成品。它与在产品的区别在于是否已验收入库。以中国石化为例，在生产汽油的过程中，要先把原油加工成煤油，然后再由煤油加工成汽油，如果加工好的煤油已经验收入库，那么就属于半成品；如果尚未验收入库，就属于在产品。

（4）产成品，是指工业企业已完成全部生产工艺过程，并已验收合格入库，可以按照合同规定的条件送交订货单位，或可以作为商品对外销售的产品。企业接受来料加工制造的代制品和为外单位加工修理的代修品，制造和修理完成验收入库后，应视同企业的产成品。

(5) 商品，是指商品流通企业外购或委托加工完成验收入库用于销售的各种物品。如家乐福超市里货架上的各种物品都是家乐福的商品。

(6) 周转材料，指企业能够多次使用，逐渐转移其价值但仍保持原有实物形成不变但不确认为固定资产的材料。如包装物和低值易耗品。其中包装物是指为包装本企业产品而储备的各种包装容器，如桶、箱、坛等，其主要作用是盛装、装潢产品或商品。低值易耗品是指价值较低或使用期较短不能列为固定资产核算的各种劳动资料，如工具、管理用具、玻璃器皿、劳动保护用品，以及在经营过程中周转使用的容器等。

(7) 委托代销商品，指企业委托其他单位代销，但按合同规定尚未办理代销货款结算的商品。

第二节　存货计量

存货的计量包括存货的初始计量、后续计量和期末计量。

一、存货的初始计量

现行财务制度规定："存货在取得时，应当按照实际成本入账。"存货的实际成本是指库存存货达到可以使用或可出售状态以前，直接或间接发生的有关支出，即历史成本。主要包括采购成本、加工成本和其他成本。

1. 采购取得的存货成本

企业通过购入取得的各种存货成本，包括实际支付的采购价格、相关税费、运输费、搬卸费、保险费和其他可直接归属于存货采购成本的费用。

采购价格是指企业购入材料或商品的发票账单上列明的价款。

相关税费是指为取得存货而发生的进口关税、消费税、资源税。一般纳税人取得增值税专用发票中的增值税计入进项税额。

其他可直接归属于存货采购成本的费用是指采购过程中除上述各项以外的可归属于存货的费用，如在存货采购过程中发生的仓储费、包装费、运输途中的合理损耗、入库前的挑选整理费等。

商品流通企业在采购商品过程中发生的运输费、装卸费、保险费及其他归属于存货成本的费用等进货费用，能分清负担对象的，应当计入存货采购成本；不能分清对象的，则应先进行归集，期末根据所购商品的存销情况进行分摊。对于已售商品的进货费用，计入当期损益；对于未售出商品的进货费用，计入期末存货成本。企业采购商品的进货费用金额较小的，可以在发生时直接计入当期损益。而对于市内零星运杂费、采购人员差旅费和采购机构的经费，以及企业供应部门和仓库的经费等，一般按其存货的归属计入存货成本。

2. 加工取得的存货成本

企业通过加工取得存货的加工成本是指在存货加工过程中发生的追加费用，包括生产工人工资和福利（直接人工）以及按照一定方法分配的制造费用。制造费用是指企业为生产产品和提供劳务而发生的各项间接费用，包括企业生产部门管理人员的薪酬、折旧费、修理费、办公费、水电费、机物料消耗、劳动保护费、季节性和修理期间的停工损失费等。企业应当根据制造费用的性质，合理选择制造费用的分配方法。在同一生产过程中，如果同时生产两种或两种以上的产品，并且每种产品的加工成本不能直接区分，则这些加工成本应当按照合理的方法在各种产品之间进行分配。

如果某项存货生产周期较长（一年或以上），而且在生产过程中占用了银行借款，则在该存货达到预定可销售状态前发生的借款利息费用，如果符合资本化条件的，应当计入该存货的生产成本。

企业设计产品发生的设计费用通常应计入当期损益，但为客户设计产品所发生的，可直接确定的设计费用应计入存货的成本。

3. 其他方式取得存货的成本

其他方式取得存货的成本是指除外购、加工以外的方式取得的存货成本，如委托加工存货、盘盈存货、接受捐赠存货、接受投资存货、债务重组取得的存货等。

委托加工的存货成本包括实际耗用的原材料或者半成品、加工费、装卸费、保险费、委托加工的往返运输费等费用以及按规定应计入成本的税费。

盘盈的存货成本应当按其重置成本作为入账价值。

接受投资的存货成本应当按照投资合同或协议确定的价值作为实际成本。投资合同或协议确定的价值不公允的除外。

除此之外其他方式取得的存货成本本书不作讨论。

特别值得一提的是，下列费用不应计入存货成本，而应在其发生时计入当期损益。

（1）非正常消耗的直接材料、直接人工和制造费用，应在发生时计入当期损益，不应计入存货成本。如由于自然灾害而发生的直接材料、直接人工和制造费用，由于这些费用的发生无助于使该存货达到目前场所和状态，不应计入存货成本，而应确认为当期损益。

（2）仓储费用，指企业在存货采购入库后发生的储存费用，应在发生时计入当期损益。但是，在生产过程中为达到下一个生产阶段所必需的仓储费用应计入存货成本。如某种酒类产品生产企业为使生产的酒达到规定的产品质量标准而必须发生的仓储费用，应计入酒的成本，而不应计入当期损益。

（3）不能归属于使存货达到目前场所和状态的其他支出，应在发生时计入当期损益，不得计入存货成本。

二、存货的后续计量

企业存货不断流入和流出，形成了生产经营过程中的存货流动。存货的流转大体可以分为两个方面：一是实物的流转，即存货实体的收入与发出；二是存货的成本流转。理论上讲，最好的办法是进行个别认定，这样可以使存货的成本流动与其实物流动相一致，但在实际工作中，经常会遇到存货数量很大、品种繁多，且成本经常变动的情况，此时使用这种方法会造成核算成本过高，甚至不可行。为解决这个问题，企业通常是在多种存货成本流转假设中选择一个来使用。

按照《企业会计准则第1号——存货》的规定，企业可以采用先进先出法、加权平均法、移动加权平均法、个别计价法等计价方法。

在选用具体计价方法时需要注意的是，对于性质和用途相似的存货，应当采用相同的成本计算方法确定发生存货的成本。

假定某企业2007年7月初结存甲材料200件，单价为4元，本月甲材料的收发情况如表4－1所示。

表4－1　　甲材料收发情况

材料科目：原材料　　材料类型：金属类　　存放地点：1号仓库

材料编号：06015　　名称及规格：甲材料　　计量单位：件

2007年		凭证字号	摘要	收入			发出			结存		
月	日			数量	单价	金额	数量	单价	金额	数量	单价	金额
7	1		月初余额							200	4.00	
	5		购入	300	4.20							
	9		购入	500	4.30							
	12	略	发出				700					
	15		购入	200	4.40							
	18		购入	500	4.50							
	20		发出				800					
	24		购入	300	4.60							

现在以此为例，用不同的存货发出计价方法测算该企业发出的存货成本。

1. 个别计价法

个别计价法又称个别认定法、具体辨认法、分批实际法等。它要求逐一辨认各批发出存货和期末存货所属的购进批别或生产批别，分别按期购入或按生产时所确定的单位成本计算各批发出存货和期末存货的成本。在这种方法下，存货的实物流转和成本流转是一致的。

采用个别计价法，一般需要具备两个条件：一是存货项目必须是可以辨别认定的；二是必须要有详细的记录，据以了解每一个别存货或每批存货项目的具体情况。

采用个别计价法进行存货的明细核算，要求保管部门对每批购进的商品分别存放，并为各批存货分别标明进货批次和进价。在存货发出时，应在发货单中填明其进货的批次和单价，以便据以计算该批存货发出的成本，登记库存存货明细账。在发出存货时，按发出数量乘以其实际单价计算。如果发出的存货包括两批或两批以上的进货时，也应按两个或两个以上的进价分别计算。

假设企业在12日发出700件材料，有200件是月初结存的，500件是第二批购入的；20日发出800件材料，是第一批的300件和第四批的500件。则：

发出材料的实际成本 $=200\times4+500\times4.30+300\times4.20+500\times4.50=6\ 460$（元）

这种方法的优点是存货发出成本真实准确；缺点是核算工作比较复杂，对于存货收、发、存的管理工作要求较高，手续烦琐。这种方法适用于购进批次较少，整批进整批出，并且能够分批存放的存货。如房屋、船舶、飞机、汽车、珠宝等。

2. 加权平均法

加权平均法亦称全月一次加权平均法，是指以期初结存存货数量和本期收入存货数量之和为权数，来确定本月发出存货的加权平均单价，并据以计算存货的发出成本和期末结存成本的方法。

$$加权平均单位成本=\frac{月初结存存货成本+本月购入存货成本}{月初结存存货数量+本月购入存货数量}$$

本月发出存货成本=发出存货数量×加权平均单位成本

期末结存存货成本=期末结存存货数量×加权平均单位成本

如果计算出的加权平均单位成本不是整数，则为保证存货结存成本的正确性，应采用倒挤成本法计算发出存货成本，即：

期末结存存货成本=期末结存存货数量×加权平均单位成本

本月发出存货成本=期初结存存货成本+本期收入存货成本-期末结存存货成本

仍用表4-1的资料，采用加权平均法登记“材料明细账”，如表4-2所示。

表4-2 **材料明细账**

材料科目：原材料　　材料类型：金属类　　存放地点：1号仓库

材料编号：06015　　名称及规格：甲材料　　计量单位：件

2007年		凭证字号	摘要	收入			发出			结存		
月	日			数量	单价	金额	数量	单价	金额	数量	单价	金额
7	1		月初余额							200	4.00	800
	5		购入	300	4.20	1 260				500		
	9		购入	500	4.30	2 150				1 000		
	12	略	发出				700			300		
	15		购入	200	4.40	880				500		
	18		购入	500	4.50	2 250				1 000		
	20		发出				800			200		
	24		购入	300	4.60	1 380				500		
	31		本月合计	1 800		7 920	1 500	4.36	6 540	500	4.36	2 180

材料明细账中的加权平均单价计算如下：

加权平均单价=（800+7 920）÷（200+1 800）=4.36（元）

本月发出材料成本=1 500×4.36=6 540（元）

月末材料结存成本=500×4.36=2 180（元）

加权平均法的优点在于月末计算一次加权单价，简化成本核算工作；缺点是明细账平时没有存货减少和结存金额记录，不利于存货日常管理，且存货单价变动幅度较大时，用加权平均单价法计算的发出成本与实际成本会有较大差异。这种方法只适用于单价变动幅度不大的存货核算。

3. 移动加权平均法

移动加权平均法亦称移动平均法，是指每次收货以后，立即根据库存存货数量和总成本，计算出新的平均单位成本的一种方法。

$$\text{移动加权平均成本} = \frac{\text{本次购入前结存成本} + \text{本次购入存货成本}}{\text{本次购入前结存数量} + \text{本次购入存货数量}}$$

$$\text{发出存货成本} = \text{移动加权平均单位成本} \times \text{发出存货数量}$$

$$\text{月末结存存货成本} = \text{月末库存存货数量} \times \text{月末存货的移动平均单位成本}$$

采用这种方法，存货明细账上能够随时登记存货收、发、存的数量、单价和金额。根据表 4－1 所列资料登记“材料明细账”，如表 4－3 所示。

表 4－3

材料明细账

材料科目：原材料　　材料类型：金属类　　存放地点：1 号仓库

材料编号：06015　　名称及规格：甲材料　　计量单位：件

2007 年		凭证字号	摘要	收入			发出			结存		
月	日			数量	单价	金额	数量	单价	金额	数量	单价	金额
7	1		月初余额							200	4.00	800
	5		购入	300	4.20	1 260				500	4.12	2 060
	9		购入	500	4.30	2 150				1 000	4.21	4 210
	12	略	发出				700	4.21	2 947	300	4.21	1 263
	15		购入	200	4.40	880				500	4.286	2 143
	18		购入	500	4.50	2 250				1 000	4.393	4 393
	20		发出				800	4.393	3 514.4	200	4.393	878.6
	24		购入	300	4.60	1 380				500	4.517	22 258.5
	31		本月合计	1 800		7 920	1 500		6 461.4	500	4.517	22 258.5

明细账中 7 月 9 日的加权平均单位成本 =（2 060 + 2 150）÷（500 + 500）= 4.21（元）

12 日发出材料成本 = 700 × 4.21 = 2 947（元）

18 日的加权平均单位成本 =（2 143 + 2 250）÷（500 + 500）= 4.393（元）

20 日发出的材料单位成本 = 800 × 4.393 = 3 514.4（元）

24 日的加权平均单位成本 =（878.6 + 1 380）÷（200 + 300）= 4.517 2（元）

移动加权平均法的优点是可以随时反映存货账面结存数量及金额，随时计算结转存货发出成本，从而有利于加强存货的资金管理，且计算的存货发出和结存成本较准确，缺点是核算工作量过大。此法适用于存货种类较少、购货次数也较少的企业或采用电算化核算的企业。

4. 先进先出法

先进先出法是以“先入库的存货先发出”这样一种存货实物流转假设为前提，并根据这种假定的成本流转次序确定发出存货成本的一种方法。

采用这种方法计算发出存货成本时，依据存货明细账中结存存货的数量和单价，依次进行计算，求出发出存货的成本。根据表4－1所列资料登记“材料明细账”，如表4－4所示。

表4－4 材料明细账

材料科目：原材料　　材料类型：金属类　　存放地点：1号仓库

材料编号：06015　　名称及规格：甲材料　　计量单位：件

2007年		凭证字号	摘要	收入			发出			结存		
月	日			数量	单价	金额	数量	单价	金额	数量	单价	金额
7	1	略	月初余额							200	4.00	800
	5		购入	300	4.20	1 260				200 300	4.00 4.20	800 1 260
9			购入	500	4.30	2 150				200 300 500	4.00 4.20 4.30	800 1 260 2 150
	12		发出				200 300 200	4.00 4.20 4.30	800 1 260 860	300	4.30	1 290
	15		购入	200	4.40	880				300 200	4.30 4.40	1 290 880
	18		购入	500	4.50	2 250				300 200 500	4.30 4.40 4.50	1 290 880 2 250
	20		发出				300 200 300	4.30 4.40 4.50	1 290 880 1 350	200	4.50	900
	24		购入	300	4.60	1 380				200 300	4.50 4.60	900 1 380
	31		本月合计	1 800		7 920	1 500		6 440	200 300	4.50 4.60	900 1 380

采用先进先出法，可以在存货发出时就计算结转发出存货成本，并且结存存货的成本与市价比较接近。同时可以看出，在物价持续上涨时，采用这种方法计算的发出成本较低，企业当期利润计算偏高，期末存货成本就接近于最后收进或购进存货的成本。

先进先出法的优点是账面结存存货的成本与市价基本一致；缺点是发出存货数量较大

时，发出的存货成本需要使用多个单价计算，会计核算工作比较复杂，特别是存货进出量频繁的企业更是如此。

以上四种存货发出方法，企业可以任选其中一种使用，但一经确定后，不得随意变更。

存货的成本计算还有简化核算方法，即计划成本法（将在后续章节具体讲解）、毛利率法和零售价法等。

5. 毛利率法

毛利率法是根据本期销售净额乘以前期实际（或本月计划）毛利率匡算本期销售毛利，并计算发出存货成本的方法。本方法常见于商品流通企业。计算公式如下：

毛利率＝销售毛利/销售净额×100%

销售净额＝主营业务收入－销售退回与折让

本期销售毛利＝本期销售净额×毛利率

本期销售成本＝本期销售净额－本期销售毛利＝销售净额×（1－毛利率）

期末存货成本＝期初存货成本＋本期购货成本－本期销售成本

【例4－1】某批发商场一季度A类商品的销售毛利率为25%。假定该商场4月初A类商品结存成本为21 000元，本月购进成本40 000元，销售收入净额为65 000元。

本期销售毛利＝65 000×25%＝16 250（元）

本期已销商品成本＝65 000－16 250＝48 750（元）

期末结存商品成本＝21 000＋40 000－48 750＝12 250（元）

或者简化为：

本期已销商品成本＝65 000×（1－25%）＝48 750（元）

采用这种存货计价方法既能减轻工作量，又能满足对存货管理的需要。但是由于毛利率法是按存货大类来计算的，其结果往往不够准确，为此，一般应在每季季末用上述其他方法进行调整，即每季的最后一个月不能用此方法。

6. 零售价法

零售价法是指用成本占零售价的百分比来计算期末存货成本的一种方法。这种方法的基本内容如下：

（1）期初存货和本期购货同时按成本和零售价记录，以便计算可供销售的存货成本和售价总额。

（2）本期销货只按售价记录，从本期可供销售的存货售价总额中减去本期销售的售价总额，计算出期末存货的售价总额。

（3）计算存货成本占零售价的百分比，即成本率，公式如下：

$$\text{成本率}=\frac{\text{期初存货成本}+\text{本期购货成本}}{\text{期初存货售价}+\text{本期购货售价}}$$

（4）计算期末存货成本，公式如下：

期末存货成本＝期末存货售价总额×成本率

（5）计算本期销售成本，公式如下：

本期销售成本＝期初存货成本＋本期购货成本－期末存货成本

【例4－2】某商店2007年10月份的期初存货成本为140 000元，售价总额为175 000元；本期购货成本为410 000元，售价总额为625 000元；本期销售收入为600 000元。计算期末存货成本和本期销售成本。

成本率＝（140 000＋410 000）÷（175 000＋625 000）×100%＝68.75%

期末存货售价＝175 000＋625 000－600 000＝200 000（元）

期末存货成本＝200 000×68.75%＝137 500（元）

本期销售成本＝140 000＋410 000－137 500＝412 500（元）

零售价法主要适用于商品零售企业，如百货商店或超级市场等，由于这类企业的商品都要标明零售价格，而且商品的型号、品种、款式繁多，难以采用其他方法计价。

在我国会计实务中，商品零售企业广泛采用售价金额核算法。实际上，售价金额核算法并不是一种单独的存货计价方法，而是零售价法中的一种账务处理方式。这种方法是通过设置“商品进销差价”科目进行处理的，平时商品存货的进、销、存均按售价记账，售价与进价的差额计入“商品进销差价”科目，期末通过计算进销差价率的办法计算本期已销商品应分摊的进销差价，并据以调整本期销售成本。进销差价率的计算公式如下：

$$进销差价率=\frac{期初库存商品进销差价+本期购进商品进销差价}{期初库存商品售价+本期购进商品售价}=1-销售成本率$$

本期已销售商品分摊的进销差价＝本期商品销售收入×进销差价率

本期销售商品的实际成本＝本期商品销售收入－本期已销售商品分摊的进销差价

仍引用上例，试通过售价金额核算法确定期末存货成本和本期销售成本。

该商店10月份的购货业务，可编制如下会计分录：

借：库存商品　　625 000
　贷：银行存款　　410 000
　　　商品进销差价　　215 000

记录10月份主营业收入：

借：银行存款　　600 000
　贷：主营业务收入　　600 000

平时结转商品销售成本：

借：主营业务成本　　600 000
　贷：库存商品　　600 000

计算10月份进销差价率和已销商品应分摊的进销差价：

进销差价率＝（35 000＋215 000）÷（175 000＋625 000）＝0.312 5

已销商品应分摊的进销差价＝600 000×0.312 5＝187 500（元）

已销商品应分摊的进销差价冲转销售成本：

借：商品进销差价　　187 500
　贷：主营业务成本　　187 500

经过转账，10月份商品销售成本调整为实际成本412 500元。

三、存货的期末计量

《企业会计准则——存货》规定，“会计期末，存货应当按照成本与可变现净值孰低计量”，对可变现净值低于存货成本的差额，计提存货跌价准备。

成本与可变现净值孰低法是指对期末存货按照成本与可变现净值两者之中较低者计价的方法。当可变现净值低于成本时，按其差额计提存货跌价准备，计入当期损益；当成本低于可变现净值时，期末存货按成本计价，不计提存货跌价准备；但是原已计提存货跌价准备的，应在已计提存货跌价准备金额的范围内转回。

这里所讲的“成本”是指存货的历史成本，即按前面所介绍的以历史成本为基础的存货计价方法（如先进先出法等）计算得出的期末存货价值。如果企业在存货成本的日常核算中采用计划成本法等简化核算方法，那么存货的期末成本应该是经调整后的实际成本。

可变现净值是指未来净现金流入，而不是指企业存货的现行售价或合同价。企业销售存货预计取得的现金流入，并不完全构成存货的可变现净值。由于存货在销售过程中可能发生相关税费和销售费用，以及为达到预定可销售状态还可能发生进一步的加工成本。这些相关税费、销售费用和成本支出，均构成存货销售产生现金流入的抵减项目，只有在扣除这些现金流出后，才能确定存货的可变现净值。

1. 存货可变现净值的确定

可变现净值，是指在日常活动中，存货的估计售价减去至完工时估计将要发生的成本、估计的销售费用以及相关税费后的金额。由此可见，可变现净值特征表现为存货的预计未来净现金流量。

在确定存货的可变现净值时，应考虑持有存货的目的。不同持有目的下的存货，其可变现净值的确定方法不同。一般来说，存货按照其持有目的不同可分为两类：一是持有以备出售的存货，如库存商品、产成品和用于销售的原材料等，其可变现净值 = 估计售价 - 估计的销售费用 - 估计的相关税费；二是在生产过程或提供劳务过程中被耗用的存货，如生产用的原材料、半成品等，其可变现净值 = 所生产的产品的估计售价 - 至完工时估计将要发生的成本 - 估计的销售费用 - 估计的相关税费。以下我们针对具体情况来讨论如何确定存货的可变现净值。

（1）持有以备出售且有合同约定的存货。

对于持有以备出售且有销售合同约定的存货，通常以合同价格作为估计售价，在此基础上计量可变现净值，也就是说这类存货可变现净值 = 合同约定的售价 - 估计的销售费用 - 估计的相关税费。

【例4-3】广州公司于2008年12月10日与深圳公司签订了一笔不可撤销的销售合同，双方约定，由广州公司向深圳公司提供手机100台，价格为1 000元/台。2008年12月31日，广州公司的手机账面成本为90 000元，数量为100台，单位成本900元/台。2008年12月31日，这类手机的市场销售价格为1 100元/台。另外，假设估计将要发生的销售费用和相关税费18 000元。则：

2008年12月31日广州公司存货的可变现净值 = 1 000 × 100 - 18 000 = 82 000（元）

其账面成本为90 000元，可变现净值低于成本，则广州公司存货的期末价值应该是

82 000元。

（2）持有以备出售但没有合同约定的存货。

对于持有以备出售但没有合同约定的存货，一般采用销售价格作为其估计售价，此时的可变现净值＝一般销售价格－估计的销售费用－估计的相关税费。

【例4－4】承【例4－3】，假设广州公司没有这类手机的销售合同，市场这类手机销售价格为1 100元/台。我们应该以一般销售价格1 100元/台作为其估计售价。

2008年12月31日广州公司存货的可变现净值＝1 100×100－18 000＝92 000（元）

所以广州公司的存货期末价格应该是90 000元。

通常情况下，企业持有的存货中有一部分是有合同约定的，有一部分是没有合同约定的。当企业持有的存货数量多于合同订购数量时，超出部分的可变现净值应该以一般销售价格作为计算基础。

（3）为生产而持有的原材料，且其生产的产成品的可变现净值预计高于成本。

对于这类原材料，不论其自身的可变现净值是否低于成本，只要它所生产的产成品的可变现净值预计高于成本，我们就按照材料的成本计量其价值。

（4）为生产而持有的原材料，且其生产的产成品的可变现净值低于成本。

如果价格下降导致原材料所生产的产成品的可变现净值低于成本，那么该原材料就应该按照可变现净值入账。其可变现净值＝所生产的产成品的估计售价－至完工估计将要发生的成本－估计销售费用－估计的相关税费。

【例4－5】2008年12月31日广州公司库存原材料的账面价值为15 000元，市场销售价格为12 000元。若将这批原材料用于生产产品，则产成品的生产成本为20 000元，销售价格为22 000元。估计将要发生的销售费用和相关税费4 000元。为了将这批原材料加工成产成品，广州公司还要投入5 000元。试确定该原材料的可变现净值。

首先，比较产成品的成本与可变现净值：

可变现净值＝22 000－4 000＝18 000（元）

产成品成本＝20 000（元）

其可变现净值低于成本，此时，我们需要比较原材料的成本与可变现净值。

原材料的可变现净值＝所生产的产成品的估计售价－至完工估计将要发生的成本－估计的销售费用－估计的相关税费＝22 000－5 000－4 000＝13 000（元）

原材料的成本是15 000元

其成本高于可变现净值，因此，广州公司应该按原材料的可变现净值13 000元计量其期末价值。

2. *存货减值迹象*

存在下列情况之一的，表明存货的可变现净值低于成本：

（1）该存货的市场价格持续下跌，并且在可预见的未来无回升的希望。

（2）企业使用该项原材料生产的产品成本大于产品的销售价格。

（3）企业因产品更新换代，原有库存原材料已不适应新产品的需要，而该原材料的市场价格又低于其账面成本。

（4）因企业所提供的商品或劳务过时或消费者偏好改变而使市场的需求发生变化，导致市场价格逐渐下跌。

（5）其他足以证明该项存货实质上已经发生减值的情形。

而存货存在以下情况之一的，表明存货的可变现净值为零：第一，已霉烂变质的存货；第二，已过期且无转让价值的存货；第三，生产中已不再需要，并且已无使用价值和转让价值的存货；第四，其他足以证明已无使用价值和转让价值的存货。

3. 计提存货跌价准备

采用成本与可变现净值孰低法对存货进行期末计价时，企业应比较存货的成本与可变现净值，对此有三种方法可供选择：单项比较法、分类比较法及总额比较法。

（1）单项比较法，也称为逐项比较法或个别比较法，是指将存货中每一项存货的成本和可变现净值进行比较，每项存货均取其较低者来确定期末结存存货的价值。

（2）分类比较法，是指将存货中每一类存货的成本与可变现净值进行比较，每类存货取其较低者来确定期末结存存货的价值。

（3）总额比较法，也称为综合比较法，是指将全部存货的总成本与可变现净值总额进行比较，以较低者作为期末结存存货的价值。

《企业会计准则——存货》规定，“存货跌价准备应当按照单个存货项目计提”。如果某些存货具有类似用途并与在同一地区生产和销售的产品系列相关，且实际上难以将其与该产品系列的其他项目区别开来进行估价的存货，可以合并计提存货跌价准备；对于数量繁多、单价较低的存货，也可以按存货类别计提存货跌价准备。

【例4-6】某企业有A、B、C、D四种存货，按其性质的不同分为甲、乙两大类。各种存货的成本与可变现净值已经确定，现分别按三种方法确定其期末结存存货的价值，如表4-5所示。

表4-5 期末存货成本与可变现净值比较表 单位：元

项　目	成　本	可变现净值	单项比较法	分类比较法	总额比较法
甲类存货	3 000	3 300		3 000	
A存货	1 000	1 400	1 000		
B存货	2 000	1 900	1 900		
乙类存货	7 000	6 900		6 900	
C存货	3 000	3 100	3 000		
D存货	4 000	3 800	3 800		
总计	10 000	10 200	9 700	9 900	10 000

由表4-5可见，单项比较法确定的期末存货价值最低（9 700元），分类比较法次之（9 900元），总额比较法最高（10 000元）。其原因是单项比较法所确定的均为各项存货的最低价。

4. 存货跌价准备的会计核算

经过以上的不同方法确定企业存货成本与可变现净值后，如果期末结存存货的成本低于可变现净值，则不需作账务处理，资产负债表中的存货仍按期末账面价值列示；如果期末存货的可变现净值低于成本，则必须在当期确认存货跌价损失，并进行有关的账务处理。企业应当设置“存货跌价准备”账户，核算存货的跌价准备，贷方登记计提的存货跌价准备金额，借方登记实际发生的存货跌价损失金额和冲减的存货跌价准备金额，期末余额一般在贷方，反映企业已计提但尚未转销的存货跌价准备。

企业在资产负债表日，根据存货准则确定存货发生减值的，按存货可变现净值低于成本的差额，借记“资产减值损失——计提的存货跌价准备”科目，贷记“存货跌价准备”科目。如已计提跌价准备的存货的价值以后又得以恢复的，应在原已计提的存货跌价准备金额内，按恢复增加的数额，借记“存货跌价准备”科目，贷记“资产减值损失——计提的存货跌价准备”科目。发出存货结转计提的存货跌价准备的，借记“存货跌价准备”科目，贷记“主营业务成本”科目。

【例4-7】某企业采用“成本与可变现净值孰低法”进行期末存货计价。2004年年末存货的账面成本为60 000元，可变现净值为57 000元，应计提的存货跌价准备为3 000元。根据上述资料，应作如下账务处理：

借：资产减值损失——计提的存货跌价准备　　3 000
　贷：存货跌价准备　　3 000

假设2005年年末存货的种类和数量未发生变化（下同），且存货的可变现净值为53 000元，应计提的存货跌价准备为7 000元（60 000-53 000）。由于前期已计提3 000元，本期应补提存货跌价准备4 000元（7 000-3 000）。

借：资产减值损失——计提的存货跌价准备　　4 000
　贷：存货跌价准备　　4 000

假设2006年年末存货的可变现净值为58 500元，应计提的存货跌价准备为1 500元（60 000-58 500）。由于前期已计提7 000元，本期应冲减已计提的存货跌价准备5 500（7 000-1 500）元。

借：存货跌价准备　　5 500
　贷：资产减值损失——计提的存货跌价准备　　5 500

假设2007年年末存货的可变现净值为61 000元，存货成本为60 000元，所以应以成本60 000元作为存货的期末价值，不需计提存货跌价准备。由于前期已计提1 500元（60 000-58 500），本期应冲减前期已计提的存货跌价准备1 500元（以“存货跌价准备”科目余额冲减至零为限）。

借：存货跌价准备　　1 500
　贷：资产减值损失——计提的存货跌价准备　　1 500

第三节　原材料

原材料，是指企业在生产过程中经加工改变其形态或性质并构成产品主要实体的各种原料、主要材料和外购半成品，以及不构成产品实体但有助于产品形成的辅助性材料等。具体包括原料及主要材料、辅助材料、外购半成品（外购件）、修理用备件（备品备件）、包装材料、燃料等。

原材料的日常收发及结存，可以采用实际成本核算，也可采用计划成本核算。实际成本法一般适用于规模较小、存货品种简单、采购业务不多的企业。

一、原材料按实际成本核算

原材料按实际成本计价方法进行日常收发核算，其特点是从原材料的收发凭证到明细分类账和总分类账全部按实际成本计价。

为了总括反映原材料资金的增减变动和结存情况，应设置“原材料”和“在途物资”等主要科目。“原材料”科目是用来核算库存中各种材料增减变动和结存情况的科目。科目借方登记已验收入库材料的实际成本，贷方登记发出材料的实际成本，期末余额在借方，表示库存原材料的实际成本。“在途物资”科目是用来核算根据供应单位的发票账单已支付货款，但尚未验收入库的材料物资。该科目借方用来登记已经支付但尚未到达，或虽已到达但尚未验收入库的材料物资的实际成本；贷方核算已经验收入库的材料物资的实际成本，期末借方余额反映尚未到达或尚未验收入库的材料物资实际支出。本科目应按供应单位设置明细科目。

（一）购入原材料

1. 货款已付同时材料验收入库

这种情况下，会计部门要根据付款凭证及收货单，一方面反映原材料的增加，另一方面反映银行存款或现金的减少。

【例4－8】好世界公司采用送货制以及支票结算方式购入材料500千克，材料单价40元。取得的增值税专用发票上注明的材料价款为20 000元，增值税税额为3 400元。代垫运费400元，装卸费350元。材料已验收入库，开出支票结算款项。根据支票存根及发货票等凭证，作会计分录如下：

借：原材料	20 750	
应交税费——应交增值税（进项税额）	3 400	
贷：银行存款		24 150

2. 货款已付，材料尚未到达或尚未验收入库

货款先付、材料后到的情况，多数是在企业向外地采购材料，采用托收承付结算方式，销货方的托收凭单已经收到，经审核无误承付货款、税金及费用，但材料尚在运输途中。这种货款已付、尚未收到的材料在会计上列为“在途物资”核算。

【例4－9】好世界公司向外地的北京公司购入材料一批，运杂费500元，取得的增值税专用发票上注明材料价款12 000元，增值税税额为2 040元。好世界公司用银行存款支付，但材料尚在途中，应编制会计分录如下：

借：在途物资	12 500	
应交税费——应交增值税（进项税额）	2 040	
贷：银行存款		14 540

材料到达后，经验收入库，根据入库单编制会计分录如下：

借：原材料	12 500	
贷：在途物资		12 500

3. 货款尚未支付，材料已验收入库

企业在采购材料过程中，发生材料已到、结算凭证未到、货款暂时未能支付的业务，如所收到的材料确属企业订购的品种，可先行办理验收入库手续，并分两种情况，作出账务处理。

第一种情况是材料已到，发票账单也已到达，但由于企业银行存款不足而未付款，或合同中约定可以延期付款即赊购。在这种情况下，企业因购入材料而形成负债。

【例4-10】企业从滨海工厂购入一批材料，支付运杂费800元，取得的增值税专用发票上注明材料价款为32 000元，增值税税额为5 440元。企业收到材料验收入库，也收到发票、运杂费单据等有关凭证，款项暂欠。根据有关凭证编制会计分录如下：

借：原材料	32 800	
应交税费——应交增值税（进项税额）	5 440	
贷：应付账款——滨海工厂		38 240

第二种情况，材料已到、发票账单未到，因而货款暂未支付。等到有关的发票账单到达时再支付货款。

在实际工作中，发生材料已经验收入库，而发票账单未到达情况时，发票账单一般在几日内即可到达。因此，这类业务发生时，月份内可以暂不进行总分类核算，待发票账单到达后，按实际支付的款项记账。如果月终时仍未收到发票账单，应按合同价格暂估入账，下月初用红字将暂估价冲销，待发票账单到达后再按实际成本记账。

【例4-11】大华工厂在2007年6月20日向鑫达企业购入一批材料，合同规定价格为16 000元，材料在23日验收入库，托收凭单、发票等单据未到。虽然材料已验收入库，但由于托收凭证未到，暂不付款，可以不作账务处理。

假设对方单位的托收凭单在6月末时仍未到达，则在6月末时材料应按暂估价入账。编制会计分录如下：

借：原材料	16 000	
贷：应付账款——鑫达企业		16 000

在7月初，用红字冲销上月末所作会计分录：

借：原材料	16 000	
贷：应付账款——鑫达企业		16 000

假设大华工厂在7月3日收到托收凭单并承付款项16 300元，则编制会计分录如下：

借：原材料	16 300	
应交税费——应交增值税（进项税额）	2 720	
贷：银行存款		19 020

4. 货款已经预付，材料尚未验收入库

预付货款购进材料是指企业先按照合同预付给对方单位一定数额的定金，待以后收到所购买的材料时，再进行结算。这种情况下，企业应根据合同及付款单据等单证，反映预付的货款，待以后补付货款或收回多付货款时，均应作为预付货款的调整内容进行核算。

【例4-12】大华工厂采用预付货款方式向鑫达企业购入一批材料，6月10日预付给对方单位5 000元款项。7月8日，收到鑫达企业发来的材料35 000元入库，取得的增值税专用发票上注明材料价款35 000元，增值税税额为5 950元，运杂费200元，收到发票、运费单等有关单据，当即通过银行承付差额款。根据以上业务编制会计分录如下：

（1）6月10日预付货款：

借：预付账款——鑫达企业　5 000

　贷：银行存款　5 000

（2）7月8日收到材料：

借：原材料　35 200

　　应交税费——应交增值税（进项税额）　5 950

　贷：预付账款——鑫达企业　41 150

（3）支付差额款：

借：预付账款——鑫达企业　36 150

　贷：银行存款　36 150

5. 购进原材料的短缺与毁损

采购材料在途中发生短缺和毁损，应根据造成短缺或毁损的原因分别处理，不能全部计入外购材料的采购成本。若是定额内合理的途中损耗，计入材料的采购成本，相应地提高入库材料实际单位成本，不再另作账务处理。若能确定由供应单位、运输单位、保险公司或其他过失人赔偿的，应向有关单位或责任人索赔，将短缺部分的成本和增值税自“在途物资”等科目转入“应付账款”或“其他应收款”等科目。

凡尚待查明原因和需要报经批准才能转销处理的损失，应将其损失从“在途物资”等科目转入“待处理财产损溢”科目，查明原因后再分别处理：①属于应由过失人负责赔偿的，将其损失从“待处理财产损溢”科目转入“其他应收款”或“应付账款”科目；②属于自然灾害造成的损失，应按扣除残料价值和保险公司赔偿后的净损失，从“待处理财产损溢”科目转入“营业外支出——非常损失”科目；③属于无法收回的其他损失，报经批准后，将其从“待处理财产损溢”科目转入“管理费用”科目。

【例4-13】翔发公司于2008年1月12日从某钢铁公司购进钢条2 000千克，每千克8.4元，货款已承付。1月22日，钢条达到企业验收入库，共1 800千克，短缺200千克，其中10千克属于定额内合理损耗，其余190千克短缺原因不明，待查。试编制会计分录。

单位材料的实际成本 = 8.4元/千克

验收入库的材料的实际成本 = （2 000 - 190）×8.4 = 15 204（元）

短缺材料的实际成本 = 190×8.4 = 1 596（元）

根据上述计算，作会计分录如下：

借：原材料——钢条　15 204

　　待处理财产损溢——待处理流动资产损溢　1 596

　贷：在途物资　16 800

如果查明原因，短缺的190千克是运输部门的过失造成的，运输部门已同意按短缺材料的成本和增值税赔款，但尚未收到，则应作会计分录如下：

借：其他应收款——运输部门　1 596

　贷：待处理财产损溢——待处理流动资产损溢　1 596

6. 自制原材料

企业基本生产车间或辅助生产车间自制完成的材料验收入库时，按其实际生产成本，编制会计分录：

借：原材料

　贷：生产成本——基本生产成本（或辅助生产成本）

委托加工收回、投资者投入、接受捐赠等方式收入材料的核算，将在以后有关章节中介绍。

（二）发出原材料

工业企业在生产过程中发出材料业务非常频繁，平时根据领料凭证逐笔登记材料明细分类账，以反映各种材料的收支和结存余额。总分类核算是根据按实际成本计价的领、发料凭证，按领用部门和用途进行归类汇总，编制“发出材料汇总表”，月末一次登记总分类账，这样就可以简化大量的记账工作。

【例4-14】企业在2007年7月份根据发料单汇总本月发出材料，编制“发出材料汇总表”，如表4-6所示。

表4-6　　发出材料汇总表

2007年7月

应借科目	应贷科目			
	原材料	辅助材料	燃 料	合 计
生产成本——基本生产成本	99 800	6 355	4 690	110 845
生产成本——辅助生产成本	16 300	874	1 302	18 476
制造费用	9 100	1 145	310	10 555
管理费用	5 750	129	300	6 179
销售费用	1 580		120	1 700
在建工程	10 180			10 180
合 计	142 710	8 503	6 722	157 935

根据上面的发出材料汇总表，编制会计分录如下：

借：生产成本——基本生产成本　　110 845

　　　　　——辅助生产成本　　18 476

　　制造费用　　10 555

　　管理费用　　6 179

　　销售费用　　1 700

　　在建工程　　10 180

　贷：原材料——原材料　　142 710

　　　　　——辅助材料　　8 503

　　　　　——燃料　　6 722

有些工业企业在实际工作中，编制“原材料费用分配表”以代替“发出材料汇总表”进行材料发出核算，其账务处理程序基本相同。

二、原材料按计划成本核算

计划成本法是指企业存货的收入、发出和结存均按预先制订的计划成本计价，同时另设“材料成本差异”账户，登记实际成本与计划成本的差额的一种成本计价方法。存货按计划成本核算，要求存货的总分类核算和明细分类核算均按计划成本计价。使用的会计科目有“原材料”、“材料采购”、“材料成本差异”等。

“材料采购”账户核算材料物资的实际采购成本，是资产类的账户。该账户借方登记外购材料的实际采购成本和结转实际成本小于计划成本的节约差异，贷方登记验收入库材料物资的计划成本和结转验收入库材料物资的超支差异。该账户一般有借方余额，表示在途材料的实际成本。该科目按材料的类别设置明细科目。

“原材料”账户核算库存材料按计划成本发生的增减变动及结存情况。账户借方登记入库材料的计划成本，贷方登记发出材料的计划成本。期末余额在借方，表示库存材料的计划成本。

“材料成本差异”账户是“原材料”的调整账户，它核算材料成本差异的增减变化。借方登记入库材料的超支差异，贷方登记入库材料的节约差异以及发出材料的超支差异或节约差异（用红字登记）。期末借方余额表示库存材料的超支差异，贷方余额表示库存材料的节约差异。

“原材料”科目和“材料成本差异”科目也按材料类别设置明细账进行明细核算。

月末结存材料实际成本 = “原材料”科目借方余额 ± “材料成本差异”科目借方余额或贷方余额。

（一）收入原材料的核算

企业购入原材料，要通过“材料采购”账户进行核算，其核算内容分为三个部分：一是反映材料采购成本的发生；二是按计划成本反映材料验收入库；三是结转入库材料的成本差异。

1. 货款已经支付，同时材料验收入库

【例4－15】 2007年3月3日，振华工厂购入甲材料300千克，单价47元，运杂费200元，取得的增值税专用发票上注明的材料价款14 100元，增值税税额为2 397元。该材料的计划成本为13 000元，收到的材料验收入库，支付货款及税金。作会计分录如下：

（1）借：材料采购——甲材料	14 300	
应交税费——应交增值税（进项税额）	2 397	
贷：银行存款		16 697
（2）借：原材料——甲材料	13 000	
材料成本差异	1 300	
贷：材料采购——甲材料		14 300

在计划成本法下，取得的材料先要通过“材料采购”科目进行核算，企业支付的材料价款和运杂费等构成企业存货实际成本的，计入“材料采购”科目。

2. 货款已经支付，材料尚未验收入库

【例4－16】 2007年3月10日，某企业收到大华工厂通过银行转来的托收凭证，托收甲材料货款。甲材料共500千克，单价48元，运杂费500元，取得的增值税专用发票上注明材料价款为24 000元，增值税税额为4 080元。经审核无误，承付款项。材料于15日到达，验收入库。付款时编制会计分录如下：

借：材料采购——甲材料　　24 500
　　应交税费——应交增值税（进项税额）　　4 080
　贷：银行存款　　28 580

在材料验收入库时，再按计划成本，贷记“材料采购”账户并结转材料成本差异。若到月底材料仍未收到，在“材料采购”账户有借方余额，表现为在途材料。

若该批材料下月到达并验收入库，其计划成本为25 000元，入库材料成本差异为节约500元，则在下月收材料时作材料入库和结转成本差异的账务处理。编制会计分录如下：

借：原材料——甲材料　　25 000
　贷：材料采购——甲材料　　24 500
　　　材料成本差异　　500

3. 贷款尚未支付，材料已验收入库

【例4－17】2007年3月27日，某企业收到大华工厂发来的300千克甲材料，验收入库，但对方的凭单未到，月末按计划成本15 000元估价入账。

借：原材料——甲材料　　15 000
　贷：应付账款——大华工厂　　15 000

下月初作相反的会计分录予以冲回：

借：应付账款——大华工厂　　15 000
　贷：原材料——甲材料　　15 000

以后在收到发票账单并支付款项时，按正常程序入账。

（二）发出原材料的核算

按计划成本进行材料发出的核算，其账务处理分两步：

第一，按计划成本发出材料。

第二，将发出材料的成本差异进行调整。

之所以要调整发出材料的成本差异，是因为账务处理第一步所作的发出材料的分录是按计划成本进行的，在实际工作中需要将计划成本调整为实际成本，则：

$$\text{发出材料实际成本} = \text{发出材料计划成本} \pm \text{发出材料成本超支差异或节约差异}$$

发出材料应负担的成本差异，必须按月分摊，不得在季末或年末一次计算。

为了调整发出材料的成本差异，计算发出材料的实际成本，应根据“原材料”科目、“材料成本差异”科目登记的月初余额和本期借贷方发生额，计算材料成本差异率。其计算公式如下：

$$\text{材料成本差异率} = \frac{\text{月初结存材料成本差异} + \text{本月收入材料成本差异}}{\text{月初结存材料计划成本} + \text{本月收入材料计划成本}} \times 100\%$$

根据发出材料计划成本和材料成本差异率，可以计算发出材料的成本差异和实际成本。

其计算公式如下：

$$发出材料应承担的成本差异 = 发出材料计划成本 \times 材料成本差异率$$

上列各计算公式中的材料成本差异，如为超支差异按正数计算；如为节约差异，按负数计算。

如果库存材料比较多，本月发出的材料全部或者大部分是以前月份购入的材料，也可以根据上月末、本月初结存材料的成本差异率计算发出材料的成本差异。其计算公式如下：

$$材料成本差异率 = \frac{月初结存材料成本差异}{月初结存材料计划成本} \times 100\%$$

采用上月末、本月初结存材料的成本差异率，也就是根据上月份的材料成本差异率计算本月材料的成本差异，可以简化和加速成本核算工作。材料成本差异率一般按材料的类别分别计算。

【例4－18】振华工厂2007年3月份“原材料”科目月初余额为40 000元，“材料成本差异”科目为借方200元，3月份购入材料的计划总成本为110 000元，购入材料的成本差异为节约1 300元。

根据以上资料计算本月材料成本差异率为：

本月材料成本差异率＝（200－1 300）÷（40 000＋110 000）×100%＝－0.73%

3月末根据“发料凭证汇总表”的记录，甲材料的消耗情况是：基本生产车间领用2 000元，辅助生产车间领用3 000元，车间管理部门领用1 000元，企业行政管理部门领用1 500元。编制会计分录如下：

借：生产成本——基本生产成本	2 000	
——辅助生产成本	3 000	
制造费用	1 000	
管理费用	1 500	
贷：原材料——甲材料		7 500

结转发出材料的成本差异：

借：生产成本——基本生产成本	14.6	
——辅助生产成本	21.9	
制造费用	7.3	
管理费用	10.95	
贷：材料成本差异		54.75

需要说明的是，本月收入材料的计划成本中不包括暂估入账的材料的计划成本。材料成本差异率的计算方法一经确定，不得随意变更。如果确需变更，应在会计报表附注中予以说明。企业应按照存货的类别，如原材料、包装物、低值易耗品等，对材料成本差异进行明细核算，但不能使用一个综合差异率来分摊发出存货和结存存货应负担的材料成本差异。这种计价方法适用于材料收发业务频繁且具备材料计划成本资料的大型企业。

第四节 周转材料

周转材料，是指企业能够多次使用，逐渐转移其价值但仍保持原有实物形态不变却又不确认为固定资产的材料，如包装物和低值易耗品。

一、低值易耗品

（一）低值易耗品概述

低值易耗品是指价值较低或者容易损耗，使用期限较短，不能作为固定资产核算的各种劳动资料。低值易耗品作为劳动资料有别于原材料。原材料作为劳动对象，经过加工后，其实物形态发生转变，价值也随消耗过程一次性转移；而低值易耗品在使用过程中能够保持其实物形态，价值量也是随生产经营过程中的不断损耗而陆续转移的。

为了核算和管理的方便，企业应将低值易耗品按一定的标准进行分类。按低值易耗品的用途可将其分为一般工具及辅助工具、专用工具、替换设备或部件、管理用具、劳动保护用品、其他用具等。

（二）低值易耗品的核算

低值易耗品的单位价值及其使用期限特征，决定了它的核算具备存货核算的共同特点。因此，低值易耗品的采购、入库的会计处理，不论是按实际成本还是计划成本核算都与原材料的会计处理相同。

企业应设置“周转材料——低值易耗品”账户，用来核算低值易耗品的增减变化及结存情况。其借方登记低值易耗品的入库增加金额，贷方用来登记低值易耗品的减少金额，期末借方余额表示结存的低值易耗品价值。该账户可根据不同的低值易耗品种类设置不同的明细科目。

由于低值易耗品可以在生产过程中多次周转使用，而不改变其原有的实物形态，故其价值是逐渐地转移或损耗。但它作为流动资产进行管理、核算，不能像固定资产那样，采用折旧的方式将其价值损耗计入企业的成本、费用中，因而，只能采用摊销的方法将其转移或损耗的价值摊入成本、费用中。低值易耗品的摊销方法主要有一次摊销法和五五摊销法。

1. 一次摊销法

在这种方法下，低值易耗品在发出时，一次性将其账面价值全部计入有关资产成本或者当期损益中，主要适用于价值较低或极易损坏的低值易耗品的摊销。

【例 4-19】管理部门领用办公用品一批，价值 480 元，采用一次摊销法。编制会计分录如下：

借：管理费用	480	
贷：周转材料——低值易耗品		480

【例 4-20】某企业生产车间领用专用工具一批，计划成本 1 300 元，材料成本差异率为 2%。作会计分录如下：

借：制造费用	1 300	

贷：周转材料——低值易耗品 1 300

分摊材料成本差异：

借：制造费用 26

贷：材料成本差异——低值易耗品 26

一次摊销法的优点在于会计核算方法简便；缺点是将低易耗品的全部价值一次性转为当期费用，使费用负担不均衡，同时账面价值在领用时一次冲销，使在用的低值易耗品成为账外资产，不利于实施价值监督。这种方法适用于一次领用数量不多、单位价值较低、使用期限较短或容易破损的玻璃器皿等低值易耗品。

2. 五五摊销法

五五摊销法又称五成摊销法，是指在领用低值易耗品时，摊销其价值的50%，在报废时，再摊销价值的50%。

在这种方法下，需要设"周转材料——低值易耗品——在库"、"周转材料——低值易耗品——在用"、"周转材料——低值易耗品——摊销"三个明细科目。发出低值易耗品时，从"周转材料——低值易耗品——在库"转为"周转材料——低值易耗品——在用"科目；同时摊销价值的50%，借记当期费用，贷记"周转材料——低值易耗品——摊销"科目。低值易耗品重新入库后，将"周转材料——低值易耗品——在用"转为"周转材料——低值易耗品——在库"。报废时，将低值易耗品账面价值的50%转为当期费用，贷记"周转材料——低值易耗品——摊销"；同时，冲销"周转材料——低值易耗品——摊销"和"周转材料——低值易耗品——在用"的全部价值。采用计划成本核算的企业，在低值易耗品报废时还应按报废月份的成本差异率分摊其成本差异，计入有关成本费用。

【例4－21】企业采用五五摊销法摊销低值易耗品成本。3月10日，基本生产车间领用一批全新的工具，实际成本4 200元。

（1）3月10日领用低值易耗品。

借：周转材料——低值易耗品——在用 4 200

贷：周转材料——低值易耗品——在库 4 200

（2）3月31日，摊销低值易耗品价值的50%。

借：制造费用 2 100

贷：周转材料——低值易耗品——摊销 2 100

（3）6月12日，上述的低值易耗品全部报废，残料60元入库。

①低值易耗品报废时，摊销另外的50%。

借：制造费用 2 100

贷：周转材料——低值易耗品——摊销 2 100

②同时，冲销"低值易耗品摊销"和"在用低值易耗品"二级科目的全部价值。

借：周转材料——低值易耗品——摊销 4 200

贷：周转材料——低值易耗品——在用 4 200

③残料60元入库，冲减当期费用。

借：原材料 60

贷：制造费用 60

通过以上核算可以看出，只要低值易耗品不报废，在用低值易耗品的账面价值时就不会被冲销，也就不会成为账外资产，从而避免了前述方法的缺点。

五五摊销法的优点是低值易耗品在报废以前，账面上一直保持价值记录，有利于实行价值监督；缺点在于核算工作量有所增加。这种方法主要适用于每月领用、报废数量比较均衡、各月费用负担相差不多的低值易耗品。

二、包装物

（一）包装物概述

包装物是指企业在生产经营活动中，为包装本企业的产品或商品并随同一起出售，或者出租、出借给购货单位的各种包装容器，如桶、箱、瓶、坛、袋等。其主要作用是盛装、装潢产品或商品。具体分成四类：①生产过程中用于包装产品作为产品组成部分的包装物；②随同产品出售而不单独计价的包装物；③随同产品出售且单独计价的包装物；④出租或出借给购买单位使用的包装物。

值得注意的是，我们会计上所讲的“周转材料——包装物”科目核算主要是能够参加周转的自有包装物。用于一次性消耗的包装材料，如纸、包装绳、塑料袋、铁丝等，应作为“原材料”的核算范围。对于用于储存用的包装容器，价值高且使用期限长的应列为“固定资产”核算；价值低或使用期限短的则列为“周转材料——低值易耗品”进行核算。

（二）包装物发出的核算

为加强对包装物的核算和管理，企业要设置“周转材料——包装物”科目。该科目借方登记入库包装物的成本，贷方登记发出、报销、摊销的包装物价值。余额在借方，表示结存包装物的成本。该科目按照包装物的种类进行明细核算。

包装物的采购、入库的会计处理，与原材料的会计处理相同。这里不再重复讲述。

企业发出包装物的核算，应按发出包装物的使用情况分别进行处理。

1. 生产领用包装物

用于生产产品并作为产品组成部分的包装物，其成本应计入产品生产成本。生产领用包装物时，借记“生产成本”等科目，贷记“周转材料——包装物”科目。

2. 随同产品出售而单独计价的包装物

随同产品对外出售而单独计价的包装物，实际上是在销售产品的同时销售包装物，所以应单独反映其销售收入，相应也应单独反映其销售成本。在商品销售时，将单独计价的包装物视同材料销售处理，售价收入列为“其他业务收入”，其成本列为“其他业务成本”，即借记“其他业务成本”科目，贷记“周转材料——包装物”科目。

【例 4－22】甲企业本月销售包装物实际成本为 40 000 元，该包装物单独计价，出售收入为 48 000 元，增值税为 8 160 元。收到转账支票并存入银行。作会计分录如下：

借：银行存款	56 160	
贷：其他业务收入		48 000
应交税费——应交增值税（销项税）		8 160

结转销售成本：

借：其他业务成本	40 000	
贷：周转材料——包装物		40 000

3. 随同商品出售而不单独计价的包装物

随同产品出售但不单独计价的包装物，其实质是为了推销或扩大其商品的销售，因此，应将包装物的成本作为包装费用计入“销售费用”科目。于包装物发出时，按其实际成本借记“销售费用”科目，贷记“周转材料——包装物”科目。

【例4－23】承【例4－22】的资料，假设领用的包装物不单独计价，作会计分录如下：

借：销售费用　40 000

　贷：周转材料——包装物　40 000

4. 出租、出借包装物

出租、出借给其他单位使用的包装物，由于其价值在周转过程中逐渐转移，因此需对出租、出借包装物价值进行摊销。

企业出租包装物是为了促进销售而向客户提供的一种有偿服务，其租金收入列为“其他业务收入”科目，出租包装物的维修费用、摊销的价值列为“其他业务成本”科目。

企业出借包装物是为了销售产品。以出借方式无偿提供给购货单位暂时使用的包装物，但要收取一定的押金。包装物在出借期间，其价值损耗和发生的修理费用，都是为销售产品而发生的，应记作企业的“销售费用”。出借包装物发出、收回及退还押金与出租核算相同，但对于逾期未退回包装物而没收的押金，应记作企业的“营业外收入”。出借包装物报废，对其残料价值，应冲减企业“销售费用”，借记“库存现金”或“银行存款”，贷记“销售费用”。出借包装物若采用五五摊销法摊销其价值，其核算方法与出租包装物的核算方法基本相同。出租、出借包装物的摊销方法主要有一次摊销法和五五摊销法，各种摊销方法的核算与低值易耗品摊销核算方法基本相同。

采用五五摊销法，“周转材料——包装物”科目下应设置“库存未用包装物”、“库存已用包装物”、“出租包装物”（或“出借包装物”）、“包装物摊销”等三级科目进行核算。

【例4－24】4月2日，A公司因业务需要向B公司出租全新的一批包装物，价值5 000元，租期三个月，租金300元/月，押金4 600元。合同规定：B公司按期归还包装物后，押金如数退回，逾期没收押金。6月30日，B公司仍未归还包装物（假定不考虑税金）。

（1）出租该全新包装物时：

借：周转材料——包装物——出租包装物　5 000

　贷：周转材料——包装物——库存未用包装物　5 000

（2）按其价值的50%摊销时：

借：其他业务成本　2 500

　贷：周转材料——包装物——包装物摊销　2 500

（3）收到押金时：

借：银行存款　4 600

　贷：其他应付款——B公司　4 600

（4）合同逾期，没收押金时：

借：其他应付款——B公司　4 600

　贷：其他业务收入　4 600

（5）借：其他业务成本　2 500

　　贷：周转材料——包装物——包装物摊销　2 500

同时冲销已报废的包装物留存在其明细账上的出租数和摊销数：

借：周转材料——包装物——包装物摊销　　5 000
　贷：周转材料——包装物——出租包装物　　5 000

采用计划成本核算库存包装物成本的企业，还要分摊包装物的成本差异：采用一次摊销法时，在出库月末分摊成本差异；采用五五摊销法时，在收不回或报废月末分摊成本差异。

第五节　委托加工物资

一、委托加工物资的计价

企业从外部购入的原材料等存货，有时在规格和质量上还不直接满足生产上的需要，因此必须将这部分存货委托给外单位加工，从而形成了委托加工物资。委托加工物资是指由委托方提供原料和主要材料，委托其他单位加工的材料物资。委托其他单位加工物资时，受托方只收取手续费和代垫部分辅助材料费。

企业委托其他单位加工的物资，其实际成本应包括：

（1）加工中耗用材料物资的实际成本。

（2）支付的加工费用。

（3）支付加工物资的往返运杂费。

（4）支付的税金，包括委托加工物资所应负担的消费税（消费税应税范围的加工物资）。

企业要按照受托企业收取的加工费（不含消费税）和规定的增值税税率支付增值税，凡属加工物资用于应交增值税项目并取得增值税专用发票的一般纳税人，可将这部分增值税作为进项税（允许从销项税中扣除），不计入加工物资的成本；凡属加工物资用于非应纳增值税项目或免征增值税项目的，以及未取得增值税专用发票的一般纳税人和小规模纳税人的加工物资，应将这部分增值税计入委托加工物资的成本。

除交纳增值税外，企业还要按规定交纳消费税（指属于消费税应税范围的加工物资）。委托加工存货收回后直接用于销售的，消费税计入委托加工存货的成本，但该批存货出售后，不需要再交消费税；委托加工存货收回后用于继续加工应税消费品的，按规定交纳的消费税准予抵扣，计入“应交税费——应交消费税”科目的借方，不计入委托加工存货的成本，等到用委托加工存货生产出的产品销售时，再交消费税。

二、委托加工物资的核算

为了核算委托加工物资的成本、费用和税金，企业需要设置“委托加工物资”科目，该科目借方登记发出委托加工物资的实际成本，贷方登记加工完毕验收入库的物资的实际成本，期末余额在借方，表示正在加工未完成的委托加工物资的实际成本。该科目一般按加工企业名称开设明细账进行核算。

【例4－25】某企业委托大华工厂加工一批材料，共发出材料45 000元，并用存款支付材料运杂费800元。该批材料加工后，该企业打算直接对外出售。作会计分录如下：

借：委托加工物资　　45 000

贷：原材料 45 000

借：委托加工物资 800

贷：银行存款 800

该批材料加工完毕，加工企业计算加工费用为6 000元，并计算出该批材料应交消费税5 500元，同时收取增值税1 020元，委托企业用存款支付有关税费，收回材料验收入库。由于该批材料是用于直接出售的，按规定其消费税应该计入成本。作会计分录如下：

借：委托加工物资 11 500

应交税费——应交增值税（进项税额） 1 020

贷：银行存款 12 520

借：原材料 57 300

贷：委托加工物资 57 300

【例4－26】某企业为生产应税消费品A产品，委托其他企业加工一批材料用于连续生产应税消费品，发出材料的成本为30 000元，加工费为6 000元，委托企业应支付增值税1 020元，消费税4 000元，商品A加工完毕，已办理验收入库手续。作会计分录如下：

借：委托加工物资 30 000

贷：原材料 30 000

借：委托加工物资 6 000

应交税费——应交增值税（进项税额） 1 020

——应交消费税 4 000

贷：银行存款 11 020

借：库存商品——A 36 000

贷：委托加工物资 36 000

第六节　库存商品

库存商品是指企业为了销售而购入的各种存货，包括外购或委托加工完成验收入库用于销售的各种商品，或企业已完成全部生产过程并验收入库、合乎标准规格和技术条件，可以按照合同规定的条件送交订货单位的商品。

企业应设置“库存商品”科目。此外，工业企业接受外来原材料加工制造的代制品和为外单位加工修理的代修品，在制造和修理完成验收入库后，视同企业的产成品，在“库存商品”科目核算。

1. 验收入库存的商品核算

对于库存商品采用实际成本核算的企业，当库存商品生产完成并验收入库时，应按实际成本，借记“库存商品”科目，贷记“生产成本——基本生产成本”科目。

【例4－27】据甲公司商品入库汇总表记载，某月已验收入库A产品1 000件，实际单位成本5 000元，计5 000 000元。作会计分录如下：

借：库存商品——A产品 5 000 000

贷：生产成本——基本生产成本——A产品 5 000 000

若是商业企业，则按验收入库存的商品数量，借记“库存商品”科目，应交税费，贷记“银行存款”或“应付账款”科目。

2. 销售商品的核算

商品销售时，要反映货款的结算情况，同时反映企业销售收入。根据配比原则，销售商品还应结转已销商品成本。成本的结转方法可以采用逐日结转法，即每天销售商品后，就计算所销商品进价成本进行结转。这种方法核算业务量太大，所以企业一般不采用。另一种方法是月末一次计算结转，即每天出售商品后，只登记销售数量，到了月末，根据先进先出或加权平均等方法中的一种，计算发出成本进行结转。

【例4-28】 某商店从本市某公司购入一批小百货，计进价6 000元，进项税额1 020元。货款以转账支票付讫，商品由百货组验收，按专用发票，作会计分录如下：

支付价款时，按商品进价、进项税额分别转账：

借：库存商品——百货组　　6 000
　　应交税费——应交增值税（进项税额）　　1 020
　贷：银行存款　　7 020

【例4-29】 企业销售商品一批，售价为30 000元，增值税税率为17%，收到款项存入银行。该批商品的进货价为24 000元。根据有关销售凭证和进账单，作会计分录如下：

借：银行存款　　35 100
　贷：主营业务收入　　30 000
　　　应交税费——应交增值税（销项税额）　　5 100

月末结转成本时，编制会计分录如下：

借：主营业务成本　　24 000
　贷：库存商品　　24 000

第七节　存货清查

存货清查是指对存货的实地盘点，确定存货的实有数量，并与账面结存数量核对，从而确定存货实存数量与账面结存数是否相符的一种专门方法。

一、存货数量的确定

企业存货的数量要靠盘存来确定，常用的存货盘存方法有实地盘存法和永续盘存法两种。

（一）实地盘存法

实地盘存法（或实地盘存制）也称为定期盘存法（或定期盘存制）。实地盘存法是指在登记存货明细账时，只登记存货的增加数，不登记存货的减少数，在会计期末，以期末的实地盘点数作为账面期末结存数，然后再倒挤本月发出数的一种确定存货数量的办法。

在实地盘存制下：

期末结存数额＝期末实地盘点数

本期发出数额＝本期期初数额＋本期增加数额－期末结存数额

根据以上计算倒挤的本期减少（发出）数，再登记有关账簿。

实地盘存法下，存货明细账平时不登记发出存货的数量和成本，从而具有简化核算工作的优点。但由于这种办法是以存计耗，本月发出成本是倒挤出来的，这就使得计算出来的发出成本中，可能存在不正常损耗，从而客观上掩盖了存货管理过程中可能存在的弊端。由于这种方法缺点的限制，实地盘存法的实用性较差，仅适用于经营鲜活商品的零售企业，其他企业若无特殊原因则不允许使用。

（二）永续盘存法

永续盘存法（或永续盘存制）又称为账面盘存法（或账面盘存制）。永续盘存法是指在登记存货明细账时，不仅要逐笔登记存货的增加数量，而且还要逐笔登记存货的减少数，并且随时结出存货账面结存量的一种确定存货实物数量的方法。

结算账面结存数量时，依据以下公式：

$$账面结存数 = 期初存货数 + 本期增加数 - 本期减少数$$

存货的数量确定后，再乘以各项存货的单价，计算出存货的金额（即存货成本）。公式表示如下：

$$账面结存余额 = 账面结存数 \times 存货单价$$

在这种方法下，存货明细账的收入数量根据收入存货的原始记录进行登记，发出存货的数量则根据发出存货的原始凭证进行登记。如果不发生损耗、丢失、被盗、毁损等情况，存货科目的余额应与实际库存相符。

永续盘存法的优点在于存货账簿中连续登记存货的收入、发出数量，且可以随时结出账面余额，便于随时掌握财产物资的占用情况及其动态，有利于加强对财产物资的管理。不足之处在于账簿记录的增减变动及结存是根据有关会计凭证登记的，如果会计凭证记录出现差错或记账错误，则账簿记录也就会出现账实不符的情况。另外对比实地盘存法，其核算工作量较大。

采用永续盘存法，仍必须对存货进行实地盘点，盘点的目的主要是为了保证账实相符。

采用以上两种方法盘存企业的存货，将其与账面结存数相核对，对于存货的盘盈、盘亏应填写存货盘点报告表，及时查明原因，按照规定程序报批处理。

二、存货盘存的账务处理

为了反映企业在财产清查中查明的各种存货的盘盈、盘亏和毁损情况，企业应当设置“待处理财产损溢”科目，借方登记存货的盘亏、毁损金额及盘盈的转销金额，贷方登记存货的盘盈金额及盘亏的转销金额。企业清查的各种存货的损溢，应在期末结账前处理完毕，期末处理后，本科目应无余额。

1. 存货的盘盈

企业发生存货盘盈时，在报经有关部门批准处理前，应借记“原材料”、“包装物”、

“低值易耗品”、“产成品”等有关存货账户，贷记“待处理财产损溢——待处理流动资产损溢”账户；经有关部门批准后转销存货盘盈时，应借记“待处理财产损溢——待处理流动资产损溢”账户，贷记“管理费用”账户。

【例4－30】企业盘盈一批原材料，价值2 000元，报经有关部门批准作为冲减管理费用处理。作会计分录如下：

（1）盘盈时：

借：原材料　　2 000

　贷：待处理财产损溢——待处理流动资产损溢　　2 000

（2）经批准转销时：

借：待处理财产损溢——待处理流动资产损溢　　2 000

　贷：管理费用　　2 000

2. *存货的盘亏及毁损的核算*

企业发生存货盘亏和毁损时，在报经有关部门批准处理前，应借记“待处理财产损溢——待处理流动资产损溢”账户，贷记“原材料”、“包装物”、“低值易耗品”、“产成品”等有关存货账户。属于非正常原因盘亏和毁损的存货，还应将购进时支付的增值税从进项税额中转出，即借记“待处理财产损溢——待处理流动资产损溢”账户，贷记“应交税费——应交增值税（进项税转出）”账户。在报经批准后，应分别就不同情况进行处理。对于残料价值、可以收回的保险赔偿和过失人的赔偿，应借记“原材料”、“其他应收款”等账户，贷记“待处理财产损溢——待处理流动资产损溢”账户；剩余净损失属于非常损失部分的，应借记“营业外支出——非常损失”账户，贷记“待处理财产损溢”账户。

【例4－31】企业盘亏一批材料，价值1 600元，应负担增值税为272元，经查明是由于保管不当，应由过失人赔偿。作会计分录如下：

（1）盘亏时：

借：待处理财产损溢——待处理流动资产损溢　　1 872

　贷：原材料　　1 600

　　　应交税费——应交增值税（进项税额转出）　　272

（2）报经批准后转销时：

借：其他应收款　　1 872

　贷：待处理财产损溢——待处理流动资产损溢　　1 872

【例4－32】企业盘亏一批产成品，价值4 000元，应负担增值税680元，经查明是由于火灾造成，由保险公司赔偿90%。作会计分录如下：

（1）盘亏时：

借：待处理财产损溢——待处理流动资产损溢　　4 680

　贷：产成品　　4 000

　　　应交税费——应交增值税（进项税额转出）　　680

（2）报经批准后转销时：

借：其他应收款　　4 212

　　营业外支出　　468

　贷：待处理财产投溢——待处理流动资产损溢　　4 680

第五章 投 资

引导案例

小夏的一个朋友最近向他推荐雅戈尔股票，给出的理由一是雅戈尔公司股价跌幅较大，二是公司交易性金融资产和可供出售金融资产规模较大，内在价值高。小夏通过上海证券交易所调出雅戈尔（600177）的三季度报告，搜索“交易性金融资产”，发现公司确实有六个交易性金融资产，分别是关铝股份、上实发展、中国人寿、烟台万华、昆百大以及京能热电。其中几家股票成本低于市场股价，但关铝股份40万股，初始投资成本1 328.37万元，每股关铝股份的买入价大约在33.2元，而二级市场价格为28元多，到现在这笔资产仍有潜在亏损，可见交易型金融资产并非总是一笔正资产。

小夏在搜索的过程中，还发现雅戈尔有1.5亿股的中信证券，属于“可供出售金融资产”，初始投资成本为2.575亿元，这样算下来，每股的成本只有1.72元，而中信证券二级市场的股价已接近90元，虽然现在不能抛，其潜在收益已经相当丰厚了，而且这些股份在未来几年会陆陆续续进入二级市场。如果按中信证券每股80元计算，雅戈尔这一块“可供出售金融资产”的价值就高达120亿元，根据雅戈尔22.27亿股总股本计算，每股雅戈尔至少值5.4元。基于以上分析，小夏认为投资雅戈尔是个不错的主意。

思考：你对以上小夏的分析有什么看法？

投资是企业为通过分配来增加财富，或为谋求其他利益，而将资产让渡给其他单位所获得的另一项资产，如权益性证券投资、债权性证券投资、期货投资等。投资具有以下特点：

（1）投资是将资产让渡给其他单位所获得的另一项资产，如以现金购买债券、股票，以固定资产换取其他单位的股权等。

（2）投资是为了通过获得受资者分配利润来增加财富，或为了谋求改善贸易关系等其他利益，而不是为了扩大本企业的生产经营活动而直接创造利润。

按照国际上通行的标准对投资进行分类，即分为：交易性金融资产、可供出售金融资产、持有至到期投资和长期股权投资。

第一节 交易性金融资产

交易性金融资产是指企业为了近期内出售或短期获利而持有的金融资产，例如，企业以赚取差价为目的的从二级市场上购入的股票、债券、基金等。交易性金融资产通常具有较强的变现能力、流动性强且企业持有的目的是为了从其价格的短期波动中获利的特点。

一、交易性金融资产的确认和计量

金融资产满足下列条件之一的，应当划分为交易性金融资产：

（1）取得该金融资产的目的，主要是为了近期内出售，如企业以赚取差价为目的从二级市场购入的股票、债券、基金等。

（2）属于进行集中管理的可辨认金融工具组合的一部分，且有客观证据表明企业近期采用短期获利方式对该组合进行管理，如企业基于投资策略和风险管理的需要，将某些金融资产进行组合从事短期获利活动。

（3）属于衍生工具，如国债期货、远期合同、股指期货等，其公允价值变动大于零时，应将其变动金额确认为交易性金融资产。但是，如果衍生工具被指定为有效套期关系中的套期工具，那么，该衍生工具初始确认后的公允价值变动应根据其对应的套期关系的不同，采用相应的方法进行处理。

交易性金融资产的初始计量应当按照公允价值计量，发生的交易费用直接计入当期损益。资产负债表中公允价值发生变动时，一方面应调整交易性金融资产的账面价值，另一方面将其变动额计入当期损益。由于交易性金融资产已按照公允价值计量并且在当期损益中确认未实现的利得和损失，因此，在会计期末不存在计提资产减值准备问题。

二 、交易性金融资产的会计核算

企业应当设置“交易性金融资产”账户，核算企业持有的以公允价值计量且其变动计入当期损益的金融资产，包括为交易目的所持有的债券投资、股票投资、基金投资、权证投资等和直接指定为以公允价值计量且其变动计入当期损益的金融资产。衍生金融资产不在本账户核算。本账户借方登记交易性金融资产的取得成本、资产负债表日，其公允价值高于账面价值余额的差额等；贷方登记资产负债表日，其公允价值低于账面余额的差额，以及企业出售交易性金融资产时结转的成本和公允价值变动损益。期末余额在借方，反映期末企业持有的交易性金融资产的公允价值。

本账户应当按照交易性金融资产的类别和品种，分“成本”、“公允价值变动”等二级科目。企业还应当设置“公允价值变动损益”账户核算企业交易性金融资产等公允价值变动而形成的应计入当期损益的利得和损失。该账户借方登记资产负债表日企业持有的交易性金融资产等的公允价值低于账面价值的差额，贷方登记资产负债表日企业持有的交易性金融资产等的公允价值高于账面价值的差额。

具体核算过程如下：

（1）企业取得交易性金融资产时，按照公允价值借记“交易性金融资产——成本”账户；按照发生的交易费用借记“投资收益”账户，将投资单位已宣告尚未发放的现金股利或者已到付息期尚未领取的利息，借记“应收股利”或“应收利息”账户，按照实际支付的价款贷记“银行存款”或“其他货币资金——存出投资款”账户。

（2）在持有交易性金融资产期间，收到被投资单位宣告发放的现金股利或在资产负债表日按分期付息一次还本债券投资的票面利率计算利息，借记“应收股利”或“应收利息”账户，贷记“投资收益”账户。

（3）对于收到的属于取得交易性金融资产支付价款中包含的已宣告发放的现金股利或债券利息时，借记“银行存款”账户，贷记“应收股利”或“应收利息”账户。

（4）资产负债表日，交易性金融资产的公允价值高于其账面余额的差额时，借记“交易性金融资产——公允价值变动”账户，贷记“公允价值变动损益”账户；公允价值低于其账面余额的差额时，作相反的会计分录。

（5）出售交易金融资产时，按照实际收到的金额，借记“银行存款”账户，借记“交易性金融资产——公允价值变动（调低的部分）”账户，贷记“交易性金融资产——成本”账户，贷记“交易性金融资产——公允价值变动（调高的部分）”账户，按照差额借或贷记“投资收益”账户；同时，结转该项交易性金融资产的公允价值变动损益，借记“公允价值变动损益”账户，贷记“投资收益”账户，或作相反的会计分录。

【例5－1】2006年1月1日，A公司从二级市场上购入B企业发行的债券，其面值1 000万元，票面年利率3%，划分为交易性金融资产。取得时，支付价款1 003万元（含已到付息期尚未领走的利息3万元），另支付交易费用2万元。2006年1月5日，收到最初支付价款中所含利息3万元。2006年12月31日，该债券的公允价值为1 104万元。2007年1月15日收到2006年的利息。2007年10月31日，将该债券出售，所得价款1 200万元，存入银行。作会计分录如下：

（1）2006年1月1日取得债券时：

借：交易性金融资产——成本	10 000 000	
投资收益	20 000	
应收利息	30 000	
贷：银行存款		10 050 000

（2）2006年1月5日收到利息时：

借：银行存款	30 000	
贷：应收利息		30 000

（3）2006年12月31日确认利息时：

①确认利息时：

借：应收利息	300 000	
贷：投资收益		300 000

②调整公允价值时：

借：交易性金融资产——公允价值变动	1 040 000	
贷：公允价值变动损益		1 040 000

（4）2007年1月5日收到2006年的利息时：

借：银行存款	300 000	
贷：应收利息		300 000

（5）2007年10月31日将该债券出售时：

借：银行存款	12 000 000	
贷：交易性金融资产——成本		10 000 000
——公允价值变动		1 040 000
投资收益		960 000
借：公允价值变动损益	1 040 000	

贷：投资收益　　1 040 000

第二节　持有至到期投资

一、持有至到期投资概述

持有至到期投资是指到期日固定、回收金额固定或可确定，且企业有明确意图和能力持有至到期的非衍生金融资产。通常情况下企业持有的在活跃市场上有公开报价的国债、企业债券、金融债券等都可以划分为持有至到期投资。

如果企业管理层决定将某项金融资产持有至到期，则在该金融资产未到期前，不能随意地改变其“最初意图”。也就是说，投资者在取得股权投资时意图就应当是明确的，除非遇到一些企业所不能控制、预期不会重复发生且难以合理预计的独立事件，否则将持有至到期。

持有至到期投资具有以下特征：

（1）到期日固定、回收金额固定或可确定。到期日固定、回收金额固定或可确定是指相关合同明确了投资者在确定的期间内获得或应收取现金流量（如投资利息和本金等）的金额和时间。因此，从投资者角度看，如果不考虑其他条件，在将某项投资划分为持有至到期投资时可以考虑可能存在的发行方重大支付风险。另外，由于要求到期日固定，从而权益工具投资不能划分为持有到期投资。再者，如果符合其他条件，不能由于某债务工具投资是浮动利率投资而不将其划分为持有至到期投资。

（2）有明确意图持有至到期。有明确意图持有至到期是指投资者在取得投资时意图就是明确的，除非遇到一些企业所不能控制、预期不会重复发生且难以合理预计的独立事件，否则将持有至到期。存在下列情况之一的，表明企业没有明确意图将金融资产投资持有至到期：

①持有该金融资产的限期不确定。

②发生市场利率变化、流动性需要变化、替代投资机会及其投资收益率变化、融资来源和条件变化、外汇风险变化等情况时，将出售该金融资产；但是无法控制、预期不会重复发生且难以合理预计的独立事项引起的金融资产出售除外。

③该金融资产的发行方可以按照明显低于其摊余成本的金额清偿。

④其他表明企业没有明确意图将该金融资产持有至到期的情况。

（3）有能力持有至到期，是指企业有足够的财务资源并不受外部因素影响将投资持有至到期。存在下列情况之一的，表明企业没有能力将具有固定期限的金融资产投资持有至到期：

①没有可利用的财务资源持续地为金融资产投资提供资金支持，以使金融资产投资持有至到期。

②受法律行政法规的限制，使企业难以将该金融资产投资持有至到期。

③其他表明企业没有能力将具有固定期限的金融资产投资持有至到期的情况。企业应当于每个资产负债表日对持有至到期投资的意图和能力进行评价，发生变化的，应当将其重分

类为可供出售金融资产进行处理。

（4）到期前处置或重分类对所持有剩余非衍生金融资产的影响。企业将持有至到期投资在到期前处置或重分类，通常表明其违背了将投资持有到期的最初意图。如果处置或重分类为其他类金融资产的金额相对于该类资产（即企业全部持有至到期投资）在出售或重分类前的总额较大，则企业在处置或重分类后应立即将其剩余的持有至到期投资（即全部持有至到期投资扣除已处置或重分类的部分）重分类为可供出售金融资产。

例如，某企业在2007年将某项持有至到期资产重分类为可供出售金融资产或出售了一部分，且重分类或出售部分的金额相对于该企业没有重分类或出售之前全部持有至到期投资总额比例较大，那么该企业应当将剩余的其他持有至到期投资划分为可供出售金额资产，而且在2008年和2009年两个完整的会计年度内不能将任何金融资产划分为持有至到期投资。

二、持有至到期投资的计量

持有至到期投资应当按照取得时的公允价值和相关费用之和作为初始确认金额，支付的价款中包含的已到付息期但尚未领取的利息，应单独确认为应收项目。资产负债表日持有至到期投资应当按照摊余成本和实际利率计算确认利息收入，计入投资收益。实际利率应当在取得持有至到期投资时确定，在该持有至到期投资预期存续期间或使用的更短期间内保持不变。实际利率与票面利率差别较小的，也可按票面利率计算利息收入，计入投资收益。

三、持有至到期投资的会计核算

持有至到期投资的会计处理，着重于该金融资产的持有者打算“持有至到期”，未到期前通常不会出售或重分类。因此，持有至到期投资的会计处理主要应解决金融资产实际利率的计算、摊余成本的确定、持有期间的收益确认以及将其处置时损益的处理。

为了核算持有至到期投资的增减变动，应当设置“持有至到期投资”账户。该账户的性质属于资产类。借方登记持有至到期投资的增加，贷方登记持有至到期投资的减少，本账户期末借方余额，反映企业持有至到期投资的摊余成本。其明细账户按照成本、利息调整和应计利息设置。

（1）企业取得的持有至到期投资，应按投资的面值，借记“持有至到期投资——成本”账户，按支付的价款中包含的已到付息期但尚未领取的利息，借记“应收利息”账户，按实际支付的金额，贷记“银行存款”等账户，按其差额，借记或贷记“持有至到期投资——利息调整”账户。

【例5－2】A公司于2007年1月1日购买了一项债券，期限2年，确认为持有至到期投资。该债券公允价值为1 000 000元（无交易费用），票面年利率为4%，实际支付价款981 400元。该债券每年付息一次，到期一次还本。假定债券的实际利率为5%。作会计分录如下：

借：持有至到期投资——成本	1 000 000	
贷：银行存款		981 400
持有至到期投资——利息调整		18 600

（2）资产负债表日，持有至到期投资为分期付息、一次还本债券投资的，应按票面利率计算确定的应收未收利息，借记“应收利息”账户，按持有至到期投资摊余成本和实际

利率计算确定的利息收入，贷记“投资收益”账户，按其差额，借记或贷记“持有至到期投资——利息调整”账户。如持有至到期投资为一次还本付息债券投资的，则只需要将上述会计处理中，借记“应收利息”账户，改成借记“持有至到期投资——应计利息”账户。

【例5-3】承【例5-2】，采用实际利率摊销法，计算2007年12月31日、2008年12月31日应确认的投资收益的利息收入和摊销金额。作会计分录如下：

①2007年12月31日计提利息：

实际利息收入=期初摊余成本×实际利率=981 400×5%=49 070（元）

应收利息=债券面值×票面利率=1 000 000×4%=40 000（元）

债券折价摊销=49 070-40 000=9 070（元）

借：应收利息　　40 000

　　持有至到期投资——利息调整　　9 070

　贷：投资收益　　49 070

②2008年12月31日计提利息：

实际利息收入=期初摊余成本×实际利率=（981 400+9 070）×5%=49 524（元）

应收利息=债券面值×票面利率=1 000 000×4%=40 000（元）

债券折价摊销=49 524-40 000=9 524（元）

由于存在误差，最后一年应将剩余折价摊销完毕，则

2008年12月31日债券折价摊销：

18 600-9 070=9 530（元）

借：应收利息　　40 000

　　持有至到期投资——利息调整　　9 530

　贷：投资收益　　49 530

到期收回本息时：

借：银行存款　　1 000 000

　贷：持有至到期投资——成本　　1 000 000

（3）期末计提减值损失时，按照账面价值大于可收回金额的差额借记“资产减值损失”账户，贷记“持有至到期投资减值准备”账户。值得注意的是，已提取减值准备的持有至到期投资价值以后又得以恢复，应在原已计提的减值准备范围内，按恢复增加的金额转回减值准备，借记“持有至到期投资减值准备”账户，贷记“资产减值损失”账户。

【例5-4】承【例5-3】，假如2007年12月31日甲企业持有的乙公司的债券有足够证据表明发生了减值，预计持有的该债券未来现金流量的现值为985 000元，而其账面价值为990 470元，减值为5 470元，则甲企业作会计分录如下：

借：资产减值损失　　5 470

　贷：持有至到期投资减值准备　　5 470

（4）持有至到期投资重分类为可供出售金融资产的，应在重分类日按其公允价值，借记“可供出售金融资产”账户，按其账面余额，贷记“持有至到期投资——成本、利息调整、应计利息”，按其差额，贷记或借记“资本公积——其他资本公积”账户。已计提减值准备的，还应同时结转减值准备。

（5）出售持有至到期投资，应按实际收到的金额，借记“银行存款”等账户，按其账面余额，贷记“持有至到期投资——成本”、“利息调整”、“应计利息”账户，按其差额，

贷记或借记“投资收益”账户。已计提减值准备的，还应该同时结转减值准备。

【例5－5】2007年1月1日，甲公司以105 242元的价格（包含买价和交易费用）购入乙公司面值为100 000元、3年期、票面利率为10%的公司债券，准备持有至到期，该债券每半年付息一次，实际利率为8%。若不考虑其它因素，则甲公司应编制分录如下：

首先，为甲公司编制持有至到期投资溢价摊销表：

表5－1　　持有至到期投资溢价摊销表（实际利率法）　　单位：元

付息日期	①应收利息 ＝面值×5%	②实际利息 ＝摊余成本×实际利率	③利息调整 ＝①－②	④摊余成本 ＝上期④－③
2007.1.1				105 242
2007.6.30	5 000	4 210	790	104 452
2007.12.31	5 000	4 178	822	103 630
2008.6.30	5 000	4 145	855	102 775
2008.12.31	5 000	4 111	889	101 886
2009.6.30	5 000	4 075	925	100 961
2009.12.31	5 000	4 039	961	100 000
合计	30 000	24 758	5242	——

其次，作分录如下：

（1）取得投资：

借：持有至到期投资——成本　　100 000
　　　　　　　　——利息调整　　5 242
　贷：银行存款　　105 242

（2）2007年7月1日第一次收到利息，根据上表编制分录：

借：银行存款　　5 000
　贷：持有至到期投资——利息调整　　790
　　　投资收益——利息收入　　4 210

（3）2007年12月31日，甲公司应编制如下分录：

借：应收利息　　5 000
　贷：持有至到期投资——利息调整　　822
　　　投资收益——利息收入　　4 178

第三节　可供出售金融资产

可供出售金融资产，是指初始确认时就被指定为可供出售金融资产的非衍生金融资产，以及没有划分为持有至到期投资、贷款和应收款项、以公允价值计量且其变动计入当期损益的金融资产。通常情况下划分为此类的金融资产，应当在活跃的市场上有报价。因此，企业从二级市场上购入的、有报价的债券投资、股票投资、基金投资等都可以划分为可供出售金融资产。

一、可供出售金融资产的计量

可供出售金融资产，应当按照该金融资产取得时的公允价值和相关费用之和作为初始确认金额，支付的价款中包含的已到付息期但尚未领取的利息或已宣告尚未发放的现金股利，应单独确认为应收项目。可供出售金融资产持有期间取得的利息或现金股利，应当计入投资收益。资产负债表中可供出售金融资产应当以公允价值计量，且公允价值变动计入资本公积（其他资本公积）。

二、可供出售金融资产的会计核算

为了反映可供出售金融资产的增减变动，企业应当设置“可供出售金融资产”账户。该账户属于资产类账户。借方登记可供出售金融资产的增加，贷方登记可供出售金融资产的减少。本账户期末借方余额，反映企业可供出售金融资产的公允价值。其明细账按照“成本”、“利息调整”、“应计利息”和“公允价值变动”设置。

具体会计核算如下：

（1）企业取得的可供出售金融资产为股票投资的，应按其公允价值与交易费用之和，借记“可供出售金融资产——成本”账户，按支付的价款中包含的已宣告但尚未发放的现金股利，借记“应收股利”账户，按实际支付的金额，贷记“银行存款”账户。

企业取得的可供出售金融资产为债券投资的，应按债券的面值，借记“可供出售金融资产——成本”账户，按支付的价款中包含的已到付息期但尚未领取的利息，借记“应收利息”账户，按实际支付的金额，贷记“银行存款”等账户，按差额，借记或贷记“可供出售金融资产——利息调整”账户。

【例 5－6】A 公司于 2007 年 7 月 10 日从二级市场购入股票 1 000 000 股，每股市场价 15 元，手续费 30 000 元，初始确认时，该股票划为可供出售金融资产。作会计分录如下：

借：可供出售金融资产——成本　　15 030 000

　贷：银行存款　　15 030 000

（2）资产负债表日，可供出售债券为分期付息、一次还本债券投资的，应按票面利率计算确定的应收利息，借记“应收利息”账户，按可供出售债券的摊余成本和实际利率计算确定的利息收入，贷记“投资收益”账户，按其差额，借记或贷记“可供出售金融资产——利息调整”账户。

可供出售债券为一次还本付息债券投资的，应按票面利率计算确定的应收未收利息，借记“可供出售金融资产——应计利息”账户，按可供出售债券的摊余成本和实际利率计算确定的利息收入，贷记“投资收益”账户，按其差额，借记或贷记“可供出售金融资产——利息调整”账户。

被投资单位宣告发放现金股利时，借记“应收股利”账户，贷记“投资收益”账户。

收到债券利息或现金股利时，借记“银行存款”账户，贷记“应收股利/应收利息”账户。

【例5-7】2007年1月1日，甲公司按面值从债券市场购入A公司公开发行的债券10 000张，每张面值100元，票面利率3%，划分为可供出售金融资产。2007年12月31日，该债券的市场价格为110元。作会计分录如下：

购入时：

借：可供出售金融资产——成本　　1 000 000

　贷：银行存款　　1 000 000

2007年12月31日确认利息、公允价值变动：

借：应收利息　　30 000

　　可供出售金融资产——利息调整　　3 000

　贷：投资收益　　33 000

同时：

借：银行存款　　30 000

　贷：应收利息　　30 000

（3）资产负债表日，可供出售金融资产的公允价值高于其账面价值的差额，借记“可供出售金融资产——公允价值变动”账户，贷记“资本公积——其他资本公积”账户；公允价值低于其账面价值的差额作相反的会计分录。

资产负债表日，当可供出售金融资产公允价值持续下跌或严重下降时，表明可供出售金融资产发生减值，即使该金融资产没有终止确认，原直接计入所有者权益的因公允价值下降形成的累计损失，也应当予以转出，计入当期损益。该转出的累计损失，等于可供出售金融资产的初始取得成本扣除已收回本金和已摊销金额、当期公允价值和原已计入损益的减值损失后的余额。按累计损失和本期损失之和，借记“资产减值损失”账户，按应从所有者权益中转出原计入资本公积的累计损失金额，贷记“资本公积——其他资本公积”账户，按本期应提取的减值准备，贷记“可供出售金融资产——公允价值变动”账户。已确认减值损失的可供出售金融资产在随后的会计期间公允价值上升的，且客观上与原确认减值损失有关的，应按确认的减值损失，借记“可供出售金融资产——公允价值变动”账户，贷记“资产减值损失”账户。但是，可供出售权益工具投资发生的减值损失，不得通过损益转回。应当借记“可供出售金融资产——公允价值变动”账户，贷记“资本公积——其他资本公积”账户。在活跃市场中没有报价且其公允价值不能可靠计量的权益工具投资，或与该权益工具挂钩并须通过交付该权益工具结算的衍生金融资产发生的减值损失，不得转回。

（4）将持有至到期投资重分类为可供出售金融资产的，应当在重分类日按其公允价值，借记“可供出售金融资产”账户，按其账面余额，贷记“持有至到期投资”账户，按其差额，贷记或借记“资本公积——其他资本公积”账户。

（5）出售可供出售的金融资产，应按实际收到的金额，借记“银行存款”账户，按其账面余额，贷记“可供出售金融资产——成本（公允价值变动、利息调整、应计利息）”账户，按应从所有者权益中转出的公允价值累计变动额，借记或贷记“资本公积——其他资本公积”账户，按其差额，贷记或借记“投资收益”账户。

【例5-8】2008年5月1日，甲公司支付价款10 160 000元（含交易费用10 000元和已宣告发放现金股利150 000元）购入乙公司发行的股票2 000 000股，占乙公司有表决权股份的0.5%。甲公司将其划分为可供出售金融资产。

2008年5月10日，甲公司收到乙公司发放的现金股利150 000元；
2008年6月30日，该股票市价为每股5.2元；
2008年12月31日，甲公司仍持有该股票，当日，该股票市价为每股5元；
2009年5月9日，乙公司宣告发放股利40 000 000元；
2009年5月13日，甲公司收到乙公司发放的现金股利；
2009年5月20日，甲公司以每股4.9元的价格将股票全部转让。
假定不考虑其他因素，甲公司的账务处理如下：

（1）2008年5月1日，购入股票：

借：应收股利	150 000	
可供出售金融资产——成本	10 010 000	
贷：银行存款		10 160 000

（2）2008年5月10日，收到现金股利：

借：银行存款	150 000	
贷：应收股利		150 000

（3）2008年6月30日，确认股票价格变动：

借：可供出售金融资产——公允价值变动	390 000	
贷：资本公积——其他资本公积		390 000

（4）2008年12月31日，确认股票价格变动：

借：资本公积——其他资本公积	400 000	
贷：可供出售金融资产——公允价值变动		400 000

（5）2009年5月9日，确认应收现金股利：

借：应收股利	200 000	
贷：投资收益		200 000

（6）2009年5月13日，收到现金股利：

借：银行存款	200 000	
贷：应收股利		200 000

（7）2009年5月20日，出售股票：

借：银行存款	9 800 000	
投资收益	210 000	
可供出售金融资产——公允价值变动	10 000	
贷：可供出售金融资产——成本		10 010 000
资本公积——其他资本公积		10 000

第四节　长期股权投资

一、长期股权投资概述

长期股权投资是指通过投资取得被投资单位的股权且不准备随时出售的投资，从而使投资企业成为被投资企业的股东，按其所持股份的比例享有被投资单位权益并承担责任。本章所指的长期股权投资包括以下内容：

（1）企业持有的能够对被投资单位实施控制的权益性投资，即对子公司投资。

（2）企业持有的能够与其他合营方一同对被投资单位实施共同控制的权益性投资，即对合营企业投资。

（3）企业持有的能够对被投资单位施加重大影响的权益性投资，即对联营企业的投资。

（4）企业对被投资单位不具有控制、共同控制或重大影响，在活跃市场上没有报价且公允价值不能可靠计量的权益性投资。

二、长期股权投资的分类

1. 长期股权投资按是否取得股票分类

长期股权投资是指能够取得并意图长期持有的被投资单位股份的投资，包括股票投资和其他股权投资。股票投资是指企业以购买股票的方式对其他企业所进行的投资。与债券投资相比，股票投资具有风险较大、责任权力较大、获取经济利益较多等特点。

其他股权投资是指除股票投资以外的所有者权益性质的投资，一般是企业直接将现金、实物或无形资产等投入到其他企业，取得所有者权益的一种投资。这种投资一经投出，除联营企业期满或由于特殊原因联营企业解散外，一般不得抽回投资。投资企业根据被投资企业经营的好坏，按其投资比例分享利润或分担亏损。这也是一种权益性投资，其特点与股票投资基本相同。

2. 长期股权投资按是否公允交易分类

在我国现阶段存在大量的股权投资并不是投资双方自愿的行为，投资方与被投资方之间有着一定的经济利益关系，甚至存在上下级关系，或者双方共同受同一上级或权力机构的控制。他们之间的长期股权投资是一种没有讨价还价的权益投资，尽管投资方也要付出一定的代价，但对价不公允，导致参与合并投资各方在合并前后受同一方或相同多方的最终控制，人称同一控制下的长期股权投资。

除同一控制下的长期股权投资之外，那些不存在关联方关系，也不受同一上级或权力机构控制的长期股权投资，能够按照公允价值计量股权投资成本的，导致参与合并投资各方在合并前后都不受一方或相同多方的最终控制，称为非同一控制下的长期股权投资。

三、长期股权投资的初始计量

（一）企业合并概述

企业合并，是指将两个或两个以上单独的企业合并形成一个报告主体的交易或事项。

1. 以合并方式为基础对企业合并的分类

从本质上看，企业合并是一个企业取得对另外一个企业的控制权，吸收另一个或多个企业的净资产以及将参与合并的企业相关资产、负债进行整合后成立新的企业等情况。因此，以合并方式为基础，企业合并包括控股合并、吸收合并及新设合并。

（1）控股合并，是指合并方（或购买方，下同）通过企业合并交易或事项取得对被合并方（或购买方，下同）的控制权，能够主导被合并方的生产经营决策，从而将被合并方纳入其合并财务报表范围形成一个报告主体的情况。控制合并中，被合并方在企业合并后仍保持其独立的法人资格继续经营，合并方在合并中取得的是对被合并方的股权。合并方在其账簿及个别财务报表中应确认对被合并方的长期股权投资，合并中取得的被合并方的资产和负债仅在合并财务报表中确认。

（2）吸收合并，是指合并方在企业合并中取得被合并方的全部净资产，并将有关资产、负债并入合并方自身的账簿和报表进行核算。企业合并后，注销被合并方的法人资格，由合并方持有合并中取得的被合并方的资产、负债、在新的基础上继续经营。

（3）新设合并，是指企业合并中注册成立一家新的企业，由其持有原参与合并各方的资产、负债在新的基础上经营。原参与合并各方在合并后均注销其法人资格。

2. 以是否在同一控制下进行企业合并为基础对企业合并的分类

以是否在同一控制下进行企业合并为基础，企业合并可分为同一控制下的企业合并和非同一控制下的企业合并。

（1）同一控制下的企业合并。

参与合并的企业在合并前后均受同一方或相同多方的最终控制且该控制并非暂时性的，为同一控制下的企业合并。对于同一控制下的企业合并，在合并日取得对其他参与合并企业控制权的一方为合并方，参与合并的其他企业为被合并为。合并日，是指合并方实际取得对被合并方控制权的日期。

同一控制下的企业合并包括但不仅限于以下几种情况，实务操作中，企业应根据企业会计准则中对于同一控制下的企业合并的界定，按照实质重于形式的原则进行判断：

其一，母公司将期持有的对子公司的股权用于交换非全资子公司增加发行的股份；

其二，母公司将其持有的对某一子公司的控制权出售给另一子公司。

（2）非同一控制下的企业合并。

参与合并的各方在合并前后不受同一方或相同的多方最终控制的，为非同一控制下的企业合并。非同一控制下的企业合并，在购买日取得对其他参与合并企业控制权的一方为购买方，参与合并的其他企业为被购买方。购买日，是指购买方实际取得对被购买方控制权的日期。

长期股权投资在初始取得时，根据取得方式的不同，可以分为企业合并中形成的长期股权投资和企业合并以外形成的长期股权投资。其中，合并形成的长期股权投资又可分为“同一控制下的企业合并形成的长期股权投资”和“非同一控制下的企业合并形成的长期股权投资”两类。其取得方式不同，初始成本的确定也不同。

（二）不同合并方式下的长期股权投资成本的确定

1. 同一控制下的企业合并形成的长期股权投资成本的确定

对于同一控制下的企业合并形成的母公司对子公司的长期股权投资，其初始投资成本的确定相对比较特殊。无论实施合并的公司实际支付的对价如何，长期股权投资的初始投资成本是以合并当日取得被合并方所有者权益账面价值的份额作为长期股权投资的初始投资成本，借记“长期股权投资——成本”科目，按照支付的合并对价的账面价值，贷记有关资产或借记有关负债科目等，按照长期股权投资初始投资成本与支付的现金、转让的非现金资产以及所承担债务账面价值之间的借方或贷方差额，借或贷记“资本公积”科目。资本公积贷方余额不足的，应依次调整留存收益（盈余公积和未分配利润）。

【例 5-9】A、B 两家公司同属于 C 公司的子公司。2006 年 6 月 1 日，A 公司以货币资金 1 200 万元取得 B 公司的 60% 的股份，B 公司当期的所有者权益是 2 400 万元。作会计处理如下：

长期股权投资的成本为 1 440 万元（2 400 × 60 %）。差额 240 万元应调整为资本公积的增加。

借：长期股权投资——成本	14 400 000	
贷：资本公积——股本溢价		2 400 000
银行存款		12 000 000

投资方以发行权益性证券（如股票）作为合并对价的，应当在合并日按照取得被合并方所有者权益账面价值的份额作为长期股权投资的初始投资成本。按照发行股份的面值总额作为股本，长期股权投资初始投资成本与所发行股份面值总额之间的差额，应当调整资本公积（资本溢价或股本溢价），资本公积不足冲减的，调整留存收益。

【例 5-10】A 企业、B 企业同为甲公司的子公司。A 企业于 2006 年 7 月 1 日发行 600 万元股普通股（每股面值 1 元，市价 3 元），作为对价取得 B 企业 60% 的股权，合并日 B 企业账面净资产总额为 1 300 万元。作会计分录如下：

长期股权投资的成本为 780 万元（1 300 × 60%），差额 180 万元调增资本公积。

借：长期股权投资	7 800 000	
贷：股本		6 000 000
资本公积——股本溢价		1 800 000

在确定同一控制下企业合并形成的长期股权投资时，应注意合并前合并方与被合并方适用的会计政策是否相同。如果双方采用的会计政策不同，则合并方在合并中，应当按照合并方会计政策对被合并的会计报表相关项目进行调整，在此基础上再确定长期股权投资的初始成本。

2. 非同一控制下的长期股权投资成本的确定

非同一控制下企业控股合并，购买方在购买中确定的合并成本包括：为取得对被购买方的控制权而付出的资产、发生或承担的负债以及发行的权益性证券的公允价值；通过多次交易分步实现合并的，合并成本为每一单项交易成本之和，为进行企业合并发生的各项直接费用；在合并合同或协议中对可能影响合并成本的未来事项作出约定的，购买中如果估计未来事项可能发生并且对合并成本的影响能够可靠计量的金额等。

具体账务处理：非同一控制下的企业控股合并，购买方在购买中应当按确定的合并成本作为长期股权投资的初始投资成本，借记“长期股权投资——投资成本”科目，按照合并中支付对价的账面价值，贷记或借记有关资产或负债科目、按照长期股权投资的初始投资成本与所支付对价账面价值之间的贷方差额，贷记“营业外支出”科目，按照长期股权投资的初始投资成本与所支付对价账面价值之间的借方差额，借记“营业外支出”科目。

【例 5-11】A 企业在 2006 年 6 月以所持有的无形资产作为合并对价，自 B 企业的控股股东处购入 B 企业 70 % 的股权，作为合并对价的无形资产账面成本为 8 000 万元，累计摊销为 200 万元，其目前市场价格为 12 000 万元。合并中，A 企业为核实 B 企业的资产价值，聘请有关机构对该项合并进行咨询，以银行存款支付咨询费用 100 万元。则企业合并形成的长期股权投资的初始投资成本为12 100万元，差额4 200万元计入合并当期损益。作会计分录如下：

借：长期股权投资　　121 000 000
　　累计摊销　　2 000 000
　贷：无形资产　　80 000 000
　　　银行存款　　1 000 000
　　　营业外收入——处置非流动资产收益　　42 000 000

企业无论是同一控制下的合并还是非同一控制下的合并取得的长期股权投资，也无论是以何种方式取得的长期股权投资，实际支付的价款或对价中包含已宣告但尚未领取的现金股利或利润，应作为应收项目进行处理，不构成取得长期股权投资的成本。

3. 企业除合并以外形成的长期股权投资的初始计量

企业除合并形成的长期股权投资以外，其他方式取得的长期股权投资，应当按照下列规定确定其初始投资成本。

（1）以支付现金取得的长期股权投资，应当按照实际支付的购买价款作为初始投资成本。初始投资成本包括与取得长期股权投资直接相关的费用、税金及其他必要支出。企业取得长期股权投资实际支付的价款或对价中包含的已宣告但尚未发放的现金股利或利润应作为应收项目处理，不构成长期股权投资成本。

【例5-12】A企业于2006年4月1日购入B企业100 000股股票，每股价格为15.2元，另付相关税费5 000元。A企业购入B企业的股份占其表决权资本的10%，并准备长期持有。

4月1日购买时，作会计分录如下：

借：长期股权投资——B企业　　1 525 000
　贷：银行存款　　1 525 000

（2）以发行权益性证券取得的长期股权投资，应当按照发行权益性证券的公允价值作为初始投资成本。为发行权益性证券而支付的手续费、佣金等应从权益性证券的溢价发行收入中扣除，溢价发行收入不足的，应冲减盈余公积和未分配利润。

【例5-13】A企业于2006年10月，通过增发4 000万股（每股面值1元）自身股份取得对B企业30%的股权，按照增发前后的平均股价计算，该4 000万股股份的公允价值为5 400万元。为增发该部分股份，A企业支付了200万元的佣金和手续费。在本例中A企业的长期股权投资成本应为5 400万元。作会计分录如下：

借：长期股权投资　　54 000 000
　贷：股本　　40 000 000
　　　资本公积——股本溢价　　14 000 000
借：资本公积——股本溢价　　2 000 000
　贷：银行存款　　2 000 000

（3）投资者投入的长期股权投资，应当按照投资合同或协议约定的价值作为初始投资成本，但合同或协议约定价值不公允的除外。具体账务处理是借记“长期股权投资——成本”科目，按照投资者出资构成的实收资本（股本）部分，贷记“实收资本”、“股本”科目，按照支付的相关税费，贷记“银行存款”等科目，按照上述借、贷方之间的差额，贷记“资本公积”科目。

【例5－14】2008年1月1日，A公司接受B公司以其所持有的C公司股票进行长期股权投资。B公司对C公司长期股权投资的账面余额为1 200万元，未计提长期股权投资减值准备。A公司和B公司约定的对C公司长期股权投资价值为4 300万元，占A公司所有者权益总额的60%。假定在2008年1月1日，A公司所有者权益总额为7 000万元，不考虑其他相关税费。

分析：A公司的初始投资成本是按投资合同约定的价值，即4 300万元作为入账基础的，计入借方的"长期股权投资——成本"科目，出资者出资构成的实收资本是4 200万元（7 000×60%），两者的差额记在"资本公积"科目的贷方。作会计分录如下：

借：长期股权投资——成本　　43 000 000
　贷：实收资本　　42 000 000
　　　资本公积　　1 000 000

B公司的会计处理为：

借：长期股权投资——成本（A公司）　　43 000 000
　贷：长期股权投资——成本（C公司）　　12 000 000
　　　投资收益　　31 000 000

（4）通过非货币性资产交换、债务重组取得的长期股权投资，其初始投资成本本书不作讲解。

四、长期股权投资后续计量

长期股权投资在持有期间，根据投资企业对被投资单位的影响程度及其是否存在活跃市场、公允价值能否可靠区分等进行划分，应当分别采用成本法和权益法进行核算。

（一）长期股权投资的成本法

成本法是指初始投资按取得的成本计量，投资后当被投资单位宣告分派现金股利时，或者投资方追加、减少投资时，投资方的账面成本会发生相应的变化。成本法的适用范围为：

1. 投资企业能够对被投资单位实施控制的长期股权投资

控制，是指有权决定一个企业的财务和经营政策，并能据以从该企业的经营活动中获取利益。控制一般存在于以下情况：

（1）投资企业直接拥有被投资单位50%以上的表决权资本。

（2）投资企业虽然直接拥有被投资单位50%以下的表决权资本，但具有实质控制权。投资企业对被投资单位是否具有实质控制权，可以通过以下一种或一种以上情形来判断：

①通过与其他投资者的协议，投资企业拥有被投资单位50%以上表决权资本的控制权。

②根据章程或者协议，投资企业有权控制被投资单位的财务和经营政策。

③有权任免被投资单位董事会或类似权力机构的半数以上的成员。

④在被投资企业的董事会或类似权力机构上有半数以上投票权。

投资企业能够对被投资单位实施控制的，被投资单位为其子公司，投资企业应当将子公司纳入合并财务报表的合并范围。投资企业对子公司的长期股权投资，应当采用成本法核算，编制合并财务报表时按照权益法进行调整。

2. 投资企业对被投资单位不具有共同控制或重大影响，并且在活跃市场中没有报价，公允价值不能可靠计量的长期股权投资

共同控制，是指按照合同约定对某项经济活动所共有的控制，仅在与该项经济活动相关的重要财务和经营决策需要分享控制权的投资方一致同意时存在。投资企业与其他方对被投资单位实施共同控制的，被投资单位为其合营企业。

重大影响，是指对一个企业的财务和经营决策有参与决策的权力，但并不能够控制或者与其他方一起共同控制这些政策的制定。投资企业能够对被投资单位施加影响的被投资单位为其联营企业。重大影响一般存在于以下情况：

（1）投资企业直接拥有被投资单位20%～50%的表决权资本。

（2）投资企业虽然不直接拥有被投资单位20%～50%的表决权资本，但具有实质重大影响权。投资企业对被投资单位是否具有实质重大影响权，可以通过以下一种或一种以上情形来判断。

①在被投资单位的董事会或类似权力机构中派有代表，并享有参与决策的权力。

②参与被投资单位的政策制定过程。

③向被投资单位派出负责被投资企业财务和经营决策的高层管理人员。

④依赖投资企业的技术资料。

⑤其他足以证明投资企业对被投资单位具有重大影响的情形。

（二）成本法下的账务处理

1. 初始投资的会计处理

初始投资时，投资方应当按照取得的投资成本，借记“长期股权投资”账户，按照实际支付的价款，贷记“银行存款”账户，如果实际支付的价款中存在已宣告尚未发放的现金股利，则应当将其计入“应收股利”账户。

2. 追加投资时的会计处理

追加投资时的会计处理与初始投资时的会计处理基本相同。不同的是投资企业对被投资单位追加投资后，能够对被投资单位实施重大影响时，应当将原采用的成本法改为权益法核算；但是，如果能够对被投资单位实施控制时，原采用的成本法不应当改变。

3. 被投资单位宣告分派现金股利或利润时的会计处理

在成本法下，被投资单位宣告分派现金股利或利润时，投资企业应当区分为属于投资以前年度形成的利润，还是投资以后年度形成的利润，并分别加以处理。

（1）投资当年被投资单位宣告分派利润或现金股利的处理。

在我国，企业实现的盈余一般于下年度发放利润或股利。因此，投资企业取得长期股权投资后，如果投资当年获得被投资企业宣告分派的利润或现金股利，则是由投资前被投资单位实现的利润分来的，故一般不作为当期投资收益，而是作为投资成本的收回处理。

如果投资当年获得被投资企业宣告分派的利润或现金股利，有一部分可能是由投资前被投资单位实现的利润分来的，另一部分是来自投资后被投资单位的盈余分配，则来自投资后被投资单位的盈余分配应作为投资企业的投资收益处理。在具体计算这两部分的金额时，如能分清投资前、后被投资单位实现的净利润，就应当直接确认为投资成本的收回和投资收益；如不能分清投资前、后被投资单位实现的净利润，则应按下列公式计算确认投资收益或冲减投资成本的金额。

①属于投资前形成的净利润，将应得的股利全部冲减成本。

借：应收股利（被投资单位当年宣告分派的现金股利×投资方的投资比例）

　贷：长期股权投资

②属于投资后形成的净利润，应全部确认为投资收益。

借：应收股利

　贷：投资收益

③既有投资前又有投资后的净利润，能分清投资前后形成的净利润：

借：应收股利

　贷：投资收益（投资后的净利润×持股比例）

　　　长期股权投资（差额）

【例5-15】A企业于2007年7月1日向B企业投资，B企业2007年形成净利润120万元，其中1~6月份形成净利润50万元，A企业的持股比例为10%，B企业是2007年1月1日成立的，B企业2007年年末宣告分派2007年现金股利80万元。作会计分录如下：

借：应收股利（800 000×10%）　　80 000

　贷：投资收益（700 000×10%）　　70 000

　　　长期股权投资　　10 000

④分不清投资前后形成的净利润：

投资企业投资当年应享有的投资收益＝投资当年被投资单位每股盈余×投资企业所持股份×当年投资持有月份/全年月份。或者＝投资当年被投资单位实现的净损益×投资企业持股比例×当年投资持有月份/全年月份。资料同上，假定无法取得2005年1~6月份净利润50万元。作会计分录如下：

借：应收股利　　80 000

　贷：投资收益（1 200 000×10%÷12×6）　　60 000

　　　长期股权投资　　20 000

这个公式在被投资单位实现利润较均衡的情况下，计算结果比较准确；若在被投资单位实现利润不均衡的情况下，会有一定的误差。

投资企业在投资当年应冲减的投资成本的金额＝被投资单位分派的利润或现金股利×投资企业持股比例－投资企业投资当年应享有的投资收益

当投资企业投资当年分得的利润或现金股利大于被投资企业投资当年应确认的投资收益时，才可按上述公式计算。反之，则不需要计算应冲减的投资成本金额，投资企业应将分得的利润或现金股利全部确认为当期投资收益。

【例5-16】A企业于2004年7月1日购入丁公司股份80 000股，每股价格9元，另付相关税费3 000元，占丁公司有表决权资本的5%，准备长期持有。丁公司2004年年度实现净利润640 000元。丁公司于2005年4月10日宣告分派2004年年度的现金股利，每股0.3元。作会计分录如下：

2004年7月1日购买投资时：

借：长期股权投资——投资成本　　723 000

　贷：银行存款　　723 000

2005 年 4 月 10 日分得现金股利时：

应确认的投资收益 =640 000 ×5% ×6/12 =16 000（元）

应冲减的投资成本 =80 000 ×0.3 –16 000 =8 000（元）

借：应收股利 24 000

　贷：长期股权投资——投资成本 8 000

　　　投资收益——股利收入 16 000

【例 5 –17】2007 年 3 月 1 日 A 公司以银行存款购入 B 公司 10% 的股份，实际支付 110 000元。2007 年 5 月 3 日 B 公司宣布发放 2006 年现金股利共计 100 000 元；2007 年 1 月 1 日 B 公司股东权益合计达 1 200 000 元，其中，股本 1 000 000 元，未分配利润 200 000 元；2007 年实现净利润 450 000 元，其中 1 ~2 月份实现净利润 80 000 元；2008 年 4 月 1 日 B 公司宣布分派现金股利 300 000 元。

对 A 公司而言，2007 年 3 月 1 日取得的投资，应全部作为投资成本。2007 年 5 月 3 日宣布发放的股利，应全部作为 A 公司的投资成本收回，作会计分录如下：

2007 年 3 月 1 日：

借：长期股权投资——投资成本 110 000

　贷：银行存款 110 000

2007 年 5 月 3 日：

借：应收股利 10 000

　贷：长期股权投资——投资成本 10 000

2008 年 4 月 1 日 B 公司宣布发放的现金股利中，A 公司应享有的投资收益为（450 000 –80 000） ×10% =37 000 元，应冲减的投资成本为 0，因为 A 公司能够分得的现金股利 300 000 ×10% =30 000 元小于应享有的投资收益 37 000 元，应确认的投资收益为 30 000 元。作会计分录如下：

借：应收股利 30 000

　贷：投资收益 30 000

上例中，若其他条件不变，B 公司宣布分派现金股利 400 000 元，则 A 公司能分到的现金股利为 400 000 ×10% =40 000 元，大于应享有的投资收益 37 000 元，因此需冲减投资成本 3 000 元（40 000 –37 000），作会计分录如下：

借：应收股利 40 000

　贷：长期股权投资——投资成本 3 000

　　　投资收益 37 000

（2）投资以后年度分得利润或现金股利的账务处理。

一般情况下，投资以后年度被投资单位累计分派的现金股利或利润超过被投资以后至上年末止被投资单位累计实现净损益的，投资企业按照持股比例计算应享有的部分作为成本的收回。具体可按以下公式计算：

应冲减的投资成本金额 =（投资后至本年末止被投资单位累积分派的利润或现金股利 –投资后至上年末止被投资单位累积实现的净损益） ×投资企业的持股比例 –投资企业已冲减的投资成本

应确认的投资收益 =投资企业当年获得的利润或现金股利 –应冲减投资成本的金额

在具体运用上述公式时应注意以下两点：

①在“应冲减的投资成本金额”的公式中，如果计算结果为正数，则为应冲减的投资成本金额；如果计算结果为负数，则为应恢复增加的股权投资成本，但恢复增加数不能大于原冲减数。为便于上述的计算使用，企业每年按上述公式计算的冲减投资成本额，以及以后恢复的投资成本额，应在备查簿中详细记录。

②如果被投资单位当年未分配利润或现金股利，即使被投资单位以前各期分派的利润或现金股利小于投资后被投资单位实现的净利润，也不能按上述公式计算恢复投资成本和确认当期投资收益。

【例5-18】 A企业于2004年1月1日以银行存款购入乙公司5%的股份，准备长期持有，实际成本为150 000元。乙公司2004年年初没有未弥补亏损，2005年4月8日宣告分派2004年年度的现金股利100 000元；2005年年度实现净利润400 000元，2006年5月1日宣告分派现金股利200 000元；2006年发生亏损100 000元，决定不分配利润；2007年实现净利润150 000元，2008年4月28日宣告分派现金股利200 000元。A企业的会计处理如下：

2004年1月1日取得投资的会计分录：

借：长期股权投资——投资成本　　150 000

　贷：银行存款　　150 000

2005年4月8日分得现金股利的会计分录：

借：应收股利　　5 000

　贷：长期股权投资——投资成本　　5 000

2006年5月1日分得现金股利的会计分录：

应冲减的投资成本额 =（300 000 - 400 000）×5% - 5 000 = -10 000（元）

由于应恢复增加的投资成本最高限额为5 000元，因此，不能按10 000元恢复增加成本，恢复增加投资成本额为5 000元。

应确认的投资收益 = 200 000×5% -（-5 000）= 15 000（元）

借：应收股利　　10 000

　　长期股权投资——投资成本　　5 000

　贷：投资收益——股利收入　　15 000

2007年被投资单位实现亏损，不分配利润，不作账务处理。

2008年4月28日分得现金股利的会计分录：

应冲减的投资成本 =（500 000 - 450 000）×5% - 0 = 2 500（元）

应确认的投资收益 = 200 000×5% - 2 500 = 7 500（元）

借：应收股利　　10 000

　贷：长期股权投资——投资成本　　2 500

　　　投资收益——股权收入　　7 500

（三）长期股权投资核算的权益法

权益法是指初始投资以取得的成本计价，投资以后，当被投资企业发生经济业务引起其所有者权益总额发生增减变动时，投资企业按享有被投资企业所有者权益比例，对长期股权投资的账面价值进行相应调整的一种方法。

投资企业对被投资单位具有共同控制或重大影响时，长期股权投资应采取权益法核算。长期股权投资采用权益法核算的情况下，进行初始投资或追加投资时，按照初始投资或追加投资时的投资成本增加长期股权投资的账面价值；投资后，随着被投资单位所有者权益的变动而相应调整增加或减少长期股权投资的账面价值。因此，长期股权投资采用权益法核算，在会计核算上需要解决的主要问题有三个：①投资企业初始投资时，投资成本与应享有被投资单位所有者权益份额差额的处理；②投资企业在投资后，被投资单位实现净利润或发生净亏损的处理；③投资企业在投资后，被投资单位除净损益以外其他所有者权益变动的处理。

采用权益法核算长期股权投资时，长期股权投资的初始投资成本高于投资时应享有被投资单位可辨认净资产公允价值份额的，不调整长期股权投资成本。因为该部分差额，属于投资企业在购入该项投资过程中，通过购买作价体现出的与所取得股权投资相对应的及不符合确认条件的资产价值，这种情况下不要求对长期股权投资的成本进行调整。

长期股权投资的初始投资成本低于应享有被投资单位可辨认净资产公允价值份额时，其差额应当计入当期损益，并同时调整长期股权投资成本。因为该部分差额，属于被投资企业的股东给予投资企业的让步，或是处于其他目的，被投资企业的原有股东无偿赠与投资企业的价值，所以，对投资企业而言，应将其差额计入当期的营业外收入，并同时调整长期股权投资成本。

【例5-19】 A企业于2005年1月1日，以700 000元投资于甲公司普通股，占甲公司股本的30%，并对甲公司有重大影响，A企业按权益法核算对甲公司的投资。甲公司2005年1月1日所有者权益构成如下（假定该时点被投资单位各项可辨认资产、负债的公允价值与其账面价值相同）：普通股股本1 200 000元，资本公积——股票溢价800 000元，盈余公积400 000元，未分配利润200 000元，合计2 600 000元。

A企业于投资时应享有的份额为780 000元（2 600 000×30%），而长期股权投资成本为700 000元，所以，应计入取得投资当期的损益为80 000元。取得长期股权投资作会计分录如下：

借：长期股权投资——投资成本　　700 000
　贷：银行存款　　700 000
借：长期股权投资——投资成本　　80 000
　贷：营业外收入　　80 000

假定上例取得投资时点上的甲公司的可辨认净资产的公允价值为2 000 000元，则A企业应享有的份额为600 000元，小于700 000元的初始投资成本，则不调整长期股权投资成本。作会计分录如下：

借：长期股权投资——投资成本　　700 000
　贷：银行存款　　700 000

在权益法下，被投资单位当年实现的净利润或发生的净亏损，均会引起可辨认净资产公允价值变动。因此，长期股权投资的账面价值也需要作相应的调整。具体而言：

1. 被投资单位当年实现净利润，投资方的会计处理

属于被投资单位当年实现净利润而影响的所有者权益的变动，投资企业应按所持表决权资本比例计算应享有的份额，增加股权投资的账面价值，并确认为当期投资收益。作会计分录如下：

借：长期股权投资——损益调整

贷：投资收益

（投资收益 = 被投资单位形成的净利润 × 投资方的持股比例）

投资企业在具体确认时，应当注意以下问题：

（1）投资企业在按照被投资单位实现的净利润计算确认投资收益时，必须是投资企业投资后被投资单位实现净利润。

（2）投资企业在按照被投资单位实现的净利润计算确认投资收益时，如果被投资单位实现的净利润中包括法规或企业章程规定不属于投资企业的净利润，应按照扣除不能由投资企业享有的净利润的部分后的金额计算。如按照我国有关法律、法规规定，外商投资企业实现的净利润可以提取一定比例的职工福利及奖励基金。这部分从利润中提取的职工福利及奖励基金，投资企业不能享有，投资企业在计算应享有被投资单位实现的净利润时，应按实现的净利润扣除不能由投资企业享有的职工福利及奖励基金后的净利润计算。

（3）投资企业在按照被投资单位实现的净利润计算确认投资收益时，应当以取得投资时被投资单位各项可辨认资产等的公允价值为基础，对投资单位净利润进行调整后加以确定，不应仅按照被投资单位的账面净利润与持股比例计算的结果简单确定。基于重要性原则，通常应考虑的调整因素为：以取得投资时被投资单位固定资产、无形资产的公允价值为基础计提的折旧额或摊销额以及减值准备的金额对被投资单位净利润的影响。其他项目如为重要的，也应进行调整。

例如，某投资企业于2007年1月1日取得对联营企业30%的股权，取得投资时被投资单位的固定资产公允价值为1 200万元，账面价值为700万元，固定资产的预计使用年限为10年，净残值为0，按照直线法计提折旧。被投资单位2007年年度利润表中净利润为500万元，其中被投资单位当期利润表中已按其账面价值计算扣除的固定资产折旧费用为70万元，按照取得投资时固定资产的公允价值计算确定的折旧费用为120万元；不考虑所得税影响，按照被投资单位的账面净利润计算确定的投资收益应为150万元（500 × 30%）。按该固定资产的公允价值计算的净利润为450万元（500 − 50），投资企业按照持股比例计算确认的当期投资收益应为135万元（450 × 30%）。投资企业确认投资收益作会计分录如下：

借：长期股权投资——损益调整　　1 350 000

　贷：投资收益　　1 350 000

对于上述规定，若无法合理确定取得投资时被投资单位各项可辨认资产公允价值的，或者投资时被投资单位可辨认资产的公允价值与账面价值相比，两者之间的差额不具有重要性的，可以按照被投资单位的账面净利润与持股比例计算的结果确认投资收益，但应在会计报表附注中说明。

（4）被投资单位采用的会计政策及会计期间与投资企业不一致的，应当按照投资企业的会计政策及会计期间对被投资单位的财务报表进行调整，并据以确认投资损益。

【例5-20】 宏达公司于2007年1月5日以10 000 000元的价格投资购买安信公司普通股，另支付相关税费300 000元，占安信公司普通股的40%，并对安信公司具有重大影响，采用权益法核算。投资时安信公司所有者权益的账面价值为24 000 000元，与其公允价值不存在差异。2007年12月31日，安信公司宣布实现净利润1 500 000元。

2007年12月31日安信公司宣布实现净利润时，宏达公司应享有1 500 000 × 40% = 600 000元。作会计分录如下：

借：长期股权投资——损益调整　　600 000

贷：投资收益 600 000

2. 被投资单位宣告分派利润或现金股利时，投资企业的会计处理

由于投资企业的长期股权投资已包含应享有被投资单位净资产的份额，被投资单位分派利润或现金股利必然使净资产减少，所以，投资企业按持股比例计算的应分得的利润或现金股利，应冲减长期股权投资的账面价值（“损益调整”明细账户）。借记“应收股利”账户，贷记“长期股权投资——损益调整”账户。收到被投资单位发放的现金股利时，借记“银行存款”账户，贷记“应收股利”账户。

【例5－21】承【例5－20】，安信公司于2008年1月25日分派2007年现金股利1 200 000元，并于2008年2月1日发放。则宏达公司应调整长期股权投资的账面价值。编制的会计分录为：

借：应收股利 480 000

贷：长期股权投资——损益调整 480 000

3. 被投资单位当年发生净亏损，投资企业的会计处理

投资企业确认被投资单位发生的净亏损，应当以减少长期股权投资的账面价值以及其他实质上构成对被投资单位净投资的长期权益减记至零为限，投资企业负有承担额外损失的除外。

投资企业确认被投资企业的净亏损，除投资企业对被投资单位有其他额外的责任（如提供担保）以外，一般以投资账面价值减至零为限。这里的投资账面价值是指该项股权投资的账面余额减去该项投资已提的减值准备。股权投资的账面余额包括投资成本、损益调整和其他权益变动等；其他实质上构成对被投资单位净投资的长期权益，通常是指长期性的应收项目，如企业对被投资单位的长期应收款，该款项的清偿没有明确的计划且在可预见的未来期间难以收回的，实质上构成长期权益投资。

投资企业在其他实质上构成对被投资单位净投资的长期权益项目以及负有承担额外损失义务的情况下，在确认应分担被投资单位发生的亏损时，应按照以下顺序进行处理：

首先，减记长期股权投资的账面价值。借记“投资收益”账户，贷记“长期股权投资——损益调整”账户。

其次，当长期股权投资的账面价值减记至零时，如果存在实质上构成对被投资单位净投资的长期权益，应以该长期权益的账面价值为限，减记该长期应收款，同时确认投资损失。借记“投资收益”账户，贷记“长期应收款”账户。

再次，当长期权益的价值减记至零时，如果按照投资合同或协议约定需要投资企业承担额外义务的，应当按照预计承担的金额确认为投资损失，同时作为预计负债处理。借记“投资收益”账户，贷记“预计负债（预计承担的金额）”账户。

最后，在进行上述处理后，如果存在未确认亏损，应当在备查簿中登记，等以后年度实现盈余时，再予以冲减。

被投资单位在以后会计期间实现盈利的，扣除未确认亏损后，应按以上相反顺序恢复长期股权投资的账面价值，同时确认投资收益。具体处理如下：

首先，冲销未确认的亏损。

其次，冲销原确认的预计负债，借记“预计负债”账户，贷记“投资收益”账户。

再次，恢复长期权益，借记“长期应收款”账户，贷记“投资收益”账户。

最后，调整长期股权投资账面价值，借记“长期股权调整——损益调整”账户，贷记

"投资收益"账户。

【例5-22】A企业于2005年1月1日向乙企业投出原价为1 000 000元、已计提折旧100 000元的一项固定资产，获得乙企业有表决权资本的30%，其投资成本与应享有乙企业所有者权益的份额相等。假定乙企业各项可辨认净资产的公允价值与账面价值相等。2005年年度乙企业全年实净利润1 000 000元，2006年2月18日乙企业宣告分派2003年的现金股利600 000元，2006年乙企业全年发生亏损4 000 000元；在当年年末A企业还有应向乙企业收取的长期应收款150 000元，A企业不承担额外损失。2007年乙企业全年实现净利润1 600 000元，假定A企业和乙企业的所有税率均为25%，作会计分录如下：

（1）2005年投资时：

借：固定资产清理　900 000

　　累计折旧　100 000

　贷：固定资产　1 000 000

借：长期股权投资——乙企业——成本　900 000

　贷：固定资产清理　900 000

（2）2005年12月31日确认投资收益时：

借：长期股权投资——乙企业（损益调整）　300 000

　贷：投资收益——股权投资收益　300 000

2005年年末乙企业长期股权投资的账面余额为：900 000+300 000=1 200 000（元）

（3）2006年2月18日宣派现金股利时：

借：应收股利——乙企业　180 000

　贷：长期股权投资——乙企业（损益调整）　180 000

宣告分派股利后乙企业长期股权投资的账面余额为：1 200 000-180 000=1 020 000（元）

（4）2006年12月31日确认应负担的亏损为1 200 000元（4 000 000×30%），由于"长期股权投资——乙企业"账户的账面余额仅有1 020 000元，又因为长期应收款账面仅有150 000元，故只能确认亏损1 170 000元，未确认的亏损30 000元只在备查簿中登记。确认投资损失作会计分录如下：

借：投资收益——股权投资损失　1 170 000

　贷：长期股权投资——乙企业　1 020 000

　　　长期应收款　150 000

2006年12月31日"长期股权投资——乙企业"账户以及长期应收款的账面余额均为0。

（5）2007年12月31日，冲减未入账的亏损30 000元，并恢复长期应收款150 000元和乙企业长期股权投资的账面价值。即1 600 000×30%-150 000-30 000=300 000（元）。

借：长期应收款　150 000

　　长期股权投资——乙企业（损益调整）　300 000

　贷：投资收益——股权投资收益　450 000

4. 被投资单位除净损益外其他所有者权益变动，投资企业的会计处理

在采用权益法核算时，投资企业的长期股权投资账面价值，应随着被投资单位所有者权益的变动而变动。被投资单位净资产的变动，除了实现的净损益会影响净资产外，还包括因金融资产变动计入资本公积等的变动。一方面调整长期股权投资（损益调整）的账面价值，

另一方面确认企业的投资收益，但是被投资企业净损益的变化并非所有者权益金额变动的全部。除此之外，被投资企业还可能因除了净损益以外的因素而导致所有者权益总额发生变动，此时投资企业也应该根据权益法，一方面确认“长期股权投资——其他权益”变动，另一方面确认“资本公积——其他资本公积”。

五、长期股权投资的减值

长期股权投资在按照规定进行核算，确定其账面价值的基础上，如果存在减值迹象的，应当按照相关准则的规定计提减值准备。其中对子公司、联营企业以及合营企业的投资，应当按照《企业会计准则——资产减值》的规定确定其可收回全额及应予计提的减值准备；企业持有的对被投资单位不具有共同控制或重大影响、在活跃市场中没有报价、公允价值不能可靠计量的长期股权投资，应当按照《企业会计准则——金融工具确认和计量》的规定确定其可收回金额及应予计提的减值准备。会计处理上，应根据减值的金额，借记“资产减值损失”科目，贷记“长期股权投资减值准备”科目。上述有关长期股权投资的减值准备在提取以后，均不允许转回。

六、长期股权投资的处置

出于规避风险、获取现金流入等目的，长期股权投资也可以在适当的时间进行处置。处置长期股权投资的投资损益应当在符合股权转让中的条件时才能确认。

处置长期股权投资时，按所收到的处置收入与长期股权投资账面价值的差额确认当期投资损益；应同时结转已计提的减值准备，原计入资本公积项目的金额，应转入“投资收益”账户；部分处置某项长期股权投资时，应按该项投资的总平均成本确定其处置部分的成本，并按相应比例结转已计提的减值准备和资本公积项目。

具体账处理为：出售长期股权投资时，按照实际收到的款项，借记“银行存款”账户，按照提取的减值准备，借记“长期股权投资减值准备”账户，按照长期股权投资的账面价值，贷记“长期股权投资”账户，按照尚未收到的现金股利，贷记“应收股利”账户，按其出售差额借记或贷记“投资收益”账户。

采用权益法核算长期股权投资的，除作上述处理外，还应当结转投资过程中确认的资本公积，借记或贷记“资本公积——其他资本公积”账户，贷记或借记“投资收益”账户。

【例 5－23】甲公司拥有乙公司表决权股份的 30%，对乙公司有重大影响。2007 年 12 月 31 日，甲公司出售了乙公司的 50% 的股权，所得价款为 1 300 万元，全部存入银行。截至处置当天，该项长期股权投资的账面价值为 1 800 万元，其中，投资成本为 1 100 万元，损益调整 600 万元，股权投资减值准备 200 万元，所有者其他权益变动 300 万元，处置费用 2 万元。作会计分录如下：

借：银行存款	12 980 000	
长期股权投资减值准备	1 000 000	
贷：长期股权投资——投资成本		5 500 000
——损益调整		3 000 000
——其他权益变动		1 500 000

投资收益 3 980 000

同时，将原计入资本公积的金额转入投资收益，作会计分录如下：

借：资本公积——其他资本公积 1 500 000

贷：投资收益 1 500 000

第六章　固定资产

引导案例

注册会计师吴生在对某股份有限公司进行固定资产项目审计时，发现该公司2007年“在建工程”科目中购置的一号工程项目，其中部分已具备预定的可使用状态，并已于2007年1月投入使用，但账上并没有此项目的估价及折旧记录。

另外，2007年该公司对其综合办公楼进行了较大改建，并于2007年7月投入使用。改建总支出为400万元，在改建过程中，实现变价收入50万元，改建后预计可使用年限为15年。截至7月31日，原办公楼的原值为800万元，累计折旧为400万元，已使用年限为20年，剩余使用年限为20年，而该公司对于改建后的办公楼仍采用40年计提折旧。

思考：如果你是吴生，面对上述情况，你的处理意见是什么？说出你的理由。

固定资产单位价值高，是企业占用资金比例较大的资产，因此，也是影响企业会计核算的重要内容。固定资产在企业中所处的地位，决定了其对企业的财务状况、经营成果产生的重要影响，从而也决定了有关企业固定资产的会计信息对于信息使用者的经济决策的重要性。

第一节　固定资产概述

一、固定资产的概念

固定资产是指为生产产品、提供劳务、出租或经营管理而持有的，使用寿命超过一个会计年度的有形资产。

从这一定义可以看出，作为企业的固定资产应具备以下特征：

（1）以“生产产品、提供劳务、出租或经营管理”为持有目的。企业购建的固定资产，不是为了将其直接出售来受益，而是为了在生产经营过程中使用它们而受益。这一特征就使固定资产明显区别于库存商品等流动资产。值得注意的是，这里的“出租”不包括作为投资性房地产的以经营租赁方式租出的建筑物。

（2）使用寿命超过一个会计年度。固定资产使用寿命是指企业使用固定资产的预计期间，或者该固定资产所能生产产品或提供劳务的数量。使用寿命超过一个会计年度表明企业固定资产的收益期超过一年，能在一年以上的时间里为企业创造经济利益。

二、固定资产的确认

在符合固定资产定义的前提下，还需要同时符合以下两个条件方可确认为企业的固定资产：

1. 与该固定资产有关的经济利益很可能流入企业

资产最为重要的特征是预期会给企业带来经济利益。如果某一项目预期不能给企业带来经济利益，就不能确认为企业的资产。固定资产是企业一项重要的资产。因此，对固定资产的确认，关键是要判断与其有关的经济利益是否有可能流入企业。如果某一固定资产包含的经济利益不是很可能流入企业，那么，即使其满足固定资产确认的其他条件，企业也不应将其确认为固定资产；如果某一固定资产包含的经济利益很可能流入企业，并同时满足固定资产确认的其他条件，那么，企业应将其确认为固定资产。

在实务中，判断固定资产包含的经济利益是否很可能流入企业，主要是依据与该固定资产所有权相关的风险和报酬是否转移到了企业。其中，与固定资产所有权相关的风险是指由于经营情况的变化造成的相关收益的变动，以及由于资产闲置、技术陈旧等原因造成的损失；与固定资产所有权相关的报酬是指在固定资产使用寿命内直接使用该资产而获得的经济利益，以及处置该资产所实现的收益等。通常，取得固定资产的所有权是判断与固定资产所有权相关的风险和报酬转移到企业的一个重要标志。只要所有权已属于企业，无论企业是否收到或持有该固定资产均应作为企业的固定资产；反之，如果没有取得所有权，即使存放在企业，也不能作为企业的固定资产。有时，企业虽然不能取得固定资产的所有权，但是，与固定资产所有权相关的风险和报酬实质上已转移给企业，此时，企业能够控制该项固定资产所包含的经济利益流入企业。例如，融资租入固定资产，企业虽然不拥有固定资产的所有权，但与固定资产所有权相关的风险和报酬实质上已转移到企业（承租方），此时，企业能够控制该固定资产所包含的经济利益，因此，符合固定资产确认的第一个条件。

2. 该固定资产的成本能够可靠地计量

成本能够可靠地计量，是资产确认的一项基本条件。固定资产作为企业资产的重要组成部分，要予以确认，其为取得该固定资产而发生的支出也必须能够确切地计量或合理地估计。如果固定资产的成本能够可靠地计量，并同时满足其他确认条件，就可以在会计报表中加以确认；否则，企业不应加以确认。

企业在确认固定资产成本时，有时需要根据所获得的最新资料，对固定资产的成本进行合理的估计。例如，企业对于已达到预定可使用状态的固定资产，在尚未办理竣工决算时，需要根据工程预算、工程造价或者工程实际发生的成本等资料，按暂估价值确定固定资产的入账价值，待办理了竣工决算手续后再作调整。

不符合固定资产确认条件的其他实物资产，则确认为存货。备用备件和维修设备通常确认为存货，但某些备用备件和维修设备需要与相关固定资产组合发挥效用。例如，民用航空运输企业的高价周转件，应当确认为固定资产。某些设备不能直接给企业带来经济利益，但有助于企业从相关固定资产获得经济利益，或者减少企业未来经济利益流出，也应确认为固定资产，如安全设备和环保设备。

构成一整体固定资产的不同组成部分，如果各自具有不同的使用寿命或者以不同的方式为企业提供经济利益，从而适用不同的折旧率或者折旧方法，此时，该各组成部分实际上是以独立的方式为企业提供经济利益，因此，企业应将其各组成部分单独确认为固定资产。例如，飞机的引擎，如果其与飞机具有不同的使用寿命，从而适用不同的折旧率或折旧方法，则企业应将其单独确认为固定资产。

三、固定资产的分类

企业的固定资产种类繁多、规格不一，为了加强管理，便于组织会计核算，有必要对其进行科学、合理的分类。根据不同的管理需要和核算要求以及不同的标准，可以从不同的角度对固定资产进行分类。

1. 按固定资产的经济用途分类

按固定资产的经济用途分类，可分为生产经营用固定资产和非经营用固定资产。

生产经营用固定资产，是指直接服务于企业生产或参加生产经营过程的各种房屋、建筑物、机器、设备、器具、工具等。

非生产经营用固定资产，是指不直接服务于生产、经营过程的各种固定资产。如职工宿舍、食堂、浴室、理发室等使用的房屋、设备和其他固定资产等。

按照固定资产的经济用途分类，可以反映和监督企业生产经营用固定资产和非生产经营用固定资产之间以及生产经营用各类固定资产之间的组成和变化情况，借以考核和分析企业固定资产的利用情况，促使企业合理地配备固定资产，充分发挥其效用。

2. 按固定资产使用情况分类

按固定资产使用情况分类，可分为使用中固定资产、未使用固定资产、不需用固定资产和租出的固定资产。

使用中的固定资产，是指正在使用中的经营性和非生产经营性固定资产。由于季节性经营或大修理等原因暂时停止使用的固定资产，仍属于企业使用中的固定资产；企业以经营租赁方式租给其他单位使用的固定资产和内部替换使用的固定资产也属于使用中的固定资产。

未使用的固定资产，是指已完工或已购建的尚未交付使用的新增固定资产以及因进行改建、扩建等原因暂停使用的固定资产。如企业购建的尚待安装的固定资产、经营任务变更停止使用的固定资产等。

不需用的固定资产，是指本企业多余或不适用，需要调配处理的各种固定资产。

租出的固定资产，是指经营性租赁租出的固定资产。企业将闲置的固定资产暂时出让其使用权，根据合同获得租金收入。

按照固定资产使用情况分类，有利于反映企业固定资产的使用情况及其比例关系，便于分析固定资产的利用效率，挖掘固定资产的使用潜力，促使企业合理地使用固定资产，也便于企业合理地计提固定资产的折旧。

3. 按固定资产所有权分类

按固定资产所有权分类可以分为自有固定资产和租入固定资产。

自有固定资产，是企业拥有的可供自由支配使用的固定资产。

租入固定资产，是企业采用租赁方式从其他单位租入的固定资产。租入固定资产的所有权属于出租单位。租入固定资产可分为经营租入固定资产和融资租入固定资产。

这种分类的作用在于分析、考核固定资产的实有数额及其利用情况，分析考核租入和自有固定资产的经济效益。

4. 按固定资产的经济用途和使用情况综合分类

我国企业会计制度对固定资产是采用综合分类法，将固定资产按经济用途和使用情况分为以下七大类：

（1）生产经营用固定资产。

（2）非生产经营用固定资产。

（3）租出固定资产（指经营租赁）。

（4）未使用固定资产。

（5）不需用固定资产。

（6）土地。在我国，土地归国家所有，不参与商品流通。这里作为固定资产的土地是指过去已经估价单独入账的土地。因征地而支付的补偿费，应计入与土地有关的房屋、建筑物的价值内，不单独作为土地价值入账。企业取得的土地使用权不能作为固定资产管理，而列为无形资产，并在法定使用年限内摊销。

（7）融资租入固定资产，是指企业以融资租赁方式租入的固定资产。在租赁期内，应视同自有固定资产进行管理。

由于企业的经营性质不同、经营规模各异，对固定资产的分类不要求完全一致，企业可以根据本企业编制的固定资产目录，作为固定资产管理和核算的依据。

第二节　固定资产的初始计量

固定资产的初始计量，是指固定资产入账价值如何确定。按照会计准则的规定和固定资产的不同来源，企业固定资产的初始计量有所不同：

一、外购固定资产

财政部、国家税务总局于2008年12月19日发布了《关于全国实施增值税转型改革若干问题的通知》（财税〔2008〕170号），要求自2009年1月1日起，增值税一般纳税人购进或者自制固定资产发生的进项税额，可从销项税额中抵扣，其进项税额应当记入“应交税费——应交增值税（进项税额）”科目。

企业外购固定资产，应按增值税专用发票注明的买价、相关税费、使固定资产达到预定使用状态前所发生的可归属于该项固定资产的装卸费、运输费、安装费和专业人员服务费等作为入账价值。其中，相关税金主要包括关税、契税、车辆购置税等。

1. 购入不需要安装的固定资产

企业购入不需要安装而直接交付使用的固定资产，按其买价、相关税费以及使固定资产达到预定使用状态前所发生的可归属于该项固定资产的运输费、保险费、包装费等确认其入账价值。借记“固定资产”科目，贷记“银行存款”科目。

【例6-1】某企业向东方工厂购入一台不需安装的生产用设备，取得增值税专用发票上注明价款为40 000元，增值税税额为6 800元，支付的运费、保险费等共计1 000元。款项已通过银行付讫。不考虑运输费的税金，下同。作会计分录如下：

借：固定资产——生产经营用固定资产　　　　　　41 000

应交税费——应交增值税（进项税额） 6 800
贷：银行存款 47 800

企业用一笔款项购入几种没有标价的固定资产，应以各项资产的公允价值对一次支付的款项采用比例法进行分配后的金额，作为各项固定资产的原值。

【例6－2】某企业以银行存款95 000元购入不需安装、没有标价的铣车、磨车、车床各一台，其公允价值分别为20 000元、30 000元、50 000元，已交付使用。作会计分录如下：

（1）确定分配率：

铣车分配率＝20 000÷（20 000＋30 000＋50 000）＝0.2

磨车分配率＝30 000÷（20 000＋30 000＋50 000）＝0.3

车床分配率＝50 000÷（20 000＋30 000＋50 000）＝0.5

（2）分配分配额：

铣车应分配的价值＝95 000×0.2＝19 000（元）

磨车应分配的价值＝95 000×0.3＝28 500（元）

车床应分配的价值＝95 000×0.5＝47 500（元）

（3）会计分录如下：

借：固定资产——铣车 19 000
——磨车 28 500
——车床 47 500
贷：银行存款 95 000

2. 购入需要安装的固定资产

企业购入需要安装调试后方能交付使用的固定资产，应按实际支付的价款及为使该资产达到可使用状态所支付的相关费用作为固定资产的原值。在会计核算上，应先计入“在建工程”科目，待安装调试完毕交付使用后，再由“在建工程”科目转入“固定资产”科目。

【例6－3】某企业购入一台生产用机器，取得增值税专用发票上注明价款为59 000元，增值项税额1 003元，包装费200元，运杂费900元，安装费2 000元，全部款项均已通过银行结算。作会计分录如下：

（1）购入机器：

借：在建工程 60 100
应交税费——应交增值税（进项税额） 1 003
贷：银行存款 61 103

（2）发生安装费用：

借：在建工程 2 000
贷：银行存款 2 000

（3）机器安装完毕，交付使用：

确定固定资产的入账价值＝60 100＋2 000＝62 100（元）

借：固定资产 62 100
贷：在建工程 62 100

二、建造固定资产

企业自行建造固定资产，应按建造该项资产达到预定使用状态前所发生的必要支出，作为固定资产的成本。

自建固定资产按其实施方式不同，可分为自营工程建造的固定资产和出包工程建造的固定资产两种。

1. 自营工程

自营工程是指企业自行组织工程物资采购、自行组织施工人员施工的建筑工程和安装工程。

企业采用自营方式进行的固定资产工程，应在“在建工程”科目下按不同的工程项目设置明细科目，工程实际发生的各项支出计入其借方；工程完工结转工程的实际成本，从其贷方转入“固定资产”科目。期末借方余额反映尚未完工工程的实际支出。

企业购入为工程准备的物资等，按购入物资的实际成本，借记“工程物资”科目，贷记“银行存款”等科目。企业自营工程领用的工程物资等，按领用物资的实际成本，借记“在建工程”科目，贷记“工程物资”等科目。自营工程领用本企业原材料时，借记“在建工程”科目，贷记“原材料”等科目；自营工程要领用本企业生产的商品时，借记“在建工程”科目，按商品成本贷记“库存商品”，按计税价格计算税金，贷记“应交税费——应交增值税（销项税）”等科目；自营工程发生的其他费用，按实际发生额，借记“在建工程”科目，贷记“银行存款”、“应付职工薪酬”等科目；自营工程完工达到可使用状态时，按实际发生全部支出，借记“固定资产”科目，贷记“在建工程”科目。

【例6-4】某企业采用自营方式建造一幢厂房，为工程购置物资200 000元，增值税34 000元全部用于工程建设，分配建设人员工资160 000元，用银行存款支付其他工程费用10 000元，工程完工并达到预定使用状态，交付使用。作会计分录如下：

（1）购买工程物资：

借：工程物资 200 000
　　应交税费——应交增值税（进项税额） 34 000
　贷：银行存款 234 000

（2）领用工程物资：

借：在建工程——厂房 200 000
　贷：工程物资 200 000

（3）分配建设人员工资：

借：在建工程——厂房 160 000
　贷：应付职工薪酬——工资 160 000

（4）工程发生的其他费用：

借：在建工程——厂房 10 000
　贷：银行存款 10 000

（5）工程完工验收，结转工程成本：

借：固定资产——厂房 370 000
　贷：在建工程——厂房 370 000

2. 出包工程

出包工程是指企业通过招标等方式将工程项目发包给建造承包商，由建筑承包商组织施工的建筑工程和安装工程。

企业将与承包单位结算的工程价款作为工程成本，通过“在建工程”科目核算。企业按规定预付承包单位工程的价款时，借记“在建工程”科目，贷记“银行存款”等科目；工程完工收到承包单位的账单，补付或补记工程价款时，借记“在建工程”科目，贷记“银行存款”等科目；工程完工达到可使用状态时，按实际发生的全部支出借记“固定资产”科目，贷记“在建工程”科目。

【例6-5】某公司以出包方式建造一座仓库，预付工程款160 000元，工程完工决算。根据竣工工程决算表。需补付工程价款40 000元。作会计分录如下：

（1）预付工程款：

借：在建工程——仓库　160 000

　贷：银行存款　160 000

（2）补付工程价款：

借：在建工程——仓库　40 000

　贷：银行存款　40 000

（3）根据竣工工程决算表，结转工程成本：

借：固定资产——仓库　200 000

　贷：在建工程——仓库　200 000

三、投资者投入固定资产

企业对投资者投资转入的机器设备等固定资产，一方面要反映本企业固定资产的增加，另一方面要反映投资者投资额的增加。投资者投入的固定资产的入账价值，应当按照投资合同或协议约定的价值确定，但投资合同或协议约定的价值不公允的除外。借记“固定资产”科目，贷记“实收资本”等科目，固定资产的入账价值与实收资本或股本的差额计入“资本公积”。

【例6-6】某企业接受外商投资的设备一台，根据合同约定的价值为50 000元（约定的价值公允），则该企业会计处理如下：

借：固定资产　50 000

　贷：实收资本　50 000

通过融资租入、非货币性资产交换、债务重组和企业合并方式取得的固定资产，其入账价值分别参照《企业会计准则第21号——租赁》、《企业会计准则第7号——非货币性资产交换》、《企业会计准则第12号——债务重组》、《企业会计准则第20号——企业合并》相关内容，本书在这里不作讲解。

第三节　固定资产持有期间的计量

固定资产持有期间的计量包括固定资产的折旧、固定资产的后续支出及固定资产的期末计量。

一、固定资产的折旧

（一）固定资产折旧概述

固定资产折旧，是指固定资产由于在使用过程中的损耗而定期逐渐转移到产品成本和费用中的那部分价值。企业应当在固定资产的使用寿命内，按照确定的方法对应计折旧额进行系统分摊。根据固定资产的性质和使用情况，合理确定固定资产的使用寿命和预计净残值。

企业确定固定资产使用寿命时，应该考虑下列因素：

（1）预计生产能力和实物产量。

（2）预计有形损耗，如设备使用中发生磨损、房屋建筑物受到自然侵蚀等。

（3）预计无形损耗，如因新技术的出现而使现有的资产技术水平相对陈旧、市场需求变化使产品过时等。

（4）法律或者类似规定对资产使用的限制。

预计净残值是指假定固定资产预计使用寿命已满并处于使用寿命终了时，企业从该项固定资产处置中获得的扣除预计处置费用以外的金额。

固定资产的使用寿命和预计净残值一经确定，不得随意变更，但是，符合《企业会计准则第 4 号——固定资产》第十九条规定的除外。上述事项在报经股东大会或董事会、经理（厂长）会议或类似机构批准后，作为计提折旧的依据，并按照法律、行政法规等的规定报送有关各方备案。

根据《企业会计准则——固定资产》中的规定，除以下情况外，企业应对固定资产计提折旧：

（1）已提足折旧仍继续使用的固定资产。

（2）按规定单独作价作为固定资产入账的土地。

在确定计提折旧的范围时，还应当注意以下三点：

第一，固定资产应当按月计提折旧，当月增加的固定资产，当月不计提折旧，从下月起计提折旧；当月减少的固定资产，当月仍计提折旧，从下月起不计提折旧。

第二，固定资产提足折旧后，不论能否继续使用，均不再计提折旧；提前报废的固定资产，也不再补提折旧。提足折旧，是指已经提足该固定资产的应计折旧额。

第三，已达到预定可使用状态的固定资产但尚未办理竣工结算的，应当按照估计价值确定其成本，并计提折旧；待办理竣工结算后，再按照实际成本调整原来的暂估价值，但不需要调整原来已计提的折旧额。

（二）固定资产折旧的计算方法

企业应当根据与固定资产有关的经济利益的预期实现方式，合理选择固定资产折旧的计算方法并在开始实行年度前报有关部门备案。固定资产折旧的计算方法有平均年限法、工作量法、双倍余额递减法和年数总和法等。折旧方法一经选定，不得随意变更。如需变更，应当在会计报表附注中予以说明。

企业固定资产折旧方法一般采用平均年限法。企业专业车队的客、货运汽车，大型设备，可以采用工作量法。在国民经济中具有重要地位、技术进步快的电子生产企业、船舶工业企业、生产“母机”的机械企业、飞机制造企业、汽车制造企业、化工生产企业和医药生产企业以及其他经财政部批准的特殊行业的企业，其机器设备可以采用双倍余额递减法或者年数总和法。

1. 平均年限法

平均年限法又称直线法，是根据固定资产应提折旧的总额除以固定资产折旧年限，求得每年的折旧额的方法。固定资产折旧额的计算公式如下：

$$固定资产年折旧额=\frac{固定资产原值-（预计残值收入-预计清理费用）}{固定资产使用年限}$$

$$=\frac{固定资产原值-预计净残值}{固定资产使用年限}$$

$$固定资产月折旧额=固定资产年折旧额\div 12$$

在实际工作中，为了便于计算固定资产的折旧，通常以折旧率来反映固定资产单位时间的折旧程度，每月计提的折旧额是根据固定资产原始价值乘以月折旧率来计算的。企业可根据自己的情况采用个别折旧率、分类折旧率、综合折旧率。但是，为了确保折旧计算的准确性，企业应尽量采用个别折旧率。固定资产折旧率是指固定资产在一定时期内的折旧额占原始价值的比重。计算公式如下：

$$固定资产年折旧率=\frac{固定资产年折旧额}{固定资产原值}\times 100\%=\frac{1-预计净残值率}{固定资产预计使用年限}\times 100\%$$

$$固定资产月折旧率=固定资产年折旧率\div 12$$

【例6-7】某企业购入设备一台，价值40 000元，预计使用年限为5年，预计净残值率为5%。计算该设备的年折旧额和年折旧率，计算结果如下：

年折旧率＝（1－5%）÷5×100%＝19%

年折旧额＝40 000×19%＝7 600（元）

按照固定资产平均年限法计算求得的折旧额，在固定资产的整个使用期，每期计入成本的数额是相等的，因此这种折旧方法也叫直线法。它的优点是简单明了、计算容易；缺点是忽视了随着固定资产的使用，其修理、保养费用的增加使得计入成本中的费用逐渐增加，造成成本负担不均衡的问题。另外它也没有考虑固定资产使用期间，各期的磨损程度是否一致的问题。

2. 工作量法

工作量法是按固定资产所完成的工作量，计算应计提的折旧额。这种计算折旧的方法，一般适用于一些专用设备。例如，交通运输企业和其他企业专业车队的客、货运汽车，大型设备，大型建筑施工机械等。

工作量法下的固定资产折旧额计算公式如下：

$$单位工作量折旧额=\frac{固定资产原值-预计净残值}{预计的工作总量}$$

$$月折旧额=本月实际工作量\times 单位工作量折旧额$$

【例 6-8】企业车队有卡车一辆，原价 90 000 元，预计在使用期间行驶 500 000 千米，预计残值率为 3%，本期行驶 6 000 千米。计算结果如下：

单位里程折旧额 =［90 000 ×（1 - 3%）］÷500 000 = 0.174 6（元）

本期折旧额 = 6 000 ×0.1746 = 1 047.60（元）

采用工作量法计提折旧其优点是易于计算、简单明了，并使折旧的计提与固定资产的使用程度结合起来。但也有一定的缺点，如只重视固定资产的使用，而未考虑无形损耗对资产的影响问题等。

3. 双倍余额递减法

双倍余额递减法是一种加速折旧法，是在不考虑固定资产残值的情况下，根据每期固定资产账面净值和双倍的平均折旧率计算固定资产折旧的一种方法。这种方法的折旧率是按残值为零时直线折旧率的两倍计算的，当每期计提折旧时，即用该折旧率乘以固定资产的折余价值（净值）。折旧额和折旧率的计算公式如下：

$$\text{固定资产年折旧额} = \text{固定资产账面净值} \times \text{折旧率}$$

$$\text{折旧率} = \frac{2}{\text{预计使用年限}} \times 100\%$$

在计算直线折旧率时，不扣除残值。

【例 6-9】某项固定资产的原值为 150 000 元，使用年限为 5 年，净残值率为 4%。

$$\text{折旧率} = \frac{2}{\text{预计使用年限}} \times 100\% = 2/5 \times 100\% = 40\%$$

各年折旧额如表 6-1 所示。

表 6-1　　**折旧计算表**（双倍余额递减法）

年份	固定资产年初净值（元）	年折旧率（%）	年折旧额（元）	累计折旧额（元）
1	150 000	40%	60 000	60 000
2	90 000	40%	36 000	96 000
3	54 000	40%	21 600	117 600
4	32 400	—	13 200	130 800
5	19 200	—	13 200	144 000

由于双倍余额递减法不考虑固定资产的净残值，因此，在应用这种方法时必须注意不能使固定资产的账面折余价值降低到它的预计净残值以下，即实行双倍余额递减法计提折旧的固定资产，应当在其固定资产折旧年限到期以前两年内，将固定资产净值扣除预计净残值后的余额平均摊销。以表 6-1 中资料为例，可从第四年开始改用直线法，将第三年末的净值扣除预计净残值后，在最后两年平均摊销即可。

4. 年数总和法

这种方法是以年数总和为基础，按尚可使用年数逐年递减折旧额。其中折旧率是用一个递减分数来表示，这个分数的分子代表固定资产尚可使用的年数，分母代表使用年数的逐年数字总和。计算公式如下：

折旧率 = 尚可使用年数/预计使用年限的年数总和 = $(n-t+1) \div [n\times(n+1)/2]$

其中：n 为预计使用年数，t 为第几年。

如预计使用8年的设备在第3年的折旧率为 $(8-3+1) \div [8\times(8+1)/2] = 0.17$。

预计使用年限的年数总和是指代表固定资产使用年数的逐期年数之和。例如，固定资产的使用期限为5年，其逐期年数为1年、2年、3年、4年、5年，其加成总数为 $1+2+3+4+5=15$。折旧额的计算公式如下：

年折旧额 =（固定资产原值 - 预计净残值）×折旧率

【例6-10】某项固定资产的原值为65 000元，预计使用年限为6年，预计净残值为2 000元。各年折旧率和折旧额计算如下：

根据各年折旧率和固定资产应提折旧总额63 000元计算各年的折旧额，如表6-2所示。

表6-2　**折旧计算表**（年数总和法）

年份	尚可使用年限（年）	原值 - 残值（元）	年折旧率	年折旧额（元）	累计折旧额（元）
1	6	63 000	6/21	18 000	18 000
2	5	63 000	5/21	15 000	33 000
3	4	63 000	4/21	12 000	45 000
4	3	63 000	3/21	9 000	54 000
5	2	63 000	2/21	6 000	60 000
6	1	63 000	1/21	3 000	63 000

加速折旧法并没有改变固定资产使用年限，而是使固定资产早期的折旧费大于固定资产晚期的折旧费，这是符合固定资产使用情况的。如固定资产的生产能力在早期比较强，而创造的收益也比较大，所以早期多计提折旧费符合收入与费用配比的原则。随着固定资产创收能力的递减，其折旧费也应逐期减少。固定资产一经投入生产就会有物质损耗，其价值就会大大降低，所以要及早收回投资。由于从固定资产全部使用期限看，折旧额不变，企业的净收益额也不变，但早期的折旧费用大，其收益额就相应地减少，从而所得税就少交，而后期所得税才增加，实质上推迟了企业所应交纳的所得税，等于政府给企业若干年的无息贷款，企业得到了好处，就乐意接受这种方法。允许企业加速折旧，目的在于激励企业扩大生产，增强企业在国内、国际市场的竞争力，于企业于国家都有好处。

（三）固定资产折旧的核算

为了核算固定资产的折旧，应设置"累计折旧"科目。企业计提折旧时的账务处理，应根据固定资产的使用途径，分别计入不同的会计科目：生产用固定资产的折旧费用，计入

“制造费用”科目；行政办公用固定资产的折旧费用，计入“管理费用”科目；经营租赁方式租出的固定资产的折旧费用，计入“其他业务成本 ”科目；销售机构的固定资产折旧费用，计入“销售费用”科目；自营工程施工中使用的设备的折旧费用，计入“在建工程”科目。

在实际工作中，折旧的计算是通过编制折旧计算表进行的。在上月应计折旧额的基础上，考虑上月固定资产增减变动的情况，进行调整。计算公式如下：

本月应提折旧额 = 上月计提折旧额 + 上月增加固定资产应计提折旧额 − 上月减少固定资产应计提折旧额

【例 6 − 11】某企业的机器设备 5 月份固定资产折旧额为 37 500 元。5 月份增加的机器价值为 300 000 元，净残值率为 4%，预计使用年限为 8 年，当月投入使用（直线法计提折旧）；5 月份减少在用的未提足折旧的设备原值为 160 000 元，每月折旧额为 1 500 元。计算 6 月份机器设备折旧额如下：

6 月份折旧额 = 37 500 + 300 000 ×（1 − 4%）/8 ×（1/12）− 1 500 = 39 000（元）

月末计算出各类固定资产的折旧额、各部门负担的折旧额后，作会计分录如下：

借：制造费用　　　　39 000

　贷：累计折旧　　　　39 000

企业至少应当于每年年度终了时，对固定资产的使用寿命、预计净残值和折旧方法进行复核。使用寿命预计数与原来估计数有差异的，应当调整固定资产使用寿命。预计净残值与原先估计数有差异的，应当调整预计净残值。与固定资产有关的经济利润预期实现方式有重大改变的，应当改变固定资产折旧方法。固定资产使用寿命、预计净残值和折旧方法的改变应当作为会计估计变更。

二、固定资产的后续支出

固定资产的后续支出是指固定资产在使用过程中发生的更新改造支出、修理费用等。企业的固定资产投入使用后，由于各个组成部分耐用程度不同或者使用的条件不同，往往发生固定资产的局部损坏。为了保持固定资产的正常运转和使用，充分发挥其使用效能，就必须对其进行必要的后续支出。

固定资产的后续支出分为费用化支出和资本化支出。费用化后续支出是指与固定资产有关的后续支出不可能使流入企业的经济利益超出原来的估计，应在发生时确认为费用。资本化后续支出是指与固定资产有关的后续支出使可能流入企业的经济利益超出原来的估计，可能延长固定资产寿命或提高产品产量、质量，进而能够增加收入或降低产品成本。实际上，固定资产的后续资本化支出的标准与固定资产初始确认的标准一致。

固定资产发生各项后续支出，一般的处理方法有两种：

（1）固定资产的修理费用，应当直接计入当期费用。对于固定资产的修理，不论是中小修理还是大修理，均于发生时确认为费用，属于费用化支出，直接计入当期费用。企业生产车间（部门）和行政管理部门等发生的固定资产修理费用等后续支出，借记“管理费用”科目，贷记“银行存款”科目；企业发生的与专设销售机构相关的固定资产修理费用等后续支出，借记“销售费用”科目，贷记“银行存款”等科目。

（2）自有固定资产改良支出，应当计入固定资产账面价值，如有被替换的部分，应同时将被替换部分的账面价值从该固定资产原账面价值中扣除。在对固定资产发生可资本化的改良支出后，企业应将该固定资产的原价、已计提折旧和减值准备转销，将固定资产的账面价值转入在建工程。通过“在建工程”科目核算，在固定资产发生的后续支出完工并达到预定可使用状态时，从“在建工程”科目转入“固定资产”科目。

【例6-12】甲公司现有机器一台，2007年8月发生日常修理费用为1 000元，维修人员工资500元；2007年10月，为增加其产品生产能力，发生20 000元改造费用。作会计分录如下：

8月份发生的日常修理费用属于费用化的支出，列入当期损益：

借：管理费用　　1 500
　贷：库存现金　　1 000
　　　应付职工薪酬——工资　　500

10月份发生的改造费用可提高机器的生产能力，应当资本化，列入固定资产价值：

借：固定资产　　20 000
　贷：银行存款　　20 000

【例6-13】某企业于2007年1月10日对一生产线进行改扩建，改扩建前该生产线的原价为900万元，已提折旧200万元，已提减值准备50万元。在改扩建过程中领用工程物资300万元（不含税），领用生产用原材料50万元，原材料的进项税额为8.5万元。发生改扩建人员工资80万元，用银行存款支付其他费用61.5万元。该生产线于2007年6月30日达到预定可使用状态，改扩建后的生产线可使其产品产量大大提高，该改扩建支出应予以资本化。作会计分录如下：

2007年1月生产线转入改扩建，终止确认被替换部分的账面价值：

借：在建工程　　6 500 000
　　累计折旧　　2 000 000
　　固定资产减值准备　　500 000
　贷：固定资产　　9 000 000

2007年发生的改扩建支出，在实际发生时：

借：在建工程　　3 000 000
　贷：工程物资　　3 000 000
借：在建工程　　585 000
　贷：原材料　　500 000
　　　[应交税费——应交增值税（进项税额转出）]　　85 000
借：在建工程　　800 000
　贷：应付职工薪酬——工资　　800 000
借：在建工程　　615 000
　贷：银行存款　　615 000

2007年6月达到预定可使用状态，将改扩建后的固定资产重新入账，计算在建工程账户金额 = 6 500 000 + 3 000 000 + 500 000 + 800 000 + 615 000 = 11 500 000（元）

借：固定资产　　11 415 000
　贷：在建工程　　11 415 000

(3) 固定资产的装修费用，符合资本化原则的，可在固定资产科目下单独设“固定资产装修”明细科目核算，并在两次装修期间与固定资产尚可使用年限中较短的期间内，采用合理的方法单独计提折旧。

(4) 融资租赁方式租入的固定资产发生的固定资产后续支出，符合资本化条件的费用，可予以资本化。在剩余租赁期和固定资产尚可使用年限中，选择较短（如果租赁期采取留购，则选择预计使用年限；如果租赁期末采取退租，则选择租期）期间采用合理方法计提固定资产折旧。

(5) 经营租赁方式租入的固定资产发生的改良支出，可单独设“经营租入固定资产改良”科目进行核算，并在剩余租赁期与租赁资产尚可使用年限两者中较短的期间内，采用合理的方法单独计提折旧；或直接通过“长期待摊费用”科目核算，并在剩余租赁期与租赁资产尚可使用年限两者中较短的期间内，采用合理的方法摊销。

三、固定资产的期末计量

1. 固定资产减值概述

固定资产的期末计量指企业在资产负债表日确定固定资产的期末价值。因为固定资产在使用过程中，由于存在有形损耗（如自然磨损等）和无形损耗（如技术陈旧等）以及其他的经济原因，必然发生资产价值的减值情况。企业若不对已经发生的资产价值的减值予以确认，必将导致虚夸资产的价值，这不符合真实性原则，也有悖于谨慎性原则。因此，企业应当在期末或者至少在每年年度终了，对固定资产逐项进行检查，以确定资产是否已经发生减值。我们也因此将固定资产发生损坏、技术陈旧或其他经济原因，导致其可收回金额低于其账面价值的情况称之为固定资产价值减值。

固定资产减值迹象是固定资产是否需要进行减值测试的必要前提。固定资产可能发生减值的迹象可从以下六个方面来判断：

(1) 固定资产市价大幅度下跌，其跌幅大大高于因时间推移或正常使用而预计的下跌幅度，并且预计在近期内不可能恢复。

(2) 企业所处经营环境，如技术、市场、经济或法律环境，或者产品营销市场在当期发生或在近期发生重大变化，并对企业产生负面影响。

(3) 同期市场利率等大幅度提高，进而很可能影响企业计算固定资产可收回金额的折现率，并导致固定资产可收回金额大幅度降低。

(4) 有证据表明固定资产已经陈旧过时或者发生实体损坏等。

(5) 固定资产预计使用方式发生重大不利变化，如企业计划终止或重组该资产所属的经营业务、提前处置资产等情形，从而对企业产生负面影响。

(6) 其他有可能表明资产已发生减值的情况。

已计提减值准备的固定资产，若仍然按照未计提减值准备情况下确定的折旧额计提折旧，在固定资产持有后期，则会导致固定资产的账面价值出现负数。所以计提减值准备后的固定资产，应当按照该固定资产的账面价值以及尚可使用寿命重新计算确定折旧率和折旧额；因固定资产减值准备而调整固定资产折旧额的，对此前已计提的累计折旧不作调整。

值得注意的是，如果有迹象表明以前期间据以计提固定资产减值的各种因素发生变化，使得固定资产的可收回金额大于其账面价值，前期已计提的减值准备不得转回。这一规定在一定程度上确保财务状况和经营业绩更加真实、可靠，避免利用资产减值进行盈余管理，从而保护投资者利益。

当存在下列情况之一时，应当按照该项固定资产的账面价值全额计提固定资产减值准备：

（1）长期闲置不用，在可预见的未来不会再使用，且已无转让价值的固定资产。

（2）由于技术进步等原因，已不可使用的固定资产。

（3）虽然固定资产尚可使用，但使用后产生大量不合格品的固定资产。

（4）已遭毁损，以至于不再具有使用价值和转让价值的固定资产。

（5）其他实质上已经不能再给企业带来经济利益的固定资产。

已全额计提减值准备的固定资产，不再计提折旧。

2. 固定资产减值的账务处理

固定资产的可收回金额低于其账面价值，企业应当按可收回金额低于账面价值的差额计提固定资产减值准备，并计入当期损益。这里的可收回金额是指公允价值减去处置费用。如果公允价值难以确定时，可通过计算未来现金流量现值作为该固定资产的可收回金额。

企业发生固定资产减值时，应按可收回金额低于其账面价值的差额，借记“资产减值损失——计提的固定资产减值准备”科目，贷记“固定资产减值准备”科目。

【例6－14】A公司于2005年12月购入一台机器，实际取得成本为3 000万元，预计使用年限为10年，预计净残值为0，按直线法计提折旧。每年应计提的折旧金额为3 000÷10＝300（万元）。

2007年该公司在编制年度财务报告时，对该机器进行了减值测试，表明其可收回金额为2 200万元。2007年年末，计提减值准备前该机器的账面价值为3 000－300×2＝2 400万元，高于可收回金额200万元（2 400－2 200）。A公司2007年年末提取固定资产减值准备的会计分录为：

借：资产减值损失——计提的固定资产减值准备　　2 000 000

　贷：固定资产减值准备　　2 000 000

假定该项固定资产计提减值准备后，预计尚可使用年限为8年。A公司从2008年开始，对该机器设备应计提的年折旧额为（3 000－300×2－200）÷8＝275（万元）。

第四节　固定资产的处置

一、固定资产处置概述

固定资产的处置主要指企业在生产经营过程中，可能将不适用或不需要用的固定资产对外出售转让，或因磨损、技术进步等原因对固定资产进行报废以及对因各种不可抗拒的自然灾害而遭到毁坏和损失的固定资产所进行的清理工作。

固定资产处置包括固定资产的出售、报废、毁损、对外投资、非货币性资产交换、债务重组等。处置固定资产应通过“固定资产清理”科目核算。具体包括以下环节：

（1）固定资产转入清理。企业因出售、报废、毁损、对外投资、非货币性资产交换、债务重组等转出的固定资产，按该项固定资产的账面价值，借记“固定资产清理”科目，按已计提的累计折旧，借记“累计折旧”科目，按已计提的减值准备，借记“固定资产减值准备”科目，按其账面价值，贷记“固定资产”科目。

（2）发生的清理费用。固定资产清理过程中应支付的相关税费及其他费用，借记“固定资产清理”科目，贷记“银行存款”等科目。

（3）收回出售固定资产的价款、残料价值和变价收入款，借记“银行存款”、“原材料”等科目，贷记“固定资产清理”科目。

（4）保险赔偿等的处理。应由保险公司或过失人赔偿的损失，借记“其他应收款”等科目，贷记“固定资产清理”科目。

（5）清理净损益的处理。固定资产清理完成后，属于生产经营期间正常的处理损失，借记“营业外支出——处置非流动资产损失”科目，贷记“固定资产清理”科目；属于自然灾害等非正常原因造成的损失，借记“营业外支出——非常损失”科目，贷记“固定资产清理”科目；如为贷方余额，借记“固定资产清理”科目，贷记“营业外收入”科目。

二、固定资产处置的核算

1. 固定资产报废

固定资产由于使用磨损、遭受非常事故而降低或丧失生产能力，以及陈旧过时、继续使用在经济上不合算等原因，不能或不宜继续使用时，要及时办理报废手续，进行清理。为了反映和考核固定资产的清理过程，要做好固定资产的清理核算工作。

将清理固定资产的原值和已提折旧分别在“固定资产”和“累计折旧”科目注销，将原值计入“固定资产”科目的贷方，已提折旧计入“累计折旧”科目的借方，将净值计入“固定资产清理”科目的借方。“固定资产清理”科目是用以核算固定资产清理净收益或净损失的科目，除了在借方登记固定资产净值外，还应在借方登记清理费用，贷方登记变价收入。如由于过失人损坏或人力不可抗拒自然灾害破坏而清理的固定资产，还应将过失人或保险公司的赔偿款计入“固定资产清理”科目的贷方。

固定资产清理后，如固定资产变价收入加上赔偿款大于固定资产净值和清理费用，有净收益，应将净收益从“固定资产清理”科目的借方转入“营业外收入”科目的贷方。如固定资产净值和清理费用大于变价收入和赔偿款，是净损失，应将净损失从“固定资产清理”科目的贷方转入“营业外支出——处置非流动资产损失”科目的借方。

【例 6－15】企业一台原价为 96 000 元的设备，因使用期满作报废处理，该设备累计折旧 89 500 元，清理残料变卖收入 4 600 元，发生拆除清理费 600 元，设备清理完毕，有关款项已通过银行收支。作会计分录如下：

（1）固定资产转入清理：

借：固定资产清理	6 500	
累计折旧	89 500	
贷：固定资产		96 000

（2）发生清理费用：

借：固定资产清理	600	
贷：银行存款		600

(3) 收到残料变卖收入：

借：银行存款 4 600

　贷：固定资产清理 4 600

(4) 结转清理净损益（固定资产净值和拆除清理费用大于残料变卖收入，净损失2 500元，应作为营业外支出处理）：

借：营业外支出——处置非流动资产损失 2 500

　贷：固定资产清理 2 500

【例6-16】企业因车祸毁损东风卡车一辆，原值140 000元，已提折旧90 000元，企业支付清理费500元，保险公司理赔20 000元，废车出售给废品公司得款1 000元，有关款项已通过银行收支。

(1) 固定资产转入清理：

借：固定资产清理 50 000

　　累计折旧 90 000

　贷：固定资产 140 000

(2) 支付清理费用：

借：固定资产清理 500

　贷：银行存款 500

(3) 获得变价收入：

借：银行存款 1 000

　贷：固定资产清理 1 000

(4) 收到保险赔款：

借：银行存款 20 000

　贷：固定资产清理 20 000

(5) 结转净损益（固定资产净值和清理费用大于残料变卖收入和保险赔款，净损失29 500元，应作为营业外支出处理）：

借：营业外支出——处置非流动资产损失 29 500

　贷：固定资产清理 29 500

2. 固定资产出售

由于生产技术进步、承担生产经营任务改变等原因，会使部分固定资产处于闲置无用的状态。对于这些闲置无用的固定资产，企业应及时加以出售，以便发挥这些固定资产的生产能力，做到物尽其用。

企业出售固定资产，可以分为两种情况：一是企业销售自己使用过的固定资产；二是增值税条例所规定的视同销售行为。

根据财税〔2008〕170号文件的规定：自2009年1月1日起，纳税人销售自己使用过的2009年1月1日以后购进或者自制的固定资产，按照适用税率征收增值税；而2008年12月31日以前未纳入扩大增值税抵扣范围试点的纳税人，销售自己使用过的2008年12月31日以前购进或者自制的固定资产，销售按照4%征收率减半征收增值税；2008年12月31日以前已纳入扩大增值税抵扣范围试点的纳税人，销售自己使用过的在本地区扩大增值税抵扣范围试点以前购进或者自制的固定资产，按照4%征收率减半征收增值税；销售自己使用过的在本地区扩大增值税抵扣范围试点以后购进或者自制的固定资产，按照适用税率征收增值税。

将出售固定资产的原值和已提折旧分别在“固定资产”和“累计折旧”科目注销，将出售固定资产的净值转入“固定资产清理”科目的借方。出售固定资产取得的价款收入以及发生的拆除等清理费用，亦应通过“固定资产清理”科目加以核算，将它计入“固定资产清理”科目的贷方和借方。出售固定资产价款收入大于净值和清理费用的净收益，应将它从“固定资产清理”科目的借方转入“营业外收入”科目的贷方。出售固定资产价款收入小于净值和清理费用的净损失，应将它从“固定资产清理”科目的贷方转入“营业外支出——处置非流动资产损失”科目的借方。

【例6-17】某企业于2009年10月8日转让2009年1月自建的一栋原值36 000元，已提折旧20 000元的房屋，经商定作价20 000元，增值税额3 400元，营业税税率5%，发生清理费用400元，有关款项已通过银行收支。作会计分录如下：

（1）固定资产转入清理：

借：固定资产清理　　16 000
　　累计折旧　　20 000
　贷：固定资产　　36 000

（2）支付清理费用：

借：固定资产清理　　400
　贷：银行存款　　400

（3）计算应交纳的营业税：20 000×5%=1 000（元）。

借：固定资产清理　　1 000
　贷：应交税费——应交营业税　　1 000

（4）收到出售固定资产的价款：

借：银行存款　　23 400
　贷：固定资产清理　　20 000
　　　应收税费—应交增值税（销项税额）　　3 400

（5）结转清理净损益（出售固定资产价款收入大于固定资产净值、清理费用和税金，净收益2 600元，应作为营业外收入处理）：

借：固定资产清理　　2 600
　贷：营业外收入——处置固定资产净收益　　2 600

【例6-18】某企业将一台设备出售，原值85 000元，已提折旧20 000元，经商定作价50 000元，发生清理费用300元，有关款项已通过银行收支，不考虑相关税费。作会计分录如下：

（1）固定资产转入清理：

借：固定资产清理　　65 000
　　累计折旧　　20 000
　贷：固定资产　　85 000

（2）支付清理费用300元：

借：固定资产清理　　300
　贷：银行存款　　300

（3）收到出售固定资产的价款：

借：银行存款　　50 000

　贷：固定资产清理　　50 000

（4）结转清理净损益（出售固定资产收入小于固定资产净值和清理费用，净损失15 300元，应作为营业外支出处理）：

借：营业外支出——处置固定资产净损失　　15 300

　贷：固定资产清理　　15 300

3. 固定资产清查

企业应定期或者至少于每年年末对固定资产进行清查盘点，以保证固定资产核算的真实性，充分挖掘企业现有固定资产的潜力。在固定资产清查过程中，如果发现盘盈、盘亏的固定资产，应填制固定资产盘盈盘亏报告表。清查固定资产的损益，同时应及时查明原因，并按照规定程序报批处理。

（1）固定资产盘盈。

固定资产盘盈，在按管理权限报经批准处理前应先通过“以前年度损益调整”科目核算。

首先，应确定盘盈固定资产的原值、累计折旧和固定资产净值。根据确定的固定资产原值借记“固定资产”，贷记“累计折旧”，将两者的差额贷记“以前年度损益调整”。其次，再计算应纳的所得税费用，借记“以前年度损益调整”科目，贷记“应交税费——应交所得税”。最后，调整利润分配，借记“以前年度损益调整”，贷记“所得税费用”，两者的差额贷记“利润分配——未分配利润”。

【例6-19】某企业于2007年6月8日对企业全部的固定资产进行盘查，盘盈一台七成新的机器设备，该设备同类产品市场价格为100 000元，企业所得税税率为33%。作会计分录如下：

借：固定资产：　　100 000

　贷：累计折旧　　30 000

　　以前年度损益调整　　70 000

借：以前年度损益调整：　　23 100

　贷：应交税费——应交所得税　　23 100

借：以前年度损益调整：　　46 900

　贷：利润分配——未分配利润　　46 900

（2）固定资产盘亏。

企业发生固定资产盘亏时，按盘亏固定资产的账面净值借记“待处理财产损溢”科目，按已提折旧借记“累计折旧”科目，按已提减值准备，借记“固定资产减值准备”科目，按固定资产原价，贷记“固定资产”科目。报经批准转销时，借记“营业外支出——盘亏损失”科目，贷记“待处理财产损溢”科目。

【例6-20】某企业在财产清查中，发现盘亏设备一台，其原值为80 000元，已提折旧50 000元。

（1）批准前，根据固定资产盘盈盘亏报告表，作会计分录如下：

借：待处理财产损溢——待处理固定资产损溢　　30 000

　　累计折旧　　50 000

　贷：固定资产　　80 000

（2）经查明，审批过失人赔偿5 000元，其余损失经批准转入营业外支出，作会计分录如下：

借：其他应收款——××过失人　　5 000
　　营业外支出——固定资产盈亏　　25 000
　贷：待处理财产损溢——待处理固定资产损溢　　30 000

第七章　无形资产和其他资产

引导案例

注册会计师张刚审计新兴公司2007年年度的会计报表时，了解到该公司在2007年3月1日购买了某项专有技术，支付了价款240万元。新兴公司按15年的期限摊销该项无形资产，根据相关法律规定，该项无形资产的有效使用年限为10年。2007年12月31日，公司与转让该技术的单位发生合同纠纷，专有技术的使用范围也因此受到一定的限制，经有关专业技术人员估计，该项专有技术因此次合同纠纷而导致预计可收回金额为180万元。但审计中未发现新兴公司进行相关的账务处理。

思考：新兴公司在该项无形资产的处理中有哪些需要调整的？

无形资产是企业的一项非流动资产。在知识创新步伐不断加快的今天，无形资产在企业资产中所占的比重越来越大，加强对无形资产的确认、计量及相关信息的披露成为企业会计的重要内容之一。

第一节　无形资产的概述

一、无形资产的概念

无形资产是指企业拥有或控制的没有实物形态的可辨认非货币性资产。从定义上看，无形资产主要表现为以下三个方面的特点：

1. 不具有实物形态

不具有实物形态是无形资产区别于其他资产的一个主要特征。它通常表现为某种权利、某项技术或获取某种超额利润的综合能力，如土地使用权、非专利技术等。无形资产一般通过自身所具有的技术优势，为企业带来经济利益。虽不具有实物形态，但它具有价值，能为企业带来经济利益。当然，我们在强调无形资产不具有实物形态时，并非所有不具有实物形态的资产都是无形资产，如应收账款。还有一些无形资产的存在方式却依赖于某些实物作为载体，如计算机程序、软件等需要存储在磁盘中，通过磁盘达到使用的目的，而这并不改变无形资产不具有实物形态的特点。

2. 具有可辨认性

可辨认性是指无形资产可以从企业的其他资产中分离出来，或者虽不能够分离，但能够识别出来。对此特点，我们可以从以下两方面把握：第一，此项无形资产能够从企业中分离或者划分出来，并单独或者与相关合同、资产或负债一起，用于出售、转移、授予许可、租赁或者交换。第二，此项无形资产是产生于合同或者其他法定权利，无论这些权利是否可以从企业或其他权利和义务中转移或者分离。如A企业通过与B企业签订某项特许权使用合同取得对某项商品或某项技术的特许使用权；通过法定程序申请获得的商标权、专利权等。

3. 属于非货币性资产

非货币性资产主要是指企业持有的货币资产和将以固定或可确定金额获取的资产以外的其他的资产。由于无形资产在持有期间或在持有过程中，为企业带来未来的经济利益很不确定，不属于以固定或可确定金额收取的资产，因此把无形资产归类于非货币性资产。

二、无形资产的构成

无形资产主要包括专利权、商标权、土地使用权、非专利技术、著作权、特许权等。

1. 专利权

专利权是国家专利管理机关根据发明人的申请，经审查认定，授予发明创造专利申请人于法定年限内所独有的专有权利。包括发明专利权、实用新型专利权和外观设计专利权。它给予持有人独家使用或控制某项发明的特殊权利。

2. 商标权

商标权是指专门在某类指定的商品或产品上使用特定的名称或图案的权利。

商标是用来辨认特定的商品或劳务的标记，商标经过注册登记，就获得了法律上的保护。《中华人民共和国商标法》明确规定，经商标局核准注册的商标为注册商标，商标注册人享有商标专用权，受法律保护。

3. 土地使用权

土地使用权是指国家准许某一企业或单位在一定期间内对国有土地享有开发、利用、经营的权利。但如果企业改变土地使用用途，把土地使用权用于出租或增值目的时，这时需要把土地使用权作为投资性房地产进行核算。

4. 非专利技术

非专利技术即专有技术，或技术秘密、技术诀窍，是指所有人未申请专利，或不够申请专利的条件，因而不被外界所知的、能带来经济利益的技术知识和制造方法。主要包括：一是工业专有技术，即在生产上已经采用，仅限于少数人知道，不享有专利权或发明权的生产、装配、修理、工艺或加工方法的技术知识；二是商业（贸易）专有技术，即具有保密性质的市场情报、原材料价格以及用户、竞争对手的情况等有关知识；三是管理专有技术，即生产组织的经营方式、管理方式、培训职工方法等保密知识。非专利技术并不是专利法的保护对象，非专利技术所有人依靠自我保密的方式来维持其独占性，可以用于转让或投资。

5. 著作权

著作权亦称版权，是国家版权管理机关依法授予著作人或文艺作品的创作人以及出版商在一定年限内发表、制作、出版和发行的专有权力。著作权包括两方面的权利，即精神权利（人身权利）和经济权利（财产权利）。前者指作品署名、发表作品、确认作者身份、保护作品的完整性、修改已经发表的作品等各项权利，包括发表权、署名权、修改权和保护作品完整权；后者指以出版、表演、广播、展览、录制唱片、摄制影片等方式使用作品以及因授权他人使用作品而获得经济利益的权利。

6. 特许权

特许权，又称经营特许权或专营权，是指企业通过付费，被准许在一定区域内，以一定的形式生产经营某种特定的商品产品或劳务的专有权利，或者是一家企业接受另一家企业使用其商标、商号、技术秘密等的权利。

特许权可以是由政府机关授予的，也可以是由其他企业、事业单位或个人授予的。由政府授予的特许权，通常是该政府辖区内公共福利企业的经营权，如公共交通、广播、电影、电视等行业。由企业、事业单位或个人授予的特许权，是受权人为了生产和销售某种产品或提供劳务，以许可证贸易的形式，通过合同协议，被授予的一种特有权利。如连锁店分店使用总店的名称等。

三、无形资产的确认

无形资产在会计上予以确认时，除符合无形资产的概念外，还应同时满足以下两个条件：

1. 与该无形资产有关的经济利益很可能流入企业

资产最基本的特征是产生的经济利益预期很可能流入企业，若某一项目产生的经济利益预期不能流入企业，就不能确认为企业的资产。对无形资产的确认而言，若某一无形资产产生的经济利益预期不能流入企业，就不能确认为企业的无形资产。

在实务中，要确定无形资产产生的经济利益是否很可能流入企业，可能需要一些职业判断，如应当对无形资产在预计使用寿命内可能存在的各种经济因素作出合理的估计，并且应当有明确证据支持经济利益流入企业。如企业购入的某项专利使用权是否能在今后若干年内为企业带来经济利益，要根据这项专利投入使用后对企业产品的质量、成本及市场优势的改变程度的合理估计，作出判断。这里的合理估计，是指所作的预计应当有明确的证据支持（实验证据、调查证据）。在以上所讲的实施职业判断时，有一点值得说明的是，需要特别关注外界因素对其影响，如在市场上是否存在相关的和本企业相同的新技术、新产品，对本企业使用无形资产带来的经济利益的影响和冲击等。

这项条件是无形资产确认的最本质的条件，它充分地体现了无形资产的特点。

2. 该无形资产的成本能够可靠计量

成本能够可靠计量是资产确认的一项基本条件。对于无形资产而言，这个条件也十分重要。由于无形资产成本的计量具有较大的不确定性，对无形资产的确认也应持稳健态度。如企业内部产生的品牌、报刊名称等，由于它是在企业长期生产经营过程中逐渐积累起来的，到底花了多少代价？它的成本是多少？无法可靠计量，所以不可把内部产生的品牌和企业、报刊的名称等作为无形资产来确认。

第二节　无形资产的计量

一、无形资产的初始计量

无形资产的初始计量即指无形资产的入账价值。无形资产通常按实际成本计量，以取得无形资产并使之达到预定使用用途而发生的全部支出作为无形资产的成本。对于以不同来源取得的无形资产，其成本构成也不尽相同。

1. 外购的无形资产

外购无形资产的成本包括按实际支付的价款、相关税费以及直接归属于使该项资产达到预定用途所发生的其他支出。这里“直接归属于使该项资产达到预定用途所发生的其他支出”主要包括使无形资产达到预定用途所发生的专业服务费用、测试无形资产是否能够正常发挥作用的费用等，这些费用都属于实际成本的一部分。但这其中不包括为了引入新产品所进行的宣传而发生的广告费、管理费等其他一些间接费用。

2. 投资者投入的无形资产

投资者投入的无形资产的成本，应当按照按投资各方协议约定或投资合同确定的价值作为实际成本，但投资合同或协议约定的价值不公允的除外。在投资合同或协议约定的价值不公允的情况下，应按无形资产的公允价值入账，并按所确认的初始成本与实收资本或股本之间的差额调整资本公积。

3. 自行开发的无形资产

自行开发的无形资产，是指企业自行研制成功而形成的无形资产。如企业自行研制而获得的产品专利权、企业产品的商标经商标局注册同意使用的商标权。

要确定自行开发的无形资产的成本，我们首先得划分清楚自行开发过程的两个阶段，即研究阶段和开发阶段。

研究阶段中的“研究”是指为获取并理解新的科学或技术知识而进行的独创性的有计划调查。本阶段的特点在于研究阶段基本上属于探索性的，是为进一步开发而进行的资料积累和相关准备。一般来说，在研究阶段，只有可能形成阶段性的成果，不会形成生产能力，将来是否能转入开发、转入开发后是否能形成无形资产，都具有很大的不确定性。

开发阶段中的“开发”是指进行商业性生产或使用前，将研究成果或其他知识应用于某项计划或设计，以生产出新的或具有实质性改进的材料、装置、产品等。开发阶段是在研究阶段的基础上进行的，旨在形成企业生产能力的活动。进入开发阶段之后，在很大程度上已经具备一项新产品和新技术的基本条件，如果这时企业能够证明满足无形资产确认条件的，那么按规定，开发阶段所发生的支出，是可以资本化的，可以计入无形资产的成本。

区分了自行开发的无形资产的两个阶段，对此我们依据不同的阶段特征对研究开发费用予以不同的计量。企业研究阶段的支出应全部费用化，计入当期损益（管理费用）。开发阶段的支出如果符合无形资产确认条件的，应资本化；不符合资本化条件的，计入当期损益（首先在研究开发支出中归集，期末结转管理费用）。

4. 关于土地使用权的处理

企业取得的土地使用权应当作为无形资产核算。一般情况下，当土地使用权用于自行开发建造厂房等地上建筑物时，相关的土地使用权账面价值不转入在建工程成本。有关的土地使用权与地上建筑分别按其应摊销或应折旧年限进行摊销、提取折旧。

但有以下情况例外：一是房地产企业所取得的土地使用权用于建造对外出售的房屋建筑物，相关的土地使用权应当计入所建造的房屋建筑物的成本；二是企业外购房屋建筑物所支付的价款，无法在地上建筑物与土地使用权之间进行分配的，需要按照《企业会计准则第4号——固定资产》将其确认为固定资产原价进行核算。企业改变土地使用权的用途，要将其用于出租或增值目的的，此时需要将其账面价值转到投资性房地产中。

总之，如果土地使用权用于自行开发的建筑物时，土地使用权的价值不需要再转到建筑物的价值中，仍然将土地使用权作为无形资产进行核算，建造的房屋建筑物作为固定资产进行核算。但是，房地产开发企业将取得的土地使用权用于建造对外出售的房屋建筑物时，土地使用权和房屋建筑物是结合在一起进行核算的，或核算企业外购的房屋建筑物时，外购的价值肯定包括土地使用权的价值，房屋建筑物的价值和土地使用权的价值无法区分开，因此，应将其整体作为固定资产进行核算。此外，土地使用权改变用途的，如用于增值和出租目的，此时土地已作为投资性房地产进行核算，不作为无形资产进行核算。

通过债务重组和通过非货币性资产交换取得的无形资产应当分别按照《企业会计准则第12号——债务重组》和《企业会计准则第7号——非货币性资产交换》的规定确定，本书不再作详细讲解。

二、无形资产的后续计量

无形资产的后续计量主要涉及无形资产摊销开始的月份、摊销方法、摊销年限、残值等因素。企业应当在取得无形资产时，分析判断其使用寿命，以便于后续计量。

1. 无形资产使用寿命的确定

《企业会计准则第6号——无形资产》规定，企业应该在取得无形资产时分析判断其使用寿命。无形资产的使用寿命如果是有限的，应当估计有效寿命的年限或者构成使用寿命的产量等类似计量单位数量；无法预计无形资产为企业带来经济利益期限的，应当视为使用寿命不确定的无形资产。

无形资产使用寿命期限主要根据有无法律方面的限制来确定。

（1）源自合同性权利或其他法定权利取得的无形资产，其使用寿命不应超过合同性权利或其他法定权利的期限；如果合同和法律都规定了期限的，则按照两者孰短来确定有效使用寿命。

（2）没有明确的合同或法律规定期限的无形资产，企业应当综合各方面的情况，如企业聘请相关专家进行论证或与同行业的情况进行比较以及企业的历史经验等，来确定无形资产为企业带来经济利益的期限。如果经过以上努力后，确实无法合理确定无形资产为企业带来经济利益期限，则将其作为使用寿命不确定的无形资产进行处理。

一般来说，在我国使用寿命不确定的无形资产很少，大多数无形资产都能确认其使用寿命。我国比较明显的使用寿命不确定的无形资产，主要有政府颁给企业的某项经营权，因为这是政府无偿颁发给企业的，究竟能使用多长时间，是个未知数。因此，企业在划分无形资产的寿命是否有限时，尽量划分使其有限；若将其划分为寿命不确定，必须要提供确凿证据，以证明其确实无法确定寿命。

2. 无形资产的摊销期、摊销方法以及残值

无形资产的摊销期自其可供使用时（即其达到能够按管理层预定的方法运作所必需的状态）开始至终止确认时止。

对某项无形资产摊销所使用的方法应依据从该项无形资产中获取的预期未来经济利益的预计消耗方式来选择（工作量法、直线法等），并一致地运用于不同会计期间。无法确定消耗方式的应当采用直线法摊销。

使用寿命有限的无形资产应当摊销，使用寿命不确定的无形资产不予摊销，但需要至少于每一会计期末进行减值测试。

使用寿命有限的无形资产，其残值应当视为零，除非有第三方承诺在无形资产使用寿命结束时愿意以一定的价格购买该项无形资产；或是存在活跃市场，通过市场可以得到无形资产使用寿命结束时的残值信息，并且该市场在无形资产使用寿命结束时很可能存在，无形资产可以存在残值。

无形资产的摊销金额为其成本扣除预计残值后的金额，已计提减值准备的无形资产，还应扣除已计提的减值准备累计金额。

3. 无形资产使用寿命与摊销方法的复核与变更

企业至少应当于每年年度终了，对使用寿命有限的无形资产的使用寿命及摊销方法进行复核，如果有证据表明无形资产的使用寿命和摊销方法不同于以前的估计，应改变其摊销年限和摊销方法，并按照《企业会计准则第 28 号——会计政策、会计估计变更和差错更正》的有关规定进行处理。例如，某项无形资产原预计有效寿命 10 年，现在有证据证明为 8 年，则需要改变摊销期限，按照会计估计变更准则的规定进行处理。

对于使用寿命不确定的无形资产，如果后来有证据表明其使用寿命是有限的，则应按照会计估计变更处理和摊销，并按照无形资产准则中关于使用寿命有限的无形资产的处理原则进行处理。

第三节　无形资产的核算

一、无形资产的会计核算内容及相关科目设置

无形资产的会计核算内容包括：

（1）无形资产取得时，确定其实际成本入账；

（2）无形资产使用时，确定其摊销额以及会计期末定期确定其减值价值，通过其价值的变化反映其对损益的影响；

（3）无形资产处置时，确定其收入或获得的收益、摊销额及转销的账面数额。

企业应设置“无形资产”科目、“累计摊销”科目、“无形资产减值准备”科目和“研发支出”科目进行无形资产的核算。

第一，“无形资产”科目是用来核算企业持有的无形资产的成本，包括专利权、非专利技术、商标权、著作权、土地使用权等。借方登记取得无形资产的成本，贷方结转处置无形资产的成本。

第二，“累计摊销”科目用来核算企业对使用寿命有限的无形资产计提的累计摊销。企业按期（月）计提无形资产的摊销额，借记“管理费用”、“其他业务成本”等科目，贷记本科目。处置无形资产还应同时从本科目的借方结转累计摊销额。

第三，“无形资产减值准备”科目用来核算企业无形资产的减值准备。资产负债表日无形资产发生减值的，按应减记的金额，借记“资产减值损失”科目，贷记本科目。处置无形资产还应同时从本科目的借方结转减值准备。

第四，“研发支出”科目用来核算企业进行研究与开发无形资产过程中发生的各项支出。借方记入企业自行开发无形资产发生的研发支出，贷方结转达到预订用途的研究开发项目已资本化的金额和期末结转本科目归集的费用化金额。本科目可按研究开发项目，分别“费用化支出”、“资本化支出”进行明细核算。

二、无形资产增加的核算

1. 外购无形资产

外购无形资产的成本包括购买价款、相关税费及直接归属于使该项资产达到预定使用状态所发生的其他支出。

按实际支付的价款借记“无形资产”科目，贷记“银行存款”等科目。

【例 7-1】某企业为了扩大生产经营，于 2007 年 11 月向国家土地管理部门申请土地使用权，并交纳土地出让金 1 000 000 元，作会计分录如下：

借：无形资产——土地使用权	1 000 000	
贷：银行存款		1 000 000

【例 7-2】某企业购入一项专利，以银行存款支付买价 100 000 元，律师费及其他相关费用 80 000 元。作会计分录如下：

借：无形资产——专利权	180 000	
贷：银行存款		180 000

2. 投资者投入的无形资产

投资者投入的无形资产，按其确认的公允价值，借记“无形资产”科目，按双方协议约定的价值或合同价值贷记“实收资本”或“股本”科目，两者差额计入“资本公积”科目。

【例 7-3】B 股份有限公司接受 A 公司以其所拥有的专利权作为出资，双方协议约定的价值为 30 000 000 元，按照市场情况估计其公允价值为 20 000 000 元，已办妥相关手续。作会计分录如下：

借：无形资产——专利权	20 000 000	
资本公积	10 000 000	
贷：股本		30 000 000

【例 7-4】承【例 7-3】，B 股份有限公司在第二月又接受 A 公司以其特许权进行投资，该特许权的账面价值为 420 000 元，双方协议约定的价值为 440 000 元，投资后 A 公司

占B公司注册资本的18%。假设B公司的注册资本是1 000 000元。作会计分录如下：

借：无形资产——特许权　440 000
　贷：股本　180 000
　　资本公积　260 000

3. 自行研究开发的无形资产

企业研究阶段的支出全部费用化，计入当期损益，借记“管理费用”科目，贷记“银行存款”等科目。

开发阶段的支出符合资本化条件的，借记“研发支出——资本化支出”科目，贷记“原材料”、“银行存款”、“应付职工薪酬”等科目；研究达到预定用途形成无形资产的，应按“研发支出——资本化支出”科目的余额，借记“无形资产”科目，贷记“研发支出——资本化支出”科目。

开发阶段的支出不符合资本化条件的，借记“研发支出——费用化支出”科目；期末应将其归集的金额转入“管理费用”科目，借记“管理费用”科目，贷记“研发支出——费用化支出”科目。

【例7-5】某企业自行研究、开发一项技术，截至2007年12月31日，发生研发支出合计2 000 000元，经测试，该项研发活动完成了研究阶段，从2008年1月1日起，开始进入开发阶段。2008年发生的研发支出为300 000元，假定其符合资本化条件。2008年8月30日，该研发活动结束，最终开发出一项非专利技术。作会计分录如下：

（1）2007年的研发支出：

借：研发支出——费用化支出　2 000 000
　贷：银行存款　2 000 000

（2）2007年12月31日，发生的研发支出全部属于研究阶段的支出：

借：管理费用　2 000 000
　贷：研发支出——费用化支出　2 000 000

（3）2008年发生的开发支出：

借：研发支出——资本化支出　300 000
　贷：银行存款　300 000

（4）2008年8月30日，结转该项无形资产：

借：无形资产　300 000
　贷：研发支出——资本化支出　300 000

4. 其他方式增加的无形资产

通过非货币性资产交换的无形资产、通过债务重组取得的无形资产的会计核算本书不作详细讲解，具体参见《企业会计准则第7号——非货币性资产交换》和《企业会计准则第12号——债务重组》的规定。

三、无形资产摊销的核算

1. 使用寿命有限的无形资产的摊销

使用寿命有限的无形资产按无形资产成本扣除预计残值后的金额作为摊销金额，属于企业自用的无形资产，借记“管理费用”科目，贷记“累计摊销”科目；属于出租的无形资产，借记“其他业务成本”科目，贷记“累计摊销”科目；某项无形资产包含的经济利益通过所生产的产品或其他资产实现的，其摊销金额应当计入相关资产成本。

【例7-6】某企业从外单位购入一项商标权，支付价款4 800 000元，合同规定该商标的使用寿命为10年，不考虑残值因素。作会计分录如下：

该企业每年的摊销金额＝4 800 000÷10＝480 000（元）

每月的摊销金额＝480 000÷12＝40 000（元）

借：管理费用　　40 000

　贷：累计摊销　　40 000

【例7-7】某股份有限公司于2008年1月将其开发的一项专利出租给A公司，该专利权的成本为3 600 000元，双方约定的租赁期限为10年，不考虑残值因素。作会计分录如下：

该公司每年的摊销金额＝3 600 000÷10＝360 000（元）

每月的摊销金额＝360 000÷12＝30 000（元）

借：其他业务成本　　30 000

　贷：累计摊销　　30 000

对于使用寿命有限的无形资产应当自可供使用（即达到预定用途）当月起开始摊销，处置当月不再摊销。

2. 使用寿命不确定的无形资产的摊销

使用寿命不确定的无形资产不予摊销。

四、无形资产处置的核算

（1）企业出售无形资产时，应将所取得的价款与该无形资产账面价值的差额计入当期损益。按实际取得的收入，借记“银行存款”科目；按已计提的减值准备，借记“无形资产减值准备”科目；按无形资产已累计摊销金额，借记“累计摊销”科目，按无形资产的账面价值，贷记“无形资产”科目，按应支付的相关税费，贷记“银行存款”、“应交税费”等科目；按其差额，借记“营业外支出——出售无形资产损失”科目或贷记“营业外收入——出售无形资产收益”科目。

（2）企业将所拥有的无形资产的使用权让渡给他人，并收取租金，在满足收入确认标准的情况下，应确认相关的收入及成本。

（3）如果无形资产预期不能为企业带来经济利益，不再符合无形资产的定义，应将其转销。按该项无形资产已累计摊销金额借记“累计摊销”科目，按已计提的减值准备，借记“无形资产减值准备”科目，按无形资产的账面价值，贷记“无形资产”科目，以上账户的差额即转销的净损失，借记“营业外支出——出售无形资产损失”科目。

【例7-8】企业将拥有的一项商标权出售，取得收入150 000元，应交的营业税为7 500元。该商标权的账面余额为123 600元。作会计分录如下：

借：银行存款　　150 000

　贷：无形资产　　123 600

　　　应交税费——应交营业税　　7 500

　　　营业外收入——出售无形资产收益　　18 900

【例 7－9】某企业将拥有的一项非专利技术出售，取得收入 10 000 000 元，应交的营业税为 500 000 元。该专利权的账面余额为 8 500 000 元，累计摊销金额为 4 000 000 元，已计提减值准备为 2 500 000 元。作会计分录如下：

借：银行存款　10 000 000
　　累计摊销　4 000 000
　　无形资产减值准备　2 500 000
　贷：无形资产　8 500 000
　　　应交税费——应交营业税　500 000
　　　营业外收入　7 500 000

【例 7－10】甲公司购入的一项专利权，购入时账面价值为 80 000 元，已摊销金额为 50 000元，已提减值准备 6 000 元，由于新技术的开发利用，该项无形资产已无任何使用价值和转让价值。作会计分录如下：

借：累计摊销　50 000
　　无形资产减值准备　6 000
　　营业外支出　24 000
　贷：无形资产　80 000

五、无形资产减值的核算

无形资产在资产负债表日存在可能发生减值迹象时，其可收回金额低于账面价值的，企业应当将该无形资产的账面价值减记至可收回金额，减记的金额确认为减值损失，计入当期损益，同时计提相应的资产减值准备，按应减记的金额，借记“资产减值损失——计提的无形资产减值准备”科目，贷记“无形资产减值准备”科目。无形资产减值损失一经确认，在以后会计期间不得转回。

【例 7－11】甲公司外购专利技术一项，当时账面价值 800 000 元，剩余摊销年限为 4 年，2007 年 12 月 31 日，经减值测试，该专利权的可收回金额为 750 000 元。作会计分录如下：

借：资产减值损失——计提的无形资产减值准备　50 000
　贷：无形资产减值准备　50 000

第四节　其他资产

其他资产是指不包括流动资产、长期投资、固定资产、无形资产等以外的资产，主要包括长期性质的待摊费用和其他长期资产。

一、长期待摊费用

长期待摊费用是指企业已经发生但应由本期和以后期间负担的分摊销期限在 1 年以上（不含 1 年）的各项费用。应当由本期负担的借款利息、租金等，不得作为长期待摊费用处理。长期待摊费用应当单独核算，在费用项目的受益期限内分期平均摊销。如以经营租赁方式租入的固定资产发生改良支出等。

企业发生的长期待摊费用，借记“长期待摊费用”科目，贷记“银行存款”、“原材料”等科目。摊销长期待摊费用时，借记“管理费用”、“销售费用”等科目，贷记“长期待摊费用”科目；“长期待摊费用”科目的期末借方余额反映企业尚未摊销完毕的长期待摊费用。

【例7-12】2008年4月1日，甲公司对其以经营租赁方式租入的办公楼进行装修，发生以下有关支出：领用生产用原材料500 000元，购进该批材料时支付的增值税进项税额为85 000元，辅助生产车间为该装修工程提供的劳务支出为180 000元，有关人员职工薪酬435 000元。2008年12月31日，该办公楼装修完毕，达到预定可使用状态并交付使用，按租赁期10年进行摊销。作会计分录如下：

（1）装修领用原材料：

借：长期待摊费用	585 000	
贷：原材料		500 000
应交税费——应交增值税（进项税转出）		85 000

（2）辅助生产车间为装修工程提供劳务时：

借：长期待摊费用	180 000	
贷：生产成本——辅助生产成本		180 000

（3）确认工程人员职工薪酬时：

借：长期待摊费用	435 000	
贷：应付职工薪酬		435 000

（4）2009年年末摊销装修支出时：

借：管理费用	120 000	
贷：长期待摊费用		120 000

以后年度的摊销分录同（4）。

二、其他资产

企业的其他资产是指除流动资产、长期投资、固定资产、无形资产和长期待摊费用以外的长期资产，如国家批准储备的特种物资、银行冻结存款以及临时设施和涉及诉讼中的财产等。这类资产一般不参加企业的正常生产经营活动，也不需要进行摊销，而且并不是所有企业都拥有这类资产。其他资产主要包括以下项目：

（1）特种储备物资，是指经国家批准储备的、具有专门用途、不参加生产经营周转的物资。

（2）银行冻结存款，是指被银行冻结、不能支取的存款。

（3）冻结物资，是指由于各种原因，被冻结已不能正常处置的资产。

（4）诉讼中的财产，是指由于发生产权纠纷，进入司法程序后被法院认定为涉及诉讼、尚未判定所有权归属的财产。

其他长期资产可以根据其性质及特点单独设置相关科目进行核算。

第八章　投资性房地产

引导案例

某税务检查组对一家多年从事房地产开发的A公司进行空余商品房的检查，并请A公司销售部提供未实现销售房屋的台账。从台账可以看出，A公司近三年开发的项目几乎每期都有未实现销售的房屋，但从这些未销售房屋的种类和分布上，检查组的小王发现了一些疑点。于是，小王提出将销售台账与未销售房屋的钥匙进行核对。A公司很不情愿地拿出了钥匙，并解释因有部分房屋的钥匙在销售人员手中，需要给客户开门看房，所以钥匙不全。对此，小王请A公司将有钥匙和没有钥匙的房屋分别统计。待A公司统计完毕后，小王重点抽查了没有钥匙的房屋。抽查的结果正如小王所料，所谓没有钥匙的房屋，实际上是A公司用于对外经营租赁的，但A公司辩解是销售人员私下将房屋用于出租。随后，小王走访了一些前期开发项目的店面房和配套房，不仅获取了由A公司投资人另外投资成立的物业公司开具的收取房租的收款收据，而且了解到由A公司销售部负责人个人（A公司投资人的弟弟）收取房租没有开具发票的情况。对此，A公司称这些房屋都已由其个人购买，由其本人收取房租。情况果真如此？经验丰富的小王请A公司和当事人分别拿出销售和购买房屋的发票，A公司和当事人均无言以对。A公司只好说出了事实：A公司将其开发的一些底层、配套设施（有不少是违章建筑）及少数未销售的房屋用于经营租赁收取租金，将一小部分租金计入A公司账户，大部分租金收入则留在了物业公司。但在物业公司账面上反映的也仅是少部分，大部分直接计入了小金库。这部分计入小金库的收入主要是对外出租违章建筑收取的，A公司早已将这部分违章建筑的成本随相关开发项目的销售成本一并结转完毕，使得这部分违章建筑因没有账面成本而游离于账外。A公司遂以销售部经理个人的名义对外出租，并将租金计入小金库。

思考：

A公司将其开发的一些底层、配套设施（有不少是违章建筑）及少数未销售的房屋用于经营租赁收取租金的行为，根据新《企业会计准则》的规定，应作如何处理？

第一节　投资性房地产概述

一、投资性房地产的概念及特征

房地产是土地和房屋及其权属的总称。在我国，土地归国家或集体所有，企业只能取得土地使用权。因此，房地产中的土地是指土地使用权，房屋是指土地上的建筑物及构筑物。

随着经济的发展的投资观念的改变，人们对于房地产和有关物业的投资逐渐成为日常生活中的一部分内容。

投资性房地产是指为赚取租金或资本增值，或者两者兼有而持有的房地产。主要包括已出租的土地使用权、持有并准备增值后转让的土地使用权和已出租的建筑物。投资性房地产应当能够单独计量和出售。

投资性房地产业务是一种经营业务活动。投资性房地产的主要形式是出租土地使用权和出租建筑物，这实质上是属于一种让渡资产使用权行为。取得的租金就是让渡资产使用权的使用费收入，是企业日常经营活动中产生的经济利益总流入。投资性房地产的另一种形式是持有并准备增值后转让的土地使用权，也是企业从事的经营活动及与之相关的其他活动形成的经济利益总流入。在我国，持有并准备增值后转让的土地使用权这种情况较少。

对于某些企业，投资性房地产业务形成的收入确认为企业的主营业务收入，但对于大总部分企业而立，是与经营活动相关的其他经营活动，形成的收入构成企业的其他业务收入。

二、投资性房地产的范围

投资性房地产的范围包括为已出租的土地使用权、持有并准备增值后转让的土地使用权和已出租的建筑物。

1. 已出租的土地使用权

已出租的土地使用权，是指企业通过受让方式取得，并以营租赁方式（不含融资租赁）出租的土地使用权。企业计划用于出租但尚未出租的土地使用权，不属于此类。例如，甲公司与乙公司签订土地使用权租赁协议，甲公司将其拥有的20万平方米土地使用权以年租金360万元租给乙公司，从租赁开始之日起，这项土地使用权属于甲公司的投资性房地产。

2. 持有并准备增值后转让的土地使用权

持有并准备增值后转让的土地使用权，是指企业通过受让方式取得的、准备增值后转让的土地使用权。这类土地使用权很可能给企业带来资本增值收益，符合投资性房地产的定义。但是，按照国家有关规定认定的闲置土地，不属于此类。

3. 已出租的建筑物

已出租的建筑物，是指企业拥有产权并以经营租赁方式出租的房屋等建筑物，包括自行建造或开发活动完成用于出租的建筑物。例如，甲公司与乙公司签订租赁合同，甲公司将其拥有的一栋厂房整体出租给乙公司，从租赁开始之日起，该厂房属于甲公司的投资性房地产。企业计划用于出租但尚未出租的建筑物，不属于此类。

一项房地产，部分用于赚取租金或资本增值，部分用于生产商品、提供劳务或经营管理，用于赚取租金或资本增值的部分能够单独计量和出售的，可以确认为投资性房地产；否则，不能作为投资性房地产。

自用房地产，是指为生产商品、提供劳务或者经营管理而持有的房地产，如企业的厂房和办公楼、企业生产经营用的土地使用权等，不属于投资性房地产。

作为存货的房地产，通常指房地产开发企业在正常经营过程中销售的或为销售而正在开发的商品房或土地。这部分房地产属于房地产开发企业的存货，不属于投资性房地产。

第二节　投资性房地产的确认和初始计量

一、投资性房地产的确认

将某个项目确认为投资性房地产，首先应当符合投资性房地产的概念，其次要同时满足投资性房地产的两个确认条件：

第一，与该投资性房地产相关的经济利益很可能流入企业；

第二，该投资性房地产的成本能够可靠地计量。

二、投资性房地产的初始计量

根据《企业会计准则》的规定，投资性房地产应当按照成本进行初始计量。即企业取得投资性房地产时，应当按时取得时的实际成本进行初始计量，这与普通资产的核算标准相同。但在不同渠道下取得的投资性房地产，其入账成本也有所不同：

外购的投资性房地产。按买价和可直接归属于该资产的相关税费、可直接归属于该资产的其他支出作为其入账价值。

自行建造的投资性房地产。按建造该资产达到可使用状态前所发生的必要支出，作为入账价值。在建造过程中发生的非正常损失，直接计入当期损益，不计入投资性房地产成本。

三、投资性房地产增加的核算

1. 科目设置

通过设置"投资性房地产"科目将投资性房地产单独从房地产中转出来，单独计价、单独确认、单独披露。该科目为资产类科目，借方登记投资性房地产的增加，贷方登记投资性房地产的减少，期末余额为借方余额，表示目前企业投资性房地产的结余价值。

2. 账务处理

（1）以外购的方式取得的投资性房地产。外购的投资性房地产，按照其实际成本，借记"投资性房地产"科目，贷记"银行存款"等科目。

【例8－1】怡文公司是一家商贸企业，为了拓展经营规模，2009年3月1日以银行存款购得位于繁华商业区的一层商务用楼，并当即进行招租。该层商务楼的买价为600万元，相关税费30万元。则甲公司应作分录如下：

借：投资性房地产　　6 300 000

　贷：银行存款　　6 300 000

（2）以自行建造的方式取得的投资性房地产，达到预定可使用状态时，按照其实际成本，借记"投资性房地产"科目，贷记"在建工程"科目。

【例8－2】鹭江公司是一家建筑公司，为了降低经营风险，于2007年1月1日开始在企业拥有的土地上自行建造一栋商务用楼，拟用于招租。工程期为1年，于2008年1月1

日完工，于2009年2月达到预定可使用状态。工程期间发生人工费600万元，投入工程物资3 000万元，假定无相关税费。工程开工时，所占土地的账面价值为4 000万元，其在“无形资产”科目里核算。鹭江公司的账务处理如下：

工程领用物资时：

借：在建工程 30 000 000

　贷：工程物资 30 000 000

分配工程人员工资时：

借：在建工程 6 000 000

　贷：应付职工薪酬 6 000 000

将土地使用权的账面价值在开工时列入工程成本：

借：在建工程 40 000 000

　贷：无形资产 40 000 000

工程完工交付使用时：

借：投资性房地产 76 000 000

　贷：在建工程 76 000 000

（3）其他方式增加的投资性房地产在上述两种方式外，还有以投资入股的方式、债务重组的方式、非货币性资产交换的方式取得的投资性房地产，其会计核算参照相关的会计准则。本书不作详细讲解。

第三节　投资性房地产的后续计量

一、投资性房地产的后续计量模式

投资性房地产的后续计量，一般采用成本核算模式计量。如果有确凿证据表明投资性房地产的公允价值能够可靠取得，应当采用公允价值模式。我国会计准则规定投资性房地产后续计量优选成本模式，而公允价值模式须满足规定条件方可选择。

1. 成本计量模式的核算方法

采用成本计量模式的，对于建筑物等投资性房地产，应当比照《企业会计准则第4号——固定资产》的相关规定处理；对于土地使用权等投资性房地产，应当比照《企业会计准则——无形资产》的相关规定处理；如果存在减值迹象，应当按照《企业会计准则——资产减值》进行减值测试，计提相应的减值准备。进行具体会计处理时，需要设置“投资性房地产”、“投资性房地产累计折旧（摊销）”、“投资性房地产减值准备”等账户。

【例8－3】远大集团2008年6月1日购入一栋办公楼，用于对外出租。该资产的买入价为3 000万元。预计使用寿命为40年，预计残值21万元，预计清理费用1万元，远大集团采用直线法计提折旧。该办公楼的年租金为400万元，于年末一次结清，自2008年7月1日起开始出租。则远大集团的会计处理如下：

该项投资性房地产的入账成本＝3 000万元；

2008年的折旧额＝［3 000－（21－1）］÷40×6/12＝37.25万元；

收到租金时：

借：银行存款　　2 000 000

　贷：其他业务收入　　2 000 000

提取当年折旧时：

借：其他业务成本　　372 500

　贷：投资性房地产累计折旧　　372 500

【例 8－4】诚信公司于 2008 年 7 月 1 日接受某公司投入的一项土地使用权，双方协议价为 10 000 万元，诚信公司取得该土地使用权后，拟于适当时机转让。该土地使用权的法定有效期为 50 年。

该项投资性房地产的入账成本＝10 000 万元；

2008 年的摊销额＝10 000 ÷50 ×6/12 ＝100 万元；

摊销时：

借：其他业务成本　　1 000 000

　贷：投资性房地产累计摊销　　1 000 000

2. 公允价值计量模式的核算方法

企业只有存在确凿证据表明其公允价值能够持续可靠取得时，才允许对投资性房地产采用公允价值模式计量。采用公允价值计量模式的投资性房地产，应当具备以下两个条件：

(1) 投资性房地产所在地有活跃的房地产交易市场；

(2) 企业能够从房地产交易市场上取得同类或类似房地产的市场价格及其他相关信息，从而对投资性房地产的公允价值作出合理的估计。

企业采用公允价值模式计量的，不对投资性房地产计提折旧或进行摊销，应当以会计期末投资性房地产的公允价值为基础调整其账面价值，公允价值与原账面价值之间的差额计入当期损益。资产负债表日，投资性房地产的公允价值高于原账面价值的差额，借记“投资性房地产——公允价值变动”账户，贷记“公允价值变动损益”账户，公允价值低于原账面价值的差额作相反的分录。

【例 8－5】丰华公司于 2008 年 6 月与 A 公司签订的租赁协议，将其开发的一栋写字楼于开发完成时租给 A 公司，租赁期为 10 年，租赁开始日为 2008 年 7 月 1 日，该写字楼造价为 6 500 万元，丰华公司决定采用公允价值模式对该房地产进行后续计量。2008 年 12 月 31 日，该写字楼的公允价值为 7 500 万元。则丰华公司的会计处理如下：

写字楼出租时：

借：投资性房地产　　65 000 000

　贷：开发产品　　65 000 000

公允价值发生变动时：

借：投资性房地产——公允价值变动　　10 000 000

　贷：公允价值变动损益　　10 000 000

二、投资性房地产的后续支出

投资性房地产的后续支出按其流入企业的未来经济利益区分为费用化支出和资本化支出。

1. 费用化支出

投资性房地产的后续支出不能使可能流入企业的未来经济利益超过原先的估计，应当计入当期费用，其处理原则类似于固定资产、无形资产的相关规定。例如，对出租用房地产进行的日常维修支出就属于这种情况。

2. 资本化支出

投资性房地产的后续支出使可能流入企业的未来经济利益超过原先的估计，应当将其计入投资性房地产的账面价值，视为对投资性房地产的进行改良。

三、投资性房地产的处置

企业出售、转让投资性房地产以及对报废或毁损的投资性房地产进行处置时，应当将处置收入扣除其账面价值和相关税费后的余额计入当期损益。

【例8－6】丰华公司投资性房地产采用成本模式计量，2008年末将用于出租的厂房出售。该厂房的账面价值为1 200万元，已计提折旧500万元。出售价款1 500万元存入银行，按5%缴纳营业税。则丰华公司的会计处理如下：

取得出售价款时：

借：银行存款	15 000 000	
贷：其他业务收入		15 000 000

转销投资性房地产的账面价值：

借：其他业务成本	7 750 000	
投资性房地产累计折旧	5 000 000	
贷：投资性房地产		12 000 000
应交税费——应交营业税		750 000

第九章　流动负债

引导案例

ABC 饮料有限公司是华东地区的饮料生产企业，生产“TOP”牌饮料，属于增值税一般纳税人。其 2007 年年度总共对外销售饮料 20 000 箱，总收入 621 000 元，其饮料购入款561 600 元，运输费 8 000 元。会计处理时，会计人员将其收入挂在“其他应付款”账户。2007 年底当地国税部门稽查人员在对其进行纳税检查时，确认饮料的销售属于增值税应税行为，其收入挂在往来账户，不符合税收和会计制度，应补记销售收入，补交增值税。

思考：

1. 根据税法和会计制度的有关规定，该企业应交纳增值税税额多少？其如何进行账务调整？

2. 假如该企业改变其纳税人身份为小规模纳税人的话，其 2007 年年度应交纳的增值税税额为多少？

负债是指企业过去的交易或者事项形成的、预期会导致经济利益流出企业的现时义务。负债按流动性分类，可分为流动负债和非流动负债。

第一节　流动负债概述

一、流动负债的概念

流动负债是指预计在一个正常营业周期中清偿，或者主要为交易目的而持有，或者自资产负债表日起一年内（含一年）到期应予以清偿，或者企业无权自主地将清偿期推迟至资产负债表日后一年以上的负债。

流动负债主要包括短期借款、应付票据、应付账款、预收账款、应付职工薪酬、应交税费、应付利息、应付股利、其他应付款等。

二、流动负债的种类

（一）按形成方式划分

1. 营业活动形成的流动负债

这类负债指由于企业正常的生产经营活动所形成的流动负债，包括企业外部业务结算中形成和企业内部往来形成的两种。其中企业外部业务结算中形成的流动负债包括应付票据、应付账款、预收款项、应交税费等；企业内部往来形成的流动负债包括应付职工薪酬。

2. 收益分配形成的流动负债

这类流动负债是指企业在对所实现的净收益（利润）进行分配过程中所形成的各种负债项目，包括应交所得税费、应付股利、应付利润等。

3. 融资活动形成的流动负债

这类流动负债是指企业从银行或其他金融机构筹集资金时所形成的流动负债项目，包括短期借款、应付利息以及一年内到期的非流动负债等内容。

（二）按偿付手段划分

1. 用货币资产偿还的流动负债

这类流动负债到期时，企业须动用库存现金、银行存款或其他货币资金来偿付。这类流动负债主要包括应付账款、应付票据、短期借款、应付职工薪酬、应交税费等内容。流动负债的绝大部分项目都可以归并到这一类别。

2. 用商品或劳务偿付的流动负债

这类流动负债到期时，企业须用商品来偿还，或用劳务来抵付。主要是指预收款项、售出产品的质量担保债务等。

（三）按偿付金额是否确定划分

1. 金额可以确定的流动负债

这类负债指根据契约或法律规定，到期必须予以偿还、有确定金额的债务，如应付账款、应付票据、应付股利、其他应付及预收款项。

2. 金额视经营情况而定的流动负债

这类负债须根据一定会计期间的经营情况，到期末才能决定负债金额的多少，如应交税费、应付利润等。

3. 金额需予以估计的流动负债

这类负债虽然发生于过去已完成的业务而确实存在，但并无确切的应付金额，有时其偿还日期和受款人也无法确定，如质量担保债务等。

三、流动负债的计价

负债是已经存在并将在未来偿还的经济业务，为了提高会计信息的有用性和相关性，对所有负债计价，都应当考虑货币的时间价值，即不论偿还期限长短，均应在其发生时按未来偿付数额的贴现值计价入账。但是，在我国会计实务中，一般都是按未来应付金额（或面值）计量流动负债，并列示于资产负债表中。《企业会计准则》规定："各种流动负债应当按实际发生额记账。负债已经发生而数额需要预计确定的，应合理预计，待实际数额确定后再调整。"

第二节　短期借款

一、短期借款概述

短期借款是企业因为经营周转的需要向银行或其他金融机构借入的、偿还期在一年以内（含一年）的款项。

在银行开立基本账户的企业，如果经营过程中出现暂时的资金短缺，可以向其开户行申请贷款，在履行提供担保等一些必要的手续后，银行将款项划到企业结算户。

无论借入的款项来源如何，企业均需向债权人按期偿还借款的本金及利息，并及时、如实反映款项的借入、利息的结算和本息的偿还情况。为此，在会计核算上，应设置“短期借款”科目，反映上述经济业务的发生，该科目借方登记偿还借款的本金数额，余额在贷方，表示尚未偿还的短期借款。本科目可按借款种类、贷款人和币种进行明细核算。

二、短期借款的核算

概括来讲，“短期借款”账户的核算涉及三个方面：

（1）取得借款的处理。银行将款项划到企业存款户，表明负债确立，计入“短期借款”科目的贷方，借记“银行存款”科目。

（2）借款利息的核算。借款利息是一项筹资费用，短期借款偿还期短，其利息是按月支付的或者是在借款到期时连同本金一起归还，但数额较少的，可以直接计入“财务费用”科目。而实际工作中，银行一般于每季度末收取短期借款利息，为此，企业的短期借款利息一般采取月末预提的方式进行核算。企业应当在资产负债表日按照计算确定的短期借款利息费用，借记“财务费用”科目，贷记“应付利息”科目；实际支付利息时，根据已预提的利息，借记“应付利息”科目，根据应计利息，借记“财务费用”科目，根据应付利息总额，贷记“银行存款”科目。

（3）短期借款归还的核算。到期时，企业必须偿还借款，冲减负债，借记“短期借款”科目，贷记“银行存款”科目。

【例9-1】某企业于4月1日向银行借入200 000元，期限为3个月，年利率为9%，该借款到期后按期如数归还，利息分月预提，按季支付。作会计分录如下：

①借入款项时：

借：银行存款	200 000	
贷：短期借款		200 000

②4月末预提利息：200 000×9%×1/12=1 500（元）。

借：财务费用	1 500	
贷：应付利息		1 500

③5月末预提利息会计分录同上。

④6月末偿还利息及本金：

借：应付利息　　3 000
　　财务费用　　1 500
　　短期借款　　200 000
　贷：银行存款　　204 500

第三节　应付票据

一、应付票据概述

应付票据是指企业采用商业汇票结算方式购买材料、商品和接受劳务供应等而开出承兑的商业汇票。包括银行承兑汇票和商业承兑汇票。

企业应当设置“应付票据备查簿”，详细登记商业汇票的种类、号数和出票日期、到期日、票面金额、交易合同号和收款人姓名或单位名称以及付款日期和金额等资料。应付票据到期结清时，应当在备查簿中予以注销。

二、应付票据的核算

企业应通过“应付票据”科目，核算应付票据的发生、偿还等情况。该科目贷方登记开出、承兑汇票的面值及带息票据的预提利息，借方登记支付票据的金额，余额在贷方，表示企业尚未到期的商业汇票的票面金额。

带息票据的应付利息属于融资成本，一般在支付时计入财务费用。如果票据利息数额较大，可以按期预提，预提利息计入“财务费用”和“应付票据”科目，到期支付本息时，冲减应付票据。期末在资产负债表上，按票据面值和利息列入流动负债项目。

应付票据到期支付，作应付票据和银行存款的减少。如果到期无款支付，商业承兑汇票应转到“应付账款”科目；银行承兑汇票，银行无条件向收款人支付票款，而企业无力支付到期票款时，银行会将已支付的票款转作对企业的逾期贷款处理，并按照每天万分之五计收利息。企业收到银行转来的“××号汇票无款支付转入逾期贷款户”等有关凭证时，将应付票据转入短期借款。

【例9-2】甲企业于2007年11月1日从A公司购进材料计100 000元，增值税税率为17%，材料入库，签发一张3个月期的商业汇票，并由其开户行承兑，票面利率是6%。作会计分录如下：

(1) 2007年11月1日时：

借：原材料　　100 000
　　应交税费——应交增值税（进项税额）　　17 000
　贷：应付票据　　117 000

(2) 2007年年末预提两个月的利息1 170元（117 000×6%×2/12）。

借：财务费用　　1 170
　贷：应付票据　　1 170

(3) 2008年2月1日到期支付时：

借：财务费用	585	
应付票据	118 170	
贷：银行存款		118 755

(4) 如果到期无款支付，银行支付票据款后，甲企业应作会计分录如下：

借：财务费用	585	
应付票据	118 170	
贷：短期借款		118 755

第四节 应付账款

一、应付账款概述

应付账款指因购买材料、商品或接受劳务供应等应支付给供应单位的款项。这是由于购销双方在取得货物与支付货款在时间上不一致而产生的负债。

应付账款的入账时间应当以所购买货物所有权转移或接受劳务已发生为标志。实务中有两种情况：第一种情况，货物与结算账单同时到达，待货物验收入库后，按结算账单金额确认应付账款；第二种情况，货物先到，结算账单要间隔一段时间才能到达。这时，按合同规定交易实质已经完成，但由于结算账单传递时间上的差异，无法确认应付账款的金额，此时，该笔负债已经形成，应予以确认。在会计实务中，采用月末将货物按合同价或暂估价计入存货和应付账款科目，以便正确确认资产负债表中负债数额。下月初再用红字冲减，等实际收到结算账单时，再按实际金额确认应付账款。

二、应付账款的核算

应付账款入账金额的确定与应收账款一样，有总价法和净价法两种。总价法是指在有折扣的情况下，应付账款按应付总值入账，不扣除折扣金额，如果企业享受了折扣，即作为一项理财收益。采用净价法，应付账款按扣除折扣后的金额入账。如果企业未享受到折扣，多付的部分作为一项理财费用计入财务费用。我国目前会计实务采用总价法核算。

为了核算应付账款的发生、偿还及其转销情况，企业应设置“应付账款”科目，其借方登记偿还的应付账款，或开出商业汇票抵付应付账款的款项，或已冲销的无法支付的应付账款，余额一般在贷方，表示企业尚未支付的应付账款余额。本科目一般应按照债权人设置明细科目进行明细核算。企业应付的各种赔款、应付租金、应付存入保证金等，不在本科目核算，而在“其他应付款”科目核算。

企业购入材料、商品等或接受劳务所产生的应付账款，应按应付金额入账。购入材料、商品等验收入库，但货款尚未支付，根据有关凭证（发票账单、随货同行发票上记载的实际价款或暂估价值），借记“材料采购”、“在途物资”等科目，按可抵扣的增值税额，借记“应交税费——应交增值税（进项税）”科目，按应付的价款，贷记“应付账款”科目。企业接受供应单位提供劳务而发生的应付未付款项，根据供应单位的发票账单，借记“生产成本”、“管理费用”等科目，贷记“应付账款”科目。

企业偿还应付账款或开出商业汇票抵付应付账款时，借记“应付账款”科目，贷记“银行存款”、“应付票据”等科目。

企业转销确实无法支付的应付账款（如因债权人撤销等原因而产生无法支付的应付账款），应按其账面余额计入营业外收入，借记“应付账款”科目，贷记“营业外收入”科目。

【例9-3】甲企业2007年2月10日向A公司购入一批材料，发票价款30 000元，税款5 100元，材料已验收入库，款项未付，A公司给出的付款条件是一个月内付款，可享受2%的优惠，超过一个月付款，则为全部价款（折扣部分不考虑税金）。作会计分录如下：

（1）2月10日：

借：原材料	30 000	
应交税费——应交增值税（进项税额）	5 100	
贷：应付账款——A公司		35 100

（2）如果2月20日付款：

借：应付账款——A公司	35 100	
贷：银行存款		34 500
财务费用		600

（3）如果3月10日以后付款：

借：应付账款——A公司	35 100	
贷：银行存款		35 100

如果到期时，A公司撤销，甲公司确实无法支付该款项，则：

借：应付账款——A公司	35 100	
贷：营业外收入		35 100

【例9-4】根据供电部门的通知，企业本月应付电费48 000元，其中生产车间电费32 000元，企业行政管理部门电费16 000元，款项尚未支付。作会计分录如下：

借：制造费用	32 000	
管理费用	16 000	
贷：应付账款——供电局		48 000

第五节　预收账款

一、预收账款概述

预收账款是指企业按照合同规定向购货单位预收的款项。这种交易以合同为前提，预收货款时，并没有交易实质，表明企业承担了会在未来导致经济利益流出企业的应履行义务，因此，预收客户的货款就构成了企业的一项负债，而这笔负债与应付账款不同的是，预收账款形成的负债是用以后付出的货物来偿还的而不是以货币偿还的。如果供货方在合同规定的期限内没有发货，应当返回预收的款项，因为预收账款是在销售环节产生的负债。

二、预收账款的核算

企业应通过“预收账款”科目，核算预收账款的取得、偿付等情况。该科目贷方登记发生的预收账款的数额和购货单位补付账款的金额，借方登记企业向购货方发货后冲销的预收账款数额和退回购货方多付账款的数额。余额一般在贷方，反映企业向购货单位预收款项但尚未向购货方发货的数额；如为借方余额，则反映企业尚未转销的款项。企业应当按照购货单位设置明细科目进行明细核算。

企业向购货单位预收货款时，借记“银行存款”科目，贷记“预收账款”科目；将货物交给购货方时，按售价及增值税税额，借记“预收账款”科目，贷记“主营业务收入”、“应交税费——应交增值税（销项税）”科目；购货单位补付的货款，借记“银行存款”科目，贷记“预收账款”科目；向购货单位退回其多付的货款时，借记“预收账款”科目，贷记“银行存款”科目。

【例 9－5】 某企业与 B 公司签订供货合同，供货金额 120 000 元，应纳增值税 20 400 元。B 公司先付 20 000 元款项，剩余款项在交货后付清。编制会计分录如下：

（1）收到 B 公司转来款项：

借：银行存款　　20 000

　贷：预收账款——B 公司　　20 000

（2）按合同规定，向 B 公司发出货物，确认收入实现：

借：预收账款——B 公司　　140 400

　贷：主营业务收入　　120 000

　　　应交税费——应交增值税（销项税额）　　20 400

（3）收到 B 公司补付的货款：

借：银行存款　　120 400

　贷：预收账款——B 公司　　120 400

会计实务中，企业预收账款情况不多的，也可以不设置“预收账款”科目，而直接和应收账款合并，只设“应收账款”科目，将预收的款直接计入“应收账款”科目的贷方。

【例 9－6】 承【例 9－5】，假设企业不设“预收账款”科目，通过“应收账款”科目核算有关业务，依上例资料编制会计分录如下：

（1）预收 B 公司交来款项：

借：银行存款　　20 000

　贷：应收账款——B 公司　　20 000

（2）按合同规定，向 B 公司发出货物，确认收入实现：

借：应收账款——B 公司　　140 400

　贷：主营业务收入　　120 000

　　　应交税费——应交增值税（销项税额）　　20 400

（3）收到 B 公司补付货款：

借：银行存款　　120 400

　贷：应收账款——B 公司　　120 400

上述方法核算简便，但在期末编制资产负债表时，应当根据其明细账分别计算应收款金额和预收账款金额，不能根据应收账款期末余额直接填列。

第六节 应付职工薪酬

一、应付职工薪酬概述

职工薪酬是指企业为获得职工提供的服务而给予各种形式的报酬以及其他的相关支出。这里的职工是指与企业订立劳动合同的所有人员，含全职、兼职和临时职工，也包括虽未与企业订立劳动合同但由企业正式任命的人员，如董事会成员、监事会成员等。在企业的计划和控制下，虽与企业未订立劳动合同或企业未正式任命，但为企业提供与职工类似服务的人员，也纳入职工范畴，如劳务用工合同人员等。

应付职工薪酬是企业对职工的一项负债。它主要包括：职工工资、奖金、津贴和补贴；职工福利费；社会保险费（医疗保险费、养老保险费、失业保险费、工伤保险费和生育保险费等）；住房公积金；工会经费和职工教育经费；非货币性福利；因解除与职工劳动关系而给予的补偿；其他与获得职工提供的服务相关的支出。

1. 职工工资、奖金、津贴和补贴

劳动者的全额工资是指其每月所收入的基本工资（又称标准工资）与辅助工资（又称非标准工资）之和。劳动者基本工资是根据劳动合同约定或国家及企业规章制度规定的工资标准计算的工资，如计时工资、计件工资、职务工资（岗位工资）就是基本工资；辅助工资是指基本工资以外的各种工资，如奖金、津贴和补贴、加班加点工资、附加工资、保留工资等。奖金是指支付给职工的超额劳动报酬和增收节支的劳动报酬。津贴和补贴是指为补偿职工特殊或额外的劳动消耗和因其他特殊原因支付给职工的津贴和补贴。

2. 职工福利费

职工福利费是指企业为职工集体提供的福利，一般用于改善职工生活条件，如补助生活困难职工、非独立法人和非对外营利性的职工医院、浴室、食堂餐饮（包括自制餐饮和外包餐饮）等均可在福利费用中列支。

3. 社会保险费

社会保险费具体包括基本养老保险费、医疗保险费（基本医疗保险费、大病医疗救助费、个人账户启动资金）、失业保险费、工伤保险费、生育保险费以及向有关单位（企业年金基金账户管理人）交纳的补充养老保险费等险种。是按国家规定提取、筹集和使用的专项基金，专款专用，任何单位和个人都无权自行决定该基金的其他用途。此外，以商业保险形式提供给职工的各种保险待遇也属于企业提供的职工薪酬。

4. 住房公积金

住房公积金是企业按国家《住房公积金管理条例》规定的基准和比例计算，向住房公积金管理机构交存的住房公积金。

上述“五险一金”（医疗保险费、养老保险费、失业保险费、工伤保险费、生育保险费和住房公积金）以前被认为是职工福利，2006 年颁布的新准则明确规定将其纳入薪酬范围。

5. 工会经费和职工教育经费

工会经费和职工教育经费是指企业为了改善职工文化生活、提高职工业务素质，用于开展工会活动和职工教育及职业技能培训，根据国家规定的基准和比例，从成本费用中提取的金额。

6. 非货币性福利

非货币性福利包括企业以自产产品或外购商品发放给职工作为福利、将企业拥有的资产无偿提供给职工使用、为职工无偿提供医疗保健服务等。

7. 因解除与职工劳动关系而给予的补偿

因解除与职工劳动关系而给予的补偿，又称辞退福利，即企业在职工劳动合同到期之前解除与职工的劳动关系，或者为鼓励职工自愿接受裁减而提出补偿建议的计划中给予职工的经济补偿。

8. 其他与获得职工提供的服务相关的支出

上述支出以外的与获得职工提供服务相关的支出。

二、应付职工薪酬的核算

1. 应付职工薪酬的计量

在职工为企业提供服务的会计期间，企业应当根据职工提供服务的受益对象，将应确认的职工薪酬（包括货币性薪酬与非货币性福利）计入相关资产成本或当期损益，同时确认为应付职工薪酬，但解除劳动关系的补偿除外。

（1）计量应付职工薪酬时，国家规定有计提基础和计提比例的，应当按国家规定的标准计提。例如，应向社会保险经办机构等交纳的医疗保险费、养老保险费、失业保险费、工伤保险费、生育保险费等社会保险费，应向住房公积金管理机构交存的住房公积金，以及工会经费和职工教育费等。

国家没有规定计提基础和计提比例的，如职工福利等，企业应当根据历史经验数据和实际情况，合理预计当期的应付职工薪酬。当期实际发生金额大于预计金额的，应当补提应付职工薪酬；当期实际发生额小于预计金额的，应当冲回多提的应付职工薪酬。

（2）企业以其自产产品或外购商品作为非货币性福利发放给职工的，应当根据受益对象，按照该产品或商品的公允价值，计入相关资产成本或当期费用，同时确认应付职工薪酬。

2. 应付职工薪酬的账务处理

为核算职工薪酬，企业应当设置“应付职工薪酬”科目。该科目的贷方登记本月实际发生的薪酬总额，即职工薪酬的分配数，借方登记本月实际支付的职工薪酬数以及从应付薪酬中代扣代交的各种款项；期末贷方余额，反映企业应付未付的职工薪酬。本科目应当按照“工资”、“职工福利”、“社会保险费”、“住房公积金”、“工会经费”、“职工教育经费”、“非货币性福利”、“辞退福利”等应付职工薪酬项目进行明细核算。

外商投资企业按规定从净利润中提取的职工奖励及福利基金，也在本科目中核算。

（1）企业发生应付职工薪酬的账务处理。

企业确认应付职工薪酬时，可以从货币性薪酬和非货币性福利两个方面来进行核算。企业应当在职工为其提供服务的会计期间，根据职工提供服务的受益对象，将应确认的职工薪酬计入相关资产成本或当期损益，同时确认为应付职工薪酬。具体处理如下：

①生产部门人员的职工薪酬，借记“生产成本”、“制造费用”、“劳务成本”等科目，贷记“应付职工薪酬”科目。

②管理部门人员、销售人员的职工薪酬，借记“管理费用”或“销售费用”科目，贷记“应付职工薪酬”科目。

③应由在建工程、研发支出负担的职工薪酬，借记“在建工程”、“研发支出”科目，贷记“应付职工薪酬”科目。

④外商投资企业按规定从净利润中提取的职工奖励及福利基金，借记“利润分配——提取的职工奖励及福利基金”科目，贷记“应付职工薪酬”科目。

【例9-7】甲企业5月末分配职工工资共计300 000元，其中：生产工人工资130 000元，车间管理人员工资25 000元，厂部管理人员工资60 000元，销售人员工资50 000元，在建工程人员工资35 000元。则甲企业的会计处理如下：

借：生产成本——基本生产成本　　130 000
　　制造费用　　25 000
　　管理费用　　60 000
　　销售费用　　50 000
　　在建工程　　35 000
　贷：应付职工薪酬——工资　　300 000

【例9-8】甲企业根据其2007年年末在岗职工人数确定对下设食堂进行补贴，企业在岗人数共计100人，其中管理部门20人，生产车间80人。企业的历史经验表明，企业对每个职工每月需补贴食堂120元。则甲企业的会计处理如下：

借：生产成本——基本生产成本　　9 600
　　管理费用　　2 400
　贷：应付职工薪酬——职工福利　　12 000

【例9-9】根据国家规定的计提标准计算，甲企业本月应向社会保险经办机构交纳职工基本养老保险费共计64 680元，其中，应计入基本生产车间生产成本的金额为44 800元，应计入制造费用的金额为9 800元，应计入管理费用的金额为10 080元。甲企业的会计处理如下：

借：生产成本——基本生产成本　　44 800
　　制造费用　　9 800
　　管理费用　　10 080
　贷：应付职工薪酬——社会保险费用（基本养老保险）　　64 680

【例9-10】甲企业按照上一年度月平均工资总额的8%缴存住房公积金，数据如下：基本生产车间实际缴存住房公积金12 640元，管理部门实际缴存住房公积金29 600元，财务部门实际缴存住房公积金14 800元。甲企业的会计处理如下：

借：生产成本——基本生产成本　　12 640
　　管理费用　　44 400
　贷：应付职工薪酬——住房公积金　　57 040

【例9-11】甲企业按照规定，分别按照工资总额的2%和1.5%提取工会经费和职工教育经费，分配数据如下：基本生产车间工会经费为3 160元，职工教育经费为2 370元；动力车间工会经费为442元，职工教育经费为331.5元；管理部门工会经费用为740元，职工教育经费为555元。则甲企业的会计处理如下：

借：生产成本——基本生产成本　　5 530
　　　　　　——辅助生产成本　　773.5
　　管理费用　　1 295
　贷：应付职工薪酬——工会经费　　4 432
　　　　　　　　——职工教育经费　　3 256.5

企业以自产产品发放给职工作为职工薪酬的，借记“管理费用”、“生产成本”、“制造费用”等科目，贷记“应付职工薪酬”科目。无偿向职工提供住房等固定资产使用的，按应计提的折旧额，借记“管理费用”、“生产成本”、“制造费用”等科目，贷记“应付职工薪酬”科目；同时，借记“应付职工薪酬”科目，贷记“累计折旧”科目。租赁住房等资产供职工无偿使用的，按每期应支付的租金，借记“管理费用”、“生产成本”、“制造费用”等科目，贷记“应付职工薪酬”科目。

难以认定受益对象的非货币性福利，直接计入当期损益和应付职工薪酬。

【例9-12】 甲公司共有职工200名，其中170名为直接参加生产的职工，30名为总部管理人员。2008年1月，甲公司以其生产的每台生产成本为900元的产品作为福利发放给公司职工。该型号的产品市场售价为每台1 000元，甲公司适用的增值税税率为17%。则甲公司的会计处理如下：

应确认的应付职工薪酬 = 200 × 1 000 + 200 × 1 000 × 17% = 234 000（元）

其中，应计入“生产成本”科目的金额 = 170 × 1 000 + 170 × 1 000 × 17% = 198 900（元）

应计入“管理费用”科目的金额 = 30 × 1 000 + 30 × 1 000 × 17% = 35 100（元）

借：生产成本——基本生产成本　　198 900
　　管理费用　　35 100
　贷：应付职工薪酬——非货币性福利　　234 000

【例9-13】 A企业为总部各部门经理级别以上的职工提供汽车免费使用，同时为副总裁以上高级管理人员每人租赁一套住房。A企业总部共有部门经理以上职工20名，每人提供一辆桑塔纳汽车免费使用，假定每辆桑塔纳汽车每月计提折旧1 000元，该公司共有副总裁以上高级管理人员5名，公司为其每人租赁一套面积200平方米带有家具和电器的公寓，月租金为每套8 000元。则A企业的会计处理如下：

应确认的应付职工薪酬 = 20 × 1 000 + 5 × 8 000元 = 60 000（元）

其中，提供汽车供职工使用的非货币性福利 = 20 × 1 000 = 20 000（元）

租赁住房供职工使用的非货币性福利 = 5 × 8 000 = 40 000（元）

借：管理费用　　60 000
　贷：应付职工薪酬——非货币性福利　　60 000
借：应付职工薪酬——非货币性福利　　20 000
　贷：累计折旧　　20 000

根据《企业会计准则》的规定，企业在职工劳动合同到期之前解除与职工劳动关系，或者为鼓励职工自愿接受裁减而提出给予补偿的建议，同时满足下列条件的，应当确认因解除与职工的劳动关系给予补偿而产生的预计负债，同时计入当期损益。具体来说，因解除与职工的劳动关系而给予的补偿，借记“管理费用”科目，贷记“应付职工薪酬——辞退福利”科目。支付款项时，借记“应付职工薪酬——辞退福利”科目，贷记“银行存款”或“库存现金”科目。

（2）企业发放职工薪酬的账务处理。

期末，企业财会部门应将“工资单”进行汇总，编制“工资汇总表”，按照规定从银行提取现金准备发放工资时，借记“库存现金”科目，贷记“银行存款”科目。

发放工资时，借记“应付职工薪酬”科目，贷记“库存现金”科目。

企业从应付职工薪酬中扣还企业已为员工支付的各种款项，如代扣职工房租等，贷记“其他应收款”科目；若是从应付职工薪酬中直接代扣各种医药费等，则贷记“其他应付款”科目；代扣个人所得税，则贷记“应交税费——应交个人所得税”等。

【例9-14】A企业根据“工资结算汇总表”结算本月应付职工薪酬462 000元，代扣已为员工支付的职工房租40 000元和职工家属医药费2 000元，实发工资420 000元。则A企业的会计处理如下：

借：应付职工薪酬——工资　　420 000
　贷：库存现金　　420 000
借：应付职工薪酬——工资　　42 000
　贷：其他应收款——职工房租　　40 000
　　　　——代垫医药费　　2 000

企业向职工食堂、职工医院、生活困难职工等支付职工福利费时，借记“应付职工薪酬——职工福利”科目，贷记“银行存款”、“库存现金”等科目。

【例9-15】A企业以现金支付职工张某生活困难补助1 000元，A企业的会计处理如下：

借：应付职工薪酬——职工福利　　1 000
　贷：库存现金　　1 000

企业支付工会经费和职工教育经费用于工会活动和职工培训时，借记“应付职工薪酬——工会经费（职工教育费）”科目，贷记“银行存款”、“库存现金”等科目；按照国家规定交纳社会保险费和住房公积金，借记“应付职工薪酬——社会保险费、住房公积金”等科目，贷记“银行存款”、“库存现金”等科目。

【例9-16】A企业以银行存款交纳参加职工医疗保险的医疗保险费40 000元，住房公积金12 000元，则A企业的会计处理如下：

借：应付职工薪酬——社会保险费　　40 000
　　　　——住房公积金　　12 000
　贷：银行存款　　52 000

企业以其自产产品发放给职工时，借记“应付职工薪酬——非货币性福利”科目，贷记“主营业务收入”科目。同时，还应结转产品的成本，涉及增值税销项税的，还应进行相应处理。

支付租赁住房等资产供职工无偿使用时所发生的租金，借记“应付职工薪酬——非货币性福利”科目，贷记“银行存款”科目。

【例9-17】承【例9-13】，A企业用现金支付住房租金时，则会计处理如下：

借：应付职工薪酬——非货币性福利　　40 000
　贷：库存现金　　40 000

【例9-18】承【例9-12】，甲公司向职工发放产品作为福利，同时根据相关税收规定，视同销售计算增值税销项税，则甲公司的会计处理如下：

借：应付职工薪酬——非货币性福利　　234 000
　贷：主营业务收入　　200 000
　　　应交税费——应交增值税（销项税）　　34 000

同时，结转发放产品的成本：

借：主营业务成本　　180 000
　贷：库存商品　　180 000

第七节　应交税费

一、应交税费概述

企业在一定时期内取得的营业收入、实现的利润、占用国家的资源以及从事其他应税项目经营，要按照规定向国家交纳各种税金、教育费附加、矿产资源补偿费等。按照权责发生制的要求，这些应交的税费，应当提前计入有关科目。这些应交的税费在尚未交纳之前暂时留在企业，形成企业的一项负债。

企业根据税法规定交纳的各种税费包括：增值税、消费税、营业税、城市维护建设税、资源税、所得税、土地增值税、房产税、车船税、城镇土地使用税、教育费附加、矿产资源补偿费、印花税、耕地占用税等。

企业应通过“应交税费”科目，总括地反映各种税费的交纳情况，并按照应交税费项目进行明细核算。该科目贷方登记应交纳的各种税费，借方登记实际交纳的税费。期末余额一般在贷方，反映企业尚未交纳的各种税费；期末余额如在借方，反映企业多交或尚未抵扣的税费。本科目按应交税费的项目设置明细账户，进行明细分类核算。

值得注意的是，税金中的印花税、耕地占用税、契税等不需要预计应交税费的金额，不需要通过“应交税费”科目核算。企业代扣的个人所得税在本科目内核算。

二、应交增值税的核算

增值税是指对在我国境内销售货物或提供加工、修理修配劳务以及进口货物的增值额征收的一种流转税。增值税的纳税义务人是在我国境内销售货物，进口货物，或提供加工、修理修配劳务的单位和个人。

按照纳税人的经营规模及会计核算的健全程度，增值税纳税人分为一般纳税企业和小规模纳税企业。一般纳税企业应纳增值税税额，根据当期销项税额减去当期准予抵扣的进项税额确定；小规模纳税企业应纳增值税税额，按照其销售额和规定的征收率计算确定。

销项税额是指纳税人销售货物或提供应税劳务，按照销售额和适用税率计算并向购买方收取的增值税税额，其中销售额为纳税人销售货物或提供应税劳务向购买方收取的全部价款和价外费用，但不包括收取的销项税额。

进项税额是指纳税人购进货物或接受应税劳务，所支付或者负担的增值税税额。准予从销项税额中抵扣的进项税额，限于以下增值税扣税凭证上注明的增值税税额：一是从销售方取得的增值税专用发票上注明的增值税税额；二是从海关取得的完税凭证上注明的增值税税额。购进免税农产品准予抵扣的进项税额，按照买价的一定比率扣除计算。

增值税是价外税，如果企业定价是含税价格，则要求把含税价格中的税和价分开，销售商品时，应在增值税专用发票上分别填写价格和增值税税额。含税收入价税分离的计算公式为：

$$销售额 = 含税销售收入 \div （1 + 适用税率）$$

纳税人进口货物，按照组成计税价格和适用税率计算应纳税额，其计算公式为：

$$应纳税额 = 组成计税价格 \times 适用税率$$
$$组成计税价格 = 关税完税价格 + 关税 + 消费税$$

小规模纳税人实行简易办法计算应纳税额，统一按照3%的征收率计算税额，且不得抵扣进项税额，计算公式如下：

$$应纳税额 = 销售额 \times 征收率$$

小规模纳税人销售额的确定与上述一般纳税人是一样的，但不能使用增值税专用发票，不能享受税款抵扣权。

1. 一般纳税企业的会计核算

为了核算企业应交的增值税的发生、抵扣、交纳、退税及转出等情况，在“应交税费”科目下设置“应交增值税”明细科目进行核算。在“应交税费——应交增值税”明细科目栏内分别设置“进项税额”、“已交税金”、“销项税额”、“出口退税”、“进项税额转出”、“转出多交增值税”和“转出未交增值税”等专栏。其账户格式设置如表9－1所示。

表9－1 应交税费——应交增值税

借方						贷方					借或贷	余额
合计	进项税额	已交税金	减免税款	出口抵减内销产品应纳税额	转出未交增值税	合计	销项税额	出口退税	进项税额转出	转出多交增值税		

（1）一般纳税企业购进业务的核算。

企业从国内采购物资时，根据专用发票上记载的应计入采购成本的金额，借记“在途物资”、“材料采购”、“原材料”等科目，根据专用发票上注明的可抵扣的增值税税额，借记“应交税费——应交增值税（进项税）”科目，按照应付或实际支付的款项，贷记“应付账款”、“应付票据”或“银行存款”等科目。购入货物发生退货时，作相反会计记录。

【例9－19】某企业购入一批原材料，增值税专用发票上注明的原材料价款为600万元，增值税税额为102万元。货款已经支付，材料已经到达并验收入库。企业应作如下会计处理：

借：原材料 6 000 000

应交税费——应交增值税（进项税额） 1 020 000

贷：银行存款 7 020 000

购入免税农产品，可以按照买价和规定的扣除率来计算进项税额，借记“应交税费——应交增值税（进项税）”科目，按买价扣除按规定计算的进项税额后的差额，借记“在途物资”或“材料采购”、“原材料”、“库存商品”等科目，按照应付或实际支付的款项，贷记“应付账款”、“应付票据”或“银行存款”等科目。

【例9－20】A企业购入一批免税农产品，价款为200 000元，规定的扣除率为10%。货款已经通过银行支付，产品已经到达并验收入库。A企业应作如下会计处理：

借：库存商品 180 000

应交税费——应交增值税（进项税额） 20 000

贷：银行存款 200 000

购入固定资产时所包含的增值税税额，应计入固定资产成本；企业购进的货物用于非应税项目或者直接用于集体福利和个人消费时，其所含的增值税税额也应计入所购货物的成本。

【例9－21】A企业购入不需安装的机器一台，价款为100 000元，增值税专用发票上注明的增值税税额为17 000元，款项尚未支付。A企业应作如下会计处理：

借：固定资产 117 000

贷：应付账款 117 000

企业接受应税劳务，应按照专用发票上注明的应计入加工、修理修配等物资成本的金额，计入“生产成本”、“制造费用”、“委托加工物资”、“管理费用”等科目；按照专用发票上注明的增值税税额，借记“应交税费——应交增值税（进项税）”科目，按照应付或实际支付的款项，贷记“应付账款”、“应付票据”或“银行存款”等科目。

【例9－22】某企业生产车间委托外单位修理机器设备，对方开来的增值税专用发票上注明修理费为2 000元，增值税税额为340元，款项已通过银行支付。则该企业应进行会计处理如下：

借：制造费用 2 000

应交税费——应交增值税（进项税额） 340

贷：银行存款 2 340

企业购入货物时不能直接认定其进项税额能否抵扣的，其增值税专用发票上注明的增值税税额，按照增值税会计处理方法计入“应交税费——应交增值税（进项税额）”科目，作为这部分购入货物的进项税；以后按规定不得抵扣进项税额项目的，应将原已计入进项税额并已支付的增值税转入有关的承担项目予以承担，通过“应交税费——应交增值税（进项税额转出）”科目转入有关的“应付职工薪酬——职工福利”、“待处理财产损溢”等科目。

【例9－23】甲公司医务室维修，购买原材料价款为2 400元，其购入时支付的增值税税额为408元。则甲公司的会计处理如下：

借：应付职工薪酬——职工福利　　2 808
　贷：原材料　　2 400
　　　应交税费——应交增值税（进项税额转出）　　408

【例9－24】甲公司因洪水毁损一批库存商品，其实际成本为60 000元，经确认所耗用的外购材料的增值税税额为5 100元，则甲公司会计处理如下：

借：待处理财产损溢——待处理流动资产损溢　　65 100
　贷：库存商品　　60 000
　　　应交税费——应交增值税（进项税额转出）　　5 100

（2）一般纳税企业销售业务的核算。

企业销售货物或者提供应税劳务，按照营业收入和应收取的增值税税额，借记“应收账款”、“应收票据”、“银行存款”等科目，按专用发票上注明的增值税税额，贷记“应交税费——应交增值税（销项税）”科目，按照实现的营业收入，贷记“主营业务收入”、“其他业务收入”等科目；发生的销售退回，作相反的会计分录。

【例9－25】S公司销售一批产品，价款为100 000元，按规定应收取的增值税税额为17 000元，提货单和增值税专用发票已交给对方，款项尚未收到，则S公司的会计处理如下：

借：应收账款　　117 000
　贷：主营业务收入　　100 000
　　　应交税费——应交增值税（销项税）　　17 000

按照《增值税暂行条例实施细则》的规定，对于企业将货物交付他人代销，销售代销货物，将自产或委托加工的货物用于非应税项目；将自产、委托加工或购买的货物作为投资，提供给其他单位或个体经营者；将自产、委托加工或购买的货物分配给股东或投资者，将自产、委托加工的货物用于集体福利或个人消费等行为；设有两个以上机构并实行统一核算的纳税人将货物从一个机构移送其他机构用于销售（但机关机构设在同一县的除外）；将自产、委托加工或购买的货物无偿赠送他人，应视同销售货物，需计算交纳增值税。

在这些情况下，企业应当借记“长期股权投资”、“在建工程”、“营业外支出”等科目，贷记“应交税费——应交增值税（销项税额）”科目等。

对于某些视同销售的行为，如对外投资，实际上不是一种销售行为，企业不会由于对外投资而取得销售收入，增加货币流量，因此，会计核算中不作为销售处理，按成本转账。另外，对于视同销售货物的行为，虽然会计核算时不作为销售处理，但需要按规定计算交纳增值税，需要开具增值税专用发票，因此，计算交纳的增值税仍然作为销项税额，计入“应交税费——应交增值税”科目中的“销项税额”专栏。

【例9－26】某企业分配给股东一批自产的产品，其产品成本为100万元，销售价为120万元。其会计处理为：

借：利润分配——应付股利　　1 404 000
　贷：主营业务收入　　1 200 000
　　　应交税费——应交增值税（销项税额）　　204 000

同时结转成本：

借：主营业务成本　　1 000 000
　贷：库存商品　　1 000 000

【例9-27】甲企业用原材料对乙企业投资，双方协议按成本作价。该批原材料的成本为400 000元，计税价格为450 000元。假如该原材料的增值税税率为17%，根据上述经济业务，甲、乙企业应分别编制会计分录如下：

①甲企业：

借：长期股权投资——乙企业　　476 500

　贷：原材料　　400 000

　　　应交税费——应交增值税（销项税额）　　76 500

②乙企业：

借：原材料　　400 000

　　应交税费——应交增值税（进项税额）　　76 500

　贷：实收资本　　476 500

【例9-28】某企业将自己生产的产品用于工程。产品的成本为80 000元，计税价格为100 000元。假如该产品的增值税税率为17%，企业应作如下会计处理：

借：在建工程　　97 000

　贷：库存商品　　80 000

　　　应交税费——应交增值税（销项税额）　　17 000

2. 小规模纳税企业的核算

小规模纳税企业应当按照不含税销售额和规定的增值税征收率计算交纳增值税。小规模纳税企业销售货物或提供应税劳务时只能开具普通发票，不能开具增值税专用发票。其不享有进项税额的抵扣权，其购进货物或接受应税劳务支付的增值税直接计入有关货物或劳务成本。也就是说，小规模纳税企业购入货物无论是否具有增值税专用发票，其支付的增值税税额均不计入进项税额，不得由销项税额抵扣，而计入购入货物的成本。相应地，其他企业从小规模纳税企业购入货物或接受劳务支付的增值税税额，如果不能取得增值税专用发票，也不能作为进项税额抵扣，而应计入购入货物或应税劳务的成本；另外，小规模纳税企业的销售收入按不含税价格计算。基于以上原因，小规模纳税企业只需设置"应交税费——应交增值税"科目，采用三栏式账户，而不需要再设置各项专栏。

【例9-29】某企业核定为小规模纳税企业，本期购入原材料，按照增值税专用发票上记载的原材料成本为500 000元，支付的增值税税额为85 000元，企业开出承兑的商业汇票，材料已入库。该企业本期销售产品含税价格为927 000元，货款尚未收到。根据上述经济业务，编制会计分录如下：

购进货物：

借：原材料　　585 000

　贷：应付票据　　585 000

销售货物：

不含税价格 = 927 000 ÷（1 + 3%）= 900 000（元）

应交增值税 = 900 000 × 3% = 27 000（元）

借：应收账款　　927 000

　贷：主营业务收入　　900 000

　　　应交税费——应交增值税　　27 000

【例9-30】承【例9-29】，该企业月末以银行存款上交增值税27 000元，则企业会计处理如下：

借：应交税费——应交增值税　　27 000
　贷：银行存款　　27 000

3. 出口退税的核算

出口退税是指企业因出口货物而向税务机关申报办理出口退税而收到退回的税款。企业按应收的出口退税额，借记“其他应收款”科目，贷记“应交税费——应交增值税（出口退税）”科目。

4. 交纳增值税的核算

企业交纳当月的增值税，通过“应交税费——应交增值税（已交税金）”科目，当月交纳以前各期未交的增值税，通过“应交税费——未交增值税”科目，不通过“应交税费——应交增值税（已交税金）”科目。

为了分别反映增值税一般纳税企业欠交增值税款和待抵扣增值税的情况，避免出现企业在以前月份有欠交增值税、以后月份有未抵扣增值税，用以前月份欠交增值税抵扣以后月份未抵扣的增值税的情况，确保企业及时足额上交增值税，企业应在“应交税费”科目下设置“未交增值税”明细科目，核算企业月份终了从“应交税费——应交增值税”科目中转入的当月未交或多交的增值税；同时，在“应交税费——应交增值税”科目下设置“转出未交增值税”和“转出多交增值税”专栏。月份终了时，企业计算出当月应交未交的增值税，借记“应交税费——应交增值税（转出未交增值税）”科目，贷记“应交税费——未交增值税”科目；当月多交的增值税，借记“应交税费——未交增值税”科目，贷记“应交税费——应交增值税（转出多交增值税）”科目。经过结转后，月份终了，“应交税费——应交增值税”科目的余额，反映企业尚未抵扣的增值税。

三、应交消费税的核算

消费税是指在我国境内生产、委托加工和进口应税消费品的单位和个人按其流转额交纳的一种税。消费税的计算分为从价定率和从量定额两种方式。其计算公式如下：

从价定率计算的应纳税额 = 销售额 × 适用税率

从量定额计算的应纳税额 = 销售数量 × 单位税额

复合计税计算的应纳税额 = 销售额 × 适用税率 + 销售数量 × 单位税额

公式中的销售额，为销售应税消费品向购买方收取的全部价款和价外费用，但不包括应向购货方收取的增值税税款。如果应税消费品的销售额中未扣除增值税税款或者因不得开具增值税专用发票而发生价款和增值税税款合并收取的，在计算消费税时，应当换算为不含增值税税款的销售额，其换算公式为：

应税消费品销售额 = 含增值税的销售额 ÷（1 + 增值税税率或征收率）

实行从量定额办法计算的应纳税额的销售数量是指应税消费品的数量。属于销售应税消费品的，为应税消费品的销售数量；属于自产自用应税消费品的，为应税消费品的移送使用数量；属于委托加工应税消费品的，为纳税人收回的应税消费品数量；进口的应税消费品，为海关核定的应税消费品进口征税数量。

企业按规定应交的消费税，在"应交税费"科目下设置"应交消费税"明细科目核算。"应交消费税"明细科目的借方发生额，反映企业实际交纳的消费税和待扣的消费税；贷方发生额，反映按规定应交纳的消费税；期末贷方余额，反映尚未交纳的消费税；期末借方余额，反映多交或待扣的消费税。

企业生产的需要交纳消费税的消费品，在销售时应当按照应交消费税额，借记"营业税金及附加"科目，贷记"应交税费——应交消费税"科目；实际交纳消费税时，借记"应交税费——应交消费税"科目，贷记"银行存款"科目；发生销货退回及退税时作相反的会计分录。

公司出口应税消费品如按规定不予免税或退税的，应视同国内销售，按上述规定进行会计处理。

【例9－31】甲公司本月销售产品50件，每件含税售价8 190元，消费税税率为10%，会计分录为：

应税消费品的销售额＝8 190×50÷（1＋17%）＝350 000（元）

应纳消费税＝350 000×10%＝35 000（元）

借：营业税金及附加　　35 000

　贷：应交税费——应交消费税　　35 000

交纳时：

借：应交税费——应交消费税　　35 000

　贷：银行存款　　35 000

企业以生产的应税消费品作为投资，应按规定交纳的消费税，借记"长期股权投资"科目，贷记"应交税费——应交消费税"科目。

【例9－32】甲公司以自产小汽车对外投资，双方合同确认的该批小汽车价值为800 000元，小汽车账面成本为700 000元，按规定计算的应纳增值税为136 000元，按规定计算的应纳消费税为64 000元。编制会计分录如下：

借：长期股权投资　　900 000

　贷：库存商品　　700 000

　　应交税费——应交增值税（销项税额）　　136 000

　　应交税费——应交消费税　　64 000

公司将生产的应税消费品用于在建工程、非生产机构等其他方面，应按规定交纳的消费税，借记"固定资产"、"在建工程"、"营业外支出"等科目，贷记"应交税费——应交消费税"科目。

【例9－33】某石化公司捐赠一批自产产品，产品成本价值100 000元，假定按规定计算的应纳增值税和应纳消费税分别为25 000元与7 500元。编制会计分录如下：

借：营业外支出　　132 500

　贷：库存商品　　100 000

　　应交税费——应交增值税（销项税额）　　25 000

　　应交税费——应交消费税　　7 500

随同产品出售但单独计价的包装物，应按规定交纳的消费税，借记"其他业务成本"

科目，贷记“应交税费——应交消费税”科目。公司逾期未退还的包装物押金，应按规定交纳的消费税，借记“其他业务成本”等科目，贷记“应交税费——应交消费税”科目。

按照税法规定，企业委托加工的应税消费品，由受托方在向委托方交货时代收代交税款(除受托加工或翻新改制金银首饰按规定由受托方交纳消费税外)。委托加工的应税消费品，委托方用于连续生产应税消费品的，所纳税款准予按规定抵扣。委托加工应税消费品收回后，直接用于销售的，委托方应将代扣代交的消费税计入委托加工的应税消费品成本，借记“委托加工物资”、“生产成本”等科目，贷记“应付账款”、“银行存款”等科目，待委托加工应税消费品销售时，不需要再交纳消费税；委托加工的应税消费品收回后用于连续生产应税消费品，按规定准予抵扣的，委托方将代扣代交的消费税款，借记“应交税费——应交消费税”科目，贷记“应付账款”、“银行存款”等科目，待用委托加工的应税消费品生产出应纳消费税的产品销售时，再交纳消费税。

受托加工或翻新改制金银首饰，按规定由受托方交纳消费税。企业向委托方交货时，按规定交纳的消费税，借记“营业税金及附加”科目，贷记“应交税费——应交消费税”科目。

【例 9-34】某企业委托外单位加工材料（非金银首饰），原材料价款为 180 000 元，加工费为 40 000 元，增值税为 6 800 元，由受托方代收代交的消费税为 16 000 元，材料已经加工完毕验收入库，加工费用等款项尚未支付。

（1）如果委托方收回加工后的材料用于继续生产应税消费品，则委托方编制会计分录如下：

借：委托加工物资	180 000	
贷：原材料		180 000
借：委托加工物资	40 000	
应交税费——应交增值税（进项税额）	6 800	
应交税费——应交消费税	16 000	
贷：应付账款		62 800
借：原材料	220 000	
贷：委托加工物资		220 000

（2）如果委托方收回加工后的材料直接用于销售，委托方编制会计分录如下：

借：委托加工物资	180 000	
贷：原材料		180 000
借：委托加工物资	56 000	
应交税费——应交增值税（进项税额）	6 800	
贷：应付账款		62 800
借：原材料	236 000	
贷：委托加工物资		236 000

需要交纳消费税的进口消费品，其交纳的消费税应计入该项消费品的成本，借记“固定资产”、“在途物资”等科目，贷记“银行存款”等科目。

【例 9-35】某公司进口小汽车一辆，关税完税价格为 30 000 美元，已交关税 85 000 元人民币，增值税税率为 17%，消费税税率为 8%。当日的市场汇率为 1 美元兑换 8.50 元人民币。

（1）应纳税额的计算：

消费税和增值税的组成计税价格 =（30 000 × 8.50 + 85 000）/（1 - 8%）= 369 565.22（元）

应纳消费税 = 369 565.22 × 8% = 29 565.22（元）

应纳增值税 = 369 565.22 × 17% = 628 26.09（元）

支付货款和税金 = 30 000 × 8.50 + 85 000 + 29 565.22 + 62 826.09 = 432 391.31（元）

（2）作会计分录如下：

借：固定资产　　369 565.22

　　应交税费—应交增税（进项税）　　62 826.09

　贷：银行存款　　432 391.31

四、应交营业税的核算

营业税是指对在我国境内提供应税劳务、转让无形资产或销售不动产的单位和个人征收的流转税。其中：应税劳务是指属于运输业、建筑业、金融保险业、邮电通信业、文艺体育业、娱乐业、服务业税目征收范围的劳务，不包括加工、修理和修配等劳务；转让无形资产是指转让无形资产的所有权或使用权的行为；销售不动产是指有偿转让不动产的所有权，转让不动产的有限产权或永久使用权以及单位将不动产无偿赠与他人，视同销售不动产。

营业税以营业额作为计税依据。营业额是指纳税人提供应税劳务、转让无形资产和销售不动产而向对方收取的全部价款和价外费用。税率从3%到20%不等。其计算公式为：

应纳税额 = 营业额 × 营业税税率

企业应在“应交税费”科目下设置明细科目“应交营业税”，核算应交营业税的发生、交纳情况。该科目的贷方登记应交纳的营业税，借方登记已交纳的营业税，期末贷方余额为尚未交纳的营业税。

企业按照营业额及其适用的税率，计算应交的营业税，借记“营业税金及附加”、贷记“应交税费——应交营业税”科目；企业出售不动产时，借记“固定资产清理”等科目，贷记“应交税费——应交营业税”科目；实际上交时，借记“应交税费——应交营业税”科目，贷记“银行存款”科目。

【例 9 - 36】某企业将一年前购入的一项专利权转让给另一企业。该专利权的账面净值为150 000元，转让价格为160 000元，适用的营业税税率为5%。编制会计分录如下：

借：银行存款　　160 000

　贷：无形资产　　150 000

　　　应交税费——应交营业税　　8 000

　　　营业外收入　　2 000

【例 9 - 37】某企业于2010年10月出售一栋一年前自建的办公楼，出售价款310 000元，增值税52 700元已存入银行。该办公楼的账面原值为1 400 000元，已提折旧1 100 000元，出售过程中用银行存款支付清理费用8 000元。销售该项固定资产适用的营业税税率为5%。编制会计分录如下：

（1）转入清理：

借：固定资产清理　　300 000
　　累计折旧　　1 100 000
　贷：固定资产　　1 400 000

（2）收到出售收入：

借：银行存款　　362 700
　贷：固定资产清理　　310 000
　　　应交税费——应交增值税（销项税）　　52 700

（3）支付清理费用：

借：固定资产清理　　8 000
　贷：银行存款　　8 000

（4）计算应交营业税：310 000 ×5% =15 500（元）。

借：固定资产清理　　15 500
　贷：应交税费——应交营业税　　15 500

（5）结转销售该固定资产的净损失：

借：营业外支出　　13 500
　贷：固定资产清理　　13 500

五、应交城市维护建设税的核算

城市维护建设税是指以增值税、消费税、营业税为计税依据征收的一种税。其纳税人为交纳增值税、消费税、营业税的单位和个人，税率因纳税人所在地不同从1% ~7%不等。公式为：

$$应纳税额 = （应交增值税 + 应交消费税 + 应交营业税）\times 适用税率$$

为了核算城市维护建设税的应交及实交情况，应设置“应交税费——应交城市维护建设税”科目，计算出应交城市维护建设税时，借记“主营业务税金及附加”科目，贷记“应交税费——应交城市维护建设税”科目；实际交纳时，借记“应交税费——应交城市维护建设税”科目，贷记“银行存款”科目。

【例9-38】某企业本期实际应上交增值税500 000元，消费税241 000元，营业税16 000元。该企业适用的城市维护建设税税率为7%。编制会计分录如下：

应交的城市维护建设税 =（500 000 +241 000 +16 000） ×7% =52 990（元）

借：营业税金及附加　　52 990
　贷：应交税费——应交城市维护建设税　　52 990

用银行存款交纳城市维护建设税时：

借：应交税费——应交城市维护建设税　　52 990
　贷：银行存款　　52 990

六、应交教育费附加的核算

教育费附加是为了发展教育事业而向企业征收的附加费用，根据企业交纳流转税的一定比例计算，并与流转税一起交纳。企业按规定应交纳的教育费附加，借记“营业税金及附加”等科目，贷记“应交税费——应交教育费附加”科目。

七、应交资源税的核算

资源税是国家对在我国境内开采矿产品或者盐的单位和个人征收的税种。资源税按照应税产品的课税数量和规定的单位税额计算，公式为：

$$应纳税额 = 课税数量 \times 单位税额$$

这里的课税数量为：开采或者生产应税产品销售的，以销售数量为课税数量；开采或者生产应税产品自用的，以自用数量为课税数量。

在会计核算时，企业按规定计算出销售的应税产品应交纳的资源税，借记“营业税金及附加”科目，贷记“应交税费——应交资源税”科目；企业计算出自产自用的应税产品应交纳的资源税，借记“生产成本”、“制造费用”等科目，贷记“应交税费——应交资源税”科目。

按照资源税暂行条例的规定，收购未税矿产品的单位为资源税的扣缴义务人。企业应按收购未税矿产品实际支付的收购款以及代扣代交的资源税，作为收购矿产品的成本，将代扣代交的资源税，计入“应交税费——应交资源税”科目。

按规定，企业外购液体盐加工固体盐的，所购入液体盐交纳的资源税可以抵扣。在会计核算时，购入液体盐时，按所允许抵扣的资源税，借记“应交税费——应交资源税”科目，按外购价款扣除允许抵扣资源税后的数额，借记“物资采购”等科目，按应支付的全部价款，贷记“银行存款”、“应付账款”等科目。

【例9－39】某企业对外销售某种资源税应税矿产品2 000吨，每吨应交资源税5元。该企业的会计处理如下：

借：营业税金及附加　　10 000

　贷：应交税费——应交资源税　　10 000

【例9－40】某企业将自产的资源税应税矿产品500吨用于企业的产品生产，每吨应交资源税5元。则企业的会计处理如下：

借：生产成本　　2 500

　贷：应交税费——应交资源税　　2 500

八、应交土地增值税的核算

土地增值税是指在我国境内转让土地使用权及地上建筑物和其附着物产权的单位和个人，就其土地增值额征收的一种税。这里的土地增值额是指转让收入减去规定扣除项目金额后的余额。转让收入包括货币收入、实物收入和其他收入。扣除项目主要包括取得土地使用权所支付的金额、开发土地的费用、新建及配套设施的成本、旧房及建筑物的评估价格等。

企业转让的土地使用权连同地上建筑物及其附着物一并在“固定资产”等科目核算的，转让时应交的土地增值税，借记“固定资产清理”科目，贷记“应交税费——应交土地增值税”科目；土地使用权在“无形资产”科目核算的，按实际收到的金额，借记“银行存款”科目，按应交的土地增值税，贷记“应交税费——应交土地增值税”科目；同时冲销土地使用权的账面价值，贷记“无形资产”科目，按其差额，借记“营业外支出”科目或贷记“营业外收入”科目。

【例9-41】某企业对外出售一栋厂房，依据税法的规定计算应交土地增值税27 000元。则该企业的会计处理如下：

（1）计算应交税金时：

借：固定资产清理	27 000	
贷：应交税费——应交土地增值税		27 000

（2）用银行存款上交时：

借：应交税费——应交土地增值税	27 000	
贷：银行存款		27 000

九、应交个人所得税的核算

职工的个人所得税应由支付其所得的单位代扣代交。企业按规定计算出职工个人所得税，从工资中代扣时，借记“应付职工薪酬”科目，贷记“应交税费——应交个人所得税”科目。

十、应交房产税、土地使用税、车船税核算

房产税是国家对在城市、县城、建制镇和工矿区征收的由产权所有人交纳的税；土地使用税是国家为了合理利用城镇土地、调节土地级差收入、提高土地使用效益、加强土地管理而开征的一种税，以纳税人实际占用的土地面积为计税依据，依照规定税率计算征收；车船使用税由拥有并且使用车船的单位和个人按照适用税率计算交纳；矿产资源补偿费是对在我国领域和管辖域开采矿产资源而征收的费用，矿产资源补偿费按照矿产品销售收入的一定比例计征，由采矿人交纳。

企业按规定应交纳的房产税、土地使用税、车船税、矿产资源补偿费，借记“管理费用”科目，贷记“应交税费”科目及各有关明细科目。

十一、应交所得税的核算

企业的生产经营所得和其他所得，依照有关所得税暂行条例及其细则的规定，需要交纳所得税。企业应交纳的所得税，在“应交税费”科目下设置“应交所得税”明细科目核算。企业按照一定方法计算计入损益的所得税时，借记“所得税费用 ”科目，贷记“应交税费——应交所得税”科目。

十二、应交耕地占用税、印花税、契税的核算

耕地占用税是国家为了利用土地资源、加强土地管理、保护农用耕地而征收的一种税。企业交纳的耕地占用税，由于是按实际占用的耕地面积计税、按照规定税额一次性征收的，不存在与税务机关结算和清算的问题，因此，不需要通过“应交税费”科目核算。企业按规定计算交纳耕地占用税时，借记“在建工程”科目，贷记“银行存款”科目。

印花税是对书立、领受购销合同等凭证行为征收的税款，实行由纳税人根据规定自行计算应纳税额、购买并一次贴足印花税票的交纳方法。企业交纳的印花税不需要通过“应交税费”科目核算，于购买印花税票时，直接借记“管理费用”科目，贷记“银行存款”科目。

契税是对境内转移土地、房屋权属而征收的税款。企业取得土地使用权、房屋按规定交纳的契税，由于是按实际取得的不动产的价格计税，按照规定的税额一次性征收，不存在与税务机关结算和清算的问题。因此，也不需要通过“应交税费”科目核算。企业按规定计算交纳契税时，借记“固定资产”、“无形资产”等科目，贷记“银行存款”科目。

第八节　其他流动负债

企业除了前几节所述的流动负债外，还有其他流动负债，包括：应付利息、应付股利、其他应付款等。

一、应付利息

应付利息是指企业按照合同约定应支付的利息，包括分期付息到期还本的长期借款、企业债券等应支付的利息。

企业应当设置“应付利息”科目，按照债权人设置明细科目进行明细核算，该科目期末贷方余额反映企业按照合同约定应支付但尚未支付的利息。

企业采用合同约定的名义利率计算利息费用时，应将合同约定的名义利率确定的应付利息的金额，计入“应付利息”科目；实际支付利息时，借记“应付利息”科目，贷记“银行存款”等科目。

【例 9-42】甲企业借入 5 年期到期还本每年付息的长期借款 5 000 000 元，合同约定的年利率为 3.5%，假定不符合资本化条件。则该企业的会计处理如下：

(1) 每年计算确定的利息费用：5 000 000×3.5% =175 000（元）。

借：财务费用	175 000	
贷：应付利息		175 000

(2) 每年支付利息时：

借：应付利息	175 000	
贷：银行存款		175 000

二、应付股利

应付股利是指企业根据股东大会或类似机构审议批准的利润分配方案，应支付给投资人的现金股利或利润。

企业应设置“应付股利”科目，按照投资者进行明细核算。企业根据通过的股利或利润分配方案，按应支付给投资者的现金股利或利润，借记“利润分配——应付股利”科目，贷记“应付股利”科目；实际向投资者支付现金股利和利润时，借记“应付股利”科目，贷记“库存现金”、“银行存款”等账户。“应付股利”账户期末贷方余额，反映企业应付未付的现金股利或利润。

【例9-43】 A股份有限公司2007年年度实现净利润9 000 000元，经过董事会审议，决定2007年年度分配股利5 000 000元。股利已经用银行存款支付。则A公司的会计处理如下：

借：利润分配——应付股利　　5 000 000
　贷：应付股利　　5 000 000
借：应付股利　　5 000 000
　贷：银行存款　　5 000 000

值得注意的是，董事会或类似机构通过的利润分配方案中拟分配的现金股利或利润，不作账务处理，也不作为应付股利核算，但应在财务报表附注中披露。企业分配的股票股利不通过“应付股利”科目核算。

三、其他应付款

除了上述几项负债外，企业还会发生一些应付、暂收其他单位或个人的款项，如收取的包装物押金、经营租入固定资产的应付租金、租入包装物的租金、其他单位或个人存入的保证金等。这些暂收应付的款项构成了企业的一项流动负债，在会计上设置“其他应付款”科目进行核算。该科目的贷方登记发生的各种应付、暂收款项，借方登记偿还或转销的各种应付、暂收款项，期末余额在贷方，表示应付未付的其他应付款项。其他应付款科目可以按应付、暂收款项的项目和债权人分设明细科目。收取押金或暂收款时计入贷方，退还或偿还时计入借方。

【例9-44】 甲公司从2008年1月1日起以经营租赁方式租入管理用办公设备一批，每月租金5 000元，按季支付。3月31日，甲公司以银行存款支付应付租金。甲公司的会计处理如下：

(1) 1月31日计提经营租入固定资产的应付租金：

借：管理费用　　5 000
　贷：其他应付款——经营租赁租金　　5 000

(2) 2月末的计提租金分录同上。

(3) 3月31日支付租金：

借：其他应付款　　10 000
　　管理费用　　5 000
　贷：银行存款　　15 000

第十章　非流动负债

引导案例

我国的上市公司在上市之前大多采用举借银行长期贷款的方式来筹集项目的建设资金，其特点在于期限较长、利率较高，而且财务弹性不足。一旦决策失误或经营环境出现重大变化，企业将很难应对巨额本息的压力。例如，渝钛白（000515）的钛白粉工程总投资约10亿元，而其1993年7月上市募集的资金不过7 000多万元，因此该工程的项目建设资金大部分来自银行的长期借款。仅1994年一年，渝钛白的长期借款就由年初的7 345万元激增至年末的4.47亿元。由于该工程的建设周期过长，至1998年年度财务报告公布时，该公司已严重资不抵债，营运资金出现巨额负数。由于逾期贷款本息数额巨大，渝钛白承担的巨额银行利息和折旧费用合计逾1.5亿元，超过了当年主营收入的两倍以上，公司因此陷入了生产越多、亏损越多的恶性循环。另一个案例是1996年上市的焦作万方（000612）。该公司发行时募集的2.1亿元资金大多用于总投资规模约10亿元的280KA大型予焙槽电解铝项目，剩余资金缺口也是通过银行贷款解决的。在其2000年年报中，长期借款余额由年初的4 311万元迅速增长至年末的3.42亿元。这一变动对该公司持续发展能力的影响虽然尚待评估，但也值得投资者予以密切关注。

——摘自：《中国证券报》

思考：分析一个上市公司的投资价值时，对长期负债的分析意义在哪里？

企业在生产经营活动中除了流动负债外，还会举借一些长期的债务，如长期借款、应付债券等，这便是非流动负债。

第一节　非流动负债概述

一、非流动负债的概念及特点

非流动负债是指同时满足以下条件的负债：①预计在超过一个正常营业周期中清偿，其中，正常营业周期是指企业从购买用于加工的资产起至实现现金或现金等价物的期间；②不是为交易目的而持有。非流动负债包括长期借款、应付债券、长期应付款等。

非流动负债除了具有负债的共同特征外，与流动负债相比，非流动负债还具有债务金额较大、偿还期限较长、可以分期偿还等特点。

企业为了扩大生产经营规模，需要投入大量的资金，增加各种供较长时期使用的非流动资产等。一个公司要筹集长期资本，从其来源看其途径不外乎两方面：第一是权益资本，由股东投入新的资本；第二是利用债务资本，向债权人筹借长期借款，即形成企业非流动负债。两种筹资途径各有利弊。

对于股东来说，企业举借非流动负债有以下优点：

（1）向企业提供长期借款的债权人对企业无管理权和投票表决权，因此，保证了股东控制企业的权力不受到损害。而如果增发新股票，则除非原有股东按其原来的股权比例来认购所发股票，否则，他们控制企业的权力常常会由于新股东的加入而有所削弱。

（2）非流动负债的资金成本要比股票低，并且债权人不能享受企业的超额利润，从而可以扩大股东的盈余。因为向企业提供长期借款的债权人从企业中获得的只是按固定利率计算的利息收入，一旦企业的投资报酬率高于长期借款的固定利率，那么超过部分就可归股东所有。

（3）非流动负债的利息支出可以作为企业的收益性支出而计入费用，冲减当期的利润，从而使企业获得“税收挡板效应”，因而少交所得税；而增发股票，则不能获得这种好处。

但是，非流动负债也有其不利的一面。首先，利息费用的支付具有刚性，可能减少股东的经济利益。即无论企业盈亏，都必须根据合同的规定，承担各期固定利息支出，且如果企业的投资利润率低于长期负债的固定利率，则会减少股东利益。同时，如果企业经营管理不善或者市场形势逆转，这笔固定的利息费用就会成为企业财务上的负担。其次，影响财务的灵活性。因为企业还必须在长期借款到期还本之前，做好财务安排，安排现金支出，这势必影响财务的灵活性。再次，增加财务风险，债权人由于对企业财产享有优先求偿权，如果企业因资金周转困难而无法定期支付利息或按期偿还本金，债权人的求偿权可能迫使企业破产清算。因此，举债经营通常会给企业带来较大财务风险。

基于以上原因，是否以非流动负债的形式筹集长期资本以及如何筹集等构成了企业财务决策的重要内容之一。

二、非流动负债的分类

根据筹措方式的不同，非流动负债主要分为长期借款、应付债券、长期应付款。

长期借款是指企业向银行或其他金融机构借入的期限在一年以上（不含一年）的各项借款。

应付债券是指企业为筹集长期使用资金而发行的期限在一年以上的债券。

长期应付款是指企业除长期借款和应付债券以外的其他各种长期应付款，包括采用补偿贸易方式下引进国外设备价款、应付融资租入固定资产的租赁款等。

此外，非流动负债可按不同的偿还方式分为定期偿还的非流动负债和分期偿还的非流动负债两种。定期偿还的非流动负债是指在规定的债务到期日还清的非流动负债；分期偿还的非流动负债是指在举债期限内，按规定分若干次偿还的非流动负债。

非流动负债还可按有无担保的不同，分为担保非流动负债和信用非流动负债两种。担保非流动负债是指以企业提供的担保为基础举借的非流动负债；信用非流动负债是指以企业的信用为基础举借的非流动负债。

第二节 长期借款

一、长期借款的分类

长期借款一般用于固定资产的构建、改扩建工程、大修理工程以及补充生产资金的正常需要等方面。它是企业非流动负债的重要组成部分，必须加强管理与核算。

企业长期借款可按不同的标准进行分类，例如：

（1）按借款的条件分类，可分为抵押借款、信用借款、担保借款。

（2）按借款用途分类，可分为基本建设借款、技术改造借款、生产经营借款。

（3）按借款的偿还方式分类，可分为定期偿还借款、分期偿还借款。

（4）按借款的币种分类，可分为人民币借款、外币借款。

二、长期借款的核算

企业对于长期借款的核算，通常设置“长期借款”科目。用于核算向银行或其他金融机构借入的期限在一年以上（不含一年）的各项借款。该账户的贷方登记长期借款的本息的增加，借方登记借款本息的减少，贷方余额表示尚未偿还的长期借款。本账户应按贷款单位和贷款种类设置明细账，并分别设置“本金”、“利息调整”等进行明细分类核算。借款期间产生的利息应设置“应付利息”科目核算。

1. 长期借款的取得

企业借入长期借款时，按实际收到的金额，借记“银行存款”账户，贷记“长期借款”账户；若实际收到的借款和借款本金存在差额，还应借记“长期借款——利息调整”账户。

【例10－1】 A企业于2008年1月1日向银行借入年利率为5%（到期一次还本付息）、期限三年的长期借款1 200 000元，该借款已存入银行。则A企业的会计处理如下：

借：银行存款	1 200 000	
贷：长期借款——本金		1 200 000

【例10－2】 承【例10－1】，若借入的款项实收金额为1 000 000元，其他条件相同，则A企业会计处理如下：

借：银行存款	1 000 000	
长期借款——利息调整	200 000	
贷：长期借款——本金		1 200 000

2. 长期借款的利息

资产负债表日，企业应按长期借款的摊余成本和实际利率计算确定利息费用。实际利率与合同利率差异较小的，也可以采用合同利率计算确定利息费用。

长期借款的利息费用按以下原则计入有关成本、费用：属于筹建期间的，计入管理费用；属于生产经营期间的，计入财务费用。若长期借款用于购建固定资产的，在固定资产尚未达到预定可使用状态前，所发生的应当资本化的利息支出，计入在建工程成本；固定资产达到预定可使用状态后发生的利息费用支出，以及按规定不予以资本化的利息支出，计入财务费用。按合同利率计算确定的应付未付利息，贷记“应付利息”账户，按其差额贷记“长期借款——利息调整”账户。

【例10-3】承【例10-1】，A企业用此借款进行扩建厂房，于2008年3月1日动工，预计2009年10月完工交付使用。假定2008年可以进行资本化的利息费用为50 000元，则2008年12月31日计提利息时会计处理如下：

2008年应计利息 = 1 200 000 × 5% = 60 000（元）（其中资本化利息为50 000元）

借：在建工程	50 000	
财务费用	10 000	
贷：应付利息		60 000

3. 长期借款的归还

企业归还长期借款的本金和利息时，借记“长期借款——本金”、“应付利息”等科目，贷记“银行存款”科目。若存在利息调整余额的，借记或贷记“在建工程”、“财务费用”等科目，贷记或借记“长期借款——利息调整”科目。

【例10-4】承【例10-1】，2011年1月1日，A企业归还该笔长期借款，会计处理如下：

借：长期借款——本金	1 200 000	
应付利息	180 000	
贷：银行存款		1 380 000

第三节　应付债券

一、应付债券概述

应付债券是指企业依照法定程序向社会大众发行的，约定在一定日期还本付息的，具有一定价值的证券。应付债券是企业筹集资金的一种重要形式，企业通过发行债券取得资金是以将来履行归还购买债券者的本金及支付利息的义务作为保证的。企业应当设置“企业债券备查簿”，详细登记每一企业债券的票面金额、票面利率、还本付息期限与方式等资料。企业债券到期结清时，应当在备查簿内逐笔注销。

企业债券的发行价格高低一般取决于债券票面金额、债券票面利率、发行当时的市场利率以及债券期限的长短等因素。

1. 债券面值

债券面值，又叫票面价值，或称债券的到期值，即债券到期应偿还的本金，指公司在债券发行时，在债券票面上标明的金额，如一张债券的面值为1 000元。它与债券发行价格无关。

2. 债券利率

债券利率，是指债券应付利息的年利率，也称为票面利率。与票面利率相对应的是市场利率，市场利率是债券发行时金融市场上的资金平均利润率。由于票面利率与市场利率往往不一致，因此，公司债券的面值与实际的发行价值并不相等。通常应根据市场利率把将来应支付的面值与利息折算成现值，以此作为债券的发行价值。

3. 债券的偿还期

债券的偿还期，是指从债券发行日起至偿还本息止的时间。企业确定债券的偿还期限时，要考虑以下因素：债券资金的周转期限、未来市场利率的发展趋势、流通市场的发达程度以及投资者的投资意向和心理状态等。

在发行企业债券时，可能出现三种情况：

(1) 当市场利率与票面利率相同时，企业债券的发行价格恰好等于其票面价值。按面值出售债券，即为平价发行债券。

(2) 当市场利率小于债券票面利率时，企业债券的发行价格一定大于企业债券的票面价值。此时，债券的售价高于面值，称为溢价发行。

(3) 当市场利率大于债券票面利率时，企业债券的发行价格一定小于企业债券的票面价值。此时，债券的售价低于面值，称为折价发行。

需要强调的是，企业债券的价值，必须按其发行时的实际利率进行计算。债券一经发行，不管今后实际利率如何变动，均对已发行的企业债券的价值不产生任何影响，其价值不作任何调整。

债券的溢价或折价发行实质上是对举借长期资金的债务人和持有企业债券的债权人的经济利益，按照市场经济规律在票面利率的基础上所作的必要调整。具体地说，债券的溢价对债务人来说，是为债券各付息期多付利息的一种预先补偿；而对债权人来说，则是为债券各收息期多得利息的一种预付代价。债券的折价对债务人来说，是为债券各付息期少付利息的一种预付代价；而对债权人来说，则是为债券各收息期少得利息的一种预先补偿。因此，发行债券的企业，在发行债券时多收的溢价或少收的折价，都不是发行时的收益和损失，而是债券从发行到偿还的整个期限内对每期支付债券利息的调整。也就是说，企业债券发行时的溢价应逐期从利息费用中扣除；企业债券发行时的折价则应逐期转为利息费用。

二、企业债券发行的核算

为了反映和监督应付债券的发行、计提利息、还本付息等情况，企业应当设置“应付债券”科目。这是个负债类科目，它设置了“面值”、“利息调整”、“应计利息”三个明细科目。

1. 债券发行的核算

企业发行债券时，无论是按面值发行，还是按溢价或折价发行，均应按债券面值计入“应付债券——面值”科目，实际收到的款项与面值的差额，计入“应付债券——利息调整”科目。

企业债券可以自行发行，也可以委托银行及其他金融机构代理发行。如果委托代理发行，由此支付的印刷费、广告费和手续费等发行费用，根据发行债券筹集资金的用途：用于在建固定资产项目的，按照借款费用资本化处理的原则借记“在建工程”账户；属于其他用途的，计入当期财务费用。

【例 10-5】甲企业于 2008 年 2 月 1 日发行三年期、到期一次还本付息、年利率为 8%、发行面值为 2 000 000 元的债券，该债券按面值发行。发行时以银行存款支付代理发行手续费、广告费及代理费共计8 000元。则甲企业的会计处理如下：

借：银行存款　　2 000 000

　贷：应付债券——面值　　2 000 000

借：财务费用　　8 000

　贷：银行存款　　8 000

企业发行债券的发行费用，如果大于发行期间冻结资金所产生的利息收入，按发行费用减去利息收入后的差额，分别计入财务费用或相关资产成本；如果小于发行期间冻结资金所产生的利息收入，按发行期间冻结资金所产生的利息收入减去发行费用后的差额，视同发行债券的利息收入，在债券存续期间于计提利息时摊销，分别计入财务费用或有关资产成本。

【例10－6】假设某企业发行面值2 000 000元的债券，债券票面利率10%，市场利率为12%，发行价格为1 852 000元，发行日期为2008年1月1日，五年期，到期时一次性还本付息，债券利息于每年年末计提，到期支付。则企业会计处理如下：

借：银行存款　　1 852 000

　　应付债券——利息调整　　148 000

　贷：应付债券——面值　　2 000 000

【例10－7】假设某企业发行面值2 000 000元的债券，债券票面利率10%，市场利率为8%，发行日期为2008年1月1日，五年期，到期时一次性还本付息，债券利息于每年年末计提，到期支付，发行价格为2 163 100元。则企业编制会计分录如下：

借：银行存款　　2 163 100

　贷：应付债券——债券面值　　2 000 000

　　　　　　——利息调整　　163 100

2. 资产负债表日债券还本付息的核算

企业发行长期债券，应按期计提利息，并在债券存续期内采用实际利率法对利息调整进行摊销。实际利率法是指按照应付债券的实际利率计算其摊余成本及各期利息费用的方法。实际利率是指将应付债券在债券存续期间内的未来现金流量，折现为该债券当前账面价值所使用的利率。

资产负债日对于分期付息、一次还本的债券，应于资产负债表日按摊余成本和实际利率计算确定的债券利息，借记“在建工程”、“制造费用”、“财务费用”、“研发支出”等科目，按票面利率计算确定的应付未付利息，贷记“应付利息”科目，按其差额，借记或贷记“应付债券——利息调整”科目。

对于一次还本付息的债券，应于资产负债表日按摊余成本和实际利率计算确定的债券利息，借记“在建工程”、“制造费用”、“财务费用”、“研发支出”等科目，按票面利率计算确定的应付未付利息，贷记“应付债券——应计利息”，按其差额，贷记“应付债券——利息调整”。实际利率与票面利率差异很小的，也可以采用合同约定的名义利率计算确定利息费用。

【例10－8】承【例10－5】，甲企业于2008年7月1日计提本期应付债券利息。

应计利息＝2 000 000×8%÷12×5＝66 666.67（元）

借：财务费用　　66 666.67

　贷：应付债券——应付利息　　66 666.67

【例10－9】宏达公司于2008年1月1日发行五年期一次还本付息的债券5 000 000元，

确认发行价格为4 789 382元，债券利息于每年年末计提，票面利率为5%，当时市场利率为6%。该公司据此采用实际利率法确定各期利息费用及摊销的利息调整金额。如表10－1所示。

表10－1 各期利息费用及摊销

计息日期	应付利息	利息费用	摊销的利息调整	应付债券的摊余成本
2008.01.01				4 789 382.00
2008.12.31	250 000	287 362.92	37 362.92	4 826 744.92
2009.12.31	250 000	289 604.70	39 604.70	4 866 349.62
2010.12.31	250 000	291 980.98	41 980.98	4 908 330.60
2011.12.31	250 000	294 499.84	44 499.84	4 952 830.44
2012.12.31	250 000	297 169.56	47 169.56	5 000 000.00

从表10－1可以看出，在实际利率法下折价发行债券时，应付债券的摊余成本会逐期增加，利息费用也随其逐期增加，而每期应付的利息是一定的，因此每期摊销的利息调整会逐期增加，直至债券期满，债券的利息调整全部摊销完毕，其摊余成本与面值相等。

根据表10－1，该企业于每期计提利息及摊销折价时应编制会计分录如下：

（1）2008年12月31日：

借：财务费用　287 362.92
　贷：应付债券——利息调整　37 362.92
　　　　——应付利息　250 000

（2）2009年12月31日：

借：财务费用　289 604.70
　贷：应付债券——利息调整　39 604.70
　　　　——应付利息　250 000

（3）2010年12月31日：

借：财务费用　291 980.98
　贷：应付债券——利息调整　41 980.98
　　　　——应付利息　250 000

（4）2011年12月31日：

借：财务费用　294 499.84
　贷：应付债券——利息调整　44 499.84
　　　　——应付利息　250 000

（5）2012年12月31日：

借：财务费用　297 169.56
　贷：应付债券——利息调整　47 169.56
　　　　——应付利息　250 000

【例10－10】宏达公司于2008年1月1日发行五年期一次还本付息的债券5 000 000

元，确认发行价格为5 216 474元，债券利息于每年年末计提，票面利率为6%，当时的市场利率为5%。该公司据此采用实际利率法确定各期利息费用及摊销的利息调整金额，如表10－2所示。

表10－2　　各期利息费用及摊销

计息日期	应付利息	利息费用	摊销的利息调整	应付债券的摊余成本
2008.01.01				5 216 474.00
2008.12.31	300 000	260 823.70	39 176.30	5 177 297.70
2009.12.31	300 000	258 864.89	41 135.11	5 136 162.59
2010.12.31	300 000	256 808.13	43 191.87	5 092 970.72
2011.12.31	300 000	254 648.54	45 351.46	5 047 619.26
2012.12.31	300 000	252 380.74	47 619.26	5 000 000.00

从表10－2可以看出，在实际利率法下溢价发行债券时，应付债券的摊余成本逐期减少，利息费用也随其逐期减少，而每期应付的利息是一定的，因此每期摊销的利息调整会逐期增加，直到债券期满，债券的利息调整全部摊销完毕，其摊余成本与面值相等。

根据表10－2，该企业于每期确认利息费用时应编制会计分录如下：

（1）2008年12月31日：

借：财务费用　　260 823.70
　　应付债券——利息调整　　39 176.30
　贷：应付债券——应付利息　　300 000

（2）2009年12月31日：

借：财务费用　　258 864.89
　　应付债券——利息调整　　41 135.11
　贷：应付债券——应付利息　　300 000

（3）2010年12月31日：

借：财务费用　　256 808.13
　　应付债券——利息调整　　43 191.87
　贷：应付债券——应付利息　　300 000

（4）2011年12月31日：

借：财务费用　　254 648.54
　　应付债券——利息调整　　45 351.46
　贷：应付债券——应付利息　　300 000

（5）2012年12月31日：

借：财务费用　　252 380.74
　　应付债券——利息调整　　47 619.26
　贷：应付债券——应付利息　　300 000

3. 债券还本付息的核算

企业债券应在规定日期内予以偿还。对于到期一次还本付息的企业债券，应在规定到期日借记“应付债券——面值”和“应付债券——应付利息”科目，贷记“银行存款”科目；对于分期付息、到期还本的债券，在偿还时按票面价值，借记“应付债券——面值”科目，贷记“银行存款”科目。

【例10－11】承【例10－10】，宏达公司在债券到期时，支付本金及利息，应编制会计分录如下：

借：应付债券——面值　　5 000 000
　　　　　　——应计利息　　1 500 000
　贷：银行存款　　6 500 000

第四节　长期应付款

一、长期应付款的核算内容

长期应付款是指企业除长期借款和应付债券以外的其他各种长期应付款项，包括应付融资租入固定资产的租赁费、以分期付款方式购入固定资产发生的应付款项等。

为了反映和监督各种长期应付款的结算情况，企业应设置“长期应付款”账户。该账户属于负债类的账户，贷方登记取得的长期应付款，借方登记偿还的长期应付款，期末余额在贷方，表示尚未偿还的长期应付款。其明细账户应按借款种类设置。

二、长期应付款的核算

1. 应付引进设备款

应付引进设备款是指企业与外商进行补偿贸易引进国外设备而发生的应付款，此项应付款（包括应付利息）一般在设备投产后，用设备生产的产品收入分期偿付。事实上，企业引进设备及偿还设备款，一般不会引起现金的流入或流出。

会计核算上，企业引进设备时，按引进设备及随同设备一起进口的专用工具、零备件等的价款及国外运杂费的外币金额折合为人民币计价，相应增加企业的固定资产及长期应付款。借记“固定资产”、“在建工程”、“原材料”等账户，贷记“长期应付款——应付引进设备款”账户。引进设备支付的进口税金、运杂费、安装费等以人民币支付的费用，不包括在应付引进设备款中。借记“在建工程”、“原材料”等账户，贷记“银行存款”账户。企业用产品归还设备款时，视同产品销售处理，借记“长期应付款——应付引进设备款”账户，贷记“银行存款”、“应收账款”账户。

【例10－12】某工业企业开展补偿贸易业务，从国外进口一台设备，价款400 000美元；随同设备进口零备件一批，外币金额为5 000美元，设备已交付安装，零备件已验收入库。该企业采用业务发生当日的市场汇价核算外币业务，当日美元的市场汇率为1∶8.40。编制会计分录如下：

（1）进口设备时：

借：在建工程　　3 360 000（400 000×8.40）

原材料　　42 000（5 000 × 8.40）

贷：长期应付款——应付引进设备款　　3 402 000（405 000 × 8.40）

（2）上项业务中，用人民币支付进口税金、国内运杂费共计 51 000 元，其中，设备负担 50 000 元，零配件负担 1 000 元。付款时：

借：在建工程　　50 000

原材料　　1 000

贷：银行存款　　51 000

（3）支付设备安装费 10 000 元时：

借：在建工程　　10 000

贷：银行存款　　10 000

（4）设备安装完毕，投入使用时：

借：固定资产　　3 420 000

贷：在建工程　　3 420 000

期末，美元市场汇率若有变化，应对“长期应付款”科目的外币余额按新的市场汇率折算，并调整账面原人民币的期末余额。补偿贸易合同规定应付款需支付利息的，企业还应按规定结算利息。

2. 应付融资租赁款

应付融资租赁款是指企业融资租入固定资产发生的应付款。固定资产租赁分为经营租赁与融资租赁两种。就融资租赁而言，租赁期为资产使用年限的大部分（如 75% 以上），而且固定资产不仅租给承租企业使用，其所有权还有可能于租赁期满转让给承租企业。承租企业支付的租赁费实质上属于分期支付固定资产价款，会计上对这类固定资产应视同企业自有资产进行核算与管理。

经营租赁一般属于临时需要而租入固定资产，承租期内，固定资产的所有权仍归出租方；承租企业只有使用权，租赁期满将资产退还出租方。账务处理上，经营租赁业务只需反映租金及其支付情况，对租入固定资产登记在备查簿即可。

第十一章　所有者权益

引导案例

2001年10月1日，顺德格林柯尔企业发展有限公司成立，注册资本为12亿元人民币。顾雏军以10.8亿元出资拥有90%的股权，包括以1.8亿元的货币和9亿元的知识产权出资；顾雏军的父亲顾善鸿以货币出资1.2亿元拥有10%的股权。当月，顺德格林柯尔收购科龙电器20.6%的股权。2002年5月14日，顾雏军从科龙电器划拨1.87亿元资金到设在天津格林柯尔制冷有限公司的账户上，当日天津格林柯尔公司与顺德格林柯尔公司发生了数额为1.8亿、1.7亿、1.6亿、1.5亿元的四笔资金对倒，合计放大为6.6亿元，顾雏军将此6.6亿元作为天津格林柯尔公司对顺德格林柯尔公司的现金出资 。同时，顾雏军及其父亲原享有的货币出资3亿元也转让给天津格林柯尔公司。随后，顺德格林柯尔公司变更工商登记，天津格林柯尔公司以货币出资9.6亿人民币拥有80%的股权，顾雏军则以其专利技术投入享有20%的股权。

——摘自：http：//www.mie168.com

思考：顺德格林柯尔公司的出资存在什么问题？为什么要变更工商登记？

第一节　所有者权益概述

一、所有者权益的概念与特征

所有者权益是指企业资产扣除负债后由所有者享有的剩余权益。所有者权益是所有者对企业资产的剩余索取权，它是企业资产中扣除债权人权益后应由所有者享有的部分，它既反映了所有者投入资本的保值增值情况，又体现了保护债权人权益的理念。正是由于这种权益的存在，使企业所有者享有着分配现金和财产的权利、企业最终清算时对剩余资产的要求的权利，以及出售或转让企业产权等方面多种多样的权利。

所有者权益与负债同属权益，但两者有着明显的区别：

（1）从本质上讲，所有者权益是投资者对企业剩余资产的要求权；而负债则是企业对债权人负担的经济责任。这种本质上的差异导致了债权人只享有收回债务本金和利息的权利，而无权参与企业收益分配和经营管理的权利。

（2）从偿还顺序上讲，企业债权人要求支付利息和偿还本金的权利在所有者权利之前。只有在负债的要求权得到满足后，所有者权益才能被满足，尤其是企业清算时更是如此。

（3）从偿还本金上讲，负债到期时应支付的利息是按一定的利率计算的，并且金额固定；

而所有者权益作为剩余权益，其金额取决于企业的盈利，对企业所有者支付的股利根据企业的盈利情况、公司的政策、董事会决议等情况，经公司宣布才能发放，一般是不固定的。

（4）从偿还期限上讲，债务的偿还日期通常是固定的，所有者权益是投资者投入的永久资本，在企业持续经营期间，除依法转让或破产清算等情况发生外，一般不得收回投资。

因为企业的性质不同，对其所有者权益的称呼也不一样。对公司来说，称为股东权益；对合伙企业来说，称为合伙人权益；对于独资企业来说，则称为业主权益。

二、所有者权益的内容

企业的所有者权益主要包括实收资本（股本）、资本公积、盈余公积和未分配利润四部分内容。其中，盈余公积和未分配利润又统称为留存收益。

1. 实收资本

实收资本是指投资者向企业交付的出资额。这种出资额可表现为货币性资产、材料、固定资产、无形资产等。按照不同的投资者，实收资本可具体分为国家投入资本、法人投入资本和个人投入资本。

2. 资本公积

资本公积是指归所有者所共有的、非收益转化而形成的资本。它一般与企业正常的生产经营活动不存在直接联系。资本公积从其形成来源看，主要包括资本溢价或股本溢价以及直接计入所有者权益的利得和损失。

3. 盈余公积

盈余公积是指企业从税后利润中提取的各种积累资金，包括企业提取的法定盈余公积金和任意盈余公积金。

4. 未分配利润

未分配利润是指企业实现的净利润经过弥补亏损、提取盈余公积和向投资者分配利润后留存在企业的、历年结存的利润。一般来说，未分配利润用于留待以后年度进行分配。未分配利润的数额等于企业当年实现的税后利润加上年初未分配利润，减去当年提取的盈余公积金以及本年分配利润后的余额。

第二节　实收资本或股本

一、实收资本概述

企业要进行经营必须有一定的本钱，即必须具备符合国家规定并与其生产经营和服务规模相适应的资金数额。

实收资本一般是指投资者作为资本投入到企业中的各种资产的价值。我国实行注册资本制度。除国家另有规定外，企业的实收资本应当与其注册资本相一致。在分期出资的情况下，在合同约定的出资期满时，实收资本也应等于注册资本。只是在某一特定时期，企业实收资本可能小于其注册资本的数额。法律通过注册资本的概念来保障债权人的利益。实收资本的变动受到法规的约束。投资者投入资本未经办理一定的减资手续，不得以任何形式减少或抽回。

投资者投入资本一般表明投资者对企业应承担的经济责任和应享有的权利，也是维系债权人资金安全的一道屏障。为了切实保护债权人以及各方投资者的合法权益，企业应聘请注册会计师验证投资者投入资本及资本变更情况，并出具验资证明。验资证明、资产评估报告、投资合同或协议、企业收到投资者投入资本的有关凭证（如银行收款凭证及证明、实物资产转移清单、房屋产权及场地使用权等权利变更文件等），是企业核算实收资本必需的原始凭证和法定依据。

二、实收资本的核算

由于企业组织形式不同，所有者投入资本的会计核算方法也不同。为真实地反映所有者投入企业资本的状况，维护所有者各方在企业的权益，除股份有限公司对投入资本应设置“股本”账户外，其余各类企业对所有者投入的资本，集中在“实收资本”账户中核算。

（一）一般企业实收资本的核算

一般企业应设置“实收资本”科目核算投资者投入的资本，并按投资者设置明细科目。该账户的贷方反映企业实际收到投资者交付的资本，借方反映企业按法定程序减资时所减少的注册资本数额。期末贷方余额反映企业期末实收资本实有数额。

企业收到所有者投入企业的资本后，应根据有关原始凭证，分别以不同的出资方式进行会计处理。

1. 以货币资金方式投入资本的账务处理

企业收到所有者作为资本投入的人民币，应当在收到人民币或存入企业存款账户时进行账务处理，按照实际收到的金额，借记“银行存款”科目，贷记“实收资本”科目。实际收到或存入企业开户银行的金额超过其在该企业的注册资本中所占份额的部分，计入资本公积。

【例 11－1】 A 公司收到×股东投入货币资金 100 000 元，款项已收妥入账，编制会计分录如下：

借：银行存款　　100 000
　贷：实收资本——×股东　　100 000

2. 以实物资产方式投入资本的账务处理

（1）以固定资产方式投入资本。

企业收到所有者作为资本投入的房屋、机器设备等固定资产，应按投资各方确定的价值入账。

【例 11－2】 A 公司收到 C 公司投资转入的一项固定资产，投出单位的账面原价为 120 000元，经双方议定的价值为 100 000 元。（不考虑增值税）编制会计分录如下：

借：固定资产　　100 000
　贷：实收资本——C 公司　　100 000

（2）以材料物资方式投入资本。

企业收到其他单位以材料物资的方式投入的资本，应当按照投资各方确认价值入账，借记“原材料”等科目，按增值税专用发票上注明的增值税税额，借记“应交税费——应交增值税（进项税额）”科目，按两项合计金额，贷记“实收资本”科目。

【例 11－3】A 公司收到 C 公司投入的甲原材料一批，确认的不含税价值为 100 000 元，增值税专用发票列明的税款为 17 000 元。A 公司的账务处理如下：

借：原材料——甲材料　　100 000
　　应交税费——应交增值税（进项税额）　　17 000
　贷：实收资本——C 公司　　117 000

3. 以无形资产方式投入资本的账务处理

企业收到以无形资产方式投入的资本，应当按照投资各方确认的价值入账，借记“无形资产”科目，贷记“实收资本”科目。

【例 11－4】A 公司收到 D 企业作为资本投入的专利权一项，该专利经评估确认的价值为 60 000 元。A 公司的账务处理如下：

借：无形资产——专利权　　60 000
　贷：实收资本——D 企业　　60 000

4. 企业减值的账务处理

企业实收资本的减少原因大体有两种：一是资本过剩，二是企业发生重大亏损需要减少实收资本。一般按返还投资数额，借记“实收资本”科目，贷记“银行存款”等科目。

（二）股份有限公司股本的核算

股份有限公司是指全部资本由等额股份构成并通过发行股票筹集资本，股东以其所持股份对公司承担有限责任，公司以其全部资产对公司债务承担有限责任的企业法人。股份有限公司的股东可以自由转让其股份。

股份有限公司股本的核算通过设置“股本”账户。公司因发行股票、可转换债券换成股票、发放股票股利等原因取得股本时计入该账户贷方，按法定程序报批准减少注册资本的公司在实际返还股款时计入该账户的借方，“股本”账户贷方余额表示公司所拥有的股本总额。

1. 股票发行的账务处理

按我国《公司法》规定，股票可以按面值发行，也可超过面值溢价发行，但不得低于面值折价发行。按面值发行股票时，按实收发行款全部计入“股本”科目；当溢价发行时，应将实际收到股本的资金中等于按面值乘以股份计算的部分计入“股本”账户，而对超过部分即溢价收入，首先支付证券商费用，支付后的余额计入“资本公积——股本溢价”科目。股票发行费用是指股票发行公司支付给股票发行相关的中介机构的费用，主要包括承销费用、注册会计师费用、资产评估费用、律师费用等。一般情况下，企业采用发放股权证来筹集资本，筹资费用很低时，直接计入“管理费用”账户；而企业若采用向社会发放股票方式筹集资本，因发行股票数量多、股东不固定等，需要由企业发起人聘请证券商发行股票，支付给证券商的发行费用一般很高，这时，其应付证券商的发行费用从溢价收入中支付，冲减“资本公积——股本溢价”账户，按照面值发行股票的溢价收入不足以抵补手续费的，应当计入长期待摊费用，在不超过两年的时间内摊销。

【例 11－5】A 股份有限公司委托某证券公司发行股票 200 万股，每股面值 1 元，并与证券公司约定按发行收入的 3% 支付手续费。则 A 公司编制会计分录如下：

借：银行存款　　2 000 000
　贷：股本　　2 000 000

借：管理费用　　60 000
　贷：银行存款　　60 000

【例11－6】A股份有限公司，在成立时发行股票3 000万股，每股面值1元，发行价格4元。按合同规定支付给证券商的手续费为发行收入的5%，所筹集款项在扣除手续费后已划转到银行存款账户。则A公司编制如下会计分录：

借：银行存款　　120 000 000
　贷：股本　　30 000 000
　　资本公积——股本溢价　　90 000 000
借：资本公积——股本溢价　　6 000 000
　贷：银行存款　　6 000 000

2. 增加股本的核算

股份有限公司一般可通过发放股票股利或以资本公积、盈余公积等方式增加股本。不同的增加股本途径，其会计处理有所不同：将资本公积金转增股本时，应当借记“资本公积”科目，贷记“股本”科目；若将盈余公积金转增股本，应当借记“盈余公积”科目，贷记“股本”科目；通过向股东发放股票股利（俗称“送红利股”）时，借记“利润分配——转作股本的股利”科目，贷记“股本”科目；向股东配售股票（俗称配股）时，借记“银行存款”科目，贷记“股本”（相当于面值部分），贷记“资本公积”（配售收入超过面值部分）科目。

3. 减少股本的核算

企业因减资、资本过剩等原因而回购本公司股票的，按面值注销股本。超出面值支付的收购价款，应区别情况作不同处理。

若收购的股票属溢价发行的，先冲销资本公积中的股本溢价，不足部分依次冲销盈余公积和未分配利润，即按回购股份的面值，借记“股本”科目，按股票发行时原计入资本公积的溢价部分，借记“资本公积——股本溢价”科目，回购价格超过上述冲减“股本”及“资本公积——股本溢价”科目的部分，应依次借记“盈余公积”、“利润分配——未分配利润”等科目，按实际支付的购买价款，贷记“银行存款”等科目；若收购的股票按面值发行的，则直接冲销盈余公积和未分配利润。若回购价格低于回购股份所对应的股本，应按回购股份的面值，借记“股本”科目，按所注销库存股的账面价值，贷记“库存股”科目，按其差额，贷记“资本公积——股本溢价”科目，按照实际支付的价款，借记“库存股”科目，贷记“银行存款”科目。

【例11－7】B股份有限公司因资本过剩，经办理有关手续后，收回本公司曾发行面值为1元的普通股100 000股，发行价为每股5元，现以6.4元的价格回购，款项以银行存款支付。则B公司编制会计分录如下：

借：库存股　　640 000
　贷：银行存款　　640 000
借：股本　　100 000
　　资本公积——股本溢价　　400 000
　　盈余公积　　140 000
　贷：库存股　　640 000

【例11－8】承【例11－7】，若B公司以每股5元的价格回购，则会计分录如下：

借：库存股　　500 000
　贷：银行存款　　500 000
借：股本　　100 000
　资本公积——股本溢价　　400 000
　贷：库存股　　500 000

第三节　资本公积

一、资本公积的概念与来源

资本公积是企业收到投资者出资额超出其在注册资本或股本中所占份额的投资，以及直接计入所有者权益的利得和损失等。资本公积从形成来源看，它是由投资者投入的资本金额中超过法定资本部分的资本，或者其他人（或单位）投入的不形成实收资本的资产的转化形式，它不是由企业实现的净利润转化而来的，从本质上讲应属于投入资本的范畴。因此，它与留存收益有着本质区别，留存收益是企业实现净利润的转化形式。在核算资本公积时，应当与留存收益项目区别开来。

资本公积与实收资本虽然都属于投入资本范畴，但两者又有区别。实收资本一般是投资者投入的、为谋求价值增值的原始投资，而且属于法定资本，与企业的注册资本相一致。因此，实收资本无论是在来源上，还是金额上，都有比较严格的限制。资本公积有特定来源，其主要来源是资本（或股本）溢价，是企业投入资本范畴，只是由于法律的规定而无法直接以资本的名义出现。某些来源形成的资本公积，并不需要由原投资者投入，也并不一定需要谋求投资回报，如接受其他人捐赠形成的资本公积。不同来源形成的资本公积由所有投资者共同享有，它属于资本的范畴。投资者投入的资本通常被视为企业的永久性资本，通常不得任意支付给股东。一般只有在企业清算时，在清偿所有的负债后才可将剩余部分返还给投资者。

资本公积有其不同的来源，企业应当根据资本公积形成的来源，分别进行账务处理。资本公积一般应当设置以下明细科目：

（1）资本（或股本）溢价，反映企业实际收到的所有者投入资金大于注册资本的金额。

（2）其他资本公积，反映企业除股本溢价以外的各项资本公积。

二、资本公积的核算

1. 资本溢价的核算

资本溢价是指在两个以上投资者合资经营的企业进行重组时，新投资者为了取得与原投资者相同的投资比例，而必须付出的出资额中超出原始投资者出资的那部分资本。

有限责任公司的投资者在持股经营过程中，无论盈亏都按实收资本科目中记载的投资比例进行分担。如果企业重组或者增资吸收新的投资者加入，新投资者投入的资本不一定全部作为实收资本记账，或者，新投资者不一定按其实际投入的资金享受权益。原因是：第一，企业创立时投入的资金和企业成熟经营时投入的资金，尽管数量上一致，但投资回报率不同，因此，相同数量的投资，由于出资时间的不同，对企业的影响不同。所以，新的投资者如果想和原始投资者拥有相同的份额，就必须付出大于原投资者出资额的投资。第二，企业经过一段时间的经营，原投资经过周转会增值，形成企业的净利润，经过分配留存企业，这部分留存收益也是投资者权益，由投资者共同享有。因此，新的投资者必须付出大于原有投资者的投资额，才可以与原投资者共享收益。

新投资者付出大于原投资者出资额的部分不能计入实收资本，否则会加大其投资份额，而该部分又属于投资者投入资本，不能计入收益，因此，会计上将这部分投资作为资本溢价计入资本公积。

【例 11－9】甲、乙两企业共同出资兴办了 B 公司，B 公司设立时的实收资本为 200 万元，甲乙各占 1/2。经过三年的经营，B 公司留存收益为 80 万元，这时有丁企业愿意加入 B 公司，并以 170 万元的出资额与其他企业平均分享 B 公司的股权。即丁企业投资后拥有 B 公司 1/3 的股份，B 公司编制会计分录如下：

借：银行存款　　1 700 000
　贷：实收资本——丁企业　　1 000 000
　　　资本公积——资本溢价　　700 000

2. 股本溢价的核算

股本溢价是指股份有限公司溢价发行股票时，实际收到的款项超过股票面值总额的数额。由于股份有限公司是以发行股票的方式筹集股本，为了反映和便于计算各股东所持股份占企业全部股本的比例，企业的股本总额应按股票的面值与股份总额的乘积计算。国家规定，实收股本总额与注册资本相等。因此，为了提供企业股本总额及其构成以及注册资本的信息，在股份公司采用溢价发行股票的情况下，企业发行股票取得的收入在扣除了支付给证券商的手续费后全部计入“银行存款”账户的借方，相当于股票面值的部分计入“股本”账户的贷方，对于超过股本差额的部分，计入“资本公积——股本溢价”账户的贷方。

3. 其他资本公积的核算

其他资本公积是指除资本或股本溢价项目外所形成的资本公积，其中主要是直接计入所有者权益的利得和损失。

企业采用权益法核算长期股权投资时，长期股权投资的账面价值将随着被投资单位所有者权益的增减而增加或减少，以使长期股权投资的账面价值与应享有的被投资单位所有者权益的份额基本保持一致。因此，当被投资单位由于增资扩股等原因增加资本公积时，其所有者权益便得到了相应的增加，这样，投资企业就应按其在被投资企业注册资本中所占的比例计算并调整长期股权投资的账面价值，并相应调整资本公积。

4. 资本公积金转增资本的核算

按照《公司法》的规定，法定公积金（资本公积和盈余公积）转为资本时，所留存的该项公积金不得少于转增前公司注册资本的 25%。经股东大会或类似机构决议，企业用资本公积金转增资本时，按转增资本前的实收资本结构比例，将资本公积转增资本的数额计入“实收资本”账户下各所有者的投资明细账，相应增加各所有者对企业的投资。资本公积转增资本时，借记“资本公积”账户，贷记“实收资本”账户。

【例 11－10】宏达公司因扩大经营规模需要，经批准，A 股东、B 股东、C 股东分别按原 40%、30%、30% 的出资比例用资本公积 1 000 000 元转增资本，则宏达公司应编制会计分录如下：

借：资本公积 1 000 000

贷：实收资本——A 股东 400 000

——B 股东 300 000

——C 股东 300 000

第四节 留存收益

留存收益是指企业从历年实现利润中提取或形成的留存于企业内部的积累，来源于企业的生产经营活动所实现的利润。

留存收益属于所有者权益，企业所有者可以自主分配。但为了约束企业过量分配，国家要求企业保留一定积累，以利于企业持续经营、维护债权人利益、改善职工福利和生活条件等。企业需要拨出相应用途的留存收益，这部分被拨出的留存收益，通常又称为拨出留存收益或称“盈余公积金”。未拨出专门用途的留存收益即为未分配利润。因此，企业的留存收益分为两个部分，即盈余公积金和未分配利润。

一、盈余公积金

盈余公积金是指企业按照规定从净利润中提取的各种积累资金。企业的盈余公积金分为法定盈余公积金、任意盈余公积金两部分。

1. 法定盈余公积金

法定盈余公积金是按规定从税后利润中提取的盈余积金。根据我国《公司法》的规定，公司分配当年税后利润时，应当提取利润的10%作为公司法定公积金。此项盈余公积金累计额已达注册资本的50%时，可不再提取。

2. 任意盈余公积金

任意盈余公积金是指公司在提取法定盈余公积金后，经股东大会或类似机构批准从净利润中提取的盈余公积。

法定盈余公积金和任意盈余公积金的区别就在于各自计提的依据不同。但无论是法定盈余公积金还是任意盈余公积金，其提取均以企业盈利为前提。若企业当年亏损，则当年不提取盈余公积金。

企业提取法定盈余公积金和任意盈余公积金的用途主要有以下三个方面：

（1）弥补亏损。企业发生亏损，应由企业自行弥补。弥补亏损的来源大体有三个：①用以后年度税前利润弥补。企业亏损在规定期限内可由税前利润弥补。②用以后年度税后利润弥补。企业发生的亏损经过规定期间未弥补足额的，应用所得税后利润弥补。③用盈余公积金弥补。公司制企业以提取的盈余公积金弥补亏损的，应当由董事会提议，并经股东大会批准。

（2）转增资本。经股东会决议，可将盈余公积金转增资本。盈余公积金转增资本时，应先办理增资手续，并按所有者的出资比例增加资本。如用法定盈余公积金转增资本时，应以转增后留有的该项公积金不少于注册资本的25%为限。

（3）分配现金股利。企业无利润时，原则上不得分配股利。但股份有限公司为了维护企业股票信誉，经股东会特别决议，也可用盈余公积金分配股利。如果企业有未弥补的亏损时，应先用盈余公积金弥补亏损，弥补亏损后此项公积金仍有结余，才能作为分配股利。用盈余公积金分配股利，股利率不宜过高，如果用法定盈余公积金分配股利，以分配后留存的法定盈余公积金不低于注册资本的25%为限。

二、盈余公积金的核算

盈余公积金的会计处理是通过设置“盈余公积”账户来进行的。企业提取盈余公积金时，借记“利润分配——提取法定盈余公积”账户，贷记“盈余公积——法定盈余公积”账户；用盈余公积金弥补亏损时，借记该账户，贷记“利润分配——盈余公积补亏”账户；盈余公积转增资本时，借记“盈余公积——××盈余公积”账户，贷记“实收资本”或“股本”账户；用盈余公积发放现金股利时，借记“盈余公积——××盈余公积”账户，贷记“应付股利”账户。该账户如有余额，余额应在贷方，表示提取的盈余公积的结余。

【例11-11】宏泰公司2007年的税后利润为32 000 000元。根据《公司法》的规定，按10%提取法定公积金，同时公司章程规定，按50%提取任意盈余公积金。其余利润用于发放现金股利，宏泰公司应编制如下会计分录：

借：利润分配——提取法定盈余公积　　3 200 000
　　　　　　——提取任意盈余公积　　16 000 000
　　　　　　——应付现金股利　　12 800 000
　贷：盈余公积——提取法定盈余公积　　3 200 000
　　　　　　——提取任意盈余公积　　16 000 000
　　　应付股利　　12 800 000

【例11-12】某股份有限公司股东大会决定用法定盈余公积1 500 000元转增资本。则该公司编制会计分录如下：

借：盈余公积——法定盈余公积　　1 500 000
　贷：股本　　1 500 000

【例11-13】某股份有限公司经营亏损，经有关部门研究决定，用任意盈余公积700 000元弥补本年亏损，且为维护公司股票声誉，经股东会特别会议通过，决定按股票面值6%的比例用任意盈余公积分配股利。该公司共发行2 400 000股普通股股票，面值为1元/股。则该公司编制会计分录如下：

借：盈余公积——任意盈余公积　　844 000
　贷：应付股利　　144 000
　　　利润分配——盈余公积补亏　　700 000

三、未分配利润的核算

未分配利润是企业历年结存的留待以后年度分配的利润和本年发生的待分配利润。留待以后年度分配利润和企业已形成但尚未分配的利润都是所有者权益要素在未分配利润方面的具体体现。但严格来说，企业留于以后年度分配的利润指企业未将某一会计年度的利润额分配殆尽，在会计期末时将一部分利润留在了下一年度；在科目数据上这部分利润表现为“利润分配——未分配利润”会计年度末的贷方余额。企业的待分配利润是指企业在会计年度内实现的、尚未进行分配或尚未完成利润分配程序的利润，一般表现为“本年利润”的贷方与“利润分配”科目借方的差额。这部分利润的会计期末处理结果也会有两种情况：一是将待分配利润分配殆尽；二是留下一部分利润于以后年度进行分配，若出现了后者，即有了留于以后年度分配的利润。

未分配利润是通过“利润分配——未分配利润”账户核算的。如果企业在当年发生亏损，按税法规定可用以后年度连续5年实现的税前利润弥补。用税前利润弥补亏损不需要进行专门的账务处理，按正常账务处理方法，借记“本年利润”账户，贷记“利润分配——未分配利润”账户，则“利润分配——未分配利润”的借方余额将减少。

如果企业以前年度发生的亏损用税前利润仍未全部弥补，可用税后利润弥补亏损。仍可按上述做法，借记“本年利润”账户，贷记“利润分配——未分配利润”，不需要作专门的账务处理，但这里结转的“本年利润”是指净利润。

【例11－14】A公司本年实现净利润2 000 000元，本年提取法定盈余公积200 000元，任意盈余公积100 000元，应付股利为1 300 000元。则A公司应编制分录如下：

（1）结转本年利润：

借：本年利润	2 000 000	
贷：利润分配——未分配利润		2 000 000

（2）提取盈余公积和应付股利：

借：利润分配——提取法定盈余公积	200 000	
——提取任意盈余公积	100 000	
——应付普通股利	1 300 000	
贷：盈余公积——法定盈余公积		200 000
——任意盈余公积		100 000
应付股利		1 300 000

（3）结转未分配利润：

借：利润分配——未分配利润	1 600 000	
贷：利润分配——提取法定盈余公积		200 000
——提取任意盈余公积		100 000
——应付普通股利		1 300 000

根据上述会计分录处理的结果，“利润分配——未分配利润”账户的贷方余额为400 000元，该项数额为该公司本年年末的未分配利润。假定该公司有年初未分配利润100 000元，则“未分配利润”的年末贷方余额就是500 000元，表示到本年末为止累积的未分配利润为500 000元，也就是该公司下年年初的未分配利润。

【例11－15】某企业在2002年发生的亏损到2008年年末仍有300 000元未弥补，当年实现利润2 000 000元，适用所得税税率为25%。按规定可用税后利润弥补亏损，年末结转“本年利润”账户。作会计分录如下：

2008年净利润＝2 000 000×（1－25%）＝1 500 000（元）

借：本年利润	1 500 000	
贷：利润分配——未分配利润		1 500 000

结转后“利润分配——未分配利润”明细账户的贷方余额为1 200 000元（1 500 000－300 000），为可供分配的利润数额。

第十二章　收入、费用和利润

引导案例

今日，中小板的两家公司中工国际（002051）和同洲电子（002052）同时发布了一季度业绩预增公告。两公司坦言，新《会计准则》的执行直接“催肥”了一季度的业绩。

公告里，中工国际预计一季度净利润比上年同期增长1 300%～1 400%，将达到6 386～6 842万元，每股收益在0.34～0.36元。同洲电子则预计一季度净利润同比增长300%～400%。

中工国际称，按照新《会计准则》中对收入确认的规定，公司实质上具有融资性质的延期付款条件下的承包工程和成套设备出口项目，收入确认方法是将由现行会计政策下按照合同或保函约定的收款时间及金额逐期确认收入，变更为按照工程进度和应收的合同或协议价款的现值作为公允价值确认收入，应收的合同或协议价款与其公允价值之间的差额，在合同或协议期间内按照应收款项的摊余成本和实际利率计算确定的金额摊销，冲减财务费用。

2007年第一季度公司将各项尚未进入收款期的已完成的工程量按新准则确认了收入并结转相应成本，因此预计2007年第一季度公司净利润比上年同期大幅度增长。另外，2007年第一季度公司正在执行的委内瑞拉法肯州输水项目二期工程进展顺利，津巴布韦农机项目也顺利完成出运。这都使净利润比上年同期大幅度增长。

中工国际坦承，执行新《会计准则》仅改变了公司收入确认的时点，对公司的盈利能力及2007年业绩并未产生实质性影响。另外，由于公司的业务特点，收入确认也存在一定的周期性不均衡，2007年收入主要体现在第一季度，因此公司预估2007年全年业绩比2006年年度增长在30%以内（2006年未按新《会计准则》进行调整的净利润为8 667万元）。

同洲电子则表示，按照新《会计准则》，公司的研究开发费用由现行的全部费用化计入当期损益，变更为将符合条件的开发支出予以资本化。此变更将减少期间费用，增加利润预计500万元左右。

——摘自：http：//www.cs.com.cn

思考：作为投资者，你如何看待对上述两家公司披露的信息？

企业经营活动的主要目标之一就是在于获得尽可能多的利润。对于一个持续经营的企业来说，为了取得一定的收入，就必须要发生相应的费用。企业会计实务中，通过收入与费用的配比，既反映企业一定时期的经营活动成果，也可以通过对两者的分析了解企业的利润质量。收入、费用和利润业务是企业日常会计处理过程中的一个重要问题，收入和费用的确认、计量，直接影响到企业的财务状况和经营业绩信息的质量水平。

第一节 收入概述

一、收入的概念

收入是指企业在日常活动中形成的、会导致所有者权益增加的、与所有者投入资本无关的经济利益的总流入。其中，日常活动是指企业为完成其经营目标而从事的经常性活动，以及与之相关的其他活动。如工商企业销售商品、运输业提供营运服务所从事的日常活动等，由此产生的经济利益的总流入构成收入；再如企业转让无形资产使用权、出租包装物、出售不需要用的原材料等，属于与经常性活动相关的活动，其产生的经济利益的流入也构成收入。但是企业处置固定资产、无形资产等不是企业为完成其经营目标所从事的经常性活动，也不属于与经常性活动相关的活动，由此产生的经济利益的总流入不构成收入。

二、收入的特点

从收入的概念中我们可以归纳为以下四个特点：

（1）收入从企业的日常经营活动中产生，而不是从偶发的交易或事项中产生。如工商企业销售商品、提供劳务的收入等。企业在经营过程中还可能存在一些非经常发生的、与企业管理当局经营没有直接关系的现金或资源的流入，如出售一项固定资产，它也能为企业带来经济利益，但不属于企业的日常经营活动，其流入的经济利益是利得，而不是收入，因为企业不可能总是出售固定资产，当然，也就不能期望这种利得经常发生。

（2）收入会导致企业所有者权益的增加。企业获得收入既可能表现为资产的增加，也可能表现为负债的减少，还可表现为两者的结合。根据“资产 = 负债 + 所有者权益”的会计恒等式，收入一定能增加所有者权益。但收入扣除相关成本费用后的净额，则可能增加所有者权益，也可能减少所有者权益。这里仅指收入本身导致的所有者权益的增加，而不是指收入扣除相关成本费用后的毛利对所有者权益的影响，因此，将收入定义为“经济利益的总流入”。不会导致所有者权益增加的经济利益的流入不符合收入的定义，不应确认为收入，例如，企业向银行借入款项，尽管也导致企业经济利益的流入，但该流入并不导致所有者权益的增加，反而使企业承担了一项现时义务。因此，企业对于因借入款项所导致的经济利益的增加，不应确认为收入。

（3）收入是与所有者投入资本无关的经济利益的总流入。收入应当会导致经济利益的流入，从而导致资产的增加。例如，企业销售商品，应当收到现金或者在未来有权收到现金，才表明该交易符合收入的定义。但在实务中，经济利益的流入有时是所有者投入资本的增加所导致的，所有者投入资本的增加不应当确认为收入，应当将其直接确认为所有者权益。

（4）收入只包括本企业经济利益的流入，不包括为第三方或客户代收的款项（如增值税、代收利息等）。代收的款项，一方面增加企业的资产，另一方面增加企业的负债，因此不增加企业的所有者权益，也不属于本企业的经济利益，不能作为本企业的收入。

三、收入的分类

1. 按照收入的性质和内容分类

按照收入的性质和内容分类，可分为销售商品收入、提供劳务收入和让渡资产使用权收入等。

（1）销售商品收入是指以取得货币性资产的方式销售商品以及正常情况下的以商品抵偿债务的交易等取得的收入。这里的商品主要包括企业为销售而生产或购进的商品，如工业企业生产的产品、商品流通企业购进的商品等。企业销售的其他存货，如原材料、包装物等也视同商品。

（2）提供劳务收入是指企业通过提供劳务实现的收入。主要有企业通过提供旅游、运输、饮食、广告、理发、照相、洗染、咨询、代理、培训、产品安装等劳务所获取的收入。

（3）让渡资产使用权的收入是指企业通过让渡资产使用权所取得的收入。包括利息收入和使用费收入。利息收入主要指金融企业存贷款形成的利息收入；使用费收入主要是指让渡专利权、商标权、专营权、版权、计算机软件等无形资产的使用权而收取的收入。

2. 按照企业经营业务的主次不同分类

按照企业经营业务的主次不同分类，可分为基本业务收入和其他业务收入。

（1）基本业务收入也称为主营业务收入，是指企业为完成其经营目标而从事的日常活动中的主要活动所取得的收入。例如，银行的贷款业务收入、保险业的保单收入等。在不同的行业有其不同的内容。在制造业表现为产品销售收入；在商品流通业表现为商品销售收入；在运输业表现为营运收入；在饮食服务业表现为饮食服务收入，等等。

（2）其他业务收入是指企业除主营业务以外，从事附属业务获得的收入。一般来说，企业的经营活动并不是单一的，它会同时从事多种经营活动，这就在主营业务活动外形成了非主要经营活动。例如，对一个以生产产品为主的企业来说，将多余的设备暂时租出去以获取租金收入，就是一种非主要经营活动。来自非主要经营活动上的收入，就是其他业务收入。

主营业务收入和其他业务收入内容的划分是相对而言的，并非固定不变。衡量一项业务收入是主营业务收入还是其他业务收入，主要取决于企业所处的行业及该企业经营活动的重心。对于一个以生产产品为主的企业来说，将多余的设备暂时租出去以获取租金收入是其他收入；但对一个主要从事设备租赁的企业来说，租金收入就是主营业务收入。

第二节　收　入

一、商品销售收入的确认与计量

对于收入而言，收入确认主要涉及收入在何时入账的问题，即企业到底应当在销售商品、提供劳务之前，还是在销售商品、提供劳务之后承认收入的实现并将之反映到会计记录和财务报表之中。

（一）销售商品收入确认的条件

我国收入准则中规定：销售商品收入要同时满足下列条件才能予以确认：

1. 企业已将商品所有权上的主要风险和报酬转移给购货方

商品所有权上的风险主要是指商品所有者承担该商品价值发生损失的可能性。例如，商品发生贬值、损坏、报废等造成损失的可能性；商品所有权上的报酬是指商品所有者预期可获得的商品中包含的未来经济利益，具体表现为商品价值的增加以及商品的使用所形成的经济利益等，包括商品因升值等给企业带来的经济利益。

判断一项商品所有权上的主要风险和报酬是否已转移给买方，需要关注每项交易的实质而非形式，同时要考虑所有权凭证的转移和实物的交付。如果一项商品发生的任何损失均不需要本企业承担，带来的经济利益也不归本企业所有，则意味着该商品所有权上的风险和报酬已移出该企业。具体可分以下三种情况：

（1）大多数情况下，所有权上的风险和报酬的转移伴随着所有权凭证的转移或实物的交付而转移，如大多数零售交易、预收款销售商品、托收承付方式销售商品等。

（2）有些情况下，企业已将所有权凭证或实物交付给买方，但商品所有权上的主要风险和报酬并未转移。企业可能在以下四种情况保留商品所有权上的主要风险和报酬：

①企业销售的商品在质量、品种、规格等方面不符合合同规定的要求，又未根据正常的保证条款予以弥补，因而仍负有责任。

②企业销售商品的收入是否能够取得取决于买方是否能将商品销售出去。如采用支付手续费方式委托代销商品、售后回购等。

③企业尚未完成售出商品的安装或检验工作，且此项安装或检验任务是销售合同的重要组成部分。

④销售合同中规定由于特定原因买方有权退货的条款，而企业又不能确定退货的可能性。

（3）有些情况下，企业已将商品所有权上的主要风险和报酬转移给买方，但实物尚未交付。这时应在所有权上的主要风险和报酬转移时确认收入，而不管实物是否交付。如交款提货的销售。交款提货销售是指买方已根据卖方开出的发票账单支付货款，并取得卖方开出的提货单。这种情况下，买方支付完货款，并取得提货单，即认为该商品所有权上的主要风险与报酬已经转移，卖方应确认收入。

2. 企业既没有保留通常与所有权相联系的继续管理权，也没有对已售出的商品实施控制

企业将商品所有权上的主要风险和报酬转移给买方后，如仍然保留通常与所有权相联系的继续管理权，或仍然对售出的商品实施控制，则此项销售不能成立，不能确认相应的销售收入。如企业对售出的商品保留了与所有权无关的管理权，则不受本条件的限制。如房地产企业将开发的房产出售后，保留了对该房产的物业管理权，由于此项管理权与房产所有权无关，房地产销售成立。企业提供的物业管理应视为一个单独的劳务合同，有关收入应确认为劳务收入。

3. 与交易相关的经济利益能够流入企业

与交易相关的经济利益是指直接或间接流入企业的现金或现金等价物。在销售商品的交易中，与交易相关的经济利益即为销售商品的价款。企业在销售商品时，如估计价款收回的可能性不大，即使收入确认的其他条件均已满足，也不应当确认收入。

《准则》要求与交易有关的经济利益很可能流入企业，实际上是要求企业在消除了收取货款的不确定性之后才能考虑确认收入。通常情况下，“很可能”是指发生的概率超过50%的可能性。

销售商品的价款能否收回，主要根据企业以前和买方交往的直接经验，或从其他方面取得的信息，或政府的有关政策等进行判断。

企业在判断价款收回的可能性时，应进行定性分析，当确定价款收回的可能大于不能收回的可能性时，即认为价款能够收回。

一般情况下，企业售出的商品符合合同或协议规定的要求，并已将发票账单交付买方，买方也承诺付款，即表明销售商品的价款能够收回。如企业判断价款不能收回，应提供可靠的证据。

4. 相关的收入和成本能够可靠地计量

收入能否可靠地计量，是确认收入的基本前提，收入不能可靠计量，则无法确认收入。收入的金额能可靠计量是指收入的金额能够合理地估计。企业在销售商品时，售价通常已经确定。但销售过程中由于某种不确定因素，也有可能出现售价变动的情况，则新的售价未确定前不应确认收入。

根据收入和费用配比原则，与同一项销售有关的收入和成本应在同一会计期间予以确认。因此，如果成本不能可靠地计量，即使其他条件均已满足，相关的收入也不能确认。如果已经收到价款，收到的价款应确认为一项负债。

企业销售商品必须同时满足上述四个条件，才能确认收入。任何一个条件没有满足，即使收到货款，也不能确认收入。

（二）商品销售收入的计量

商品销售收入的金额应根据已收或应收合同或协议价款的公允价值确定销售商品收入金额。如果交易采取的是“钱货两清”的方式，则货款的交付与交易的完成之间时间间隔很短，那么，所收取的货款就是该项收入的公允价值；如果企业在销售交易中，所收取的不是现金而是非现金资产，就应该按当时的市场情况评估该项非现金资产的市场价值。企业在确定商品销售收入金额时，应根据发生的现金折扣、商业折扣、销售折让、销售退回等情况作不同的处理。具体处理原则将在接下来的账务处理环节一并讲解。

二、商品销售收入的核算

1. 一般商品销售的核算

商品销售收入在确认时，应按确定的收入金额与应收取的增值税，借记“应收账款”、“应收票据”、“银行存款”等账户，按应收取的增值税，贷记“应交税费——应交增值税（销项税额）”账户，按确定的收入金额，贷记“主营业务收入”账户。月份终了时还要汇总结转已销商品的实际成本，按结转的实际成本，借记“主营业务成本”账户，贷记“库存商品”账户。需要交纳消费税、资源税、城市维护建设税、教育费及附加等税费的，应在确认收入的同时，或在月份终了时，按应交的税费金额，借记“营业税金及附加”账户，贷记“应交税费——应交消费税（资源税、城市维护建设税、教育费及附加）”等账户；企业销售商品发生的运杂费，借记“销售费用”账户，贷记“银行存款”账户。

【例12－1】甲企业销售一批产品，增值税发票上列明售价为260 000元，增值税为44 200元，甲企业已按合同发货，并以银行存款支付运杂费500元，款项尚未收到。该产品的实际成本为180 000元，应交消费税1 000元，应交城市维护建设税500元。

如该项销售已符合销售收入确认条件，应确认为收入，编制会计分录如下：

借：应收账款 304 700
　贷：主营业务收入 260 000
　　应交税费——应交增值税（销项税额） 44 200
　　银行存款 500
借：主营业务成本 180 000
　贷：库存商品 180 000
借：营业税金及附加 1 500
　贷：应交税费——消费税 1 000
　　　　——应交城市维护建设税 500

如企业售出的商品不符合销售收入确认的四个条件中的任何一条，均不应确认收入。为了单独反映已经发出但尚未确认销售收入的商品成本，企业应增设“发出商品”科目进行核算。“发出商品”科目核算一般的销售方式下，已经发出但尚未确认销售收入的商品成本；企业对于发出的商品，在不能确认收入时，应按发出商品的实际成本借记“发出商品”账户，贷记“库存商品”账户。期末“发出商品”账户的期末余额应并入资产负债表“存货”项目内反映。

【例12－2】甲企业于8月26日以托收承付方式向乙企业销售一批商品，成本为150 000元，增值税发票上注明售价为200 000元，增值税为34 000元。该批商品已经发出，并已向银行办妥托收手续。此时得知乙企业在另一项交易中发生巨额损失，资金周转十分困难。经与购货方交涉，确定此项收入目前收回的可能性不大，决定不确认收入。因此应将已发出的商品成本转入“发出商品”科目，编制会计分录如下：

借：发出商品 150 000
　贷：库存商品 150 000

同时将增值税发票上注明的增值税税额作如下处理：

借：应收账款——乙企业 34 000
　贷：应交税费——应交增值税（销项税额） 34 000

假定10月25日甲企业得知乙企业经营情况逐渐好转，乙企业承诺近期付款，则甲企业可以确认收入：

借：应收账款——乙企业 200 000
　贷：主营业务收入 200 000

同时结转成本：

借：主营业务成本 150 000
　贷：发出商品 150 000

12月28日收到款项时：

借：银行存款 234 000
　贷：应收账款——乙企业 234 000

2. 现金折扣的核算

现金折扣是债权人为鼓励债务人在规定的期限内付款而向债务人提供的债务扣除。销售商品涉及现金折扣的，应当按照扣除现金折扣前的金额确定销售商品收入金额。现金折扣应在实际发生时计入企业的“财务费用”。

【例 12－3】某企业在 2008 年 11 月 10 日销售商品 200 件，增值税发票上注明售价为 40 000元，增值税税额为 6 800 元。企业为了及早收回货款而在合同中规定符合现金折扣的条件为：3/10，1/20，*n*/30。假定计算折扣时不考虑增值税。

（1）11 月 10 日销售实现时，应按总售价作收入：

借：应收账款 46 800
　贷：主营业务收入 40 000
　　应交税费——应交增值税（销项税额） 6 800

（2）如 11 月 19 日买方付清货款，则按售价 40 000 元的 3% 享受 1 200 元的现金折扣，实际付款 45 600 元，编制会计分录如下：

借：银行存款 45 600
　财务费用 1 200
　贷：应收账款 46 800

（3）如买方在 12 月初才付款，则应按全额付款，应编制会计分录如下：

借：银行存款 46 800
　贷：应收账款 46 800

3. 销售折让的核算

发生在企业确认销售收入之后的销售折让，应在实际发生时冲减发生当期的收入。发生销售折让时，如按规定允许扣减当期销项税额的，应同时用红字冲减“应交税费——应交增值税”科目的“销项税额”专栏。销售折让属于资产负债表日后事项的，应当按照资产负债表日后事项的相关规定进行处理。

【例 12－4】甲企业销售一批商品，增值税发票上的售价为 120 000 元，增值税税额为 20 400元，货到后买方发现商品质量不合格，要求在价格上给予 10% 的折让。

该企业应作会计分录如下：

（1）销售实现时：

借：应收账款 140 400
　贷：主营业务收入 120 000
　　应交税费——应交增值税（销项税额） 20 400

（2）发生销售折让时：

借：主营业务收入 12 000
　应交税费——应交增值税（销项税额） 2 040
　贷：应收账款 14 040

（3）实际收到款项时：

借：银行存款 126 360
　贷：应收账款 126 360

4. 销售退回的账务处理

销售退回是指企业售出的商品，由于质量、品种不符合要求等原因而发生的退货。销售退回可按以下情况分别处理：

（1）销售退回发生在企业确认收入之前，这种处理比较简单，只要将已计入“发出商品”科目的商品成本转回“库存商品”科目即可。

（2）如企业确认收入后，又发生销售退回的，不论是当年销售的，还是以前年度销售的，一般均应冲减退回当月的销售收入，同时冲减退回当月的销售成本；如该项销售已经发生现金折扣或销售折让的，应在退回当月一并调整。企业发生销售退回时，如按规定允许扣减当期销项税的，应同时用红字冲减“应交税费——应交增值税”科目的“销项税额”专栏。

（3）如在资产负债表日及之前售出的商品在资产负债表日至财务报告批准报出日之间发生退回的，除应在退回当月作相关的账务处理外，还应作为资产负债表日后发生的调整事项，冲减报告年度的收入、成本和税金；如该项销售在资产负债表日及之前已发生现金折扣或销售折让的，还应同时冲减报告年度相关的折扣、折让。

【例 12-5】 2008 年 7 月 20 日，高科公司要求金鑫公司退回本年 2 月 1 日购买的 A 产品。该产品不含税，销售价款为 390 000 元，销售成本为 320 000 元，价款尚未收到。经查明退货原因系发货错误，金鑫公司同意高科公司的退货要求，并办理退货手续和开具红字增值税发票，则金鑫公司应编制如下会计分录：

借：主营业务收入	390 000	
应交税费——应交增值税（销项税额）	66 300	
贷：应收账款		456 300
借：库存商品	320 000	
贷：主营业务成本		320 000

5. 委托代销业务的核算

委托代销方式是指委托方委托受托方代为销售商品的方式。在这种销售方式下，委托方将商品交付给受托方，商品所有权上的主要风险和报酬并未转移给受托方，因此，委托方在交付商品时不确认收入，受托方也不作购进商品处理。对于代销方式，存在两种不同的做法：

（1）视同买断，即由委托方和受托方签订协议，委托方按协议价收取所代销的货款，实际售价可由受托方自定，实际售价与协议价之间的差额归受托方所有。

如果委托方和受托方之间的协议明确表示，受托方在取得代销商品后，无论是否能够卖出、是否获利，均与委托方无关，那么委托方和受托方之间的代销商品交易，与委托方直接销售商品给受托方无本质差别，在符合销售商品收入的确认条件时，委托方应确认收入。

如果委托方与受托方之间的协议明确表示，受托方没有将商品售出时可能将商品退回委托方，或受托方因代销商品出现亏损有权要求委托方补偿，那么可以认为这种方式下的商品所有权上的风险和报酬并未转移给受托方，因此，委托方在交付商品时不确认收入，受托方也不作购进商品处理。受托方将商品售出后，向委托方开具代销清单，委托方此时再确认收入。

委托方将商品代销时，借记“委托加工商品”科目，贷记“库存商品”科目；在收到代销清单时，借记“应收账款”科目，按协议价贷记“主营业务收入”、“应交税费——应交增值税（销项税额）”科目；同时，按代销商品的实际成本，借记“主营业务成本”科目，贷记“库存商品”科目。

【例 12－6】甲企业委托乙企业销售 A 商品 300 件，协议价为 200 元/件，该商品成本 150 元/件，增值税税率为 17%。代销协议约定，乙企业若未将商品售出，可将商品退回甲企业。甲企业收到乙企业开来的代销清单时开具增值税发票，发票上注明售价为 60 000 元，增值税为 10 200 元。乙企业实际销售时开具的增值税发票上注明售价为 70 000 元，增值税为11 900元。

①甲企业应编制会计分录如下：

甲企业将 A 商品交付乙企业时：

借：委托代销商品 45 000

　贷：库存商品 45 000

甲企业收到代销清单时：

借：应收账款——乙企业 70 200

　贷：主营业务收入 60 000

　　　应交税费——应交增值税（销项税额） 10 200

借：主营业务成本 45 000

　贷：委托代销商品 45 000

收到乙企业汇来的货款时：

借：银行存款 70 200

　贷：应收账款——乙企业 70 200

②乙企业应编制会计分录如下：

收到 A 商品时：

实际销售时：

借：库存商品 60 000

　　应交税费——应交增值税（进项税额） 10 200

　贷：应付账款——甲企业 70 200

借：银行存款 81 900

　贷：主营业务收入 70 000

　　　应交税费——应交增值税（销项税额） 11 900

借：主营业务成本 60 000

　贷：库存商品 60 000

按合同协议价将款项付给甲企业时：

借：应付账款——甲企业 70 200

　贷：银行存款 70 200

（2）收取手续费，即受托方根据所代销的商品数量或金额向委托方收取手续费，这对受托方来说实际上是一种劳务收入。这种代销方式与第一种方式相比，主要特点是受托方通常应按照委托方规定的价格销售，不得自行改变售价。

委托方将商品代销时，借记“委托代销商品”或“发出商品”科目，贷记“库存商品”科目；在收到代销清单时，借记“应收账款”科目，按协议价贷记“主营业务收入”科目和“应交税费——应交增值税（销项税额）”科目；支付手续费时，借记“销售费用”科目，贷记“银行存款”科目；同时，按代销商品的实际成本，借记“主营业务成本”科目，贷记“委托代销商品”科目或“发出商品”科目。

对于受托方而言，收到受托代销商品时，借记“代理业务资产”科目，贷记“代理业务负债”科目；实际销售时，借记“银行存款”科目，贷记“应付账款”、“应交税费——应交税费（销项税）”科目；同时，借记“应交税费——应交增值税（进项税）”科目，贷记“应付账款”科目；归还委托代销企业的货款及手续费时，借记“应付账款——委托代销企业”科目，贷记“银行存款”、“其他业务收入”科目。

【例 12－7】承【例 12－6】，假定代销合同规定，乙企业应按每件 A 商品 200 元售给顾客，甲企业按售价的 10% 支付乙企业手续费。乙企业实际销售时，即向买方开一张增值税专用发票，发票上注明 A 商品的售价为 60 000 元，增值税税额为 10 200 元。甲企业在收到乙企业交来的代销清单时，向乙企业开具一张相同金额的增值税发票。

①甲企业应编制会计分录如下：

甲企业将 A 商品交付乙企业时：

借：委托代销商品	45 000	
贷：库存商品		45 000

甲企业收到代销清单时：

借：应收账款——乙企业	70 200	
贷：主营业务收入		60 000
应交税费——应交增值税（销项税额）		10 200
借：主营业务成本	45 000	
贷：委托代销商品		45 000
借：销售费用——代销手续费	6 000	
贷：应收账款——乙企业		6 000

收到乙企业汇来的货款净额：

借：银行存款	64 200	
贷：应收账款——乙企业		64 200

②乙企业应编制会计分录如下：

收到 A 商品时：

借：代理业务资产	60 000	
贷：代理业务负债		60 000

实际销售时：

借：银行存款	70 200	
贷：应付账款——甲企业		60 000
应交税费——应交增值税（销项税额）		10 200
借：应交税费——应交增值税（进项税额）	10 200	
贷：应付账款——甲企业		10 200
借：代理业务负债	60 000	
贷：代理业务资产		60 000

归还甲企业货款并计算代销手续费时：

借：应付账款——甲企业	70 200	
贷：银行存款		64 200
主营业务收入（或其他业务收入）		6 000

6. 其他形式的商品销售核算

(1) 附有销售退回条件的商品销售。

对于附有销售退回条件的商品销售，需要注意几个方面：如果退回的可能性非常小(如退回的可能性只有1%)，企业在发售商品时就可以认为其主要的风险和报酬已经转移，而且同时满足其他的条件，该企业就可以全额确认收入；如果企业不能够估计其退货可能性，则应当在退货期满之后确认收入。此外，新《企业会计准则》要求企业在能够估计退货可能性，并且可以确认一笔与退货有关的负债的时候，就可以全额确认收入。

【例 12-8】 A出版发行公司经营图书的出版与发行业务。2007年1月1日，A公司销售10种共计50 000册精装图书给B图书营销公司，每册平均定价为50元。开出的增值税专用发票上注明的销售价款为2 500 000元，增值税税额为425 000元。协议约定：B公司必须于2月1日前支付货款（假定不考虑现金折扣因素）。但若B公司在2007年6月30日前，将未销售的图书退还给A公司，就可以得到全额退款。这些图书的平均成本为每册40元。

假定A公司无法合理地预计图书退货比例，它在销售时暂不确认收入的实现。其会计处理如下：

①1月1日发出商品时，仅就相关增值税销项税额确认应收账款：

借：应收账款	425 000	
贷：应交税费——应交增值税（销项税额）		425 000
借：发出商品	2 000 000	
贷：库存商品		2 000 000

②2月1日收到货款时，将实际收到的款项中对应于货款的部分暂作为预收账款处理，待退货期满后将未退货部分转为收入：

借：银行存款	2 925 000	
贷：预收账款		2 500 000
应收账款		425 000

③6月30日退货期满，如果没有发生退货：

借：预收账款	2 500 000	
贷：主营业务收入		2 500 000
借：主营业务成本	2 000 000	
贷：发出商品		2 000 000

④6月30日退货期满，发生退货20 000册：

借：预收账款	2 500 000	
应交税费——应交增值税（销项税）	170 000	
贷：主营业务收入		1 500 000
银行存款		1 170 000
借：主营业务成本	1 200 000	
库存商品	800 000	
贷：发出商品		2 000 000

若A公司可以合理地预计退货率为20%，图书发出时纳税义务已发生，实际发生销售退回时的有关增值税允许冲减，则A公司应作会计处理如下：

①1月1日发出商品时，全额确认收入，包括预计将发生退回的收入在内：

借：应收账款　　2 925 000
　贷：主营业务收入　　2 500 000
　　　应交税费——应交增值税（销项税额）　　425 000
借：主营业务成本　　2 000 000
　贷：库存商品　　2 000 000

②1月31日，估计销售退回时，调整收入和成本，并不明确债权人，并将预计发生的退货部分的毛利计入“其他应付款”科目：

借：主营业务收入　　500 000
　贷：主营业务成本　　400 000
　　　其他应付款　　100 000

③2月1日收到货款时：

借：银行存款　　2 925 000
　贷：应收账款　　2 925 000

④6月30日发生销售退回，实际退回10 000册，货款已退：

借：库存商品　　400 000
　　应交税费——应交增值税（销项税）　　85 000
　　其他应付款　　100 000
　贷：银行存款　　585 000

⑤6月30日实际发生退货8 000册，货款已退：

借：库存商品　　320 000
　　应交税费——应交增值税（销项税）　　68 000
　　主营业务成本　　80 000
　　其他应付款　　100 000
　贷：主营业务收入　　100 000
　　　银行存款　　468 000

⑥6月30日发生销售退回，实际退回12 000册，货款已退：

借：库存商品　　480 000
　　应交税费——应交增值税（销项税）　　102 000
　　主营业务收入　　100 000
　　其他应付款　　100 000
　贷：主营业务成本　　702 000
　　　银行存款　　80 000

（2）以旧换新销售。

销售商品采用以旧换新方式的，销售的商品应当按照销售商品收入确认条件确认收入，回收的商品应作为购进商品处理。

【例12－9】甲公司采用以旧换新方式销售给乙公司家电商品2 000台，单位售价为5 000元/台，单位成本为4 000元/台；同时收回200台同类家电商品，每台回收价为500元（不考虑增值税），款项已收入银行。则应编制如下会计分录：

借：银行存款　　11 600 000
　　库存商品　　100 000

　贷：主营业务收入　　　　10 000 000
　　　应交税费——应交增值税（销项税额）　　　　1 700 000
借：主营业务成本　　　　8 000 000
　贷：库存商品　　　　8 000 000

7. 销售材料等存货的核算

销售原材料、包装物等存货也视同商品销售收入，确认和计量原则比照商品销售。销售原材料、包装物等存货实现的收入作为其他业务收入，结转相关的成本作为其他业务成本。

【例 12-10】光明公司销售一批原材料，开出的增值税专用发票上注明的售价为5 000元，增值税税额为 850 元，款项已由银行收妥，该批材料的实际成本为 3 800 元。作会计分录如下：

借：银行存款　　　　5 850
　贷：其他业务收入　　　　5 000
　　　应交税费——应交增值税（销项税额）　　　　850
借：其他业务成本　　　　3 800
　贷：原材料　　　　3 800

三、提供劳务取得收入的核算

（一）劳务收入的确认和计量

劳务收入是企业收入的一种重要形式。由于提供劳务的种类很多，且提供劳务的内容不同，完成劳务的时间也就不同。有的劳务一次就能完成，且一般均为现金交易，如饮食、理发、照相等；有的劳务需要花较长时间才能完成，如安装、旅游、培训、远洋运输等。

企业提供的劳务收入应按以下原则进行确认：

1. 合同总收入能够可靠地计量

劳务收入是指劳务关系双方签订的劳务合同中注明的交易总金额或协议约定的交易总金额。劳务收入能够可靠计量，是提供劳务收入确认的基本条件。

2. 与交易相关的经济利益能够流入企业

只有当与交易相关的经济利益能够流入企业时，企业才能确认收入。企业可以从接受劳务方的信誉、以往的经验以及双方就结算方式和期限达成的协议等方面进行判断。

3. 劳务的进度能够可靠地确定

在资产负债表日，企业确定提供劳务交易的完成进度可以采用以下方法确定：

（1）已完成工作的测量。这是一种比较专业的测量法，由专业测量师对已完成的工作或工程进度进行测量，并按一定方法计算劳务的完成程度。

（2）已提供的劳务量占应提供劳务总量的百分比。

（3）已经发生的成本占估计总成本的比例。

4. 交易中已发生和将发生的成本能够可靠地计量

在劳务交易中，劳务开始至资产负债表日已发生的成本和完成整个劳务还需要发生的成本之和构成了劳务的总成本。劳务总成本能够可靠地计量，是提供劳务收入确认的基本条件。

企业应按照从接受劳务方已收或应收的合同或协议价款确定提供劳务收入总额，但已收或应收的合同或协议价款不公允的除外。

企业应当在资产负债表日按照提供劳务收入总额乘以完工进度扣除以前会计期间累计的已确认提供劳务收入后的金额，确认当期提供劳务收入。同时，按照提供劳务估计总成本乘以完工进度扣除以前会计期间累计的已确认劳务成本后的金额，结转当期劳务成本。

（二）劳务收入的会计核算

1. 提供劳务的交易结果能可靠估计

在资产负债表日能对该项交易的结果作出可靠估计的，应按完工百分比法确认收入。完工百分比法是指按照劳务的完成程度确认收入和费用的方法。

在采用完工百分比法确认收入时，收入和相关的费用应按以下公式计算：

本年确认的收入 = 劳务总收入 × 本年末止劳务的完成程度 - 以前年度已确认的收入

本年确认的费用 = 劳务总成本 × 本年末止劳务的完成程度 - 以前年度已确认的费用

【例 12 - 11】A 企业在 2007 年 11 月 2 日为客户提供室内装修，工期大约五个月，合同总收入为 4 000 000 元，至 2008 年 1 月 31 日已发生成本 2 200 000 元，预收账款为 2 500 000 元。预计整个装修完工还将发生成本 800 000 元。2008 年 1 月 31 日经专业人员勘查，装修工程已完成 60%。

则 2007 年确认的收入 = 4 000 000 × 60% - 0 = 2 400 000（元）

2007 年确认的费用 =（2 200 000 + 800 000）× 60% - 0 = 1 800 000（元）

该企业应作会计分录如下：

（1）发生成本时：

借：劳务成本	2 200 000	
贷：银行存款		2 200 000

（2）预收款项时：

借：银行存款	2 500 000	
贷：预收账款		2 500 000

（3）确认收入时：

借：预收账款	2 400 000	
贷：主营业务收入		2 400 000

（4）结算成本时：

借：主营业务成本	1 800 000	
贷：劳务成本		1 800 000

发生的成本为 2 200 000 元，扣除已结转的成本 1 800 000 元，余额 400 000 元应并入年度资产负债表的“存货”项目内反映。

2. 提供劳务的交易结果不能可靠地估计的会计核算

企业在资产负债表日，如不能可靠地估计所提供劳务的交易结果，即不能满足劳务收入的确认条件，企业不能按完工百分比法确认收入。此时又分为三种情况：

一是已经发生的劳务成本预计能够得到补偿的，按照已经发生的劳务成本金额确认提供劳务收入，并按相同金额结转成本。

二是已经发生的劳务成本预计只能够得到部分补偿的，应当按照能够得到补偿部分的劳务成本金额确认收入，并按已经发生的劳务成本金额结转劳务成本。

三是已经发生的劳务成本预计全部不能够得到补偿的，应当将已经发生的劳务成本计入当期损益，不确认提供劳务收入。

【例 12－12】B 企业在 2007 年 11 月为 C 企业培训一批学员，培训期为 6 个月，11 月 1 日开始。双方签订的协议注明，C 企业应支付培训总额为 90 000 元，分三次支付，每期支付 3 000 元。第一次在刚开始支付，第二次在培训期间，即 2008 年 2 月 1 日支付，第三次在培训结束时支付。C 企业已经在培训开始支付了第一期款项。

2007 年底，B 企业得知 C 企业当年效益不好，经营发生困难，没有把握收回后两次的培训费。因此，B 企业只将已经发生的培训成本 60 000 元能够得到补偿的部分，即30 000元确认为收入，并将发生的 60 000 元成本全部确认为当年费用。作会计分录如下：

（1）2007 年 11 月 1 日，收到 C 企业的预付培训费时：

借：银行存款	30 000	
贷：预收账款		30 000

B 企业发生成本时：

借：劳务成本	60 000	
贷：银行存款		60 000

（2）2007 年 12 月 31 日，确认收入并结转成本：

借：预收账款	30 000	
贷：主营业务收入		30 000
借：营业成本	60 000	
贷：劳务成本		60 000

四、让渡资产使用权取得的收入核算

让渡资产使用权收入包括两部分：一部分是利息收入，另一部分是使用费收入。

利息收入。这主要是针对金融企业存、贷款形成的利息收入及同业之间发生往来形成的利息收入等。

使用费收入。使用本企业的无形资产（如商标权、专利权、专营权、软件、版权）等而形成的使用费收入。如果合同或协议规定一次性收取使用费，且不提供后续服务的，应当视同销售该项资产一次性确认收入，提供后续服务的，应当在合同或协议规定的有效期内分期确认收入；如果合同或协议规定分期收取使用费的，应按合同或协议规定的收款时间和金额或规定的收费方法计算确定的金额分期确认收入。

利息收入和使用费收入应按下列原则进行确认：

（1）与交易相关的经济利益能够流入企业。这是任何交易均应遵循的一项重要原则。企业应根据对方的信誉情况、当年的效益情况以及双方结算方式、付款期限等达成的协议等方面进行判断。如果企业估计收入收回的可能性不大，则不应确认收入。

（2）收入的金额能够可靠地计量。利息收入根据合同或协议规定的存、贷款利率确定；使用费收入按企业与资产使用者签订的合同或协议确定。当收入的金额能够可靠地计量时，企业才能进行确认。

第三节 费 用

企业在取得收入的过程中，必然要消耗一定量的经济资源。企业只有以尽可能少的消耗取得一定的收入，或以一定的消耗取得尽可能多的收入，才能获得最大的经营成果。企业至少要做到以其经营所得抵补其经营所耗，在经济上才有立足之地。企业经济资源的消耗在会计上用“费用”一词来描述。

一、费用的定义

费用是指企业在日常活动中发生的、会导致所有者权益减少的、与向所有者分配利润无关的经济利益的总流出。

从上述定义可以看出，费用具有以下特征：

（1）费用是企业日常活动中形成的，并与企业收入的活动密切相关的支出。所谓日常活动，是指企业为完成其经营目标所从事的经常性活动及与之相关的活动。例如，工业企业制造并销售产品、商业企业销售商品、保险公司签发保单、咨询公司提供咨询服务、软件企业为客户开发软件、安装公司提供安装服务、商业银行对外贷款等，均属于企业的日常活动。只有日常活动的经济利益流出才是费用，非日常活动的经济利益流出不能确认为费用，而应计入当期损失。

由于企业经营的目标是盈利，因此，企业发生的费用通常与企业的收入赚取活动密切相关。例如，商品销售成本的发生是为了获取商品销售收入，其他业务成本的发生是为了获取其他业务收入，管理费用、销售费用和财务费用的发生也助于企业获取主营业务收入或其他业务收入等。

（2）费用最终会导致企业经济资源的减少或牺牲。这种牺牲可具体表现为一个企业实际的现金或非现金支出（如消耗原材料）。因此，可将费用称为企业资源的流动，但它是资源流出企业，与形成一个企业的收入不同，后者也是资源流动，但它是导致未来经济利益及其等价物流入企业，两种资源的流动方向正好相反。如果将现金及其等价物视作企业未来经济利益的最终体现，那么，费用的本质就是一种现实或预期的现金流出。例如，支付工资、发生销售费用是各项现实的现金流出。

（3）费用最终会减少企业的所有者权益。一般来说，现金支出都会减少企业的净权益，都应该形成一个企业的费用。但在经营过程中，有两类支出是不应归入费用的：一类是企业偿债性支出，如以现金偿付以前期间所欠付的债务，它是一项资产和一项负债的减少，所有者权益没有受影响，因此不形成费用；另一类是向所有者分配利润或股利，这一现金流出虽然减少了企业的所有者权益，但属于最终利润的分配，不是经营活动的结果，也不作为费用。

与费用相对应的另外一个概念是“损失”。新《企业会计准则》把损失定义为：企业非日常活动所发生的、会导致所有者权益减少的、与向所有者分配利润无关的经济利益的流出。损失包括直接计入所有者权益的损失和直接计入当期利润的损失，前者如可供出售金融资产因公允价值变动而形成的损失，后者如固定资产报废损失、灾害损失等。在我国，直接计入当期利润的损失通常以“营业外支出”科目核算。由于损失与企业获取收入活动的关联性不大，因此损失通常没有恰当的收入与其相配比。损失又包括两类：与正常经营活动有关的损失和非常项目损失。与正常经营活动有关的损失是指那些虽与企业的经营活动有关，但不经常发生或与企业获取收入活动关系不是很密切的经济利益的减少，如固定资产报废损失、经营项目的中止损失等。非常项目损失是指那些与企业经营活动无关且不经常发生的事项所导致的损失，这种损失的发生不是企业管理当局能够控制的，如地震、水灾和火灾等灾害损失。

二、费用的内容

企业的费用主要包括主营业务成本、其他业务成本、营业税金及附加、销售费用、管理费用和财务费用等。

1. 主营业务成本

主营业务成本是指企业销售商品、提供劳务等经常性活动所发生的成本。企业一般在确认销售商品、提供劳务等主营业务收入时，或在月末，将已销售商品、已提供劳务的成本结转入主营业务成本。

2. 其他业务成本

其他业务成本是指企业除主营业务活动以外的其他经营活动所发生的成本。

3. 营业税金及附加

营业税金及附加是指企业经营活动应负担的相关税费。

4. 管理费用

管理费用是指企业行政管理部门为组织和管理生产经营活动而发生的各种费用。包括工会经费、职工教育经费、业务招待费、印花税等相关税金、技术转让费、无形资产摊销、咨询费、诉讼费、公司经费、聘请中介机构费、矿产资源补偿费、研究与开发费、劳动保险费、待业保险费、董事会会费以及其他管理费用。

5. 销售费用

销售费用是指企业在销售产品、提供劳务等日常经营过程中发生的各项费用以及为销售本企业商品而专设的销售机构（含销售网点、售后服务网点等）的各项经营费用。包括运输费、装卸费、包装费、保险费、展览费、广告费、租赁费（不包括融资租赁费）、提供售后服务的费用、委托代销费用，以及为销售本公司商品而专设的销售机构的职工工资、福利费等经常性费用。近年来，营销创新所带来的各种促销费用，如销售佣金、交通运输业的里程优惠、有奖销售等都是销售费用中的一种。

6. 财务费用

财务费用是指企业筹集生产经营所需资金而发生的费用。包括利息净支出（减利息收入）、汇兑净损失（减汇兑收益）、金融机构手续费以及筹集生产经营资金发生的其他费用等。

三、费用的确认

由于确认费用的同时也确认了资产的减少和负债的增加，它直接关系到企业未来的利益，所以必须可靠地确认各项费用。对费用的确认必须坚持以下三个原则：

（1）权责发生制原则。它是指凡是企业在当期具有负担某项费用的义务，不论款项是否支付都应当作当期的费用；凡是企业在当期不具有负担某项费用的义务，即使款项已支付，也不应确认为当期费用。

（2）划分资本性支出与收益性支出原则。它要求费用的确认必须是为获得本期收入而发生的那部分支出。

（3）配比原则。它要求费用应该与其相联系的收入相配比，当与费用相联系的收入已实现时，应该确认相应的费用。

四、费用的核算

有关主营业务成本、其他业务成本、营业税金及附加的核算参见本章第二节的内容。

1. 管理费用的核算

企业发生的管理费用，在“管理费用”账户核算，并按费用项目设置明细科目。该账户的借方登记企业发生的各项管理费用，贷方登记月终结转的管理费用。

企业发生的各项管理费用借记本账户，贷记“库存现金”、“银行存款”、“原材料”、“应付职工薪酬”、“累计折旧”、“累计摊销”、“应交税费”、“研发支出”等账户，期末，应将本账户借方归集的管理费用全部转入“本年利润”账户的借方。

【例 12－13】C 企业于 2007 年 8 月 15 日用银行存款 2 000 元支付业务招待费。作会计分录如下：

借：管理费用——业务招待费	2 000	
贷：银行存款		2 000

【例 12－14】2007 年 8 月末，C 企业计算确定本月应摊销的一项商标权价值为 80 000 元；管理部门使用的固定资产本月计提折旧为 100 000 元，管理部门人员的工资和福利为 58 000元。本月该企业累计发生管理费用为 238 000 元。作会计分录如下：

借：管理费用	238 000	
贷：累计摊销		80 000
累计折旧		100 000
应付职工薪酬		58 000
借：本年利润	238 000	
贷：管理费用		238 000

2. 销售费用的核算

企业发生的销售费用，在“销售费用”账户核算，并按费用项目设置明细科目，进行明细核算。企业发生的各项销售费用，借记本账户，贷记“库存现金”、“银行存款”、“应付职业薪酬”等账户；期末，将借方归集的销售费用全部转入“本年利润”账户的借方，结转后该账户无余额。

需要注意的是，企业发生的与专设销售机构相关的固定资产修理费用等后续支出，应在“销售费用”账户中核算。

【例 12－15】D 企业于 2007 年 8 月 12 日支付广告费 70 800 元，支付销售中发生的保险费 50 000 元，款项由银行存款支付。月末该企业共发生销售费用 120 800 元。作会计分录如下：

借：销售费用——广告费　　70 800
　　　　　　——保险费　　50 000
　贷：银行存款　　120 800
借：本年利润　　120 800
　贷：销售费用　　120 800

3. 财务费用的核算

企业发生的财务费用，在“财务费用”账户核算，并按费用项目设置明细科目，进行明细核算。该账户的借方登记企业发生的各项财务费用，贷方登记月终结转的财务费用，期末“财务费用”科目的余额结转“本年利润”科目后无余额。

【例 12－16】 E 企业于 2007 年 9 月 23 日用银行存款 90 000 元支付本季度银行贷款利息；其中 7、8 月已预提 30 000 元。本月该企业共发生财务费用 180 000 元。作会计分录如下：

借：财务费用　　30 000
　　应付利息　　60 000
　贷：银行存款　　90 000
借：本年利润　　180 000
　贷：财务费用　　180 000

第四节　利　润

企业生产经营的最终目的，就是要努力扩大收入，尽可能地降低成本与费用，努力提高企业盈利水平，增强企业的获利能力。企业只有最大限度地获取利润，才能为投资者提供尽可能高的投资报酬，为社会创造尽可能多的财富。因此，获利能力的高低，是衡量企业优劣的一个重要标志。

一、利润概述

利润是企业在一定期间内的经营成果，是企业的收入减去有关的成本与费用后的差额。包括收入减去费用后的净额、直接计入当期利润的利得和损失等。直接计入当期利润的利得和损失，是指应当计入当期损益、会导致所有者权益发生增减变化的、与所有者投入或向所有者分配利润无关的利得和损失。收入大于相关的成本与费用，企业就可获取盈利；收入小于相关的成本与费用时，企业就会发生亏损。

根据《企业会计准则》的有关规定，企业的利润一般包括营业利润、利润总额和净利润三个部分。如果企业能够按规定获取补贴收入，则也应作为当期的利润总额的组成部分。

1. 营业利润

营业利润是将企业某一会计期间日常活动获得的营业收入、公允价值变动收益、投资收益等收入扣除日常活动中与其相关所发生的营业成本、营业税金、期间费用、资产减值损失、公允价值变动损失、投资损失等费用、成本的结果，是企业利润的主要来源。用公式表示为：

营业利润 = 营业收入 - 营业成本 - 营业税金及附加 - 管理费用 - 财务费用 - 销售费用 - 资产减值损失 + 公允价值变动收益（ - 损失） + 投资收益（ - 损失）

2. 利润总额 = 营业利润 + 营业外收入 - 营业外支出

3. 净利润

净利润是企业当期利润总额减去所得税费用以后的余额。用公式表示为：

净利润 = 利润总额 - 所得税费用

二、营业外收支的核算

营业外收支是指与企业的生产经营活动无直接关系的各项收支。营业外收支虽然与企业生产经营活动没有多大的关系，但从企业总体来考虑，同样带来收入或形成企业的支出，也是增加或减少利润的因素，对企业的利润总额及净利润产生较大的影响。

1. 营业外收入

营业外收入是指与企业生产经营活动没有直接关系的各种利得。营业外收入并不是由企业经营资金耗费所产生的，不需要企业付出代价，实际上是经济利益的净流入，不可能也不需要与有关费用进行配比。因此，在会计核算上，应当严格区分营业外收入与主营业务收入的界限。营业外收入主要包括非流动资产处置利得、盘盈利得、罚没利得、捐赠利得、确实无法支付而按规定程序经批准后转作营业外收入等。

非流动资产处置利得包括固定资产处置利得和无形资产出售利得。

处置固定资产利得是指企业处置固定资产所取得的收入扣除处置费用及固定资产净值后的余额。

出售无形资产利得是指企业出售无形资产所取得的收入减去出售无形资产的账面价值及发生的相关税费后的净收益。

盘盈利得主要指清查盘点中盘盈的现金等，报经批准后计入营业外收入的余额。

罚没利得是指企业取得的滞纳金和各种形式的罚款，在弥补由于对方违反合同或协议而造成的经济损失后的罚款净收益。

捐赠利得是指企业接受捐赠产生的利得。

企业应设置“营业外收入”科目，核算营业外收入的取得及结转情况。该科目贷方登记确认的各项营业外收入，借方登记期末结转转入本年利润的营业外收入，结转后该科目无余额。该科目应按照营业外收入的项目进行明细核算。

企业确认营业外收入，借记“固定资产清理”、“银行存款”、“库存现金”、“应付账款”等科目，贷记“营业外收入”科目；期末，应将“营业外收入”科目余额转入“本年利润”科目，借记“营业外收入”科目，贷记“本年利润”科目。

【例 12 - 17】某企业将报废固定资产清理的净收益 18 000 元转作营业外收入，并结转入本年利润。作会计分录如下：

借：固定资产清理　　18 000

贷：营业外收入　　18 000

借：营业外收入　　18 000

贷：本年利润　　18 000

2. 营业外支出

营业外支出是指不属于企业生产经营费用、与企业生产经营活动没有直接的关系，但应从企业实现的利润总额中扣除的损失。营业外支出主要包括非流动资产处置损失、盘亏损失、非常损失、罚款支出、捐赠支出等。

非流动资产处置损失包括固定资产处置损失和无形资产出售损失。处置固定资产净损失是指企业处置固定资产获得的收入不足以抵补处置费用和固定资产净值所发生的损失、应计入营业外支出的金额；无形资产出售损失是指企业出售无形资产所取得的收入减去出售无形资产的账面价值及所发生的相关税费后的净损失。

盘亏损失是指企业在财产清查盘点中，实际固定资产数量和价值低于固定资产账面数量和价值而发生的固定资产损失。对于固定资产盘亏，企业应当进行调查，查明原因后及时处理，其损失计入营业外支出。

非常损失是指企业由于客观原因造成的损失，在扣除保险公司赔偿后应计入营业外支出的净损失，如自然灾害等造成的资产损失。

罚款支出是指企业由于违反经济合同、税收法规等规定而支付的各种罚款。

捐赠支出是指企业对外捐赠的各种资产的价值。

企业应通过“营业外支出”科目，核算营业外支出的发生及结转情况。该科目借方登记确认发生的各项营业外支出，贷方登记期末结转入本年利润的营业外支出，结转后该科目无余额。该科目应按照营业外支出的项目进行明细核算。

企业确认营业外支出，借记“营业外支出”科目，贷记“固定资产清理”、“银行存款”、“库存现金”、“应付账款”等科目。期末，应将“营业外支出”科目余额转入“本年利润”科目，借记“本年利润”科目，贷记“营业外支出”科目。

【例 12－18】B 企业由于发生火灾，造成流动资产损失 50 000 元，保险公司赔偿30 000 元，其余由企业自己承担，经批准转为营业外支出。作会计分录如下：

借：营业外支出——非常损失　　20 000

　　其他应收款——保险公司　　30 000

贷：待处理财产损溢——待处理流动资产损溢　　50 000

【例 12－19】A 企业转让一项无形资产获取收入 40 000 元存入银行。无形资产账面原值为 52 000 元，累计摊销 10 000 元，已计提的无形资产减值准备为 2 000 元，营业税税率为 5%。则企业应编制会计分录如下：

借：银行存款　　40 000

　　累计摊销　　10 000

　　无形资产减值准备　　2 000

　　营业外支出——处置非流动资产损溢　　2 000

贷：无形资产　　52 000

　　应交税费——应交营业税　　2 000

三、所得税费用的核算

所得税是指企业根据其应纳税所得额的一定比例上交的一种税金。企业在计算确定当期所得税以及递延所得税费用（或收益）的基础上，应将两者之和确认为利润表中的所得税费用（或收益）。计算公式为：

所得税费用（或收益）=当期所得税+递延所得税费用（-递延所得税收益）

递延所得税费用=递延所得税负债增加额+递延所得税资产减少额

递延所得税收益=递延所得税负债减少额+递延所得税资产增加额

（一）当期所得税的计算

应纳所得额是在企业税前会计利润（即利润总额）的基础上调整确定的。计算公式为：

应纳所得额=税前会计利润+纳税调整增加额-纳税调整减少额

纳税调整增加额主要包括税法规定允许扣除项目中，企业已计入当期费用但超过税法规定扣除标准的金额（如超过税法规定标准的业务招待费支出），以及企业已计入当期损失但税法规定不允许扣除项目的金额（如税收滞纳金、罚款、罚金）。

纳税调整减少额主要包括按税法规定允许弥补的亏损和准予免税的项目，如前五年内的未弥补亏损和国债利息收入等。

企业当期所得税的计算公式为：

应交所得税=应纳所得额×所得税税率

【例12-20】甲公司2007年年度按《企业会计准则》计算的税前会计利润为19 700 000元，所得税税率为33%。当年按税法核定的全年计税工资为2 000 000元，甲公司全年实发工资为2 200 000元。经查，甲公司当年营业外支出中有100 000元为税收滞纳金。假定甲公司全年无其他纳税调整因素。

本例中，甲公司有两项纳税调整因素：一是已计入当期费用但超过税法规定标准的工资支出；二是已计入当期营业外支出但按税法规定不允许扣除的税收滞纳金。这两个因素均应调整增加应纳税所得额。甲公司当期所得税的计算如下：

纳税调整额=2 200 000-2 000 000+100 000=300 000（元）

应纳税所得额=19 700 000+300 000=20 000 000（元）

当期应交所得税税额=20 000 000×33%=6 600 000（元）

【例12-21】甲公司2007年年度按《企业会计准则》计算的税前会计利润为10 000 000元，所得税税率为33%。当年按税法核定的全年计税工资为2 000 000元，甲公司全年实发工资为1 800 000元。假定甲公司全年无其他纳税调整因素。

企业实际支付的工资总额超出计税工资时，超出的部分不得作为纳税扣除项目，应调整增加应纳税所得额。但企业实际支付的工资总额低于计税工资时，应按实际支付的工资总额作为纳税扣除项目，即企业实际支付的工资总额低于计税工资的部分不调整应纳税所得额。本例中，甲公司实际支付的工资总额低于计税工资，不属于纳税调整因素，甲公司又无其他纳税调整因素，因此甲公司2007年年度计算的税前会计利润即为应纳税所得额。甲公司当期所得税的计算如下：

当期应交所得税税额 = 10 000 000 × 33% = 3 300 000（元）

【例12 - 22】甲公司2007年全年利润总额（即税前会计利润）为10 200 000元，其中包括本年收到的国库券利息收入200 000元，所得税税率为33%。假定甲公司本年无其他纳税调整因素。

按照税法的有关规定，企业购买国库券的利息收入免交所得税，即在计算应纳税所得额时可将其扣除。甲公司当期所得税的计算如下：

应纳税所得额 = 10 200 000 - 200 000 = 10 000 000（元）

当期应交所得税税额 = 10 000 000 × 33% = 3 300 000（元）

（二）所得税费用的会计处理

企业根据《企业会计准则》的规定，对当期所得税加以调整计算后，据以确认应从当期利润总额中扣除的所得税费用。

【例12 - 23】承【例12 - 22】，甲公司递延所得税负债年初数为400 000元，年末数为500 000元，递延所得税资产年初数为250 000元，年末数为200 000元。

甲公司所得税费用的计算为：

递延所得税费用 = （500 000 - 400 000） + （250 000 - 200 000） = 150 000（元）

所得税费用 = 当期所得税 + 递延所得税费用 = 3 300 000 + 150 000 = 3 450 000（元）

甲公司相关会计分录为：

借：所得税费用	3 450 000	
贷：应交所得税		3 300 000
递延所得税负债		100 000
递延所得税资产		50 000

（三）本年利润的会计处理

企业一般应按月计算利润，按月计算利润确实有困难的企业，可以按季或按年计算利润。为了反映企业利润的形成过程和组成内容，企业应当设置“本年利润”科目，对企业每期实现的净利润（或发生的净亏损）进行核算。

在会计期末，企业应当将“主营业务收入”、“其他业务收入”、“营业外收入”等收入类科目的期末余额，分别转入“本年利润”科目，借记“主营业务收入”、“其他业务收入”、“营业外收入”等科目，贷记“本年利润”科目。与此同时，企业还应当将“主营业务成本”、“营业税金及附加”、“其他业务成本”、“管理费用”、“财务费用”、“销售费用”、“营业外支出”及“所得税费用”等费用类科目的期末余额，分别转入“本年利润”科目，借记“本年利润”科目，贷记“主营业务成本”、“营业税金及附加”、“其他业务成本”、“管理费用”、“财务费用”、“销售费用”、“营业外支出”及“所得税”等费用（包括有关支出）类科目。另外，如果“投资收益”科目期末余额反映净收益，则应借记“投资收益”科目，贷记“本年利润”科目；如果“投资收益”科目期末余额反映净损失，则应借记“本年利润”科目，贷记“投资收益”科目。

期末，企业应将本期的收入和支出相抵后结出累计余额。“本年利润”科目贷方余额表示至本期止的净利润，借方余额表示至本期止的亏损总额。

会计年度终了时，应当将本年所有的净利润（即“本年利润”科目的贷方余额）全部转入“利润分配”科目的贷方（如为亏损作相反分录）。“本年利润”科目在年末结转之后应当无余额。

【例 12－24】A 公司 2008 年有关损益类科目的年末余额见表 12－1（采用表结法年末一次结转损益类科目，所得税税率为 25%）。

表 12－1　　损益类科目表　　单位：元

科目名称	结转前余额
主营业务收入	6 000 000（贷）
其他业务收入	700 000（贷）
公允价值变动损益	150 000（贷）
投资收益	600 000（贷）
营业外收入	50 000（贷）
主营业务成本	4 000 000（借）
其他业务成本	400 000（借）
营业税金及附加	80 000（借）
销售费用	500 000（借）
管理费用	770 000（借）
财务费用	200 000（借）
资产减值损失	100 000（借）
营业外支出	250 000（借）

A 公司 2008 年年末结转本年利润的会计分录如下：

（1）将各损益类科目年末余额结转入“本年利润”科目。

①结转各项收入、利得类科目：

借：主营业务收入	6 000 000	
其他业务收入	700 000	
公允价值变动损益	150 000	
投资收益	600 000	
营业外收入	50 000	
贷：本年利润		7 500 000

②结转各项费用、损失类科目：

借：本年利润	6 300 000	

贷：主营业务成本 4 000 000

其他业务成本 400 000

营业税金及附加 80 000

销售费用 500 000

管理费用 770 000

财务费用 200 000

资产减值损失 100 000

营业外支出 250 000

（2）“本年利润”科目的贷方发生额合计7 500 000元减去借方发生额合计6 300 000元即为税前会计利润1 200 000元。假设不存在纳税调整，企业所得税税率为25%，则应交所得税费用额 = 1 200 000 × 25% = 300 000元。

借：所得税费用 300 000

贷：应交税费——应交所得税 300 000

借：本年利润 300 000

贷：所得税费用 300 000

（3）将“本年利润”科目年末余额1 200 000 – 300 000 = 900 000元转入“利润分配——未分配利润”科目。

借：本年利润 900 000

贷：利润分配——未分配利润 900 000

四、利润分配

企业取得的净利润，应当按规定进行分配。利润的分配过程和结果，不仅关系到所有者的合法权益是否得到保护，而且还关系到企业能否长期、稳定地发展。企业本年实现的净利润加上年初未分配利润为可供分配的利润。

企业可供分配的利润按下列顺序分配：

（1）提取法定盈余公积。法定盈余公积按净利润（减弥补以前年度亏损）的10%提取（非公司制企业也可按照超过10%的比例提取），当企业法定盈余公积累计额已达到注册资本的50%时可不再提取。

（2）提取任意盈余公积。

（3）向投资者分配利润。

若企业发生亏损，可以用以后年度实现的利润弥补，也可以用以前年度提取的盈余公积弥补。企业以前年度亏损未弥补完，不能提取法定盈余公积。在提取法定盈余公积前，不得向投资者分配利润。

企业应设置“利润分配”科目，核算企业利润的分配（或亏损的弥补）和历年分配（或弥补）后的积存余额。利润分配科目下应分别设置以下明细科目：

①提取法定盈余公积；②提取任意盈余公积；③未分配利润；④盈余公积补亏。

企业用盈余公积弥补亏损，借记“盈余公积”科目，贷记“利润分配——盈余公积补亏”科目。按照规定从净利润中提取盈余公积时，借记“利润分配——提取法定盈余公积（或提取任意盈余公积）”科目，贷记“盈余公积——法定盈余公积（或任意盈余公积）”

等科目。应当分配给股东的现金股利或利润，借记“利润分配——应付现金股利（或利润）”科目，贷记“应付职工薪酬——应付福利”科目。

外商投资企业用利润归还的投资，借记“利润分配——利润归还投资”科目，贷记“盈余公积——利润归还投资”科目；外商投资企业从净利润中提取的职工奖励及福利基金，借记“利润分配——提取职工奖励及福利基金”科目，贷记“应付职工薪酬——福利”科目。

年度终了时企业应将全年实现的净利润，自“本年利润”科目转入本科目，借记“本年利润”科目，贷记“利润分配——未分配利润”科目，如为净亏损，作相反的会计分录；同时，将“利润分配”科目下的其他明细科目的余额转入“利润分配”科目的“未分配利润”明细科目。结转后，除“未分配利润”明细科目外，“利润分配”科目的其他明细科目应无余额。

“利润分配”科目年末余额，反映企业历年积存的未分配利润（或未弥补亏损）。

【例 12－25】 A 公司 2004 年实现净利润 500 000 元，按 10% 提取法定盈余公积。作会计分录如下：

（1）结转本年利润：

借：本年利润　　500 000

　贷：利润分配——未分配利润　　500 000

（2）提取法定盈余公积和法定公益金：

借：利润分配——提取法定盈余公积　　50 000

　贷：盈余公积　　50 000

（3）结转“利润分配”科目的各明细科目：

借：利润分配——未分配利润　　50 000

　贷：利润分配——提取法定盈余公积　　50 000

第十三章　财务会计报告

财务会计报告是企业的利益相关者，特别是企业外部的信息使用者了解企业财务状况、经营成果和现金流量的主要依据。企业财务会计报告提供的信息是否对相关利益者有用，直接影响企业当期的经营活动情况和未来的发展趋势。因此，企业应本着满足信息使用者进行经营决策需求的目的，同时反映管理层受托责任的履行情况，通过编制财务会计报告，及时、真实、全面、规范地提供企业一定时期的财务状况、经营成果和现金流量等。

第一节　财务会计报告概述

一、财务会计报告构成

财务会计报告是综合反映企业财务状况、经营成果以及成本费用的总结性书面文件，是指企业对外提供的反映企业某一特定日期的财务状况和某一会计期间的经营成果、现金流量等会计信息的文件。包括财务报表和其他应当在财务报告中披露的相关信息的资料。

企业编制财务会计报告的目的，是为了对制定企业经营和有关经济决策以及进行宏观调控的有关各方提供有用的信息。也可说，编制财务会计报告的目的，是为了向企业目前和未来可能的投资人、债权人以及政府部门等其他使用者，提供能使他们作出合理的投资、贷款以及经济决策上有用、真实、计算准确、内容完整、报送及时的信息。这类信息包括企业持有的经济资源、企业须对其他经济实体交付资源的债务和所有者权益的信息，以及引起企业经济资财、债务和所有者权益变动的各种经济业务事项导致的企业财务状况和经营成果的信息。

《企业会计准则》规定，财务报表至少应当包括下列组成部分：

（1）资产负债表。

（2）利润表。

（3）现金流量表。

（4）所有者权益（股东权益）变动表。

（5）附注。

附注是指对在会计报表中列示项目所作的进一步说明，以及对未能在这些报表中列示项目的说明等。

二、财务会计报表的分类

企业财务会计报表按照不同的标准，可以有不同的分类方法及种类。

（1）按财务会计报表反映的经济内容的不同，可以分为反映企业财务状况的会计报表，如资产负债表；反映企业经营成果的会计报表，如利润表；反映企业现金流量情况的报表，如现金流量表；反映所有者权益增减变动的报表，如所有者权益变动表。

（2）按财务会计报表反映的资金运动形态的不同，可以分为静态报表和动态报表。其中静态报表是反映某一特定时点指标的会计报表，如资产负债表；动态报表是反映某一时期指标的会计报表，如利润表、现金流量表和所有者权益变动表。

（3）按财务会计报表编制期间的不同，可以分为中期财务报表和年度财务报表。其中中期财务报表是以短于一个完整会计年度的报告期间为基础编制的财务报表，包括月度报表、季度报表和半年度报表。

（4）按财务会计报表编制主体的不同，可以分为个别财务报表和合并财务报表。其中个别财务报表是由企业在自身会计核算基础上对账簿记录进行加工而编制的财务报表，它主要用于反映企业自身的财务状况、经营成果、现金流量及所有者权益增减变动情况；合并财务报表是以母公司和子公司组成的企业集团为会计主体，根据母公司的所属子公司的财务报表，由母公司编制的综合反映企业集团财务状况、经营成果、现金流量及所有者权益增减变动情况的财务报表。

三、会计报表的编制要求

为了保证会计信息的质量，使之为使用者进行决策服务，在保证日常会计核算质量和做好编表前准备工作的基础上，编制会计报表必须达到以下四项要求：

1. 真实性

会计报表编制的真实性是指客观性和正确性的统一。客观性要求如实反映；正确性要求指标计算正确、方法适当。编制会计报表必须根据核对无误的账簿记录，严禁弄虚作假，不得填列估计数或计划数，不得为编表而提前结账。会计报表所填数字要计算正确，各种报表之间有关联的数字必须相互衔接一致，做到账表相符、表表相符。

2. 完整性

会计报表必须按会计制度规定的报表种类、格式和内容填报齐全，不得遗漏项目，甚至漏编某种报表，汇总会计报表亦不得遗漏任何一个单位，以提供完整的会计信息，为使用者服务。

3. 统一性

会计报表各项指标的计算，必须口径一致，务必严格遵循国家的统一规定和要求。只有会计报表指标口径一致，才能使会计报表的汇总和利用、会计报表资料统一的分析比较成为可能，从而充分发挥会计信息在社会经济中的巨大作用。

4. 及时性

会计报表作为会计信息的核心形式和集中体现，尤其注重及时性。会计信息失去了及时性，会计信息就丧失了预测价值和反馈价值。因此，会计报表必须在规定的时间内编制完成并及时报送出去，以使会计报表使用人适时掌握和运用会计信息，进行经济预测和决策。

四、财务报表编制的注意事项

（1）企业应当以持续经营为基础编制财务报表。

企业在编制财务报表过程中，企业管理层应当在考虑市场风险、企业盈利能力、偿债能力、财务弹性以及企业管理层改变经营政策的意向等因素的基础上，对企业的持续经营能力进行评价。如果对企业的持续经营能力产生重大怀疑，应当在附注中披露导致对持续经营能力产生重在怀疑的影响因素。

（2）财务报表项目的列报应当在各个会计期间保持一致。

财务报表项目的列报应当在各个会计期间保持一致，不得随意变更，但下列情况除外：

①企业会计准则要求改变财务报表项目的列报；

②企业经营业务的性质发生重大改变后，变更财务报表项目的列报能够提供更可靠、更相关的会计信息。

（3）编制报表过程中应当考虑报表项目的重要性。

重要性，是指财务报表某项目的省略或错报会影响使用者据此作出经营决策的，则该项目具有重要性。判断项目的重要性，应当考虑该项目的性质是否属于企业日常活动、是否对企业的财务状况和经营成果具有较大影响等因素；判断项目金额大小的重要性，应当通过单项金额占资产总额、负债总额、所有者权益总额、营业收总额、营业成本总额、净利润等直接相关项目金额的比重加以确定。

（4）当期财务报表的列报应当提供所有列报项目上一可比会计期间的比较数据，以及与理解当期财务报表相关的说明，但另外有规定的除外。

（5）企业应当在财务报表的显著位置至少披露下列各项。

①编报企业名称；

②资产负债表日或财务报表涵盖的会计期间；

③人民币金额单位；

④财务报表是合并财务报表的，应当予以标明。

（6）企业至少应当按年编制财务报表。年度财务报表涵盖期间短于一年的，应当披露年度财务报表的涵盖期间，以及短于一年的原因。

第二节　资产负债表

一、资产负债表的性质和作用

资产负债表是依据“资产=负债+所有者权益”这一会计基本等式编制的一种会计报表，它能总括地反映企业在某一特定日期的财务状况。某一特定日期，在会计上尤指会计期末，如月末、季末、年末；而财务状况则是指在某一时点上，即企业资金运动相对静止状态下，企业的资产、负债和所有者权益情况。

资产负债表是企业财务报告体系中的一张最主要的报表，资产负债表主要描述资产结构和理财结构。资产结构是各种资产的主要类别和金额，表明投入企业的资源的运用，是企业广义的投资活动的结果。理财结构是各种负债和所有者权益的主要类别和金额，表明企业资金来自何处，是企业广义筹资活动的结果。筹资和投资通常被理解为企业财务管理活动的主要内容，所以，资产负债表可以理解为提供企业某一特定日期的资产、负债、所有者权益及其相互关系，借以反映财务状况的一种资源存量的会计报表。其主要作用表现为能够向报表使用者提供有关信息资料：

（1）提供某一特定日期的企业经济资源的总体及其结构，为评价企业资产构成、改善经营管理和提高管理水平提供依据。

（2）说明企业某一特定日期的负债总额及其结构，为分析企业财务风险、监督企业合理使用资金提供依据。

（3）反映企业财务实力、偿债能力和支付能力，为投资和信贷决策提供依据。

（4）表明企业资金结构变化，为掌握企业财务状况变化趋势提供依据。

二、资产负债表的格式

资产负债表由表头、基本部分和补充资料三部分构成。其中基本部分有报告式和账户式两种，我国规定采用账户式，其格式见表 13－3。

报告式资产负债表是依据会计基本等式或其变形公式，其内容呈上下排列的一种资产负债表。

账户式资产负债表是资产列于报表左侧，而负债和所有者权益列于报表右侧，且左右两侧平衡的一种资产负债表。这种格式因类似“T”形账户而得名。这种格式的资产负债表着重反映企业的全部资产及其来源，并且利于报表使用人借助报表左右两方的对比来分析了解企业的财务状况。

资产负债表中的各个项目，从总体上可以分为资产、负债和所有者权益三大类，每一类又包括若干个项目，每个项目又分设“年初数”和“期末数”两栏。

（1）资产类项目。在资产类项目中，按资产的构成和流动性的大小可分为流动资产、非流动资产等大项，每一大项又按其内容或变现能力的大小分为若干具体项目。

（2）负债类项目。在负债类项目中，按负债的偿还期限分为流动负债和非流动负债两大项，每一大项又按其内容分为若干具体项目。

（3）所有者权益类项目。在所有者权益类项目中，按所有者权益的内容和稳定性的大小分为实收资本、资本公积、盈余公积和未分配利润四项。

三、资产负债表的编制方法

资产负债表的编制是以日常会计核算记录的数据为基础进行归类、整理和汇总，加工成报表项目的过程。以下分别说明各栏目的填列方法。

（一）“年初数”的填列方法

表中“年初数”栏内各项目数字，应根据上年末资产负债表“期末数”栏内所列数字填列。如果本年度资产负债表规定的各个项目的名称和内容同上年度不相一致，应对上年年末资产负债表各项目的名称和数字按照本年度的规定进行调整，按调整后的数字填入本表“年初数”栏内。

（二）“期末数”的填列方法

“期末数”是指某一会计期末的数字，即月末、季末、半年末或年末的数字。资产负债表各项目“期末数”的数据来源，可以通过以下五种方式取得：

第一，直接根据总账科目的余额填列。这些项目有交易性金融资产、应收票据、应收股利、应收利息、应付票据、应付职工薪酬、短期借款等。有些则需根据几个总账科目的余额计算填列。如“货币资金”项目，根据“库存现金”、“银行存款”、“其他货币资金”科目的期末余额合计填列。

第二，根据有关明细科目的余额计算填列。如“应付账款”项目，应根据“应付账款”和“预付账款”科目所属明细科目期末贷方余额的合计数填列。这些项目有应收账款、应付账款、预付账款、预收账款等。

第三，根据总账科目和明细科目的余额分析计算填列。如“长期借款”项目，根据“长期借款”总账科目余额扣除“长期借款”科目所属的明细科目中反映的将于一年内到期的长期借款部分分析计算填列。这些项目有长期债权投资、长期借款、应付债券、长期应付款与长期待摊费用等。

第四，根据有关资产科目余额与其备抵科目抵消后的净额填列。如“应收账款”项目，根据“应收账款”科目的期末余额减去“坏账准备”科目的期末余额后的金额填列。这些项目有应收账款、存货、长期股权投资、固定资产、无形资产等。

第五，综合运用上述填列方法分析填列。如“存货”项目填列时应考虑与存货有关的全部项目，如在途物资、原材料、材料成本差异、生产成本、库存商品、发出商品、周转材料等根据各账户期末余额之和减去“存货跌价准备”账户余额后的余额填列。

资产负债表中资产、负债和所有者权益主要项目的填列说明如下：

1. 资产项目的填列说明

（1）“货币资金”项目，反映企业库存现金、银行结算存款、外埠存款、银行汇票存款、银行本票存款、信用卡存款、信用证保证金存款等的合计数。本项目应根据“库存现金”、“银行存款”、“其他货币资金”等科目期末余额的合计数填列。

【例 13－1】某企业于 2007 年 12 月 31 日结账后的“库存现金”账户余额为 10 000 元，“银行存款”账户余额为 3 800 000 元，“其他货币资金”账户余额为 200 000 元。则该企业 2007 年 12 月 31 日资产负债表中的“货币资金”项目金额为 4 010 000 元。

（2）“交易性金融资产”项目，反映企业持有的以公允价值计量且其变动计入当期损益的为交易目的所持有的债券投资、股票投资、基金投资、权证投资等金融资产。本项目应当根据“交易性金融资产”科目的期末余额填列。

【例 13－2】某企业于 2007 年 12 月 31 日结账后的“交易性金融资产”账户余额为 120 000元。则该企业 2007 年 12 月 31 日资产负债表中的“交易性金融资产”项目金额为

120 000 元。

（3）“应收票据”项目，反映企业因销售商品、提供劳务等而收到的商业汇票，包括银行承兑汇票和商业承兑汇票。本项目应根据“应收票据”科目的期末余额，减去“坏账准备”科目中有关应收票据计提的坏账准备期末余额后的金额填列。

（4）“应收账款”项目，反映企业因销售商品、提供劳务等经营活动应收的款项。本项目应根据“应收账款”、“预收账款”科目所属各明细科目的期末借方余额合计减去“坏账准备”科目中有关应收账款计提的坏账准备期末余额后的金额填列。如“应收账款”科目所属明细科目期末有贷方余额的，应在本表的“预收账款”项目内填列。

（5）“预收账款”项目，反映企业按照购货合同规定预付给供应单位的款项等。本项目应根据“预付账款”和“应付账款”科目所属各明细科目的期末借方余额合计数，减去“坏账准备”科目中有关预付款项计提的坏账准备期末余额后的金额填列。如“预付账款”项目所属各明细科目期末有贷方余额的，应在资产负债表“应付账款”项目内填列。

【例 13－3】某企业 2007 年 12 月 31 日结账后有关账户余额如下：应收账款总账账户的借方余额为 160 000 元，其中：应收 A 公司借方余额为 180 000 元，应收 B 公司贷方余额为 20 000 元；预付账款总账账户的借方余额为 65 000 元，其中：预付 C 公司贷方余额为 5 000 元，预付 D 公司借方余额为 70 000 元；应付账款总账账户贷方余额为 120 000 元，其中：应付 E 公司借方余额为 40 000 元，应付 F 公司贷方余额为 160 000 元；预收账款总账账户贷方余额为 90 000 元，其中：预收 G 公司借方余额为 60 000 元，预收 H 公司贷方余额为150 000 元。则该企业 2007 年 12 月 31 日资产负债表中有关项目填列的金额为：

“应收账款”项目＝180 000＋60 000＝240 000（元）

“预付账款”项目＝70 000＋40 000＝110 000（元）

“应付账款”项目＝160 000＋5 000＝165 000（元）

“预收账款”项目＝150 000＋20 000＝170 000（元）

（6）“应收利息”项目，反映企业应收取的债券投资等的利息。本项目应根据“应收利息”科目的期末余额，减去“坏账准备”科目中有关应收利息计提的坏账准备期末余额后的金额填列。

（7）“应收股利”项目，反映企业应收取的现金股利和应收取其他单位分配的利润。本项目应根据“应收股利”科目的期末余额，减去“坏账准备”科目中有关应收股利计提的坏账准备期末余额后的金额填列。

（8）“其他应收款”项目，反映企业除应收票据、应收账款、预付账款、应收利息、应收股利等经营活动以外的其他各种应收、暂付的款项。本项目应根据“其他应收款”科目余额，减去“坏账准备”科目中有关其他应收款计提的坏账准备期末余额后的金额填列。

（9）“存货”项目，反映企业期末在库、在途和在加工的各种存货的可变现净值。本项目应根据“材料采购”、“原材料”、“低值易耗品”、“库存商品”“周转材料”、“委托加工物资”、“委托代销商品”、“生产成本”等科目的期末余额合计数，减去“存货跌价准备”科目余额的金额填列。材料采用计划成本核算、库存商品采用计划成本核算或售价核算的企业，还应加上或减去材料成本差异、商品进销差价后的金额填列。

【例 13－4】某企业采用计划成本核算材料，2007 年 12 月 31 日结账后有关账户余额如下表所示。

账户名称	账户余额
材料采购	15 000（借方）
原材料	240 000（借方）
周转材料	170 000（借方）
库存商品	160 000（借方）
生产成本	58 000（借方）
材料成本差异	12 000（贷方）

则该企业2007年12月31日资产负债表中“存货”项目的金额为：

15 000 + 240 000 + 170 000 + 160 000 + 58 000 - 12 000 = 631 000（元）

（10）“一年内到期的非流动资产”项目，反映的是企业将于一年内到期的非流动资产项目金额。本项目应根据有关科目的期末余额填列。

（11）“长期股权投资”项目，反映企业持有的对子公司、联营企业和合营企业的长期股权投资。本项目应根据“长期股权投资”科目的期末余额，减去的“长期股权投资减值准备”科目的期末余额后的金额填列。

（12）“固定资产”项目，反映的是企业的各种固定资产原价减去累计折旧和累计减值准备后净额。本项目应根据“固定资产”科目的期末余额，减去“累计折旧”和“固定资产减值准备”科目期末余额后的金额填列。

【例13-5】某企业2007年12月31日结账后“固定资产”账户余额为6 000 000元，“累计折旧”账户余额为1 000 000元，“固定资产减值准备”账户余额200 000元。则该企业2007年12月31日资产负债表中的“固定资产”项目金额为：6 000 000 - 1 000 000 - 200 000 = 4 800 000元。

（13）“在建工程”项目，反映企业期末各项未完工程的实际支出，包括交付安装的设备价值、未完建筑安装工程已经耗用的材料、工资和费用支出、预付出包工程的价款等的可收回金额。本项目应根据“在建工程”科目的期末余额，减去“在建工程减值准备”科目期末余额后的金额填列。

（14）“工程物资”项目，反映企业尚未使用的各项工程物资的实际成本。本项目应根据“工程物资”科目的期末余额填列。

（15）“固定资产清理”项目，反映企业因出售、毁损、报废等原因转入清理但尚未清理完毕的固定资产的净值，以及固定资产清理过程中所发生的清理费用和变价收入等各种金额的差额。本项目应根据“固定资产清理”科目的期末借方余额填列，如“固定资产清理”科目期末为贷方余额，以“-”号填列。

（16）“无形资产”项目，反映企业持有的无形资产，包括专利权、非专利技术、商标权、著作权、土地使用权等。本项目应根据“无形资产”的期末余额，减去“累计摊销”

和“无形资产减值准备”科目期末余额后的金额填列。

(17)“开发支出”项目，反映企业开发无形资产过程中能够资本化形成无形资产成本的支出部分。本项目应根据“研发支出”科目中所属的“资本化支出”明细科目的期末余额填列。

(18)“长期待摊费用”项目，反映企业已经发生但应由本期和以后各期负担的分摊期限在一年以上的各项费用。长期待摊费用中在一年内（含一年）摊销的部分，在资产负债表“一年内到期的非流动资产”项目填列。本项目应根据“长期待摊费用”科目的期末余额减去将于一年（含一年）摊销的数额后的金额填列。

(19)“其他非流动资产”项目，反映企业除长期股权投资、固定资产、在建工程、工程物资、无形资产等以外的其他非流动资产。本项目应根据有关科目的期末余额填列。

2. 负债项目的填列说明

(1)“短期借款”项目，反映企业向银行或其他金融机构等借入的期限在一年以下（含一年）的各种借款。本项目应根据“短期借款”科目的期末余额填列。

(2)“应付票据”项目，反映企业购买材料、商品和接受劳务供应等开出、承兑的商业汇票，包括银行承兑汇票和商业承兑汇票。本项目应根据“应付票据”科目的期末余额填列。

(3)“应付账款”项目，反映企业因购买材料、商品和接受劳务供应等经营活动应支付的款项。本项目应根据“应付账款”和“预付账款”科目所属各明细科目的期末贷方余额合计数填列。如“应付账款”科目所属明细科目期末有借方余额的，应在资产负债表“预付账款”项目内填列。

(4)“预收账款”项目，反映企业按照购货合同规定预收客户的款项。本项目应根据“预收账款”和“应收账款”科目所属各明细科目的期末贷方余额合计数填列。如“预收账款”科目所属各明细科目期末有借方余额，应在资产负债表“应收账款”项目内填列。

(5)“应付职工薪酬”项目，反映企业根据有关规定应付给职工的工资、职工福利、社会保险费、住房公积金、工会经费、职工教育经费、非货币性福利、辞退福利等各种薪酬。外商投资企业按规定从净利润中提取的职工奖励及福利基金，也在本项目列示。

(6)“应交税费”项目，反映企业按照税法规定计算应交纳的各种税费，包括增值税、消费税、营业税、所得税、资源税、土地增值税、城市维护建设税、房产税、土地使用税、车船使用税、教育费附加、矿产资源补偿税等。企业代扣代交的个人所得税，也通过本项目列示。企业所交纳的税金不需要预计应交数额的，如印花税、耕地占用税等，不在本项目列示。本项目应根据“应交税费”科目的期末贷方余额填列。如“应交税费”科目期末为借方余额，应以“-”号填列。

(7)“应付利息”项目，反映企业按照规定应当支付的利息，包括分期付息、到期还本的长期借款应支付的利息，企业发行的企业债券应支付的利息等。本项目应根据“应付利息”科目的期末余额填列。

(8)“应付股利”项目，反映企业分配的现金股利和利润，企业分配的股票股利不通过本项目列示。本项目应根据“应付股利”科目的期末余额填列。

(9)“其他应付款”项目，反映企业除应付票据、应付账款、预收账款、应付职工薪酬、应付股利、应付利息、应交税费等经营活动以外的其他各种应付、暂收的款项。本项目应根据“其他应付款”科目的期末余额填列。

（10）“一年内到期的非流动负债”项目，反映企业非流动负债中将于资产负债表日后一年内到期部分的金额。如将于一年内偿还的长期借款。本项目应根据有关科目的期末余额填列。

（11）“长期借款”项目，反映企业向银行或其他金融机构借入的期限在一年以上（不含一年）的各种借款。本项目应根据“长期借款”科目的期末余额填列。

（12）“应付债券”项目，反映企业为筹集长期资金而发行的债券本金和利息。本项目应根据“应付债券”科目的期末余额填列。

（13）“其他非流动负债”项目，反映企业除长期借款、应付债券等项目以外的其他非流动负债。本项目应根据有关的期末余额填列。其他非流动负债项目应根据有关科目期末余额减去将于一年内（含一年）到期偿还数后的余额填列。非流动负债各项目中将于一年内（含一年）到期的非流动负债，应在“一年内到期的非流动负债”项目内单独反映。

3. 所有者权益项目的填列说明

（1）“实收资本（或股东）”项目，反映企业各投资者实际投入的资本（或股东）总额。本项目应根据“实收资本（或股东）”科目的期末余额填列。

（2）“资本公积”项目，反映企业资本公积的期末余额。本项目应根据“资本公积”科目的期末余额填列。

（3）“盈余公积”项目，反映企业盈余公积的期末余额。本项目应根据“盈余公积”科目的期末余额填列。

（4）“未分配利润”项目，反映企业尚未分配的利润。本项目应根据“本年利润”科目和“利润分配”科目的余额计算填列。未弥补的亏损在本项目内以“－”号填列。

【例13－6】甲股份有限公司2007年12月31日的资产负债表（年初数略）及2008年12月31日的科目余额表，分别见表13－1和表13－2。

根据上述资料，编制该公司2008年12月31日资产负债表，见表13－3。

表13－1 **资产负债表** 会企01表

编制单位：甲股份有限公司 2007年12月31日 单位：元

资　　产	期末数	负债和所有者权益（或股东权益）	期末数
流动资产：		流动负债：	
货币资金	1 406 300	短期借款	300 000
交易性金融资产	15 000	交易性金融负债	
应收票据	246 000	应付票据	200 000
应收股利		应付账款	953 800
应收利息		预收账款	0
应收账款	299 100	应付职工薪酬	110 000
其他应收款	5 000	应付股利	

（续上表）

资　　产	期末数	负债和所有者权益（或股东权益）	期末数
预付账款	100 000	应付利息	1 000
存货	2 580 000	应交税费	30 000
一年内到期的非流动资产		其他应付款	56 600
其他流动资产		一年内到期的非流动负债	1 000 000
流动资产合计	4 651 400	其他流动负债	
非流动资产：		流动负债合计	2 651 400
可供出售金融资产		非流动负债：	
持有至到期投资		长期借款	600 000
长期应收款		应付债券	
长期股权投资	250 000	长期应付款	
投资性房地产		专项应付款	
固定资产	1 100 000	预计负债	
在建工程	1 500 000	其他非流动负债	
工程物资		递延所得税负债	
固定资产清理		负债合计	3 251 400
生产性生物资产	0	所有者权益（或股东权益）：	
油气资产		实收资本（或股本）	5 000 000
无形资产	600 000	资本公积	
开发支出		减：库存股	
商誉		盈余公积	100 000
长期待摊费用	100 000	未分配利润	50 000
递延所得税资产			
其他非流动资产	200 000	所有者权益（或股东权益）合计	5 150 000
非流动资产合计	3 750 000		
资产总计	8 401 400	负债和所有者权益（或股东权益）总计	8 401 400

表 13 - 2　　科目余额表　　单位：元

资　产	借方金额	负债和股东权益	贷方金额
现金	2 000	短期借款	50 000
银行存款	806 135	应付票据	100 000
其他货币资金	7 300	应付账款	953 800
短期投资	0	其他应付款	156 600
应收票据	46 000	应付职工薪酬	180 000
应收账款	600 000	应交税费	100 034
坏账准备	-1 800	应付股利	32 215.85
预付账款	100 000	应付利息	0
其他应收款	5 000	长期借款	1 160 000
物资采购	275 000	其中：一年内到期的长期借款	0
原材料	45 000	股本	5 000 000
周转材料	38 050	盈余公积	131 185.15
库存商品	2 212 400	其中：法定公积金	10 395.15
材料成本差异	4 250	利润分配——未分配利润	194 500
一年内到期的非流动资产	0		
长期股权投资	250 000		
固定资产	2 401 000		
累计折旧	-170 000		
固定资产减值准备	-30 000		
工程物资	150 000		
在建工程	578 000		
无形资产	540 000		
其他长期资产	200 000		
合　计	8 058 335	合　计	8 058 335

表 13－3 **资产负债表** 会企 01 表

编制单位：甲股份有限公司 2008 年 12 月 31 日 单位：元

资　　产	年初数	期末数	负债和所有者权益（或股东权益）	年初数	期末数
流动资产：			流动负债：		
货币资金	1 406 300	815 435	短期借款	300 000	50 000
交易性金融资产	15 000		交易性金融负债		
应收票据	246 000	46 000	应付票据	200 000	100 000
应收股利			应付账款	953 800	953 800
应收利息			预收账款	0	
应收账款	299 100	598 200	应付职工薪酬	110 000	180 000
其他应收款	5 000	5 000	应付股利		32 215. 85
预付账款	100 000	100 000	应付利息	1 000	
存货	2 580 000	2 574 700	应交税费	30 000	100 034
一年内到期的					
非流动资产	100 000		其他应付款	56 600	156 600
其他流动资产			一年内到期的非流动负债	1 000 000	
流动资产合计	4 751 400	4 139 335	其他流动负债		
非流动资产：			流动负债合计	2 651 400	1 572 649. 85
可供出售金融资产			非流动负债：		
持有至到期投资			长期借款	600 000	1 160 000
长期应收款			应付债券		
长期股权投资	250 000	250 000	长期应付款		
投资性房地产			专项应付款		
固定资产	1 100 000	2 201 000	预计负债		
在建工程	1 500 000	578 000	其他非流动负债		
工程物资		150 000	递延所得税负债		
固定资产清理			负债合计	3 251 400	2 732 649. 85
生产性生物资产	0		所有者权益（或股东权益）：		
油气资产			实收资本（或股本）	5 000 000	5 000 000
无形资产	600 000	540 000	资本公积		

（续上表）

资　产	年初数	期末数	负债和所有者权益（或股东权益）	年初数	期末数
开发支出			减：库存股		
商誉			盈余公积	100 000	131 185. 15
长期待摊费用			未分配利润	50 000	194 500
递延所得税资产					
其他非流动资产	200 000	200 000	所有者权益（或股东权益）合计	5 150 000	5 325 685. 15
非流动资产合计	3 650 000	3 919 000			
资产总计	8 401 400	8 058 335	负债和所有者权益（或股东权益）总计	8 401 400	8 058 335

第三节　利润表

一、利润表的概念和作用

利润表是反映企业在一定时期内的经营成果的报表。企业在一定时期内所实现的财务成果可以有利润和亏损两种形式。

利润表提供了企业在一定时期内取得的全部收入、发生的全部费用和成本，以及全部收支相抵减后所实现的利润或发生的亏损总额和税后净利润的会计信息。

利润表提供的会计信息可以发挥以下作用：

（1）反映企业主营业务收入以及有关收支和财务成果的形成情况，检查企业利润计划的完成情况，分析企业利润增减变动的原因。

（2）评价一个企业的经营效率和成果，评估投资的价值和报酬，判断企业资本是否保全，从而衡量一个企业在经营管理上的成功程度。

（3）根据企业目前的获利状况，预测未来一定时期内企业的盈利趋势。

（4）促进企业改善经营管理，提高盈利水平。

二、利润表的格式和编制方法

1. 利润表的格式

利润表由表首、正表和补充资料三部分组成。表首部分列明报表的名称、编制单位、编制时间和报表编号、货币名称、计量等单位；正表部分的格式有单步式和多步式两种，我国规定采用多步式利润表（其格式见表13－5）；补充资料反映非经常性项目对利润总额的影响。

单步式利润表是将本期的所有收入和所有的费用、成本分别加计在两个不同的类目之下，并把收入总额和费用、成本总额相抵，只经一步计算就得出利润或亏损总额。

多步式利润表把企业经营成果的形成过程人为地划分为若干步骤，每个步骤得到的中间金额都可以表明构成利润总额各要素间的关系。这样就不但要将各项收入和费用、成本全面列入表中，而且更要注意损益项目的分类及其列示的次序，以便更好地服务于报表使用者。

2. 利润表的编制方法

我国企业利润表中各项目的数据都列有“本月数”和“本年累计数”两栏。

报表中的“本月数”栏反映各项目的本月实际发生数。在编报季度、半年度中期财务报告时，将“本月数”栏改成“上年数”栏，填列上年同期累计实际发生数；在编报年度财务报告时，也将“本月数”栏改成“上年数”栏，填列上年全年累计实际发生数。如果上年度利润表的项目名称和内容与本年度利润表不一致，应对上年度报表项目的名称和数字按本年度的规定进行调整，填入报表的“上年数”栏。

报表中的“本年累计数”栏各项目，反映自年初起至本月末止的累计实际发生数。

利润表的各项目应根据本期损益类科目及本年利润科目发生额分析填列。

3. 利润表的编制

利润表分以下三个步骤编制：

第一步，以营业收入为基础，减去营业成本、营业税金及附加、销售费用、管理费用、财务费用、资产减值损失，加上公允价值变动收益（减去公允价值变动损失）和投资收益（减去投资损失），计算出营业利润。

第二步，以营业利润为基础，加上营业外收入，减去营业外支出，计算出利润总额。

第三步，以利润总额为基础，减去所得税费用，计算出净利润（或净亏损）。普通股或潜在普通股已公开交易的企业，以及正处于公开发行普通股或潜在普通股过程中的企业，还应当在利润表中列示每股收益信息。

利润表项目的填列说明如下：

(1)“营业收入”项目，反映企业经营主要业务和其他业务所确认的收入总额，本项目应根据“主营业务收入”和“其他业务收入”科目的发生额分析填列。

(2)“营业成本”项目，反映企业经营主要业务和其他业务所发生的成本总额。本项目应根据“主营业务成本”和“其他业务成本”科目的发生额分析填列。

(3)“营业税金及附加”项目，反映企业经营业务应负担的消费税、营业税、城市建设维护费、资源税、土地增值税和教育费附加等。本项目应根据“营业税金附加”科目的发生额分析填列。

(4)“销售费用”项目，反映企业在销售商品过程中发生的包装费、广告费等费用和为销售本企业商品而专设的销售机构的职工薪酬、业务费等经营费用。本项目应根据“销售费用”科目的发生额分析填列。

(5)“管理费用”项目，反映企业组织和管理生产经营发生的管理费用。本项目应根据“管理费用”的发生额分析填列。

(6)“财务费用”项目，反映企业筹集生产经营所需资金等而发生的筹资费用。本项目应根据“财务费用”科目的发生额分析填列。

（7）“资产减值损失”项目，反映企业各项资产发生的减值损失。本项目应根据“资产减值损失”科目发生额分析填列。

（8）“公允价值变动收益”项目，反映企业应当计入当期损益的资产或负债公允价值变动收益。本项目应根据“公允价值变动收益”科目的发生额分析填列。如为净损失，本项目以“-”号填列。

（9）“投资收益”项目，反映企业以各种方式对外投资所取得的收益。本项目应根据“投资收益”科目的发生额分析填列。如为投资损失，本项目用“-”号填列。

（10）“营业利润”项目，反映企业实现的营业利润。如为亏损，本项目以“-”号填列。

（11）“营业外收入”项目，反映企业发生的与经营业务无直接关联的各项收入。本项目应根据“营业外收入”科目的发生额分析填列。

（12）“营业外支出”项目，反映企业发生的与经营业务无直接关联的各项支出。本项目应根据“营业外支出”科目的发生额分析填列。

（13）“利润总额”项目，反映企业实现的利润。如为亏损，本项目以“-”号填列。

（14）“所得税费用”项目，反映企业应从当期利润总额中扣除的所得税费用。本项目应根据“所得税费用”科目的发生额分析填列。

（15）“净利润”项目，反映企业实现的净利润。如为亏损，本项目以“-”号填列。

【例 13-7】甲股份有限公司 2008 年损益类科目“本年累计数”金额如表 13-4 所示。

表 13-4　　损益类科目本年累计数　　单位：元

科目名称	借方发生额	贷方发生额
主营业务收入		1 250 000
主营业务成本	750 000	
营业税金及附加	2 000	
销售费用	20 000	
管理费用	158 000	
财务费用	41 500	
投资收益		31 500
营业外收入		50 000
营业外支出	49 700	
所得税费用	77 575	

根据上述资料，编制该股份有限公司 2008 年年度利润表，如表 13-5 所示。

表 13-5 **利润表** 会企 02 表

编制单位：甲股份有限公司 2008 年年度 单位：元

项 目	上年数	本年累计数
一、营业收入		1 250 000
减：营业成本	（略）	750 000
营业务税金及附加		2 000
销售费用		20 000
管理费用		158 000
财务费用		41 500
资产减值损失		
加：公允价值变动收益（损失以“-”号填列）		
投资收益（损失以“-”号填列）		31 500
其中：对联营企业和合营企业的投资收益		
二、营业利润（亏损以“-”号填列）		310 000
加：营业外收入		50 000
减：营业外支出		49 700
其中：非流动资产处置损失		
三、利润总额（亏损以“-”号填列）		310 300
减：所得税费用		77 575
四、净利润（净亏损以“-”号填列）		232 725
五、每股收益		
（一）基本每股收益		
（二）稀释每股收益		

第四节　现金流量表

一、现金流量表的概述

现金流量表是反映企业在某一会计期间内现金及现金等价物流入和流出情况的会计报表。其目的是为财务报表的使用者提供企业一定会计期间内现金和现金等价物流入和流出的信息，以便于报表使用者了解和评价企业获取现金及现金等价物的能力，并据以预测企业未来现金流量。

“库存现金”是指企业库存现金以及可以随时用于支付的存款。具体讲，现金包括“库存现金”科目核算的库存现金，“银行存款”科目核算的存入金融企业、随时可以用于支付的存款，以及“其他货币资金”科目核算的外埠存款、银行汇票、银行本票、信用卡、信用证及存出投资款等其他货币资金。但是，银行存款和其他货币资金中有些不能随时用于支付的存款，如不能随时支取的定期存款等，不应作为现金，而应列为投资；提前通知金融企业便可支取的定期存款，则应包括在现金范围内。“现金等价物”是指企业持有的期限短、流动性强、易于转换为已知金额现金、价值变动风险很小的投资。现金等价物虽不是现金，但其支付能力与现金的差别不大，可视为现金。一项投资被确认为现金等价物必须同时具备四个条件：期限短、流动性强、易于转换为已知金额现金、价值变动风险很小。其中期限短一般是指从购买日起三个月内到期。因此，企业的现金等价物通常包括三个月内到期的债券投资等。权益性投资变现的金额通常不确定，因而不属于现金等价物。

企业应当根据具体情况，确定现金等价物的范围，并且一贯性地保持其划分标准，如改变划分标准，应视为会计政策的变更。企业确定现金等价物的原则及其变更应当在会计报表附注中披露。

现金流量是企业一定时期的现金及现金等价物的流入和流出。如企业销售商品、提供劳务、出售固定资产、向银行借款等取得现金，形成企业的现金流入；购买原材料、接受劳务、购建固定资产、对外投资、偿还债务等形式支付现金，形成企业的现金流出。企业现金形式的相互转换不会产生现金的流入和流出，如企业从银行提取现金，是企业现金存放形式的转换，并不流出企业，不构成现金流量。同样，现金与现金等价物之间的转换也不属于现金流量，如企业用现金购买将于三个月到期的国库券。

以下在提及“库存现金”时，除非同时提及现金等价物，均包括现金和现金等价物。

现金流量表是反映企业一定会计期间内经营活动、投资活动和筹资活动对现金产生影响的报表。其目的是为报表使用者提供一定会计期间内现金流入和流出的有关信息，汇总说明企业在一定会计期间内经营、投资和筹资活动情况。由于利润表提供的净利润金额，是按照权责发生制而不是按照收付实现制原则确认收入和费用而得到的计算结果，所以利润表不能直接提供经营活动取得现金流量的信息，而资产负债表也很难从期末和期初金额的比较中直接提供企业投资和筹资活动产生现金流量的信息。因而，现金流量表是一张反映企业经营全貌、提示企业现金来源和运用、作为资产负债表和利润表之间的纽带和桥梁的报表。现金流量表的作用体现在以下四个方面：

（1）帮助报表使用人评估企业未来产生现金净流量的能力。
（2）帮助报表使用人评估企业支付股利能力、偿还债务能力以及对外筹资能力。
（3）帮助报表使用人分析本期净利润与经营活动现金流量的差异原因。
（4）便于报表使用人评估报告期内的投资和筹资业务。

二、现金流量的分类

按照企业经济业务的性质将企业在一定期间产生的现金流量划分为三类：经营活动产生的现金流量、投资活动产生的现金流量和筹资活动产生的现金流量。

（1）经营活动产生的现金流量。经营活动是指企业投资活动和筹资活动以外的所有交易和事项，包括销售商品或提供劳务、购买商品或接受劳务、支付工资、交纳各项税款等。通过经营活动产生的现金流量，可以说明企业的经营活动对现金流入和流出的影响程度，判断企业在不动用外筹资金的情况下，是否足以维持生产经营、偿还债务、支付股利和对外投资等。

（2）投资活动产生的现金流量。投资活动是指企业长期资产的购建和不包括在现金等价物范围内的投资及其处置活动。投资活动包括取得和收回投资、购建和处置固定资产、购买或转让无形资产等。通过投资活动产生的现金流量，可以判断投资活动对企业现金流量净额的影响程度。

（3）筹资活动产生的现金流量。筹资活动是指导致企业资本及债务规模和构成发生变化的活动。筹资活动包括发行股票或接收投入资本、分派现金股利、取得和偿还银行借款、发行和偿还公司债券等。通过筹资活动产生的现金流量，可以分析企业通过筹资活动获取现金的能力，判断筹资活动对企业现金流量净额的影响程度。

企业在进行现金流量分类时，对于现金流量表中未特别指明的现金流量，应按照现金流量表的分类方法和重要性原则，判断某项交易或事项所产生的现金流量应当归属的类别或项目，对于重要的现金流入或流出项目应当单独反映。对于一些特殊的、不经常发生的项目，如自然灾害损失、保险赔款等，应根据其性质，分别归并到经营活动、投资活动或筹资活动项目中。

三、现金流量表的结构和内容

现金流量的分类构成了现金流量表的基本框架。按照我国企业会计制度“现金流量表”对现金流量的分类，现金流量表的结构主要分为两大部分：正表和附注。

1. *正表*

正表是现金流量表的主体，企业一定会计期间现金流量的信息主要由正表提供。正表采用报告式的结构，按照现金流量的性质，依次分类反映经营活动产生的现金流量、投资活动产生的现金流量和筹资活动产生的现金流量、汇率变动对现金及现金等价物的影响、现金及现金等价物净增加额以及期末现金和现金等价物金额等六项内容。其中前三项是正表的核心内容，分别反映经营活动、投资活动和筹资活动的“现金流入”、“现金流出”、“现金流量净额”。

2. 附注

附注补充资料包括三部分内容：①补充资料；②取得或处置子公司及其他营业单位情况；③现金及现金等价物情况。

正表中的第五项与附注中的第三项存在钩稽关系，正表“经营活动产生的现金流量净额”等于附注“经营活动产生的现金流量净额”；正表“现金及现金等价物净增加额”等于附注“现金及现金等价物净增加额”。

四、现金流量表主表中各项目的确定

1. “经营活动产生的现金流量”各项目的内容和填列方法

经营活动产生的现金流量的列报方法有两种：一是直接法，二是间接法。

直接法是指通过现金收入和现金支出的主要类别直接反映来自企业经营活动的现金流量的一种列报方法。一般应按现金流入和流出总额反映，但代客户收取或支付的现金以及周转快、金额大、期限短的项目的现金收入和支出，可以净额反映。采用这种方法列报经营活动的现金流量时，一般以利润表中的本期营业收入为起点，调整与经营活动有关项目的增减变动，然后计算出经营活动的现金流量。在我国，现金流量表正表中经营活动的现金流量就是以直接法来列报的。

间接法是指以本期净利润为起点，通过调整不涉及现金的收入、费用、营业外收支以及应收应付等项目的增减变动，调整不属于经营活动的现金收支项目，据此计算并列示经营活动的现金流量的一种方法。在我国，现金流量表的补充资料中应按照间接法反映经营活动现金流量的情况，以与正表中按直接法反映的经营活动现金流量相核对并对其补充说明。

下面分别说明现金流量表正表中“经营活动产生的现金流量”各项目的内容及填列方法。

（1）“销售商品、提供劳务收到的现金”项目。该项目反映企业销售商品、提供劳务实际收到的现金（含销售收入和应向购买者收取的增值税税额），包括本期销售商品、提供劳务收到的现金，以及前期销售商品、提供劳务本期收到的现金和本期预收的账款。本期发生销售退回而支付的现金应从销售商品或提供劳务收入款项中扣除。企业销售材料和代购代销业务收到的现金，也在本项目反映。

与销售商品、提供劳务有关的经济业务主要涉及利润表中的“主营业务收入”项目、“其他业务收入”项目，资产负债表中的“应交税费”（销项税额部分）项目、“应收账款”项目、“应收票据”项目和“预收账款”项目等，通过对上述项目进行分析，则能够计算确定销售商品提供劳务收到的现金。

本项目可以根据“库存现金”、“银行存款”、“应收账款”、“应收票据”、“预收账款”、“主营业务收入”、“其他业务收入”等科目的记录分析填列。

本项目通常可以按以下公式计算：

销售商品、提供劳务收到的现金 = 当期销售商品、提供劳务收到的现金 + 当期收到前期的应收账款和应收票据 + 当期预收账款 − 当期销售退回而支付的现金 + 当期收回前期核销的坏账损失

或 =（“主营业务收入”净额 + “其他业务收入”）×（1 + 增值税税率）+ “应收票据”（期初余额 − 期末余额）+ “应收账款”（期初余额 − 期末余额）+ “预收账款”（期末余额 − 期初余额）+

当期收回前期核销的坏账损失－当期核销坏账而减少的应收账款－当期以非现金资产清偿债务而减少的应收账款和应收票据－应收票据贴现息

【例13－8】某企业本期销售产品一批，开出的增值税专用发票上注明的销售价款为3 000 000元，增值税销项税额为510 000元，已收到银行存款；应收票据期初余额为200 000元，期末余额为80 000元；应收账款期初余额为2 200 000元，期末余额为3 000 000元；预收账款期初余额为80 000元，期末余额为158 000元；当期收回前期核销的坏账损失为40 000元。另外，本期因产品质量问题发生退货，支付银行存款50 000元，货款已通过银行转账支付。

则本期销售商品、提供劳务收到的现金＝3 510 000＋（200 000－80 000）＋（2 200 000－3 000 000）＋（158 000－80 000）－50 000＋40 000＝2 898 000元。

（2）“收到的税费返还”项目。该项目反映企业收到返还的各种税费，包括收到返还的增值税、消费税、营业税、所得税、教育费附加等。本项目可根据“库存现金”、“银行存款”、“主营业务税金及附加”、“营业外收入”、“其他应收款”等科目的记录分析填列。

本项目通常可以按如下公式计算：

收到的税费返还＝“营业外收入”（“政府补助”项目中收到的税费返还款）贷方发生额＋“其他应收款”（增值税“出口退税”）贷方发生额＋“营业税金及附加”贷方发生额（退回的消费税、营业税和教育费附加）＋“所得税费用”贷方发生额（退回的所得税）

【例13－9】某企业本期收到先征后返的增值税税额56 000元，已通过银行收讫；收到出口退回的增值税84 000元，已通过银行转账收讫。因此，本期收到的税费返还＝56 000＋84 000＝140 000（元）

（3）“收到的其他与经营活动有关的现金”项目。该项目反映企业除了上述各项目以外所收到的其他与经营活动有关的现金流入，如罚款收入、流动资产损失中由个人赔偿的现金收入等。若某项其他与经营活动有关的现金流入金额较大，应单列项目反映。本项目可以根据“库存现金”、“银行存款”、“营业外收入”、“其他业务收入”等科目的记录分析填列。

本项目通常可以按如下公式计算：

收到其他与经营活动有关的现金＝“营业外收入”贷方中罚款收入＋“其他应收款”贷方中个人赔偿款＋“其他业务收入”贷方中经营租赁收到的租金＋其他与经营活动有关的现金

（4）“购买商品、接受劳务支付的现金”项目。该项目反映企业购买商品、接受劳务实际支付的现金，包括本期购买材料和商品、接受劳务支付的现金（包括增值税进项税额），本期支付前期购入商品、接受劳务的未付款以及本期预付账款，本期发生购货退回而收到的现金应从购买商品或接受劳务支付的款项中扣除。

与购买商品、接受劳务有关的经济业务主要涉及利润表中的“主营业务成本”项目，资产负债表中的“应交税费”（进项税额部分）项目、“应付账款”项目、“应付票据”项目、“预付账款”项目和“存货”项目等，通过对上述项目进行分析，则能够计算确定购买商品、接受劳务支付的现金。

本项目可根据“库存现金”、“银行存款”、“应付账款”、“应付票据”、“预付账款”、

"主营业务成本"、"其他业务成本"等科目的记录分析填列。

本项目通常可以按如下公式计算：

购买商品、接受劳务支付的现金 = 当期购买商品、接受劳务支付的现金 + 当期支付前期的应付账款和应付票据 + 当期预付的账款 - 当期因购货退回收到的现金

或 =（"主营业务成本" +"其他业务成本"）+应交增值税进项税额（仅指付现部分） -"存货"（期初余额 - 期末余额） +"应付账款"、"应付票据"（期初余额 - 期末余额） +"预付账款"（期末余额 - 期初余额） - 当期列入生产成本、制造费用的应付职工薪酬 - 当期更入制造费用的折旧费 - 当期购货退回收到的现金 - 当期以非现金资产清偿债务减少的应付账款、应付票据 - 当期以债务转为资本而减少的应付账款、应付票据

【例 13 - 10】某企业本期购买原材料一批，收到的增值税专用发票上注明的材料价款为 2 000 000 元，增值税进项税额为 340 000 元，款项已通过银行转账支付；本期支付应付票据 100 000 元；预付货款 50 000 元。另外，本期因材料质量问题退回材料款 4 680 元，款项已通过银行转账收讫。则：

本期购买商品、接受劳务支付的现金 = 2 340 000 + 100 000 + 50 000 - 4 680

= 2 485 320（元）

（5）"支付给职工以及为职工支付的现金"项目。该项目反映企业实际支付给职工，以及为职工支付的现金，包括本期实际支付给职工的工资、奖金、各种津贴和补贴等，以及为职工支付的其他费用。支付给在建工程人员的工资及其他费用，在"购建固定资产、无形资产和其他长期资产所支付的现金"项目反映。

企业为职工支付的医疗、养老、失业、工伤、生育等社会保险费、补充养老保险费、住房公积金，企业为职工交纳的商业保险金，因解除与职工劳动关系给予的补偿，现金结算的股份支付，以及企业支付给职工或为职工支付的其他福利费用，应根据职工的工作性质和服务对象，分别在本项目和"购建固定资产、无形资产和其他长期资产所支付的现金"项目反映。

本项目可以根据"应付职工薪酬"、"库存现金"、"银行存款"等科目的记录分析填列。

本项目通常可以按以下公式计算：

支付给职工以及为职工支付的现金 = "应付职工薪酬"账户借方全部现金支出 - 在建工程人员薪酬现金支出

【例 13 - 11】某企业本期实际支付工资 600 000 元，其中，生产经营人员工资520 000 元，在建工程人员工资 80 000 元；按规定向社会保险经办机构交纳职工基本养老保险费共计 120 000 元，其中，生产经营人员基本养老保险 104 000 元，在建工程人员基本养老保险 16 000 元。

本期支付给职工以及为职工支付的现金 =（600 000 - 80 000） +（120 000 - 16 000）

= 624 000（元）

（6）"支付的各项税费"项目。该项目反映企业按规定支付的各种税费，包括企业本期发生并支付的税费，以及本期支付以前各期发生的税费和本期预交的税费。如支付的营业税、土地增值税、房产税、车船税、印花税、教育费附加、矿产资源补偿费等，但不包括实际支付的耕地占用税，也不包括本期退回的增值税、所得税。本项目可以根据"应交税

费”、“库存现金”、“银行存款”等科目的记录分析填列。

【例 13－12】 某企业本期发生的增值税为 84 000 元、城市维护建设税为 5 880 元、教育费附加为 2 520 元，均已上交；本期发生的所得税 658 000 元已全部上交，企业“应交税费”账户期初余额 100 000 元，期末余额 42 000 元，均为应交所得税。

本期支付的各项税费＝84 000＋5 880＋2 520＋658 000＋（100 000－42 000）
＝808 400（元）

（7）“支付的其他与经营活动有关的现金”项目。该项目反映了企业除上述各项目外所支付的其他与经营活动有关的现金流出，如罚款支出、差旅费、业务招待费、财产保险费等，以及支付给离退休人员的各项费用。若其他与经营活动有关的现金流出金额较大，应单列项目反映。本项目可以根据有关科目的记录分析填列。

2. “投资活动产生的现金流量”各项目的内容和填列方法

现金流量表中的投资活动包括非现金等价物的短期投资和长期投资的购买与处置、固定资产的购建与处置、无形资产的购置与转让等。单独反映投资活动产生的现金流量，能了解企业为获得未来收益和现金流量而导致对外投资或内部长期资产投资的程度，以及以前对外投资所带来的现金流入的信息。投资活动现金流量各项目的内容和填列方法如下：

（1）“收回投资所收到的现金”项目。该项目反映企业出售、转让或到期收回除现金等价物以外的交易性金融资产、持有至到期投资、可供出售金融资产、长期股权投资、投资性房地产而取得的现金，不包括收回的债权性投资的利息，以及收回的非现金资产，以及处置子公司及其他营业单位收到的现金净额。债权性投资收回的利息，在“取得投资收益收到的现金”项目反映；处置子公司及其他营业单位收到的现金，在“处置子公司及其他营业单位收到的现金净额”项目反映。本项目可根据“交易性金融资产”、“持有至到期投资”、“可供出售金融资产”、“投资性房地产”、“长期股权投资”、“长期债权投资”、“库存现金”、“银行存款”等科目的记录分析填列。

本项目通常可按以下公式计算：

收回投资收到的现金＝出售现金等价物以外的“交易性金融资产”（结转的贷方账面余额±“投资收益”差额）的金额＋出售“持有至到期投资”（结转的贷方账面余额－减值准备±“投资收益”差额）的金额＋出售“可供出售金融资产”（结转的贷方账面余额－“资本公积——其他资本公积”中公允值累计变动额－减值准备±“投资收益”差额）的金额＋处置“长期股权投资”（结转的贷方账面余额－减值准备±“投资收益”差额）的金额＋处置“投资性房地产”（“其他业务收入”贷方发生额）的金额

【例 13－13】 某企业本期出售交易性金融资产（股票投资）兑现 88 000 元，出售某项长期股权投资，收回的全部投资金额为 348 000 元；出售某项长期债券投资，收回的全部投资金额为 315 000 元，其中 15 000 元为债券利息。

本期收回投资收到的现金＝88 000＋348 000＋（315 000－15 000）＝736 000（元）

（2）“取得投资收益所收到的现金”项目。该项目反映企业因股权性投资和债权性投资而取得的现金股利、利息，以及从子公司、联营企业和合营企业分回利润而收到的现金。不包括股票股利。本项目可以根据“库存现金”、“银行存款”、“投资收益”等科目的记录分析填列。

本项目通常可按如下公式计算：

取得投资收益收到的现金 = ［“投资收益”贷方发生额（扣除出售“交易性金融资产”、“持有至到期投资”、“可供出售金融资产”、处置“长期股权投资”和到期收回“持有至到期投资”时的投资收益）±（“持有至到期投资 - 利息调整”贷方发生额/借方发生额）±（“可供出售金融资产 - 利息调整”贷方发生额/借方发生额）-“长期股权投资 - 损益调整”借方期末余额（未收到的投资收益）- 处置“长期股权投资”时“其他权益变动”借方发生额］+“应收股利”（期初余额 - 期末余额）+“应收利息”（期初余额 - 期末余额）+“持有至到期投资 - 应计利息”（期初余额 - 期末余额）+“可供出售金融资产 - 应计利息”（期初余额 - 期末余额）

【例 13 - 14】 某企业本期投资 A 企业，占其股本的 30%，采用权益法核算；另外分别投资 B 企业和 C 企业，各占接受投资企业股本的 5% 和 10%，采用成本法核算。当年 A 企业共分配现金股利 1 000 000 元，该企业分得现金股利 300 000 元；从 B 企业分得现金股利 50 000 元，C 企业当期没有分配股利。企业已收到现金股利，存入银行。

本期取得投资收益收到的现金 = 300 000 + 50 000 = 350 000（元）

（3）“处置固定资产、无形资产和其他长期资产而收到的现金净额”项目。该项目反映企业处置固定资产、无形资产和其他长期资产所收到的现金扣除为处置这些资产而支付的有关费用后的净额，包括因自然灾害所造成的固定资产等长期资产损失而收到的保险赔偿收入。如所收回的现金净额为负数，则应在“支付的其他与投资活动有关的现金”项目反映。本项目可以根据“固定资产清理”、“营业外收入”、“库存现金”、“银行存款”等科目的记录分析填列。

【例 13 - 15】 某企业本期出售不需用设备 1 台，该设备原价 500 000 元，已提累计折旧 100 000 元，发生清理费用 1 500 元，收到价款 450 000 元，款项通过银行转账收支。

本期处置固定资产、无形资产和其他长期资产收回的现金净额 = 450 000 - 1 500
= 448 500（元）

（4）“处置子公司及其他营业单位产生的现金净额”项目。该项目反映企业处置子公司及其他营业单位所取得的现金，减去相关处置费用以及子公司及其他营业单位持有的现金和现金等价物后的净额。本项目可根据“长期股权投资”、“银行存款”、“库存现金”等有关账户的记录分析计算填列。

（5）“收到的其他与投资活动有关的现金”项目。该项目反映企业除了上述各项目以外，所收到的其他与投资活动有关的现金流入。若其他与投资活动有关的现金流入金额较大，应单列项目反映。本项目可根据“应收股利”、“应收利息”、“银行存款”等科目的记录分析填列。

（6）“购建固定资产、无形资产和其他长期资产所支付的现金”项目。该项目反映企业本期购建固定资产、取得无形资产和其他长期资产所实际支付的现金。不包括为购建固定资产而发生的借款利息资本化的部分，以及融资租入固定资产支付的租赁费。为购建固定资产、无形资产和其他长期资产而发生的借款利息资本化部分，在“分配股利、利润或偿付利息支付的现金”项目中反映；融资租赁费在“支付的其他与筹资活动有关的现金”项目中反映。本项目可以根据“固定资产”、“在建工程”、“无形资产”、“库存现金”、“银行存款”等科目的记录分析填列。

【例 13 - 16】 某企业本期购入设备一台，价款为 580 000 元，已通过银行转账支付。支付在建工程人员工资 48 500 元，交纳基本养老保险 9 700 元，购买工程物资 52 000 元，已通过银行转账支付。

本期购建固定资产、无形资产和其他长期资产支付的现金 = 580 000 + 48 500 + 9 700 + 52 000 = 690 200（元）

（7）“投资所支付的现金”项目。该项目反映企业进行权益性投资和债权性投资支付的现金，包括企业取得的除现金等价物以外的交易性金融资产、持有至到期投资、可供出售金融资产和长期股权投资支付的现金，以及支付的佣金、手续费。企业购买债券的价款中含有债券利息的，以及溢价或折价购入的，均按实际支付的金额反映。

企业购买股票和债券时，实际支付的价款中包含的已宣告但尚未领取的现金股利或已到付息期但尚未领取的债券利息，应在投资活动的“支付其他与投资活动有关的现金”项目反映。本项目可以根据“交易性金融资产”、“持有至到期投资”、“可供出售金融资产”、“长期股权投资”、“投资性房地产”、“库存现金”、“银行存款”等科目的记录分析填列。

投资支付的现金 =（“交易性金融资产” +“持有至到期投资” +“可供出售金融资产” +“长期股权投资” +“投资性房地产”）借方发生额中货币投资 + 购买时发生的相关税费 - 折扣购入“持有至到期投资”和“可供出售金额资产”的“利息调整”贷方发生额

【例 13 - 17】某企业以银行存款 2 300 000 元购买 H 公司的股票，购买国库券 125 000 元，已通过银行转账支付。

本期投资支付的现金 = 2 300 000 + 125 000 = 2 425 000（元）

（8）“取得子公司及其他营业单位支付的现金净额”项目。该项目反映企业取得子公司及其他营业单位购买出价中以现金支付的部分减去子公司及其他营业单位持有的现金和现金等价物后的净额。本项目可以根据“长期股权投资”、“库存现金”、“银行存款”等账户的记录分析填列。

（9）“支付的其他与投资活动有关的现金”项目。该项目反映企业除上述各项以外所支付的其他与投资活动有关的现金，如企业购买股票时实际支付的价款中包含的已宣告而尚未领取的现金股利、购买债券时支付的价款中包含的已到期尚未领取的债券利息等。若某项其他与投资活动有关的现金流出金额较大，应单列项目反映。本项目可以根据“应收股利”、“应收利息”、“银行存款”、“库存现金”等账户的记录分析填列。

3. “筹资活动产生的现金流量”各项目的内容和填列方法

现金流量表中的筹资活动包括权益性投资的吸收与减少、银行借款的借入与偿还、债券的发行与偿还等。单独反映筹资活动产生的现金流量，能了解企业筹资活动产生现金流量的规模与能力，以及企业为获得现金流入而付出的代价。筹资活动现金流量各项目的内容和填列方法如下：

（1）“吸收投资所收到的现金”项目。该项目反映企业收到的投资者投入的现金，包括以发行股票、债券等方式筹集资金实际收到的款项净额（发行收入减去支付的佣金等发行费用后的净额）。企业以发行股票、债券等方式筹集资金而由企业直接支付的审计、咨询等费用，不从本项目内扣除，而在“支付的其他与筹资活动有关的现金”项目反映。本项目可以根据“实收资本（股本）”、“库存现金”、“银行存款”等科目的记录分析填列。

本项目可按以下公式计算：

吸收投资收到的现金 = ［“实收资本（股本）”贷方发生额（货币部分）+“资本公积”贷方发生额（股本溢价，货币部分）-“资本公积”借方发生额（发行费用）］+［“应付债券——面值”贷方发生额 ±“应付债券——利息调整”贷/借方发生额 - 直接支付的发行费用］+［“交易性金融负债”（本金）贷方发生额 -“投资收益”借方发生额（发行费用）］

【例 13-18】某企业对外公开发行股票 2 000 000 股，每股 3.60 元，支付给承销商佣金等费用 148 000 元。另外，经批准为该企业二期工程筹集资金发行的长期债券面值为 4 000 000元，委托 A 证券公司代为发行，发行手续费为发行总额的 2.5%，宣传及印刷费由 A 证券公司代为支付，并从发行总额中扣除。按协议规定溢价发行，价款 4 800 000 元全部收到，支付宣传及印刷费等各种费用 12 850 元。某企业已收到 A 证券公司划转的债券发行款。此外，企业发行股票直接支付审计、咨询等费用 72 000 元。

本期吸收投资收到的现金 =（2 000 000 ×3.6 - 148 000）+（4 8000 000 - 4 800 000 × 2.5% - 12 850）= 54 919 150（元）

（2）“借款所收到的现金”项目。该项目反映企业举借各种短、长期借款所收到的现金。本项目可以根据“短期借款”、“长期借款”、“库存现金”、“银行存款”等科目的记录分析填列。

本项目可按如下公式计算：

取得借款收到的现金 =“短期借款”贷方发生额 +“长期借款”（本金）贷方发生额

【例 13-19】某企业本期向银行取得短期借款 90 000 元，取得分期付息长期借款 800 000元，借款已入银行账户。

本期取得借款收到的现金 = 90 000 + 800 000 = 890 000（元）

（3）“收到的其他与筹资活动有关的现金”项目。该项目反映企业除上述各项目外所收到的其他与筹资活动有关的现金流入。若某项其他与筹资活动有关的现金流入金额较大，应单列项目反映。本项目可以根据有关科目的记录分析填列。

（4）“偿还债务所支付的现金”项目。该项目反映企业偿还债务本金所支付的现金，包括偿还金融企业的借款本金、偿还债券本金等。不包括企业支付的借款利息和债券利息，企业支付的借款利息和债券利息在“分配股利、利润或偿付利息所支付的现金”项目反映。本项目可以根据“短期借款”、“长期借款”、“应付债券”、“库存现金”、“银行存款”等科目的记录分析填列。

本项目可根据“短期借款”、“长期借款”、“交易性金融负债”、“应付债券”、“库存现金”和“银行存款”等账户的记录分析填列。其计算公式为：

偿还债务支付的现金 =“短期借款”（本金）借方发生额 +“长期借款”（本金）借方发生额 +“应付债券”（面值）借方发生额 +“交易性金融负债”（本金）借方发生额

【例 13-20】某企业按借款合同规定，如期归还银行短期借款 60 000 元，归还长期借款本金680 000元，借款已从企业银行账户划去。

本期偿还债务支付的现金＝60 000＋680 000＝740 000（元）

（5）“分配股利、利润或偿付利息所支付的现金”项目。该项目反映企业实际支付的现金股利、支付给其他投资单位的利润以及支付的借款利息、债券利息等。

本项目可根据“库存现金”、“银行存款”的贷方记录及“应付股利”、“应付利息”、“应付债券——应计利息”、“在建工程”和“财务费用”等账户的记录分析填列。其计算公式如下：

分配股利、利润或偿付利息支付的现金＝“应付股利”借方发生额＋“财务费用——利息支出”（现付部分）＋“应付利息”借方发生额＋“应付债券——应计利息”借方发生额（付息）

【例13－21】某企业本期宣布并派发现金股利300 000元，期初应付现金股利为80 000元，期末应付现金股利为30 000元；偿付短期借款利息6 000元，偿付长期借款利息35 000元。

本期分配股利、利润或偿付利息支付的现金＝300 000＋（80 000－30 000）＋6 000＋35 000＝391 000（元）

（6）“支付的其他与筹资活动有关的现金”项目。该项目反映企业除上述各项目外所支付的其他与筹资活动有关的现金流出，如融资租入固定资产支付的租赁费等。若某项其他与筹资活动有关的现金流出金额较大，应单列项目反映。本项目可以根据“营业外支出”、“长期应付款”、“管理费用”、“库存现金”、“银行存款”等科目的记录分析填列。

【例13－22】承【例13－21】，某企业发行股票由企业直接支付审计、咨询等费用72 000元，未再发生支付其他与筹资活动有关的现金业务。

本期支付其他与筹资活动有关的现金＝72 000（元）

4. “汇率变动对现金的影响额”项目的内容和填列方法

该项目反映企业外币现金流量及境外子公司的现金流量折算为人民币时，所采用的现金流量发生日的汇率或平均汇率折算的人民币金额与“现金及现金等价物净增加额”中的外币现金净增加额按期末汇率折算的人民币金额之间的差额。

在编制现金流量表时，可逐笔计算外汇业务发生的汇率变动对现金的影响，也可不逐笔计算，而采用简化的计算方法，即通过报表补充资料中的“现金及现金等价物净增加额”数额与正表中“经营活动产生的现金流量净额”、“投资活动产生的现金流量净额”、“筹资活动产生的现金流量净额”三项之和的比较，其差额即为“汇率变动对现金的影响额”项目的金额。计算公式为：

汇率变动对现金及现金等价物的影响＝本表附注补充资料中的“现金及现金等价物净增加额”－正表中（经营活动产生的现金流量净额＋投资活动产生的现金流量净额＋筹资活动产生的现金流量净额）

五、补充资料中各项目的内容和填列方法

（一）“将净利润调节为经营活动的现金流量”项目

利润表反映的当期净利润是按权责发生制原则确认计量的，而经营活动的现金流量净额是按收付实现制原则确认计量的；而且当期净利润既包括经营净损益，又包括不属于经营活动的损益。因此，补充资料中“将净利润调节为经营活动的现金流量”，实际上是以间接法编制的经营活动的现金流量。间接法是以净利润为出发点，通过对若干项目的调整，最终计算确定经营活动产生的现金流量。其基本原理是：

经营活动产生的现金流量净额 = 净利润 + 不影响经营活动现金流量但减少净利润的项目 - 不影响经营活动现金流量但增加净利润的项目 + 与净利润无关但增加经营活动现金流量的项目 - 与净利润无关但减少经营活动现金流量的项目

即将净利润调节为经营活动的现金流量净额时，需要调整四大类项目：第一类，实际没有支付现金的费用；第二类，实际没有收到现金的收益；第三类，不属于经营活动的损益；第四类，经营性应收应付项目的增减变动。这些项目的具体内容和填列方法如下：

1. 计提的资产减值准备项目

该项目反映企业当期实际计提的各项资产减值准备，包括坏账准备、存货跌价准备、短期投资跌价准备、长期投资减值准备、固定资产减值准备和无形资产减值准备等。本期资产计提减值准备时，计入当期的利润表中的“损益类”项目，但实际上并未影响经营活动现金流量，因此，应在净利润的基础上进行调整。当计提资产减值准备时，应将其加回到净利润中，若恢复以前年度计提的减值准备，应从净利润中将其扣除。本项目可以根据“资产减值损失”科目的记录分析填列。

2. 固定资产折旧

该项目反映企业本期累计提取的固定资产折旧。企业计提固定资产折旧时，有的计入管理费用等期间费用，有的计入制造费用。计入期间费用部分已列入了利润表，计入制造费用部分则可能通过销售成本列入利润表，也可能形成企业的存货。企业计提的固定资产折旧，并不影响经营活动现金流量，应在净利润的基础上将其全部加回。当计提的固定资产折旧费包含在存货中时，虽然未影响净利润，但是增加了存货，这里也将其加回，然后在“存货的减少（减：增加）”项目中再将其相同的金额扣除，形成自动平衡。本项目可根据“累计折旧”科目的贷方发生额分析填列。

3. 无形资产摊销

该项目反映企业本期累计摊入成本费用的无形资产价值。无形资产摊销时，计入了管理费用，使本期净利润减少，应在净利润的基础上将其全部加回。本项目可以根据“累计摊销”科目的贷方发生额分析填列。

4. 长期待摊费用摊销

该项目分别反映企业本期累计摊入成本费用的长期待摊费用。长期待摊费用摊销时，计入了管理费用或制造费用等。本项目的确定原理与固定资产折旧项目相同，应在净利

润的基础上将其全部加回。本项目可以根据“长期待摊费用”科目的贷方发生额分析填列。

5. 处置固定资产、无形资产和其他长期资产的损失（减：收益）

该项目反映企业本期处置的固定资产、无形资产和其他长期资产的净损失（或净收益)。处置固定资产、无形资产和其他长期资产业务，不会影响经营活动产生的现金流量的增减变化；若导致净利润和经营活动产生的现金流量净额不一致，一定是这种业务影响了净利润。因此，应在净利润的基础上加回或扣除。本项目可根据“营业外支出”、“营业外收入”、“其他业务收入”、“其他业务成本”科目所属的有关明细科目的记录分析填列。如为净收益，则以“－”号填列。

6. 固定资产报废损失

该项目反映企业本期发生的固定资产盘亏（减盘盈）后的净损失。固定资产报废损失计入了营业外支出，使净利润减少，但这部分损失并没有影响经营活动现金流量，所以应在调节净利润时加回。固定资产的盘盈和盘亏的处置，也会影响净利润，应在净利润基础上加回。该项目可根据“营业外支出”和“以前年度损益调整”科目所属的有关明细科目中固定资产盘亏损失减去固定资产盘盈收益后的差额填列。

7. 公允价值变动损失

该项目反映企业交易性金融资产和负债、投资性房地产等以公允价值计量所发生的直接计入当期损益的净损失金额。本项目可根据“公允价值变动损益”账户的记录填列。如为净收益，以“－”号填列。

8. 财务费用

该项目反映企业本期实际发生的应属于投资活动和筹资活动的财务费用。企业发生的财务费用可以分别归属于经营活动、投资活动和筹资活动。对属于经营活动产生的财务费用，若既影响净利润又影响经营活动现金流量的业务，则不需进行调整；若影响净利润但不影响经营活动现金流量的业务，应通过调整经营性项目本身完成，计入“财务费用”的金额应通过调整“经营性应收项目的减少（减：增加)”项目完成。对属于投资活动和筹资活动产生的财务费用，只影响净利润，但不影响经营活动现金流量，应在净利润的基础上进行调整。本项目可以根据“财务费用”科目的本期借方发生额分析填列。如为收益，以“－”号填列。

9. 投资损失（减：收益）

该项目反映企业对外投资所实际发生的投资损失减去收益后的净损失。投资收益是因为投资活动所引起的，与经营活动无关。也就是说，该项目影响净利润的变化但不会影响经营活动现金流量。若为投资收益，调节净利润时应减去；若为投资损失，调节净利润时应加回。本项目不考虑投资计提减值准备影响的净利润。本项目可以根据利润表“投资收益”项目的数字分析填列。如为投资收益，以“－”号填列。

10. 递延所得税资产减少

该项目反映企业本期递延所得税资产的净减少或净增加额。本项目可根据资产负债表“递延所得税资产”的期初、期末余额的差额填列。如期末余额小于期初余额的差额，以正数填列；反之，以“－”号填列

11. 递延所得税负债增加

该项目反映企业本期递延所得税负债的净减少或净增加额。本项目可根据资产负债表

“递延所得税负债”的期初、期末余额的差额填列。如期末余额大于期初余额的差额，以正数填列；反之，以“-”号填列

12. 存货的减少（减：增加）

该项目反映企业年末存货比年初存货减少（或增加）的数额。存货的增减变动一般属于经营活动。存货增加，说明现金减少或经营性应付项目增加；存货减少，说明销售成本增加，净利润减少。所以在调节净利润时，应减去存货的增加数，或加上存货的减少数。在存在赊购的情况下，还应通过调整经营性应付项目的增减变动来反映赊购对现金流量的影响。若存货的增减变动不属于经营活动，则不能对其进行调整，如对外投资减少的存货、接受投资者投入的存货等业务。本项目可以根据“存货”项目的期初、期末余额的差额分析填列；期末数大于期初数的差额，以“-”号填列。

13. 经营性应收项目的减少（减：增加）

该项目反映企业经营性应收项目年末余额小于（或大于）年初余额的数额。经营性应收项目主要是指应收账款、应收票据和其他应收款中与经营活动有关的部分（包括应收的增值税销项税额）等。经营性应收项目的增减变动一般属于经营活动。当企业经营性应收项目期末余额小于期初余额时，说明企业本期收回以前年度的货款，从而应增加企业的现金流入，而本年净利润中却没有包括这部分现金流入，所以在调整净利润时应该加回。相反，当企业经营性应收项目期末余额大于期初余额时，说明企业本年销售收入中有一部分没有收回现金，但在利润表中已将销售收入全部列入，所以在调整净利润时应该减去。若经营性应收项目的增减变动不属于经营活动，则不能对其进行调整，如收到客户以固定资产抵债减少的应收账款等业务。本项目可以根据资产负债表“应收账款”、“应收票据”、“其他应收款”等项目的期初、期末余额的差额分析填列。

14. 经营性应付项目的增加（减：减少）

该项目反映企业经营性应付项目年末余额大于（或小于）年初余额的数额。经营性应付项目主要是指应付账款、应付票据、应付职工薪酬、应交税费、其他应付款中与经营活动有关的部分（包括应付的增值税进项税额）等。经营性应付项目的增减变动一般属于经营活动。当企业经营性应付项目期末余额大于期初余额时，说明企业本期购入的存货等项目中有一部分没有支付现金，但在利润表中已将销售成本全部列入，从而也减少了净利润，所以在调整净利润时应该加回。相反，当企业经营性应付项目期末余额小于期初余额时，应该减去。若经营性应付项目的增减变动不属于经营活动，则不能对其进行调整，如债务重组业务中以固定资产抵债减少的应付账款等业务。本项目可以根据资产负债表“应付账款”、“应付票据”、“应付职工薪酬”、“应交税费”、“其他应付款”等项目的期初、期末余额的差额分析填列。期末数小于期初数的差额，以“-”号填列。

（二）“不涉及现金收支的投资和筹资活动”项目

该项目反映企业一定会计期间影响资产、负债或所有者权益但不形成该期现金收支的所有投资和筹资活动的信息。这些投资和筹资活动是企业的重大理财活动，对以后各期的现金流量会产生重大影响，因此，应单列项目在补充资料中反映。目前，我国企业现金流量表补充资料中列示的不涉及现金收支的投资和筹资活动项目主要有以下三项：

（1）“债务转为资本”项目，反映企业本期转为资本的债务金额。

（2）“一年内到期的可转换公司债券”项目，反映企业一年内到期的可转换公司债券的

本息。

（3）“融资租入固定资产”项目，反映企业本期融资租入固定资产计入“长期应付款”科目的金额。本项目可根据“固定资产”和“长期应付款”账户的记录分析填列。

（三）“现金及现金等价物净增加额”项目

该项目反映企业一定会计期间现金及现金等价物的期末余额减去期初余额后的净增加额（或净减少额），是对现金流量表正表中“现金及现金等价物”项目的补充说明。该项目的金额应与正表中最后一项“现金及现金等价物净增加额”项目的金额核对相符。

六、现金流量表编制方法

在具体编制现金流量表时，可以采用工作底稿法或T形账户法编制，也可以直接根据有关科目记录分析填列。

（一）工作底稿法

采用工作底稿法编制现金流量表，是以工作底稿为手段，以利润表和资产负债表数据为基础，对每一项目进行分析并编制调整分录，从而编制出现金流量表。在直接法下，整个工作底稿纵向分成三段：第一段是资产负债表项目，其中又分为借方项目和贷方项目两部分；第二段是利润表项目；第三段是现金流量表项目。工作底稿横向分为五栏，在资产负债表部分，第一栏是项目栏，填列资产负债表各项目名称；第二栏是期初数，用来填列资产负债表项目的期初数；第三栏是调整分录的借方；第四栏是调整分录的贷方；第五栏是期末数，用来填列资产负债表项目的期末数。在利润表和现金流量表部分，第一栏也是项目栏，用来填列利润表和现金流量表项目名称；第二栏空置不填；第三、第四栏分别是调整分录的借方和贷方；第五栏是本期数，利润表部分这一栏数字应和本期利润表数字核对相符，现金流量表部分这一栏的数字可直接用来编制正式的现金流量表。

工作底稿法的程序如下：

第一步，将资产负债表各项目的期初数和期末数填入工作底稿的“期初数”栏和“期末数”栏。

第二步，对当期业务进行分析并编制调整分录。调整分录大体有这样三类：第一类涉及利润表中的收入、成本和费用项目以及资产负债表中的资产、负债及所有者权益项目，通过调整，将权责发生制下的收入和费用转换为现金基础；第二类是涉及资产负债表和现金流量表中的投资、筹资项目，反映投资和筹资活动的现金流量；第三类是涉及利润表和现金流量表中的投资和筹资项目，目的是将利润表中有关投资和筹资方面的收入和费用列入现金流量表投资、筹资现金流量中去。另外，还有一些调整分录并不涉及现金收支，只是为了核对资产负债表项目的期末数、期初数变动。

在调整分录中，有关现金和现金等价物的事项，并不直接借记或贷记现金，而是分别计入“经营活动产生的现金流量”、“投资活动产生的现金流量”、“筹资活动产生的现金流量”有关项目，借记表明现金流入，贷记表明现金流出。

第三步，将调整分录过入工作底稿中的相应部分。

第四步，核对调整分录，借、贷合计应当相等，资产负债表项目期初数加（减）调整分录中的借贷金额以后，应当等于期末数。

第五步，根据工作底稿中的现金流量表项目部分编制正式的现金流量表。

（二）T形账户法

T形账户法是以T形账户为手段，以利润表和资产负债表数据为基础，对每一项目进行分析并编制调整分录，从而编制出现金流量表。

采用T形账户法编制现金流量表的程序如下：

第一步，为所有的非现金项目（包括资产负债表项目和利润表项目）分别开设T形账户，并将各自的期末数、期初变动数过入各该科目。

第二步，开设一个大的“现金及现金等价物”T形账户，每边分为经营活动、投资活动和筹资活动三个部分，左边记现金流入，右边记现金流出。与其他账户一样，过入期末、期初变动数。

第三步，以利润表项目为基础，结合资产负债表分析每一个非现金项目的增减变动，并据此编制调整分录。

第四步，将调整分录过入各T形账户，并进行核对，该账户借贷相抵后的余额与原先过入的期末、期初变动数应当一致。

第五步，根据大的“现金及现金等价物”T形账户编制正式现金流量表。

采用工作底稿法和T形账户法编制现金流量表时，都需要编制一系列的调整分录。在编制调整分录时，不仅工作量大、技术难度高，而且比较烦琐，在会计实务中不便于操作。因此，有的企业还采用一种简易的编制方法，即多栏式日记账。在这种方式下，需要根据现金流量的分类开设一个多栏式“现金及现金等价物”日记账，该日记账的结构是在原借、贷、余三栏式的基础上，在借方和贷方分别设置“经营活动”、“投资活动”、“筹资活动”三大栏，然后在每大栏下按“现金流量表”分类的项目设置若干专栏，用来登记一定时期内现金流入和流出的数额，如发生冲销数，可用红字记录。在采用该方法时，企业可以根据收、付款凭证，逐日逐笔分类登记“现金及现金等价物”日记账，每月终了结出各专栏的合计和累计数，期末，根据累计数直接编制正式的现金流量表。这种方式在实现报表电算化的企业尤为简便。

（三）分析填列法

分析填列法直接根据资产负债表、利润表和有关会计科目明细账的记录，分析计算现金流量表各项目的金额，并据以编制现金流量表的一种方法。

以下举例说明如何运用分析填列法编制现金流量表。

【例13-23】承【例13-6】和【例13-7】，并假定甲股份有限公司其他相关资料如下：

（1）2008年年度利润表有关项目的明细资料如下：

①管理费用的组成：工资17 100元，无形资产摊销60 000元，摊销印花税10 000元，折旧费20 000元，支付其他费用50 000元。

②财务费用的组成：计提借款利息21 500元，支付银行借款手续费20 000元。

③投资收益的组成：收到股息收入30 000元，与本金一起收回的交易性金融投资收益1 500元。

④营业外收入的组成：处置固定资产净收益 50 000 元（其所处置固定资产原价为 400 000元，累计折旧为 150 000 元，收到处置收入 300 000 元），假定不考虑与固定资产处置有关的税费。

⑤营业外支出的组成：计提固定资产减值准备 30 000 元，报废固定资产净损失19 700元（其所报废固定资产原价为 200 000 元，累计折旧 180 000 元，支付清理费用 500 元，收到残值收入 800 元）。

⑥资产减值损失的组成：计提的坏账准备为 900 元。

（2）资产负债表有关项目的明细资料如下：

①本期收回交易性金融资产 15 000 元，同时收到投资收益 1 500 元。

②存货中生产成本、制造费用的组成：工资 324 900 元，折旧费 80 000 元，摊销本期生产车间负担的维修费用 90 000 元。

③应交税费的组成：本期增值税进项税额 42 466 元，增值税销项税额 212 500 元，已交增值税 100 000 元。无其他应交税费。

④应付职工薪酬：本期支付在建工程人员工资 200 000 元，期末数中应付在建工程人员的部分为 28 000 元。

⑤其他应付款期末数中由在建工程负担的部分为 100 000 元。

⑥应付利息中本期计提利息 11 500 元，支付利息 12 500 元。

⑦本期用现金购买固定资产 101 000 元，购买工程物资 150 000 元。

⑧本期用现金偿还短期借款 250 000 元，偿还一年内到期的长期借款 1 000 000 元；借入长期借款 400 000 元。

根据以上资料，编制该公司的比较资产负债表和利润表，采用分析填列法编制现金流量表。

1. 该公司 2008 年年度现金流量表正表项目金额

分析确定如下：

（1）销售商品、提供劳务收到的现金。

= 主营业务收入 + 应交税费（应交增值税——销项税额） + （应收账款期初数 - 应收账款期末数） + （应收票据期初数 - 应收票据期末数） - 当期计提的坏账准备

= 1 250 000 + 212 500 + （299 100 - 598 200） + （246 000 - 46 000） - 900

= 1 362 500（元）。

（2）购买商品、接受劳务支付的现金。

= 主营业务成本 + 应交税费（应交增值税——进项税额） + （存货期末余额 - 存货期初余额） + （应付账款期初数 - 应付账款期末数） + （应付票据期初数 - 应付票据期末数） + （预付账款期末数 - 预付账款期初数） - 当期列入生产成本、制造费用的工资 - 当期列入生产成本、制造费用的折旧费和摊销本期生产车间负担的维修费用

= 750 000 + 42 466 + （2 574 700 - 2 580 000） + （953 800 - 953 800） + （200 000 - 100 000） + （100 000 - 100 000） - 285 000 - 39 900 - 80 000 - 90 000

= 392 266（元）。

（3）支付给职工以及为职工支付的现金。

= 生产成本、制造费用、管理费用中工资 + （应付职工薪酬期初余额 - 应付职工薪酬（在建工程）期初余额） - ［应付职工薪酬期末余额 - 应付职工薪酬（在建工程）

期末余额]
=324 900 + 17 100 + [(110 000 - 0) - (180 000 - 28 000)] = 300 000（元）。
(4) 支付的各项税费。
= 所得税 + 主营业务税金及附加 + 应交税费（应交增值税——已交税金）
= 102 399 + 2 000 + 100 000 = 204 399（元）。
(5) 支付的其他与经营活动有关的现金。
= 营业费用 + 其他管理费用 = 20 000 + 50 000 = 70 000（元）。
(6) 收回投资所收到的现金。
= 交易性金融资产贷方发生额 + 与本金一起收回的投资收益
= 15 000 + 1 500 = 16 500（元）。
(7) 取得投资收益所收到的现金 = 收到的股息收入 = 30 000（元）。
(8) 处置固定资产收回的现金净额 = 300 000 + (800 - 500) = 300 300（元）。
(9) 购建固定资产所支付的现金。
= 用现金购买的固定资产、工程物资 + 支付给在建工程人员的工资
= 101 000 + 150 000 + 200 000 = 451 000（元）。
(10) 取得借款所收到的现金 = 400 000（元）。
(11) 偿还债务所支付的现金 = 250 000 + 1 000 000 = 1 250 000（元）。
(12) 偿还利息所支付的现金 = 12 500（元）。
(13) 支付的其他与筹资活动有关的现金 = 20 000（元）。

2. "将净利润调节为经营活动现金流量"各项目计算分析

(1) 计提的资产减值准备 = 900 + 30 000 = 30 900（元）。
(2) 固定资产折旧 = 20 000 + 80 000 = 100 000（元）。
(3) 无形资产摊销 = 60 000（元）。
(4) 长期待摊费用减少 = (100 000 - 0) = 100 000（元）。
(5) 处置固定资产、无形资产和其他长期资产的损失（减：收益） = -50 000（元）。
(6) 固定资产报废损失 = 19 700（元）。
(7) 财务费用 = 41 500（元）。
(8) 投资损失（减：收益） = -31 500（元）。
(9) 存货的减少 = 2 580 000 - 2 574 700 = 5 300（元）。
(10) 经营性应收项目的减少 = (246 000 - 46 000) + (300 000 - 600 000)
= -100 000（元）。
(11) 经营性应付项目的增加 = (100 000 - 200 000) + (100 000 - 100 000) + [(80 000 - 28 000) - 10 000] + (100 034 - 30 000) + [(106 600 - 100 000) - 6 600]
= 12 034（元）。

3. 将以上数据填入现金流量表中

见表 13-6。

表 13－6

现金流量表

企 03 表

编制单位：甲股份有限公司　　2008 年度　　单位：元

项　　目	行 次	金 额
一、经营活动产生的现金流量：		
销售商品、提供劳务收到的现金	1	1 362 500
收到的税费返还	3	0
收到的其他与经营活动有关的现金	8	0
经营活动现金流入小计	9	1 362 500
购买商品、接受劳务支付的现金	10	392 266
支付给职工以及为职工支付的现金	12	300 000
支付的各项税费	13	2 043 99
支付的其他与经营活动有关的现金	18	70 000
经营现金流出小计	20	966 665
经营活动产生的现金流量净额	21	395 835
二、投资活动所产生的现金流量：		
收回投资所收到的现金	22	16 500
取得投资收益所收到的现金	23	30 000
处置固定资产、无形资产和其他长期资产所收回的现金净额	25	300 300
收到的其他与投资活动有关的现金	28	0
处置子公司及其他营业单位收到的现金净额		
投资活动现金流入小计	29	346 800
购建固定资产、无形资产和其他长期资产所支付的现金	30	451 000
投资所支付的现金	31	0
支付的其他与投资活动有关的现金	35	0
取得子公司及其他营业单位收到的现金净额		
投资活动现金流出小计	36	451 000
投资活动产生的现金流量净额	37	－104 200

（续上表）

项目	行次	金额
三、筹资活动产生的现金流量：		
吸收投资所收到的现金	38	0
取得借款所收到的现金	40	400 000
收到的其他与筹资活动有关的现金	43	0
筹资活动现金流入小计	44	400 000
偿还债务所支付的现金	45	1 250 000
分配股利、利润和偿付利息所支付的现金	46	12 500
支付的其他与筹资活动有关的现金	52	20 000
筹资活动现金流出小计	53	1 282 500
筹资活动产生的现金流量净额	54	－882 500
四、汇率变动对现金及现金等价物的影响：	55	0
五、现金及现金等价物净增加额：	56	－590 865
加：期初现金及现金等物价金额		
六、期末现金及现金等价物金额：		
补充材料	行次	金额
1. 将净利润调节为经营活动现金流量：		
净利润	57	207 901
加：资产减值准备	58	30 900
固定资产折旧	59	100 000
无形资产摊销	60	60 000
长期待摊费用摊销	61	100 000
处置固定资产、无形资产和其他长期资产的损失（减：收益）	66	－50 000
固定资产报废损失	67	19 700
公允价值变动损失（收益以“－”填列）		
财务费用	68	41 500
投资损失（收益以“－”填列）	69	－31 500
递延所得税款资产减少（增加以“－”填列）	70	0

（续上表）

补 充 材 料	行 次	金 额
递延所得税款负债增加（减少以“－”填列）		
存货的减少（增加以“－”填列）	71	5 300
经营性应收项目的减少（增加以“－”填列）	72	－100 000
经营性应付项目的增加（减少以“－”填列）	73	12 034
其他	74	0
经营活动产生的现金流量净额	75	395 835
2. 不涉及现金收支的投资和筹资活动：		
债务转为资本	76	0
一年内到期的可转换公司债券	77	0
融资租入固定资产	78	0
3. 现金及现金等价物变动情况：		
现金的期末余额	79	815 435
减：现金的期初余额	80	1 406 300
加：现金等价物的期末余额	81	0
减：现金等价物的期初余额	82	0
现金及现金等价物净增加额	83	－590 865

第五节　附　注

一、附注

附注是财务报告不可缺少的组成部分，它是为了方便会计报表使用者理解会计报表的内容而对会计报表的编制基础、编制依据、编制原则和方法及主要项目等所作的解释。

会计报表附注应包括以下主要内容：

（1）企业的基本情况。

（2）财务报告的编制基础。

（3）遵循《企业会计准则》的声明。

（4）重要会计政策和会计估计。

（5）重要会计政策和会计估计变更以及差错更正说明。

（6）重要报表项目的说明。

二、分部报告

企业存在多种经营或跨地区经营的，应当按照《企业会计准则》披露分部信息。但是，法律、行政法规另有规定的除外。企业应以对外提供的财务报告为基础，披露分部报告。分部报告是指在企业的财务报告中，按照确定的企业内部组成部分（业务分部和地区分部）提供的有关各组成部分收入、资产和负债等信息的报告。

分部报告按其反映的内容不同，可分为业务分部报告和地区分部报告。

业务分部是指企业内可区分的组成部分，该组成部分提供单项产品和劳务，或一组相关的产品或劳务，并且承担着不同于其他业务分部所承担的风险和报酬。

地区分部是指企业内可区分的组成部分，该组成部分在特定的经济环境下提供产品或劳务，并且承担着不同于在其他经济环境下经营的组成部分所承担的风险和报酬。

如果有两个或多个本质上相似的业务分部或地区分部，可以合并为单一的业务分部或地区分部。企业应当根据本企业的具体情况，制定适合于本企业的业务分部、地区分部的分部原则，并且一贯性地遵循这一原则。

分部报告应按业务分部和地区分部分别编制。

附录：作业题

第一章　总论练习题

一、单项选择题

1. 根据资产定义，下列各项不属于资产特征的是（　　）。

A. 资产是企业拥有或控制的经济资源　　B. 资产预期会给企业带来未来经济利益

C. 资产是由企业过去交易或事项形成的　　D. 资产能够可靠地计量

2. 下列各项中，符合会计要素收入定义的是（　　）。

A. 出售材料收入　　B. 出售无形资产收入

C. 转让固定资产净收益　　D. 向购货方收取的增值税税额

3. 下列各项中不符合资产定义的是（　　）。

A. 委托代销商品　　B. 委托加工物资

C. 待处理财产损溢　　D. 尚待加工的半成品

4. 依据《企业会计准则》的规定，下列有关收入和利得的表述中，正确的是(　　)。

A. 收入源于日常活动，利得源于非日常活动

B. 收入会影响利润，利得也一定会影响利润

C. 收入会导致经济利益的流入，利得不一定会导致经济利益的流入

D. 收入会导致所有者权益增加，利得不一定会导致所有者权益增加

5. 我国财务报告的主要目标是（　　）。

A. 向财务报告使用者提供决策有用的信息

B. 向财务报告使用者建议投资的方向

C. 向财务报告使用者明示企业风险程度

D. 向财务报告使用者建议提高报酬的途径

6. 会计信息要有用，就必须满足一定的质量要求，如企业应当以实际发生的交易或者事项为依据进行确认、计量和报告。体现的会计信息质量要求是（　　）。

A. 客观性　　B. 相关性

C. 可比性　　D. 重要性

7. 下列项目中，属于利得的是（　　）。

A. 销售商品流入经济利益　　B. 投资者投入资本

C. 出租建筑物流入经济利益　　D. 出售固定资产流入经济利益

二、多项选择题

1. 下列各项中，属于利得的有（　　）。

A. 出租无形资产取得的收益

B. 投资者的出资额大于其在被投资者单位注册资本中所占的份额

C. 处置固定资产产生的净收益　　D. 出售无形资产所取得的收益

2. 下列各项中属于收入要素的有（　　）。

A. 出租无形资产收到的租金　　B. 销售商品收取的增值税
C. 销售商品收到的价款　　D. 出售固定资产收到的价款

3. 下列各项中，企业能够确认为资产的有（　　）。
A. 经营租赁方式租出的设备　　B. 经营租赁方式租入的设备
C. 已收到发票，但尚未到达企业的原材料　　D. 盘亏的设备

4. 下列项目中，违背会计核算可比性要求的有（　　）。
A. 鉴于《企业会计制度》的发布实施，对原材料计提跌价准备
B. 鉴于利润计划完成情况不佳，将固定资产折旧方法由原来的双倍余额递减法改为直线法
C. 鉴于某项专有技术已经陈旧，将其账面价值一次性核销
D. 鉴于某被投资企业将发生重大亏损，将该投资由权益法核算改为成本法核算

5. 下列各项中，体现谨慎性会计信息质量要求的有（　　）。
A. 采用年数总和法计提固定资产折旧
B. 到期不能收回的应收票据转入应收账款
C. 融资租入固定资产作为自有固定资产核算
D. 采用成本与可变现净值孰低法对存货进行期末计价

6. 下列各项，体现实质重于形式的会计信息质量要求的有（　　）。
A. 商品售后租回不确认商品销售收入　　B. 融资租入固定资产视同自有固定资产
C. 计提固定资产折旧　　D. 材料按计划成本进行日常核算

7. 财务报告的目标是为会计信息使用者提供决策有用的信息。会计信息使用者主要有（　　）。
A. 投资者　　B. 政府及其部门
C. 债权人　　D. 社会公众
E. 企业管理当局

8. 会计实务中使用的计量基础有（　　）。
A. 可变现净值　　B. 公允价值
C. 历史成本　　D. 账面价值
E. 现值

9. 下列要素中，属于资产负债表要素的是（　　）。
A. 收入　　B. 资产
C. 所有者权益　　D. 费用

三、判断题

1. 企业为减少本年度亏损而调减应计提的资产减值准备金额，体现了会计信息质量要求里的谨慎性原则。（　　）

2. 可比性原则是对企业会计信息提出的要求，它从同一企业不同期间的会计信息的角度和不同企业会计信息的角度提出来的。（　　）

3. 谨慎原则是指对于具有估计性质的会计事项应当谨慎从事，应当合理预计可能发生的损失和费用，但不预计或少预计可能带来的收益，因此，可以低估收入，高估成本。（　　）

第二章　货币资金练习题

一、单项选择题

1. 企业收到承租方交来的现金 500 元，是出租包装物押金。会计分录为（　　）。
A. 借：库存现金 500　贷：主营业务收入 500　　B. 借：库存现金 500　贷：其他业务收入 500
C. 借：库存现金 500　贷：其他应收款 500　　D. 借：库存现金 500　贷：其他应付款 500

2. 下列项目中，企业可以用现金支付的是（　　）。

A. 支付个人劳动报酬　　B. 偿还银行小额借款

C. 支付以前欠某单位 1 200 元货款　　D. 退还某单位多付货款 1 500 元

3. 职员李四出差归来，报销差旅费 1 500 元，退回剩余现金 500 元。应编制的分录是（　　）。

A. 借：库存现金 2 000　贷：其他应收款 2 000

B. 借：管理费用 2 000　贷：其他应收款 2 000

C. 借：其他应收款 2 000　贷：库存现金 500　管理费用 1500

D. 借：管理费用　1 500 现金　500　贷：其他应收款 2 000

4. 某企业在现金清查中发现库存现金比账面余额多出 200 元。经反复核查，长款原因仍然不明，经批准后应转入（　　）科目。

A. “现金”　　B. “营业外收入”

C. “待处理财产损溢”　　D. “其他应付款”

5. 经查明原因，转出应由出纳员赔偿的现金短款 200 元，会计分录是（　　）。

A. 借：其他应收款 200　贷：现金 200

B. 借：其他应收款 200　贷：待处理财产损溢 200

C. 借：应收账款 200　贷：待处理财产损溢 200

D. 借：应收账款 200　贷：现金 200

6. 一个单位只能在一家金融机构开设一个（　　）。

A. 一般存款户　　B. 专用存款

C. 临时存款产　　D. 基本存款账户

7. 信用卡存款应在（　　）科目核算。

A. 其他应收款　　B. 银行存款

C. 其他货币资金　　D. 应收票据

8. 银行存款日记账由（　　）登记。

A. 会计负责人　　B. 会计人员

C. 出纳人员　　D. 业务经办人员

9. 某企业收到面额为 20 000 元的转账支票一张，是东方公司归还的前欠货款。企业已将支票和填制的进账单送到银行办理收款手续，此时应当编制的会计分录是（　　）。

A. 借：银行存款 20 000　贷：应付账款 20 000　　B. 借：应付账款 20 000　贷：银行存款 20 000

C. 借：银行存款 20 000　贷：应收账款 20 000　　D. 借：应收账款 20 000　贷：银行存款 20 000

10. 存出投资款应在（　　）科目核算。

A. “其他应收款”　　B. “银行存款”

C. “其他货币资金”　　D. “短期投资”

11. 企业在进行现金清查时，查出现金溢余，并将溢余数计入“待处理财产损溢”科目。后经进一步核查，无法查明原因，经批准后，对该现金溢余正确的会计处理方法是（　　）。

A. 将其从“待处理财产损溢”科目转入“管理费用”科目

B. 将其从“待处理财产损溢”科目转入“营业外收入”科目

C. 将其从“待处理财产损溢”科目转入“其他应付款”科目

D. 将其从“待处理财产损溢”科目转入“其他应收款”科目

12. 企业现金清查中，经检查仍无法查明原因的现金短款，经批准后应计入（　　）。

A. 财务费用　　B. 管理费用

C. 销售费用　　D. 营业外支出

13. 下列各项，不通过“其他货币资金”科目核算的是（　　）。

A. 信用证保证金存款　　B. 备用金

C. 存出投资款　　D. 银行本票存款

14. 下列项目中，不属于货币资金的是（　　）。

A. 库存现金　　B. 银行存款

C. 其他货币资金　　D. 应收账款

15. 对于银行已经收款而企业尚未入账的未达账项，企业应作的会计处理为（　　）。

A. 以“银行对账单”为原始记录将该业务入账

B. 根据“银行存款余额调节表”和“银行对账单”自制原始凭证入账

C. 在编制“银行存款余额调节表”的同时入账

D. 待有关结算凭证到达后入账

二、多项选择题

1. 按照《现金管理暂行条例》的规定，（　　）属于现金入账的范围。

A. 职工交回差旅费剩余款　　B. 从银行提取现金

C. 将现金送存银行　　D. 收取结算起点以下的小额销货款

2. 下列项目中，可以使用现金的有（　　）。

A. 支付500元购货款　　B. 向个人收购农副产品支付1 500元

C. 李某出差借支差旅费1 000元　　D. 发放职工困难补助金600元

3. 下列各项中，违反现金收入管理规定的有（　　）。

A. 坐支现金　　B. 收入的现金于当日送存银行

C. 将企业的现金收入按个人储蓄方式存入银行　　D. “白条”抵库

4. 企业发生的下列各项支出中，按规定可以用现金支付的有（　　）。

A. 支付银行结算手续费800元　　B. 支付职工朱某的医药费2 000元

C. 支付购买设备的款项20 000元　　D. 支付张某出差的差旅费3 000元

5. 下列业务中，可以通过“现金”账户核算的有（　　）。

A. 偿还前欠某单位货款5 000元　　B. 购买甲材料，支付货款300元

C. 支付个人劳务报酬1 000元　　D. 购买计算机一台，支付货款7 500元

6. 下列项目中，不能用现金支付的项目有（　　）。

A. 向职工个人发放奖金5 000元　　B. 偿还前欠M公司购货款10 000元

C. 张山出差借支差旅费1 200元　　D. 购买设备一台，价款20 000元

7. 根据规定，银行账户一般分为（　　）等几种。

A. 基本存款账户　　B. 一般存款账户

C. 临时存款账户　　D. 专用存款账户

8. 企业以外埠存款10 000元，购买需要安装设备一台，会计分录由（　　）组成。

A. 借：固定资产10 000　　B. 借：在建工程10 000

C. 贷：其他货币资金10 000　　D. 贷：银行存款10 000

9. 下列项目中，应在“其他货币资金”账户中核算的有（　　）。

A. 存出投资款　　B. 支票存款

C. 银行汇票存款　　D. 银行本票存款

10. 银行存款的总分类核算，应当根据（　　）逐笔或分别定期汇总登记。

A. 银行收款凭证　　B. 银行付款凭证

C. 银行转账凭证　　D. 有关现金付款凭证

11. 银行存款日记账的核对，是指银行存款日记账（　　）。

A. 与银行存款余额调节表的核对　　B. 与银行存款收、付款凭证的核对

C. 与银行存款总账的核对　　D. 与银行存款对账单的核对

12. 下列各项中，通过“其他货币资金”账户核算的是（　　）。

A. 外埠存款　　B. 银行汇票存款　　C. 备用金

D. 银行本票存款　　E. 短期债券投资

三、判断题

1. 现金清查是以实地盘点法核对库存现金实有数与账存数的。（　　）
2. 盘点现金出现溢余，可以在“其他应付款”账户的贷方反映，待日后短缺时用于抵扣。（　　）
3. 无法查明原因的现金短缺，根据管理权限批准后计入“营业外支出”账户。（　　）
4. 银行存款余额调节表是调整企业银行存款账面余额的原始凭证。（　　）
5. 对于银行已经入账而企业尚未入账的未达账项，企业应当根据“银行对账单”编制自制凭证予以入账。（　　）
6. 企业银行存款账面余额与银行对账单余额因未达账项存在差额时，应按照银行存款余额调节表调整银行存款日记账。（　　）
7. 库存现金的清查包括出纳人员每日的清点核对和清查小组定期和不定期的清查。（　　）
8. “库存现金”账户反映企业的库存现金，包括企业内部各部门周转使用、由各部门保管的定额备用金。（　　）
9. 采用定额制核算备用金的企业，备用金使用部门日常凭单据报销差旅费时，会计部门应按报销金额冲减“其他应收款”科目。（　　）

四、计算分录题

1. 某企业3月份业务如下：

3月12日，企业开出现金支票一张，从银行提取现金3 600元，企业用现金支付水电费400元；张明去北京采购材料，不方便携带现款，故委托当地银行汇款5 850元到北京开立采购专户，并从财务预借差旅费2 000元，财务以现金支付。

3月18日，张明返回企业，交回采购有关的供应单位发票账单，共支付材料款项5 850元，其中，材料价款5 000元，增值税850元。张明报销差旅费2 200元，财务以现金补付余款。

3月21日，企业收到上海公司上月所欠货款47 000元的银行转账支票一张。企业将支票和填制的进账单送交开户银行。

3月25日，张明持银行汇票一张前往深圳采购材料，汇票价款8 000元，购买材料时，实际支付材料价款6 000元，增值税1 020元。

3月26日，张明返回企业时，银行已将多余款项退回企业开户银行。

3月30日，企业对现金进行清查，发现现金短缺600元，原因正在调查。

3月30日，发现短缺的现金是由于出纳员小华的工作失职造成的，应由其负责赔偿，金额为300元，另外300元没办法查清楚，经批准转作管理费用。

月底，企业开始与银行进行对账，银行对账单上的存款余额为31 170元，经核对，发现有以下未达账项：

（1）3月29日，企业委托银行代收款项2 470元，银行已收入账，企业尚未收到入账通知。

（2）3月30日，银行代企业支付租金630元，尚未通知企业。

（3）3月30日，企业收到深圳公司代收手续费1 200元。

要求：编制相关会计分录，并编制“银行余额调节表”，核对双方记账有无错误。

2. 某企业2008年1月31日在工商银行的存款余额为256 000元，银行对账单余额为265 000元，经查对有下列未达账项：

（1）企业于月末存入银行的转账支票2 000元，银行尚未入账。

（2）委托银行代收的销货款12 000元，银行已经收到入账，但企业尚未收到银行收款通知。

（3）银行代付本月电话费4 000元，企业尚未收到银行付款通知。

（4）企业于月末开出转账支票3 000元，持票人尚未到银行办理转账手续。

要求：

（1）根据所给资料填制以下银行存款余额调节表。

（2）如果调节后双方的银行存款余额仍不相符，应如何处理？

（3）该企业在2008年1月31日可动用的银行存款的数额是多少？

银行存款余额调节表

2008年1月31日

项　目	金　额	项　目	金　额
企业账面存款余额		银行对账单余额	
加： 减：		加： 减：	
调节后的存款余额		调节后的存款余额	

第三章　应收及预付款项练习题

一、单项选择题

1. 长江公司2007年2月10日销售给大海公司一批商品，应收账款为1 000万元，2007年12月31日，该笔应收账款的未来现金流量现值为900万元。在此之前未计提坏账准备为（　）万元。

A. 900　　B. 100　　C. 1 000　　D. 0

2. 长江公司2007年2月10日销售给大海公司一批商品，收账款为1 200万元，2007年6月30日计提坏账准备150万元，2007年12月31日，该笔应收账款的未来现金流量现值为950万元。在此之前未计提坏账准备，2007年12月31日，该笔应收账款应计提的坏账准备为（　）万元。

A. 300　　B. 100　　C. 250　　D. 0

3. 某企业销售商品一批，增值税专用发票上注明的价款为60万元，适用的增值税税率为17%，为购买方代垫运杂费2万元，款项尚未收回。该企业确认的应收账款为(　)万元。

A. 60　　B. 62　　C. 70. 2　　D. 72. 2

4. 在以应收账款余额百分比法计提坏账准备的情况下，已确认的坏账又收回时，应借记（　）科目，贷记“坏账准备”科目。

A. “应收账款”　　B. “银行存款”

C. “管理费用”　　D. “营业外收入”

5. 某企业于2月28日将某股份公司于1月31日签发的带息应收票据向银行贴现，该票据面值为10 000元，年利率为10%，期限为6个月，贴现率为12%，该企业实际收到的贴现金额应为（　）元。

A. 10 600　　B. 10 335　　C. 10 000　　D. 9 975

6. 票据贴现期即从（　）。

A. 票据开出日至贴现日　　B. 票据开出日至到期日

C. 票据贴现日至到期日　　D. 票据贴现日至实际收款日

7. 某企业在2003年10月8日销售商品100件，增值税专用发票上注明的价款为10 000元，增值税税额为1 700元。企业为了及早收回货款而在合同中规定的现金折扣条件为2/10，1/20，*n*/30。假定计算现金折扣时不考虑增值税。如买方2003年10月24日付清货款，该企业实际收款金额应为（　　）元。

A. 11 466　　B. 11 500　　C. 11 583　　D. 11 600

8. 某工业企业销售产品每件120元，若客户购买100件（含100件）以上每件可得到20元的商业折扣。某客户2004年12月10日购买该企业产品100件，按规定现金折扣条件为2/10，1/20，*n*/30。适用的增值税税率为17%。该企业于12月29日受到该笔款项时，应给予客户的现金折扣为（　　）元。假定计算现金折扣时考虑增值税。

A. 0　　B. 100　　C. 117　　D. 1 100

9. 某工业企业销售产品每件120元，若客户购买100件（含100件）以上可得到20元的商业折扣。某客户2000年12月10日购买该企业产品100件，按规定现金折扣条件为2/10，1/20，*n*/30。适用的增值税税率为17%。该企业于12月29日收到该笔款项时，应给予客户的现金折扣为（　　）元。假定计算现金折扣时不考虑增值税。

A. 0　　B. 100　　C. 117　　D. 1 100

二、多项选择题

1. 下列项目应通过“其他应收款”核算的有（　　）。

A. 拨付给企业各内部单位的备用金　　B. 应收的各种罚款

C. 收取的各种押金　　D. 应向职工收取的各种垫付款项

2. 关于“预付账款”账户，下列说法正确的有（　　）。

A. “预付账款”属于资产性质的账户

B. 预付货款不多的企业，可以不单独设置“预付账款”账户，将预付的货款计入“应付账款”账户的借方

C. “预付账款”账户贷方余额反映的是应付供应单位的款项

D. “预付账款”账户核算企业因销售业务产生的往来款项

3. 下列各种情况进行会计处理时，应计入“坏账准备”科目贷方的有（　　）。

A. 首次按“应收账款”账户期末余额计算坏账准备

B. 收回过去已确认并转销的坏账

C. 期末“坏账准备”账户余额为贷方，且大于计提前坏账准备余额

D. 发生坏账

4. 按现行《准则》规定，通过“应收票据”及“应付票据”核算的票据包括（　　）。

A. 银行汇票　　B. 银行承兑汇票

C. 银行本票　　D. 商业承兑汇票

5. 下列各项会引起期末应收账款账面价值发生变化的有（　　）。

A. 收回应收账款　　B. 收回已转销的坏账

C. 计提应收账款坏账准备　　D. 结转到期不能收回的应收票据

6. 计算带息商业汇票的到期值时，应考虑的因素有（　　）。

A. 票面利率　　B. 票面金额

C. 票据期限　　D. 贴现率　　E. 贴现期限

7. 企业因销售商品发生的应收账款，其入账价值应当包括（　　）。

A. 销售商品的价款　　B. 增值税销项税额

C. 代购货方垫付的包装费　　D. 代购货方垫付的运杂费

8. 下列各项中构成应收账款入账价值的有（　　）。

A. 确认商品销售收入时尚未收到的价款　　B. 代购货方垫付的包装费

C. 代购货方垫付的运杂费　　D. 销售货物发生的商业折扣

9. 下列各项构成应收账款入账价值的有（　　）。

A. 赊销商品的价款　　B. 代购货方垫付的保险费

C. 代购货方垫付的运杂费　　D. 销售货物发生的商业折扣

10. 按照《准则》规定，可以作为应收账款入账金额的项目有（　　）。

A. 产品销售收入价款　　B. 增值税销项税额

C. 商业折扣　　D. 代垫运杂费

三、判断题

1. 采用备抵法核算坏账的情况下，发生坏账时所作的冲销应收账款的会计分录，会使资产及资本同时减少相同数额。(　　)

2. “坏账准备”账户期末余额在贷方，在资产负债表上列示时，应列入流动负债项目中。(　　)

3. 在备抵法下，已确认并已转销的坏账损失后，以后又回收的，仍然应通过“应收账款”账户核算，并贷记“资产减值损失”账户。(　　)

4. 已确认为坏账的应收账款，并不意味着企业放弃了其追索权，一旦重新收回，应及时入账。(　　)

5. 企业购货时所取得的现金折扣应冲减所购存货的成本。(　　)

四、计算会计分录题

1. 甲企业为增值税一般纳税人，增值税税率为17%。采用备抵法核算坏账。2005 年 12 月 1 日，甲企业“应收账款”科目借方余额为 500 万元，“坏账准备”科目贷方余额为 25 万元，计提坏账准备的比例为期末应收账款余额的 5%。

12 月份，甲企业发生相关业务如下：

（1）12 月 5 日，向乙企业赊销商品一批，按商品价目表标明的价格计算的金额为1 000万元（不含增值税），由于是成批销售，甲企业给予乙企业 10% 的商业折扣。

（2）12 月 9 日，一客户破产，根据清算程序，有应收账款 40 万元不能收回，确认为坏账。

（3）12 月 11 日，收到乙企业的销货款 500 万元，存入银行。

（4）12 月 21 日，收到 2004 年已转销为坏账的应收账款 10 万元，存入银行。

（5）12 月 30 日，向丙企业销售商品一批，增值税专用发票上注明的售价为 100 万元，增值税税额为 17 万元。甲企业为了及早收回货款而在合同中规定的现金折扣条件为 2/10，1/20，*n*/30。假定现金折扣不考虑增值税。

要求：

第一，编制甲企业上述业务的会计分录。

第二，计算甲企业本期应计提的坏账准备并编制会计分录。

（“应交税费”科目要求写出明细科目和专栏名称，答案中的金额单位用“万元”表示）

2. A 公司 2007 年有关资料如下：

（1）2007 年 12 月 1 日应收 B 公司账款期初余额为 125 万元，其坏账准备贷方余额为 5 万元。

（2）12 月 5 日，向 B 公司销售产品 110 件，单价 1 万元，增值税税率为 17%，单位销售成本为 0. 8 万元，未收款。

（3）12 月 25 日，因产品质量原因，B 公司要求退回本月 5 日购买的 10 件商品，A 公司同意 B 公司退货，并办理退货手续和开具红字增值税专用发票，A 公司收到 B 公司退回的商品。

（4）12 月 26 日应收 B 公司账款发生坏账损失 2 万元。

（5）12 月 28 日收回前期已确认应收 B 公司账款的坏账 1 万元，存入银行。

（6）2007 年 12 月 31 日，A 公司对应收 B 公司账款进行减值测试，确定计提坏账准备的比例为 5%。

要求：根据上述资料，编制有关业务的会计分录。（金额单位用"万元"表示）

3. 2007 年 4 月 30 日以 4 月 15 日签发、60 天到期、票面利率为 10%、票据面值为 600 000 元的带息应收票据向银行贴现，贴现率为 16%，试编制收到票据、票据贴现的会计分录。

4. 甲公司于 2008 年 9 月 30 日销售一批产品给乙公司。货已发出，发票注明的销售收入为 300 000 元，增值税为 51 000 元。收到乙公司交来的商业承兑汇票一张，期限 6 个月，票面利率为 6%。4 个月后甲公司将该票据拿到银行贴现，贴现期 54 天，贴现率 8%。2009 年 3 月 31 日票据到期，乙公司银行账户不足以支付货款，银行将已贴现的票据退回申请贴现的企业，并从甲公司账户中将票据款划回。

要求：编制相关的会计分录。

5. 某企业向 M 公司采购材料 3 000 千克，单价 100 元，货款总额 300 000 元，按照合同规定向 M 公司预付货款的 50%，验收货物后补付其余款项。收到 M 公司发来的 3 000 千克材料，经验收无误，有关发票记载的货款为 300 000 元，增值税税额为 51 000 元，据此以银行存款补付不足款项 201 000 元。

要求：编制相关的会计分录。

6. 广州公司 2007 年期初"坏账准备"科目余额为 2 000 元，本期实际发生坏账损失为 3 000 元，年末应收账款余额为 800 000 元，2008 年实际发生坏账损失为 1 000 元，年末应收账款余额为 1 000 000 元，2009 年实际发生坏账损失 2 600 元，年末应收账款余额 460 000 元，坏账准备的计提比例为 0.5%。

要求：编制各年相关坏账的会计分录。

第四章　存货练习题

一、单项选择题

1. 某企业采用成本与可变现净值孰低法的个别比较法确定期末存货的价值。期初"存货跌价准备"科目的余额为 4 400 元。假设 2002 年 12 月 31 日三种存货的成本和可变现净值分别为：A 存货成本为 30 000 元，可变现净值为 30 000 元；B 存货成本为 15 000 元，可变现净值为 14 000 元；C 存货成本为 50 000 元，可变现净值为 48 000 元。该企业 12 月 31 日计入"资产减值损失"科目的金额为（　　）元。

A. 借方 3 000　　B. 借方 1 400　　C. 贷方 1 400　　D. 贷方 3 000

2. 某公司从 2001 年年末开始于中期期末和年末计提存货跌价准备，甲材料资料如下：

时　间	账面成本	可变现净值
2001 年年末	50 万	45 万
2002 年 6 月末	60 万	50 万
2002 年年末	40 万	42 万

公司计提跌价准备对 2002 年利润的影响额为（　　）万元。

A. 1　　B. 5　　C. －5　　D. 10

3. 某商场采用毛利率法对商品的发出和结存进行日常核算。2003 年 7 月，甲类商品期初库存余额为 15 万元。该类商品本月购进为 20 万元，本月销售收入为 25 万元，本月销售折让为 1 万元。上月该类商品按扣除销售折让后计算的毛利率为 20%。假定不考虑相关税费，2003 年 7 月该类商品月末库存成本为（　　）万元。

A. 10　　B. 15.8　　C. 15　　D. 19.2

4. 甲公司存货的日常核算采用毛利率计算发出存货成本。该企业 2003 年 4 月份的销售收入为 500 万元，销售成本为 460 万元，4 月末存货成本为 300 万元，5 月份购入存货为 700 万元，本月销售收入为 600

万元，发生销售退回40万元。假定不考虑相关税费，该企业2003年5月末存货成本为（　　）万元。

A. 448　　B. 484.8　　C. 540　　D. 440

5. 当物价持续上涨时，存货计价采用先进先出法，会出现的情况是（　　）。

A. 高估企业当期利润　　B. 低估企业当期利润

C. 高估期末存货价值　　D. 低估当期销货成本

6. 某增值税一般纳税工业企业购进免税农产品一批，支付买价12 000元，装卸费1 000元，入库前挑选整理费400元，该批农产品的采购成本为（　　）元。

A. 12 000　　B. 12 200　　C. 13 000　　D. 13 400

7. 某工业企业为增值税小规模纳税人，2005年10月9日购入材料一批，取得增值税专用发票上注明的价款为21 200元，增值税税额为3 604元，该企业适用的增值税征收率为6%，材料入库前挑选整理费为200元，材料已验收入库。则该企业取得的该材料的入账价值应为（　　）元。

A. 20 200　　B. 21 400　　C. 23 804　　D. 25 004

8. 某企业为增值税小规模纳税企业，该企业购入甲材料600千克，每千克含税单价为50元，发生运杂费2 000元，运输途中发生合理损耗10千克，入库前发生挑选整理费用200元，该批甲材料的入账价值为（　　）元。

A. 30 000　　B. 32 000　　C. 32 200　　D. 32 700

9. 某企业月初结存材料的计划成本为30 000元，成本差异为超支200元，本月入库材料的计划成本为70 000元，成本差异为节约700元。当月生产车间领用材料的计划成本为60 000元，当月生产车间领用材料应负担的材料成本差异为（　　）元。

A. －300　　B. 300　　C. －540　　D. 540

10. 下列原材料相关损失项目中，应计入营业外支出的是（　　）。

A. 计量差错引起的原材料盘亏　　B. 自然灾害造成的原材料损失

C. 原材料运输途中的合理损耗　　D. 人为责任造成的原材料损失

11. 某工业企业为增值税小规模纳税人，原材料采用计划成本核算。A材料计划成本每吨20元，本期购进A材料6 000吨，收到增值税专用发票上注明的价款总额为102 000元，增值税税额为17 340元。另发生运杂费1 400元，途中保险费359元，原材料运抵企业后验收入库原材料5 995吨，运输途中合理损耗5吨，购进A材料发生的成本差异（超支）为（　　）元。

A. 1 099　　B. 1 199　　C. 16 141　　D. 16 241

12. A企业月初甲材料的计划成本为10 000元，“材料成本差异”账户借方余额为500元，本月购进甲材料一批，实际成本为16 180元，计划成本为19 000元，本月生产车间领用甲材料的计划成本为8 000元，管理部门领用甲材料的计划成本为4 000元，该企业期末甲材料的实际成本为（　　）元。

A. 14 680　　B. 15 640　　C. 15 680　　D. 16 640

13. 随同产品出售而不单独计价的包装物，应于发出时按其实际成本计入（　　）。

A. 其他业务成本　　B. 管理费用

C. 销售费用　　D. 主营业务成本

14. 随同产品出售单独计价的包装物，应于发出时按其实际成本计入（　　）。

A. 其他业务成本　　B. 管理费用

C. 销售费用　　D. 主营业务成本

15. 某企业为增值税一般纳税企业，适用的增值税税率为17%，适用的消费税税率为10%，该企业委托其他单位加工一批属于应税消费品的原材料（非金银首饰），该批委托加工原材料收回后用于继续生产应税消费品，发出材料的成本为200万元，支付的不含税的加工费为90万元，支付的增值税为15.3万元，该批原材料已加工完成并验收，成本为(　　)万元。

A. 290　　B. 300　　C. 320　　D. 335.3

16. 某一般纳税企业委托外单位加工一批应税消费品，材料成本为50万元，加工费5万元（不含税），受托方增值税税率为17%，受托方代扣代交消费税为1万元，该批材料加工后委托方直接出售，则该材料加工完毕入库时的成本为（　　）元。

A. 63.5　　B. 56　　C. 58.5　　D. 55

17. 企业销售产品领用不单独计价的包装物一批，其计划成本为8 000元，材料成本差异率为1%，此项业务企业应计入销售费用的金额为（　　）元。

A. 8 000　　B. 7 920　　C. 8 080　　D. 0

二、多项选择题

1. 按照我国《企业会计制度》规定，下列资产中应在资产负债表“存货”项目中反映的有（　　）。

A. 生产成本　　B. 库存商品
C. 分期收款发出商品　　D. 存货跌价准备　　E. 委托代销商品

2. 企业委托其他单位加工的物资，收回后直接用于在建工程，其实际成本包括(　　)。

A. 支付的加工费　　B. 加工中耗用物资的实际成本
C. 支付的增值税　　D. 支付的往返运杂费　　E. 支付的消费税

3. 下列存货盘亏或毁损损失，报经批准后，应转作“管理费用”的有（　　）。

A. 保管中产生的定额内自然损耗　　B. 自然灾害造成的毁损净损失
C. 管理不善造成的毁损净损失　　D. 收发差错造成的毁损净损失
E. 意外事故造成的毁损净损失

4. 企业计提存货跌价准备时，可以采用的方式有（　）。

A. 按照单个存货项目计提
B. 如果产品系列的单个项目难以区分，该产品系列可以合并计提
C. 数量繁多、单价较低的存货，可以按类别计提
D. 可以按存货总体计提　　E. 根据企业需要计提

5. 下列各项构成工业企业外购材料存货入账价值的有（　　）。

A. 买价　　B. 运杂费
C. 运输途中合理损耗　　D. 入库前的挑选整理费用

6. 下列项目应计入存货成本的税金有（　　）。

A. 材料委托加工后用于继续生产应税消费品已交的消费税
B. 一般纳税企业购入材料的增值税
C. 企业计算出自产自用应税产品而应交纳的资源税
D. 小规模纳税企业购入原材料已交纳的增值税

7. 下列各项应计入“其他业务成本”的有（　　）。

A. 出借包装物成本的摊销　　B. 出租包装物成本的摊销
C. 随同产品出售单独计价的包装物成本
D. 随同产品出售不单独计价的包装物成本

三、判断题

1. 企业采用计划成本核算原材料，平时收到原材料时应按实际成本，借记“原材料”科目，领用或发出原材料时应按计划成本，贷记“原材料”科目，期末再将发出材料和期末材料调整为实际成本。(　　)

2. 企业采用计划成本进行材料日常核算时，月末分摊材料成本差异时，超支差异计入“材料成本差异”科目的借方，节约差异计入“材料成本差异”的贷方。(　　)

3. 购入材料在运输途中发生的合理损耗应计入管理费用。(　　)

4. 属于非常损失造成的存货毁损，应按该存货的实际成本计入营业外支出。(　　)

5. 商品流通企业在采购商品过程中发生的采购费用应计入当期损益。(　　)

四、计算会计分录题

1. 红星企业某存货收入、发出资料如下：

年		摘要	收入			发出			结存		
月	日		数量	单价	金额	数量	单价	金额	数量	单价	金额
5	1	结存							400	5	2 000
	8	购入	1 000	5.5	5 500						
	12	发出				1 000					
	20	购入	800	5.8	4 640						
	25	发出				900					
		合计	1 800		10 140	1 900					

试用先进先出法、加权平均法、移动加权平均法计算各次发出成本和月末结存成本。

2. 某公司期末存货采用成本与可变现净值孰低法计价，各期末存货账面余额和可变现净值资料如下：

期　间	账面成本	可变现净值
第一期末	500 000	470 000
第二期末	600 000	520 000
第三期末	640 000	620 000

要求：计算各期末存货跌价损失，并编制有关会计分录。

3. 某商场2007年4月份期初商品进价成本为300 000元，售价总额为390 000元，本期购入商品的进价成本为150 000元，售价总额为210 000，本期销售收入为277 500元。试用售价金额核算法计算本期销售商品的实际成本。

4. 甲企业为增值税一般纳税人，增值税税率为17%。原材料采用实际成本核算，原材料发出采用月末一次加权平均法计价。运输费不考虑增值税。

2006年4月，与A材料相关的资料如下：

（1）1日，“原材料——A材料”科目余额20 000元（共2 000千克，其中含3月末验收入库但因发票账单未到，而以2 000元暂估入账的A材料200千克）。

（2）5日，收到3月末以暂估价入库A材料的发票账单，货款1 800元，增值税税额306元，对方代垫运输费400元，全部款项已用转账支票付讫。

（3）8日，以汇兑结算方式购入A材料3 000千克，发票账单已收到，货款36 000元，增值税税额6 120元，运输费用1 000元。材料尚未到达，款项已由银行存款支付。

（4）11日，收到8日采购的A材料，验收时发现只有2 950千克。经检查，短缺的50千克确定为运输途中的合理损耗，A材料验收入库。

（5）18日，持银行汇票80 000元购入A材料5 000千克，增值税专用发票上注明的货款为49 500元，增值税税额为 8 415 元，另支付运输费用 2 000 元，材料已验收入库，剩余票款退回并存入银行。

（6）21 日，基本生产车间自制 A 材料 50 千克验收入库，总成本为 600 元。

（7）30 日，根据“发料凭证汇总表”的记录，4 月份基本生产车间为生产产品领用 A 材料 6 000 千克，车间管理部门领用 A 材料 1 000 千克，企业管理部门领用 A 材料 1 000 千克。

要求：

第一，计算甲企业 4 月份发出 A 材料的单位成本。

第二，根据上述资料，编制甲企业 4 月份与 A 材料有关的会计分录。

（“应交税费”科目要求写出明细科目和栏目名称，答案中的金额单位用“元”表示）

5. 某国有工厂材料存货采用计划成本记账，2007 年 1 月份“原材料”科目某类材料的期初余额为 40 000元，“材料成本差异”科目期初借方余额为 4 000 元，原材料单位计划成本为 10 元。该工厂 1 月份发生发经济业务如下：

（1）1 月 10 日进货 1 000 千克，支付材料货款 9 500 元，材料增值税进项税额 1 615 元，运费 400 元，材料已验收入库。

（2）1 月 15 日，车间一般耗用领用材料 100 千克。

（3）1 月 20 日进货 2 000 千克，增值税发票上价税合计 22 464 元（增值税税率为 17%），款项用银行存款支付，另支付运费 1 000 元，材料已验收入库。

（4）1 月 25 日，车间生产产品领用材料 2 500 千克。

要求：完成上述业务的会计分录，计算材料成本差异，计算发出材料应负担的材料成本差异并编制相关会计分录。

6. 某工业企业为增值税一般纳税企业，材料按计划成本计价核算，甲材料计划单位成本为每千克 10 元，该企业 2007 年 4 月份有关资料如下：

（1）“原材料”账户月初余额为 80 000 元，“材料成本差异”账户月初借方余额为1 000元，“材料采购”账户月初借方余额为 21 000 元。

（2）4 月 5 日，企业上月已付款的甲材料 2 000 千克如数收到，已验收入库。

（3）4 月 10 日，从外地 A 公司购入甲材料 6 000 千克，增值税专用发票上注明的材料价款为 58 900 元，增值税税额 10 013 元，企业已用银行存款支付上述款项，材料尚未到达企业。

（4）4 月 20 日，从 S 公司购入的甲材料到达，验收入库时发现短缺 100 千克，经查明为途中定额内自然损耗，按实收数量验收入库。

（5）4 月 30 日，汇总本月发料凭证，本月共发出甲材料 6 000 千克，全部用于产品生产。

要求：根据上述业务编制相关会计分录，并计算本月材料成本差异率，本月发出材料应负担的成本差异，及月末库存材料的实际成本。

7. 某工业企业为增值税一般纳税企业，材料按计划成本计价核算，甲材料计划单位成本为每千克 10 元。该企业 2007 年 4 月份有关资料如下：

（1）“原材料”账户月初余额为 40 000 元，“材料成本差异”账户月初借方余额为 500 元。

（2）4 月 5 日，企业发出 100 千克甲材料委托 A 公司加工成新的物资。

（3）4 月 15 日，从外地 S 公司购入甲材料 6 000 千克，价款为 61 000 元，增值税税额为 10 370 元，企业已用银行存款支付上述款项，材料尚未到达。

（4）4 月 20 日，从 S 公司购入甲材料到达，验收入库时发现短缺 20 千克，经查明为途中定额内自然损耗，按实收数量验收入库。

（5）4 月 30 日，汇总本月发料凭证，本月共发出甲材料 5 000 千克，全部用于产品生产。

要求：根据上述业务编制相关的会计分录，并计算本月材料成本差异率，本月发出材料应负担的成本差异及月末库存材料的实际成本。

第五章　投资练习题

一、单项选择题

1. A 公司于 2007 年 4 月 5 日从证券市场上购入 B 公司发行的股票 200 万股作为交易性金融资产，每股支付价款 4 元（含已宣告但尚未发放的现金股利 0.5 元），另支付相关费用 3 万元，A 公司交易性金融资产取得时的入账价值为（　　）万元。

A. 800　　B. 700　　C. 803　　D. 703

2. A 公司于 2007 年 11 月 5 日从证券市场上购入 B 公司发行的股票 200 万股作为交易性金融资产，每股支付价款 5 元，另支付相关费用 20 万元。2007 年 12 月 31 日，这部分股票的公允价值为 1 050 万元，A 公司 2007 年 12 月 31 日应确认的公允价值变动损益为（　　）万元。

A. 损失 50　　B. 收益 50　　C. 收益 30　　D. 损失 30

3. A 公司于 2007 年 4 月 5 日从证券市场上购入 B 公司发行的股票 100 万股作为交易性金融资产，每股支付价款 5 元（含已宣告但尚未发放的现金股利 1 万元），另支付相关费用 8 万元，A 公司交易性金融资产取得时的入账价值为（　　）万元。

A. 408　　B. 400　　C. 500　　D. 508

4. A 公司于 2007 年 11 月 5 日从证券市场上购入 B 公司发行的股票 100 万股作为交易性金融资产，每股支付价款 5 元，另支付相关费用 20 万元。2007 年 12 月 31 日，这部分股票的公允价值为 550 万元，A 公司 2007 年 12 月 31 日应确认的公允价值变动损益为（　　）万元。

A. 损失 50　　B. 收益 50　　C. 收益 30　　D. 损失 30

5. 下列各项，应反映在交易性金融资产的初始计量金额中的是（　　）。

A. 债券的买入价　　B. 支付的手续费

C. 支付的印花税　　D. 已到付息期但尚未领取的利息

6. 企业于 2007 年 3 月 31 日购入 A 公司股票 4 000 股作为交易性金融资产。A 公司已于 3 月 20 日宣告分派股利（至 3 月 31 日尚未支付），每股 0.2 元，企业以银行存款支付股票价款 48 000 元，另付手续费 400 元，该交易性金融资产的入账价值为（　　）元。

A. 48 400　　B. 48 000　　C. 47 200　　D. 40 000

7. A 公司以 2 000 万元取得 B 公司 30% 的股权，取得投资时被投资单位可辨认净资产的公允价值为 6 000万元。如 A 公司能够对 B 公司施加重大影响，则 A 公司计入长期股权投资的金额为（　　）万元。

A. 2 000　　B. 1 800　　C. 6 000　　D. 4 000

8. A 公司 2006 年年初按投资份额出资 180 万元对 B 公司进行长期股权投资，占 B 公司股权比例的 40%。当年 B 公司亏损 100 万元；2007 年 B 公司亏损 400 万元；2008 年 B 公司实现净利润 30 万元。2008 年 A 公司计入投资收益的金额为（　　）万元。

A. 12　　B. 10　　C. 8　　D. 0

9. 在长期股权投资采用权益法核算时，下列各项中，应当确认投资收益的是(　　)。

A. 被投资企业实现净利润　　B. 被投资企业资本公积转增资本

C. 收到被投资企业分配的现金股利　　D. 收到被投资企业分配的股票股利

10. 甲公司 2007 年 1 月 1 日从乙公司购入其持有的 B 公司 10% 的股份（B 公司为非上市公司），甲公司以银行存款支付买价 510 万元，同时支付相关税费 10 万元。甲公司购入 B 公司股份后准备长期持有，B 公司 2007 年 1 月 1 日的所有者权益账面价总额为 5 000 万元，B 公司可辨认净资产的公允价值为 5 500 万元。则甲公司应确认的长期股权投资初始投资成本为（　　）万元。

A. 520　　B. 525　　C. 500　　D. 550

11. 企业持有交易性金融资产期间取得的现金股利和利息时，应贷记的科目是(　　)。

A. 财务费用　　B. 投资收益　　C. 交易性金融资产　　D. 应收利息

12. 企业购买分期付息的债券准备短期持有，实付价款中包含的已到期而尚未领取的债券利息，应计入的会计科目是（　　）。

A. 应收利息　　B. 投资收益　　C. 财务费用　　D. 交易性金融资产

13. 关于可供出售金融资产的计量，下列说法中不正确的是（　　）。

A. 可供出售金融资产取得时发生的交易费用应当计入初始入账金额

B. 可供出售金融资产后续计量时公允价值变动应计入公允价值变动损益

C. 将持有至到期投资重分类为可供出售金融资产的，重分类日的公允价值与账面余额之间的差额计入资本公积

D. 因持有意图或能力发生改变等原因，使金融资产不再适合按照公允价值计量时，企业可以将该金融资产改按成本或摊余成本计量

14. 下列各项不属于金融资产的是（　　）。

A. 库存现金　　B. 应收账款　　C. 基金投资　　D. 存货

15. 将持有至到期投资重分类为可供出售金融资产的，应在重分类日按其公允价值，借记“可供出售金融资产”科目，按其账面余额，贷记“持有至到期投资”科目，按其差额，贷记或借记（　　）科目。

A. 资本公积　　B. 投资收益　　C. 营业外收入　　D. 资产减值损失

16. 甲公司于2007年1月1日从证券市场上购入乙公司发行的股票2万股作为可供出售金融资产，每股支付价款5元（含已宣告但未发放的现金股利1元），另支付相关费用5 000元，甲公司可供出售金融资产取得时的入账价值为（　　）元。

A. 100 000　　B. 80 000　　C. 85 000　　D. 105 000

17. 在已确认减值损失的金融资产价值恢复时，下列金融资产的减值损失不得通过损益转回的是(　　)。

A. 持有至到期投资的减值损失　　B. 贷款及应收款项的减值损失

C. 可供出售权益工具投资的减值损失　　D. 可供出售债务工具投资的减值损失

二、多项选择题

1. 下列各项投资企业不应确认为当期投资收益的有（　　）。

A. 采用成本法核算时，被投资单位接受的非现金资产捐赠

B. 采用成本法核算时，投资当年收到被投资单位分配的上年度现金股利

C. 采用成本法核算时，被投资单位宣告的属于投资后产生的累积净利润的现金股利

D. 收到包含在长期股权投资购买价款中的尚未领取的现金股利

2. 下列项目可作为持有至到期债券投资的（　　）。

A. 企业从二级市场上购入的固定利率国债

B. 企业从二级市场上购入的浮动利率公司债券

C. 购入的股权投资

D. 投资者有权要求发行方赎回的债券

3. 企业持有至到期投资的特点包括（　　）。

A. 到期日固定、回收金额固定或可确定

B. 发生市场利率变化、流动性需要变化等情况时，将出售该金融资产

C. 有明确意图持有至到期

D. 有能力持有至到期

4. 可供出售金融资产在（　　）情况下，可以重分类为持有至到期投资。

A. 企业的持有意图或能力发生改变，满足划分为持有至到期投资的要求

B. 可供出售金融资产的公允价值不再能够可靠计量

C. 持有可供出售金融资产的期限超过两个完整的会计年度

D. 因被投资单位信用状况严重恶化，将持有至到期投资予以出售

5. 如果购入的准备持有至到期的债券的实际利率等于票面利率，且不存在交易费用时，下列各项中，会引起持有至到期投资账面价值发生增减变动的有（　　）。

A. 计提持有至到期投资减值准备　　B. 确认分期付息债券的投资利息

C. 确认到期一次付息债券的投资利息　　D. 出售持有至到期投资

6. 下列各项中，会引起交易性金融资产账面余额发生变化的有（　　）。

A. 收到原未计入应收项目的交易性金融资产的利息

B. 期末交易性金融资产公允价值高于其账面余额的差额

C. 期末交易性金融资产公允价值低于其账面余额的差额

D. 出售交易性金融资产

三、判断题

1. 企业对其他单位的长期股权投资，其持股比例在20%以上，50%以下，且能对被投资单位的财务和经营政策施加重大影响的，应采用权益法进行核算。（　　）

2. 长期股权投资如果发生减值，则应将其减值损失确认为当期的投资损失。（　　）

3. 处置持有至到期投资时，应将实际收到的金额与其账面价值的差额计入资本公积。（　　）

4. 可供出售金融资产发生减值时，即使该金融资产没有终止确认，原直接计入所有者权益中的因公允价值下降形成的累计损失，应当予以转出，计入当期损益。（　　）

5. 以公允价值计量且其变动计入当期损益的金融资产包括交易性金融资产、持有至到期投资和直接指定以公允价值计量且其变动计入当期损益的金融资产。（　　）

6. 购入的股权投资因其没有固定的到期日，不符合持有至到期投资的条件，不能划分为持有至到期投资。（　　）

7. 购入交易性金融资产支付的交易费用，应该计入交易性资产的成本中。（　　）

8. 资产负债表日，对于持有至到期投资为分期付息、一次还本债券投资的，应按票面利率计算确定的应收未收利息，应该借记“持有至到期投资（应计利息）”科目。（　　）

四、计算会计分录题

1. 2007年5月，甲公司以480万元购入乙公司股票60万股作为交易性金融资产，另支付手续费10万元；2007年6月30日该股票每股市价为7.5元，2007年8月10日，乙公司宣告分派现金股利，每股0.2元；8月20日，甲公司收到分派的现金股利，至12月31日，甲公司仍持有该交易性金融资产，期末每股市价为8.5元，2008年1月3日以515万元出售该交易性金融资产。假定甲公司每年6月30日和12月31日对外提供财务会计报告。

要求：

第一，编制上述经济业务的会计分录。

第二，计算该交易性金融资产的累计损益。

2. 甲公司有关长期股权投资的业务如下：

（1）2002年1月2日，以每股买入价10元的价格从证券市场购入乙股份有限公司的股票200万股，另支付相关税费20万元，甲公司购入的股票占乙公司发行股份的10%，并准备长期持有。

（2）2002年2月26日，乙公司宣告2001年年度股利分配方案，每股分派0.2元现金股利。

（3）2002年3月10日收到现金股利。

（4）2002年年度，乙公司实现净利润800万元。

（5）2003年2月1日，甲公司将持有的股票全部售出，收到价款净额为1 900万元，款项已由银行收妥。

要求：编制甲公司上述经济业务的会计分录。

3. 甲公司发生下列与长期股权投资相关的业务：

（1）2000 年 1 月 7 日，购入 S 公司有表决权的股票 100 万股，占 S 公司股份的 25%，从而对 S 公司的财务和经营政策有重大影响，该股票每股买入价为 8 元，其中每股含已宣告分派但尚未领取的现金股利 0.2 元；另外，甲公司在购买该股票时还支付相关税费10 000元，款项由银行存款支付（假定 S 公司 2000 年年初可辨认净资产的公允价值为3 000万元）。

（2）2000 年 2 月 15 日，收到 S 公司宣告分派的现金股利。

（3）2000 年年度，S 公司实现净利润 2 000 000 元。

（4）2001 年 1 月 6 日，S 公司宣告分派 2000 年年度的股利，每股分派 0.1 元。

（5）2001 年 2 月 15 日，甲公司收到 S 公司分派的 2000 年年度的现金股利。

（6）2001 年年度，S 公司发生亏损 200 000 元。

（7）2002 年 1 月 7 日，甲公司出售所持有的股票 10 万股，每股售价为 10 元（不考虑相关税费，甲公司出售部分股票后，仍对 S 公司财务与经营政策产生重大影响）。

要求：编制上述经济业务的会计分录。

第六章　固定资产练习题

一、单项选择题

1. 某企业自行建造管理用房一间，购入所需的各种物资价款为 100 000 元，支付增值税 17 000 元，全部用于建造中。另外领用本企业生产的产品一批，实际成本 2 000 元，售价 2 500 元，支付工程人员工资 20 000 元，提取工程人员福利费 2 800 元，支付其他费用 3 755 元。该企业适用的增值税税率为 17%，则该房屋的实际造价为(　　)。

A. 128 980　　B. 145 895　　C. 145 555　　D. 143 095

2. 某企业 2002 年购入一台需安装的设备，买价为 600 000 元，增值税 102 000 元，运费 18 000 元，上述款项用银行存款支付；安装过程中领用工程物资价款为 50 000（含税），应付工程人员的工资 30 000 元，设备于 12 月交付使用，则该设备的入账价值为（　　）。

A. 800 000　　B. 780 000　　C. 820 000　　D. 798 000

3. 甲公司 2009 年购入一台需要安装的设备，取得的增值税发票上注明的设备买价为 50 000 元，增值税为8 500元，支付的运输费为 1 500 元，设备安装时领用工程用的材料价值1 000元（不含税），购进该批材料的增值税为 170 元，设备安装时支付的人员工资为2 000元，运输费不考虑税金则固定资产的成本为（　　）。

A. 63 170　　B. 60 000　　C. 63 000　　D. 54 500

4. 某项固定资产原值为 200 000 元，预计净残值为 2 000 元。预计使用年限为 5 年，则在年数总和法下第二年的折旧额为（　　）元。

A. 26 400　　B. 52 800　　C. 40 000　　D. 39 600

5. 某企业对一座建筑物进行改建，该建筑物的原价为 100 万元，已提折旧为 60 万元，改建过程中发生支出 30 万元，取得变价收入为 5 万元，该建筑物改建后的入账价值为（　　）万元。

A. 65　　B. 70　　C. 125　　D. 130

6. 某企业为延长甲设备的使用寿命，2001 年 6 月份对其进行改良并于当月完工，改良时发生相关支出共计 20 万元，估计能使甲设备延长使用寿命 2 年。根据 2001 年 6 月末的账面记录，甲设备的原账面价值为 120 万元，已提折旧为 57 万元，未计提减值准备。若确定甲设备改良完工后的可收回金额为 78 万元，则该企业 2001 年 6 月份可以予以资本化的后续支出为（　　）万元。

A. 0　　B. 15　　C. 18　　D. 20

7. 如果不考虑固定资产的减值准备，下列方法中每期折旧额相等的折旧方法是（　　）。

A. 工作量法　　B. 双倍余额递减法

C. 年数总和法　　D. 平均年限法

8. 某企业2005年11月1日购入一项固定资产。该固定资产原价为498万元，预计使用年限为5年，预计净残值为30万元，按年数总和法计提折旧。该固定资产2006年应计提的折旧额是（　　）万元。

A. 148.6　　B. 153.4　　C. 145.2　　D. 192.56

9. 下列各项所发生的固定资产后续支出中，不能资本化支出的是（　　）。

A. 资产生产的产品质量提高

B. 资产的生产能力增大

C. 恢复或保持资产的原有性能标准，以确保未来经济效益的实现

D. 资产的估计使用年限延长

10. 甲企业对某一项生产设备进行改良，该生产设备原价为1 000万元，已提折旧500万元，改良中发生各项支出共计100万元。改良时被替换部分的账面价值为20万元。则该项固定资产的入账价值为（　　）万元。

A. 1 000　　B. 1 100　　C. 580　　D. 600

11. 下列固定资产，应计提折旧的固定资产是（　　）。

A. 经营租赁方式租入的固定资产　　B. 季节性停用的固定资产

C. 正在改扩建的固定资产　　D. 融资租出的固定资产

12. 甲公司2005年12月购进压模机一台，入账价值为100万元，预计净残值5.6万元，预计使用年限为5年，甲公司采用双倍余额递减法计提折旧，2008年应计提折旧为（　　）万元。

A. 14.4　　B. 26　　C. 24　　D. 20

13. 长江公司是一家制造性企业。2007年2月1日，购入了三套不同型号的数控机床A、B、C。长江公司共支付货款7 800 000元，增值税税额为1 326 000元，保险费为42 000元。A机床在安装过程中领用生产用甲种原材料30 000元，已知该原材料适用17%增值税税率，另为A机床支付安装费50 000元。已知A、B、C三台机床均符合固定资产定义及确认条件，公允价值分别为2 926 000元、3 594 800元、1 839 200元。不考虑其他因素，A机床入账价值为（　　）元。

A. 2 814 700　　B. 2 819 800　　C. 3 293 900　　D. 3 001 100

14. 企业一次购入多项没有标价的固定资产，各项固定资产的原价应按（　　）确定。

A. 各项固定资产的重置完全价值　　B. 各项固定资产公允价值比例

C. 各项同类固定资产的历史成本　　D. 各项固定资产的净值

二、多项选择题

1. 下列各项会引起固定资产账面价值发生变化的有（　　）。

A. 计提固定资产减值准备　　B. 计提固定资产折旧

C. 固定资产改扩建　　D. 固定资产大修理

2. 固定资产的后续支出，可能计入的会计科目有（　　）。

A. 固定资产　　B. 制造费用

C. 管理费用　　D. 销售费用

3. 双倍余额递减法和年数总和法是两种计算折旧的方法，其共同点包括（　　）。

A. 都属于加速折旧的方法　　B. 每期折旧率是固定的

C. 前期的折旧高，后期的折旧低　　D. 都不考虑残值

4. 下列各项应通过"固定资产清理"科目核算的有（　　）。

A. 盘亏的固定资产　　B. 出售的固定资产

C. 报废的固定资产　　D. 毁损的固定资产

5. 下列各项应计入"固定资产清理"科目借方的有（　　）。

A. 支付清理固定资产人员的工资　　B. 因自然灾害损失的固定资产取得的赔款

C. 因出售厂房而交纳的营业税　　　　D. 因自然灾害损失的固定资产账面净值

6. 下列项目需要计入到“在建工程”科目的有（　　）。

A. 购入不需安装的固定资产　　　　B. 购入需要安装的固定资产

C. 固定资产的改扩建　　　　D. 固定资产的大修理

7. 下列项目应计入当期损益的有（　　）。

A. 计提固定资产减值准备　　　　B. 融资租赁固定资产未确认融资费用的摊销

C. 不超过固定资产可收回金额的改良支出　　　　D. 生产车间所计提的固定资产折旧

8. 在固定资产计提折旧时，始终考虑固定资产残值的折旧方法有（　　）。

A. 平均年限法　　　　B. 工作量法

C. 双倍余额递减法　　　　D. 年数总和法

三、判断题

1. 按照新《准则》的规定，对于计提的固定资产减值准备，在以后期间价值恢复时，不转回任何原已计提的减值准备金额。(　　)

2. 采用出包方式自行建造固定资产时，预付承包单位的工程价款应通过“预付账款”科目核算。(　　)

3. 对于盘盈的固定资产，应按同类或类似固定资产的市场价格减去按该项固定资产的新旧程度估计的价值损耗后的余额，或在同类或类似固定资产不存在活跃市场时，按该项固定资产的预计未来现金流量现值对固定资产进行计量。(　　)

4. 固定资产的大修理费用和日常修理费用，都应列入管理费用。(　　)

5. 固定资产是指使用寿命超过一年的资产。(　　)

6. 固定资产折旧方法的选择不但影响资产负债表中的资产总额，也影响利润表中的净利润。(　　)

7. 企业接受投资者投入的固定资产按照双方确认的价值作为入账价值。(　　)

8. 企业应当对所有固定资产计提折旧。(　　)

9. 已达到预定可使用状态但在年度内尚未办理竣工决算手续的固定资产，应按估计价值暂估入账，并计提折旧，办理竣工决算手续后，如果与原暂估入账的金额不等，需要调整固定资产科目的金额，同时调整已经计提的累计折旧金额。(　　)

10. 在建工程项目达到预定可使用状态前，试生产产品对外出售取得的收入应冲减工程成本。(　　)

11. 自行建造固定资产达到预定可使用状态前，该项目的工程物资盘盈应当计入当期营业外收入。(　　)

12. 按双倍余额递减法计提的折旧额在任何时候都大于按平均年限法计算的折旧额。(　　)

13. 企业将发生的固定资产后续支出计入固定资产成本的，应当终止确认被替换部分的账面价值。(　　)

四、计算会计分录题

1. 甲公司于2009年年初自行建造仓库一座。购入为工程准备的各种物资价款为100 000元，支付的增值税税额为17 000元，实际领用工程物资（含税）105 300元，剩余物资转作企业生产用原材料；另外还领用了企业生产用原材料一批实际成本为10 000元，应转出增值税为1 700元；分配工程人员工资为40 000元，企业辅助生产车间为工程提供有关劳务支出价款为3 000元。工程于2009年4月达到预定使用状态并交付使用。

要求：试编制上述业务的会计分录。

2. 甲公司对机器设备采作双倍余额递减法计提折旧，2004年12月20日，甲公司购入一台不需要安装的机器设备，价款为100 000元，增值税为17 000元，另支付运输费2 000元，包装费1 000元，款项均以银行存款支付，该设备即日起投入基本生产车间使用，预计使用年限5年，预计净残值为5 000元，假定不考虑固定资产减值准备。

要求：

第一，编制甲公司购入设备的会计分录。

第二，分别计算甲公司2005—2008年年度的折旧额。

第三，编制甲公司2005年年末计提折旧时的会计分录。

3. 甲公司是一家从事印刷的企业，有关的业务资料如下：

（1）2007年12月，该公司自行建造成一条印刷生产线，建造成本为568 000元，采用年限平均法计提折旧，预计净残值率为固定资产原价的3%，预计使用6年。

（2）2009年12月31日，由于生产的产品适销对路，现有生产线的能力已难以满足公司的生产发展需要，但若新建生产线成本过高，周期过长，于是公司决定对现有生产线进行改建。

（3）2009年12月31日至2010年3月31日，经过3个月的改扩建，完成了对这条生产线的改建工作，共发生支出268 900元。全部用银行存款支付。

（4）该生产线改建后达到预定使用状态，大大提高了生产能力，预计将使用年限延长了4年，即为10年。假定改建后的生产线的预计净残值率为扩建后的固定资产原价的3%，折旧方法不变。

若改扩建后达到预定状态后，该生产线预计能给企业带来的可收回金额为700 000元。

要求：编制固定资产改扩建的会计分录，并计算2010年和2011年的计提折旧额。

第七章　无形资产和其他资产练习题

一、单项选择题

1. 企业出售无形资产发生的净损失，应计入（　　）。

A. 营业外支出　　B. 其他业务成本

C. 主营业务成本　　D. 管理费用

2. 某企业2004年1月1日以80 000元购入一项专利权，预计使用年限为10年，法律规定年限为8年。2006年1月1日，该企业将该项无形资产以60 000元对外出售，出售无形资产适用的营业税税率为5%。出售该专利权发生的营业外支出为（　　）元。

A. 0　　B. －3 000　　C. 3 000　　D. 60 000

3. 自用无形资产的摊销，应计入（　　）。

A. 其他业务成本　　B. 长期待摊费用

C. 销售费用　　D. 管理费用

4. 出租无形资产的摊销，应计入（　　）。

A. 其他业务成本　　B. 长期待摊费用

C. 销售费用　　D. 管理费用

5. 某企业研制一项新技术，开始并无成功把握。该企业在此项研究过程中发生研究费用70 000元，研究成功后申请获得专利权，在申请专利的过程中发生的专利登记费用30 000元，律师费8 000元，该项专利权的入账价值为（　　）元。

A. 48 000　　B. 120 000　　C. 108 000　　D. 38 000

6. 某企业出售一项三年前取得的专利权，该专利取得时的成本为50万元，按10年摊销，出售时取得收入40万元，营业税税率为5%，则出售该项专利时当期损益为(　　)万元。

A. 10　　B. 12　　C. 3　　D. 5

7. 某企业于2007年1月1日购入一项专利权，实际支付款项为100万元，按10年的预计使用寿命采用直线法摊销，2008年年末，无形资产的可收回金额为60万元，2009年1月1日，对无形资产的使用寿命和摊销方法进行复核，该无形资产的尚可使用年限为5年，摊销方法仍采用直线法，该专利权2009年应摊销金额为（　　）万元。

A. 10　　B. 15　　C. 16　　D. 12

8. A 公司为甲、乙两个股东共同投资设立的股份有限公司。经营一年后，甲、乙股东之外的另一个投资者丙要求加入 A 公司。经协商，甲、乙同意丙以一项非专利技术投入，三方确认该非专利技术的价值是 100 万元。该项非专利技术在丙公司的账面余额为 120 万元，市价为 100 万元，那么该项非专利技术在 A 公司的入账价值为（　　）万元。

A. 100　　B. 120　　C. 0　　D. 150

9. S 公司 2008 年 1 月 18 日购入一项专利权，实际支付的买价为 70 万元，另付相关费用 2 万元，该专利权的摊销年限为 5 年。2010 年 4 月 1 日，S 公司将该专利权出售，取得价款 30 万元，转让交易适用的营业税税率为 5%，假定不考虑无形资产减值准备。转让该专利权形成的净损失为（　　）万元。

A. 12. 30　　B. 9. 60　　C. 10. 80　　D. 11. 10

10. 甲公司 2007 年 1 月 1 日购入一项专利权，实际支付的买价及相关费用共计 48 万元，该专利权的摊销年限为 5 年，假设采用直线法摊销。2009 年 4 月 1 日，甲公司将该专利权的所有权对外转让，取得价款 20 万元。转让交易适用的营业税税率为 5%。假定不考虑无形资产减值准备。转让该专利权形成的净损失为（　　）万元。

A. 8. 2　　B. 7. 4　　C. 7. 2　　D. 6. 6

11. 某公司 2000 年 1 月 1 日购入一项无形资产。该无形资产的实际成本为 500 万元，摊销年限为 10 年。2004 年 12 月 31 日，该无形资产发生减值，预计可收回金额为 200 万元。计提减值准备后，该无形资产的原摊销年限不变。2006 年 12 月 31 日，该无形资产的摊余价值为（　　）万元。

A. 150　　B. 170　　C. 200　　D. 250

12. 企业购入或支付土地出让金取得的土地使用权，在已经开发或建造自用项目的，通常作为（　　）科目核算。

A. 固定资产　　B. 在建工程　　C. 无形资产　　D. 长期待摊费用

13. 下列各项费用或支出应当计入无形资产入账价值的是（　　）。

A. 接受捐赠无形资产时支付的相关税费　　B. 在无形资产研究阶段发生的研制费用

C. 无形资产后续支出　　D. 商标注册后发生的广告费

14. 自创并经法律程序申请取得的无形资产，在研究阶段发生的人员工资应计入(　　)。

A. 管理费用　　B. 无形资产　　C. 其他业务支出　　D. 销售费用

15. 下列属于无形资产后续支出的是（　　）。

A. 相关宣传活动支出　　B. 无形资产研究费用

C. 无形资产开发支出　　D. 无形资产购买价款

16. 企业在研发阶段发生的无形资产支出应先计入（　　）科目。

A. 无形资产　　B. 管理费用　　C. 研发支出　　D. 累计摊销

17. 某项专门用于生产过程中的无形资产，其摊销金额应该计入（　　）。

A. 管理费用　　B. 营业费用　　C. 制造费用　　D. 其他业务成本

18. 关于企业内部研究开发项目的支出，下列说法错误的是（　　）。

A. 企业内部研究开发项目的支出，应当区分研究阶段支出与开发阶段支出

B. 企业内部研究开发项目研究阶段的支出，应当于发生时计入当期损益

C. 企业内部研究开发项目开发阶段的支出，应确认为无形资产

D. 企业内部研究开发项目开发阶段的支出，可能确认为无形资产，也可能确认为费用

二、多项选择题

1. 对使用寿命有限的无形资产，下列说法正确的有（　　）。

A. 其应摊销金额应当在使用寿命内系统合理摊销

B. 其摊销期限应当自无形资产可供使用时起至不再作为无形资产确认时止

C. 其摊销期限应当自无形资产可供使用的下个月起至不再作为无形资产确认时止

D. 无形资产的应摊销金额为其在扣除预计残值后的金额，已计提减值准备的无形资产，还应扣除已计提的无形资产减值准备累计金额

2. 无形资产的可收回金额是以下（　　）两者中的较大者。

A. 无形资产的公允价值（假设处置费用为零）

B. 无形资产的净值

C. 无形资产的原值

D. 无形资产的预计未来现金流量的现值

3. 关于无形资产的确认，应同时满足的条件有（　　）。

A. 必须是外购的

B. 应符合无形资产的定义

C. 与该无形资产有关的经济利益很可能流入企业

D. 该无形资产的成本能够可靠地计量

4. 投资者投入无形资产的成本，应当按照（　　）确定，但该金额不公允的除外。

A. 投资合同约定的价值　　B. 公允价值

C. 投资方无形资产的账面价值　　D. 协议约定的价值

5. 下列各项会引起无形资产账面价值发生增减变动的有（　　）。

A. 对无形资产计提减值准备

B. 企业内部研究开发项目研究阶段的支出

C. 摊销无形资产成本

D. 企业内部研究开发项目开发阶段的支出不满足无形资产确认条件

6. 在估计无形资产使用寿命时，下列说法不正确的有（　　）。

A. 某些无形资产的取得源自于合同性权利或其他法定权利，其使用寿命不应超过合同性权利或其他法定权利规定的期限

B. 如果合同性权利或其他法定权利能够在到期时因续约等延续，续约期应包括在使用寿命的估计当中

C. 没有明确的合同或法律规定无形资产的使用寿命的，应当将其作为使用寿命不确定的无形资产

D. 对于使用寿命不确定的无形资产，如果有证据表明其使用寿命是有限的，则应视为会计估计变更，估计其使用寿命并按照使用寿命有限的无形资产的处理原则进行处理

8. 下列有关无形资产的后续计量，说法不正确的有（　　）。

A. 使用寿命不确定的无形资产，其应摊销的金额应该按照 10 年进行摊销

B. 无形资产的摊销方法必须采用直线法进行摊销

C. 使用寿命不确定的无形资产应该按照系统合理的方法摊销

D. 企业无形资产的摊销方法应当反映与该项无形资产有关的经济利益的预期实现方式

9. 下列有关无形资产会计处理的表述，正确的有（　　）。

A. 无形资产后续支出应该在发生时计入当期损益

B. 企业自用的、使用寿命确定的无形资产的摊销金额，应该全部计入当期管理费用

C. 不能为企业带来经济利益的无形资产的摊余价值，应该全部转入当期的管理费用

D. 使用寿命有限的无形资产应当在取得当月起开始摊销

三、判断题

1. 企业取得的使用寿命有限的无形资产均应按直线法摊销。（　　）

2. 企业摊销无形资产，应当自无形资产可供使用时起，至不再作为无形资产确认时止。（　　）

3. 无形资产计提减值准备后，持有期间不得转回。（　　）

4. 无形资产摊销时，应该冲减无形资产的成本。（　　）

5. 土地使用权均作为企业的无形资产进行核算。(　　)

6. 企业出售无形资产确认其利得的时点，应按照收入确认中的相关原则进行确定。(　　)

7. 无形资产的后续支出应判断是否可以资本化，符合资本化条件的应予以资本化，计入无形资产成本，不符合资本化条件的应直接计入当期费用。(　　)

8. 无形资产的残值都为零。(　　)

9. 企业取得的土地使用权通常应确认为无形资产。土地使用权用于自行开发建造厂房等地上建筑物时，相关的土地使用权账面价值应转入在建工程成本。(　　)

10. 无形资产预期不能为企业带来经济利益的，应将无形资产的账面价值转入"管理费用"科目。(　　)

11. 某企业以 50 万元外购一项专利权，同时还发生相关费用 6 万元，那么该外购专利权的入账价值为 56 万元。(　　)

四、计算会计分录题

1. 某公司正在研究和开发一项新工艺，2005 年 1 至 10 月发生的各项研究、调查、试验等费用 100 万元，2005 年 10 月至 12 月发生材料、人工等各项支出 60 万元。在 2005 年 9 月末，该公司已经可以证实该项新工艺必然开发成功，并满足无形资产确认标准。2006 年 1 至 6 月又发生材料费用、直接参与开发人员的工资、场地设备等租金和注册费等支出 240 万元。2006 年 6 月末该项新工艺完成，达到了预定可使用状态。

要求：作出相关的会计处理。(以万元为单位)

2. 某企业 2007 年 1 月 1 日从 A 企业购入一项专利的所有权，以银行存款支付买价和有关费用共计 100 万元，该专利自可供使用时起至不再作为无形资产确认时止的年限为 10 年。假定企业于年末一次计提全年无形资产摊销，2009 年 1 月 1 日，该企业将上项专利权出售给 C 企业，取得收入 90 万元存入银行，该项收入适用营业税税率为 5%。

要求：

第一，编制该企业购入专利的会计分录。

第二，计算该项专利权的年摊销额并编制有关会计分录。

第三，编制与该项专利权转让有关的会计分录并计算转让净损益。

第八章　投资性房地产练习题

一、单项选择题

1. 下列各项中，不属于投资性房地产的是（　　）。

A. 已出租的土地使用权　　B. 持有并准备增值后转让的土地使用权

C. 已出租的建筑物　　D. 持有并准备增值后转让的建筑物

2. 企业取得投资性房地产发生的下列支出中，不应计入投资性房地产成本的是（　　）。

A. 土地开发费　　B. 业务人员差旅费

C. 建筑安装成本　　D. 应予以资本化的借款费用

3. 某企业对投资性房地产采用成本模式计量，且投资性房地产不属于该企业的主营业务，计提的折旧费用或摊销费用应当计入（　　）。

A. 管理费用　　B. 制造费用　　C. 其他业务成本　　D. 营业外支出

4. 企业发生的下列投资性房地产后续支出中，一般应作为资本性支出的是（　　）。

A. 投资性房地产日常修理支出　　B. 投资性房地产大修理支出

C. 投资性房地产改建扩建支出　　D. 投资性房地产维护支出

5. 企业处置投资性房地产时，应当将处置收入计入（　　）。

A. 投资收益　　B. 公允价值变动损益　　C. 其他业务收入　　D. 营业外收入

二、多项选择题

1. 下列各项中，属于投资性房地产的是（　　）。

A. 企业以营租赁方式租出的写字楼　　B. 企业准备建成后用于出租的在建写字楼

C. 企业拥有并自行经营的饭店　　D. 企业出租给本企业职工的房屋

E. 企业持有拟增值后转让的土地使用权

2. 下列各项中，不属于投资性房地产的是（　　）。

A. 房地产企业开发的准备出售的房屋　　B. 房地产企业开发的已出租的房屋

C. 企业持有的准备建造房屋的土地使用权　　D. 企业以经营租赁方式租入的建筑物

3. 采用公允价值模式进行后续计量的投资性房地产，应当同时满足（　　）条件。

A. 投资性房地产所在地有活跃的房地产交易市场

B. 企业能够从活跃的房地产交易市场上取得同类或类似房地产的市场价格及其他相关信息，从而对投资性房地产的公允价值作出合理的估计

C. 所有的投资性房地产有活跃的房地产交易市场

D. 企业能够取得交易价格的信息

4. 下列各项应该计入一般企业“其他业务收入”科目的有（　　）。

A. 出售投资性房地产的收入

B. 出租建筑物的租金收入

C. 出售自用房屋的收入

D. 将持有并准备增值后转让的土地使用权予以转让所取得的收入

5. 关于投资性房地产的计量模式，下列说法中正确的是（　　）。

A. 已经采用公允价值模式计量的投资性房地产，不得从公允价值模式转为成本模式

B. 已经采用成本模式计量的投资性房地产，不得从成本模式转为公允价值模式

C. 采用公允价值模式计量的，不对投资性房地产计提折旧或进行摊销

D. 企业对投资性房地产计量模式一经确定不得随意变更

三、业务题

1. 2007年4月20日乙公司购买一块土地使用权，购买价款为2 000万元，支付相关手续费30万元，款项全部以银行存款支付。企业购买后准备等其增值后予以转让。乙公司对该投资性房地产采用公允价值模式进行后续计量。该项投资性房地产2007年取得租金收入为150万元，已存入银行，假定不考虑其他相关税费。经复核，该投资性房地产2007年12月31日的公允价值为2 000万元。

要求：做出乙公司相关的会计处理。金额单位用万元表示。

2. 长城房地产公司（以下简称长城公司）于2005年12月31日将一建筑物对外出租并采用公允价值模式计量，租期为3年，每年12月31日收取租金200万元，出租当日，该建筑物的成本为2 700万元，已计提折旧400万元，尚可使用年限为20年，公允价值为1 700万元，2006年12月31日，该建筑物的公允价值为1 830万元，2007年12月31日，该建筑物的公允价值为1 880万元，2008年12月31日的公允价值为1 760万元，2009年1月5日将该建筑物对外出售，收到1 800万元存入银行。

要求：编制长城公司上述经济业务的会计分录。

第九章　流动负债练习题

一、单项选择题

1. 企业从应付职工工资中代扣的职工房租，应借记的会计科目是（　　）。

A. 应付职工薪酬　　B. 银行存款

C. 其他应收款　　D. 其他应付款

2. 企业建筑办公大楼领用生产用原材料时，相关的增值税应记的会计科目是（　　）。

A. 管理费用　　B. 生产成本

C. 在建工程　　D. 其他业务成本

3. 某一般纳税企业采用托收承付结算方式从其他企业购入原材料一批，货款为200 000元，增值税为34 000元，对方代垫运杂费6 000元，该原材料已经验收入库。该购买业务所发生的应付账款入账价值为（　　）元。

A. 240 000　　B. 234 000　　C. 206 000　　D. 200 000

4. 下列项目不属于职工薪酬的是（　　）。

A. 职工工资　　B. 职工福利费

C. 医疗保险费　　D. 职工出差报销的火车票费用

5. 下列职工薪酬不应当根据职工提供服务的受益对象计入成本的是（　　）。

A. 因解除与职工的劳动关系给予的补偿

B. 构成工资总额的各组成部分

C. 工会经费和职工教育经费

D. 医疗保险费、养老保险费、失业保险费、工伤保险费和生育保险费等社会保险费

6. 应由生产产品、提供劳务负担的职工薪酬，应当（　　）。

A. 计入管理费用　　B. 计入存货成本或劳务成本

C. 确认为当期费用　　D. 计入销售费用

7. 企业在无形资产研究阶段发生的职工薪酬，应当（　　）。

A. 计入当期损益　　B. 计入在建工程成本

C. 计入无形资产成本　　D. 计入固定资产成本

8. 企业因解除与职工的劳动关系给予职工补偿而发生的职工薪酬，应借记的会计科目是（　　）。

A. 管理费用　　B. 存货成本或劳务成本

C. 营业外支出　　D. 销售费用

9. 下列有关应付票据处理的表述不正确的是（　　）。

A. 企业开出承兑商业汇票时，应按票据面额贷记“应付票据”

B. 企业开出并承兑带息商业汇票时，应按其到期应付金额贷记“应付票据”

C. 企业支付的银行承兑手续费，计入当期“财务费用”

D. 企业到期无力支付的应付票据，应按账面余额转入“应付账款”

10. 企业对应付的商业承兑汇票，如果到期不能足额付款，在会计处理上应将其转入（　　）。

A. 应付账款　　B. 其他应付款

C. 应收账款　　D. 短期借款

11. 某公司2004年11月1日开具了商业承兑汇票，该商业汇票的面值为50 000元，年利率6%，期限为6个月，2004年12月31日该公司“应付票据”的账面价值是（　　）元。

A. 50 000　　B. 50 500　　C. 51 500　　D. 51 000

12. 某企业为增值税一般纳税人，2004年实际已纳税金情况如下：增值税850万元，消费税150万元，城市维护建设税70万元，车船使用税0.5万元，印花税1.5万元，所得税120万元。上述各项税金计入“应交税费”科目借方余额的金额是（　　）万元。

A. 1 190　　B. 1 190.5　　C. 1 191.5　　D. 1 192

13. 下列各项应通过“其他应付款”科目核算的是（　　）。

A. 应付现金股利　　B. 应交教育费附加

C. 应付租入包装物租金　　D. 应付管理人员工资

14. 企业购进货物用于工程项目时，该货物负担的增值税计入（　　）。

A. 应交税费——应交增值税　　B. 在建工程

C. 营业外支出　　D. 管理费用

15. 委托加工的应税消费品收回后可用于连续生产应税消费品，由受托方代扣代交的消费税，委托方应借记的会计科目是（　　）。

A. 在途物资　　B. 委托加工物资
C. 应交税费——应交消费税　　D. 营业税金及附加

16. 企业发生的下列税金，能计入固定资产成本的是（　　）。

A. 房产税　　B. 车船税　　C. 土地使用税　　D. 增值税

17. 委托加工应纳消费税物资，收回后直接出售的应税消费品，其由受托方代交的消费税，应计入（　　）科目。

A. 管理费用　　B. 委托加工物资
C. 营业税金及附加　　D. 应交税费——应交消费税

18. 企业交纳的下列税款，不需要通过“应交税费”科目核算的是（　　）。

A. 增值税　　B. 印花税　　C. 土地增值税　　D. 资源税

19. 下列各项不应计入“营业税金及附加”的（　　）。

A. 消费税　　B. 资源税
C. 城市维护建设税　　D. 增值税的销项税

二、多项选择题

1. 下列项目属于职工薪酬的有（　　）。

A. 工伤保险费　　B. 非货币性福利
C. 职工津贴和补贴　　D. 因解除与职工的劳动关系给予的补偿

2. 企业交纳的下列税费应通过“应交税费”科目核算的有（　　）。

A. 财产保险费　　B. 教育费附加
C. 车船税　　D. 矿产资源补偿费

3. 下列增值税应计入有关成本的有（　　）。

A. 以产成品对外投资应交的增值税
B. 在建工程使用本企业生产的产品应交纳的增值税
C. 小规模纳税企业购入商品已交纳的增值税
D. 购入固定资产已交的增值税

4. 企业购进货物发生的下列有关税金，应计入货物取得的成本的有（　　）。

A. 签订购买合同交纳的印花税
B. 购入工程物资已交的增值税
C. 进口商品支付的关税
D. 一般纳税企业购进固定资产支付的增值税

5. 下列税金，应计入存货成本的有（　　）。

A. 由受托方代扣代交的委托加工直接用于对外销售的商品负担的消费税
B. 由受托方代扣代交的委托加工继续用于生产应纳消费税的商品负担的消费税
C. 进口原材料交纳的进口关税
D. 小规模纳税企业购买材料交纳的增值税

6. 下列应交的各项税费应该计入管理费用的有（　　）。

A. 房产税　　B. 土地使用税　　C. 车船使用税　　D. 资源税

7. 下列税金应计入有关成本的有（　　）。

A. 以产成品对外投资应交的增值税
B. 在建工程使用本企业生产的产品应交的增值税

C. 小规模的纳税企业购入商品已交的增值税

D. 购入固定资产已交的增值税

E. 进口原材料交纳的进口关税

8. 下列税金中，工业企业应计入“营业税金及附加”科目的有（　　）。

A. 应交纳的城市维护建设税

B. 销售应税消费品应交纳的消费税

C. 企业以生产的应交消费税的消费品用于股权投资

D. 销售不动产应纳纳的营业税

E. 应交纳的印花税

三、判断题

1. “应交税金——应交增值税”科目期末的借方余额，表示尚未抵扣的增值税，贷方余额表示期末未交的增值税。(　　)

2. 在会计实务中，流动负债是按未来偿付金额入账的。(　　)

3. 应付账款一般按到期应付金额的现值入账。(　　)

4. “其他应付款”科目核算企业应付其他单位或个人的货款、股利及其他款项。(　　)

5. 小规模纳税企业只有具有增值税专用发票，才能将支付的进项税额抵扣销项税。(　　)

6. 委托加工应税消费品如果收回后用于连续生产应税消费品，按现定准予抵扣的，应将消费税计入“应交税金”科目的借方。(　　)

7. 在我国会计实务中不带息票据按面值扣除所含利息记账。(　　)

四、计算会计分录题

1. 甲公司为一家彩电生产企业，共有职工200名。2007年2月，公司以其生产的成本价为10 000元的液晶彩电作为福利发放给公司每位职工，该型号液晶彩电的售价为每台14 000元，甲公司适用的增值税税率为17%，假定200名员工中有170名为直接生产的职工，30名为总部管理人员。

要求：编制上述会计分录。

2. 丙公司为总部部门经理级别以上的职工每人提供一辆桑塔纳汽车免费使用，该公司总部共有部门经理以上职工20名，假定每辆桑塔纳汽车每月计提折旧1 000元，该公司还为其他5名副总裁以上高级管理人员每人租赁一套公寓免费使用，月租金为每套8 000元。

要求：编制上述业务的会计分录。

3. 大海公司是一家电生产企业，共有职工310人，其中生产工人200人，车间管理人员15人，行政管理人员20人，销售人员15人，在建工程人员60人。大海公司适用的增值税税率为17%，2007年12月发生以下业务：

（1）本月应付工资总额380万元，工资费用分配表中列示的生产工人工资为200万元，车间管理人员工资为30万元，企业行政管理人员工资为50万元，销售人员工资为40万元，在建工程人员工资为60万元。

（2）下设的职工食堂享受企业提供的补贴，本月领用自产产品一批，该产品的账面价值为8万元，市场价格为10万元，（不含增值税）适用的消费税税率为10%。

（3）以其自己生产的某种电暖气发放给公司每名职工，每台电暖气成本为800元，市场售价为每台1 000元。

（4）为总部部门经理以上职工提供汽车，免费使用，为副总裁以上高级管理人员每人租赁一套住房。大海公司总部现有部门经理以上职工10人，假定所提供汽车每月提折旧2万元；现有副总裁以上职工3人，所提供的住房每月的租金2万元。

（5）用银行存款支付副总裁以上职工住房租金2万元。

（6）结算本月应付职工工资总额为380万元，代扣职工房租10万元，企业代垫职工家属医药费2万元，代扣个人所得税20万元，余款用银行存款支付。

（7）上交个人所得税20万元。

（8）下设的职工食堂维修领用原材料5万元，其购入时支付的增值税0.85万元。

要求：编制上述业务的会计分录。

4. 某工业企业为一般纳税企业，增值税税率为17%，消费税税率为10%，库存材料按照实际成本核算，销售收入均不含应向购买方收取的增值税。该企业2007年3月份发生业务如下：

（1）工程领用本企业生产的应交纳消费税的产品，该产品成本为500万元，计税价格为700万元。

（2）收回委托加工的原材料并验收入库，该委托加工原材料系上月发出，发出原材料的实际成本为195万元，本月以银行存款支付受托加工企业代扣代交的消费税5万元，加工费用为50万元，收回委托加工原材料用于本企业生产应交纳消费税的产品。

要求：根据上述资料，编制该企业相关经济业务的会计分录。（不考虑城市维护建设税和教育费附加）

5. 某企业为增值税一般纳税企业，材料按实际成本核算，适用的增值税税率为17%，2006年3月发生业务如下：

（1）购入一批原材料，增值税专用发票上注明的材料价款为200万元（不含增值税），增值税税额为34万元，货款已付，材料已验收入库。

（2）工程领用生产用料8万元，该批材料的计税价格为10万元。

（3）出售一项商标权，转让收入5万元已存入银行，该项商标权的账面余额为6万元，累计摊销4万元，适用的营业税税率为5%。

（4）购入一台设备，增值税专用发票上注明的设备价款为200万元，支付的增值税为34万元，款项已由银行存款支付。

（5）销售产品一批，销售收入为300万元（不含税），货款尚未收到。

（6）销售应交增值税产品给小规模纳税企业，应收取款项（价税合计）为58.5万元，已由银行存款收妥。

（7）从小规模纳税企业购入一批原材料，发票上记载的货款为175.5万元，材料已验收入库，款项尚未支付。

（8）出售厂房一栋，原价1 000万元，已提折旧700万元，出售所得收入为650万元，清理费用支出3万元，厂房已清理完毕，款项均以银行存款收付，适用的营业税税率为5%。

要求：根据上述资料，编制相关经济业务的会计分录。（金额用“万元”表示，不考虑城市维护建设税和教育费附加）

第十章　非流动负债练习题

一、单项选择题

1. 为建造固定资产而发生的长期借款费用，在固定资产交付使用后，应计入（　　）。

A. 当期损益　　B. 固定资产价值

C. 开办费　　D. 清算损益

2. 债券溢价发行是由于（　　）。

A. 债券票面利率高于市场利率　　B. 债券票面利率低于市场利率

C. 债券票面利率等于市场利率　　D. 债券发行量小

3. 债券折价发行是由于（　　）。

A. 债券票面利率高于市场利率　　B. 债券票面利率低于市场利率

C. 债券票面利率等于市场利率　　D. 债券发行量小

4. 不属于购建固定资产的长期借款利息，在企业筹备期间发生的应计入（　　）。

A. 财务费用　　B. 长期待摊费用
C. 管理费用　　D. 专项工程支出

5. 企业发行债券筹集建造固定资产的资金其发行费用金额较大，在固定资产未交付使用前，发行费用计入（　　）账户。

A. 财务费用　　B. 长期待摊费用
C. 专项工程支出　　D. 管理费用

6. 债券溢价按直线法摊销其各期利息费用等于（　　）。

A. 各期应付利息　　B. 溢价摊销额
C. 各期应付利息 + 溢价摊销额　　D. 各期应付利息 - 溢价摊销额

7. 债券折价按直线法摊销其各期利息费用等于（　　）。

A. 各期应付利息　　B. 折价摊销额
C. 各期应付利息 + 折价摊销额　　D. 各期应付利息 - 折价摊销额

8. 2003 年 7 月 1 日，甲企业按面值发行三年期、到期一次还本付息、年利率 6%（不计复利）、面值总额为 5 000 万元的债券。2004 年 12 月 31 日“应付债券”科目的账面余额为（　　）。

A. 5 150 万元　　B. 5 600 万元
C. 5 000 万元　　D. 5 450 万元

9. 某企业于 2007 年 7 月 1 日对外发行四年期、面值为 1 000 万元的公司债券，债券面值年利率为 8%，一次还本付息，收到债券发行全部价款 1 000 万元。2008 年 12 月 31 日该应付债券的账面价值为（　　）万元。

A. 1 120　　B. 1 000　　C. 1 040　　D. 1 080

10. 甲公司于 2008 年 1 月 1 日从银行借入资金 800 万元，借款期限为 2 年，年利率为 6%，利息于每年年初支付，到期时归还本金及最后一年利息。所借款项已存入银行。2008 年 12 月 31 日该长期借款的账面价值为（　　）万元。

A. 48　　B. 896　　C. 848　　D. 800

二、多项选择题

1. 下列对长期借款利息的会计处理，正确的有（　　）。

A. 筹建期间的借款利息计入管理费用
B. 筹建期间的借款利息计入长期待摊费用
C. 日常生产经营活动的借款利息计入财务费用
D. 符合资本化条件的借款利息计入相关资产成本

2. “应付债券”账户的贷方反映的有（　　）。

A. 债券发行时产生的债券溢价　　B. 债券发行时产生的折价
C. 期末计提应付债券利息　　D. 债券的面值

3. “应付债券”账户的借方反映的有（　　）。

A. 债券溢价的摊销　　B. 债券折价的摊销
C. 期末计提应付债券的利息　　D. 归还债券本金

4. 长期借款费用主要包括（　　）。

A. 长期借款利息　　B. 长期借款本金
C. 长期借款到期偿还的本息　　D. 汇兑损失　　E. 汇兑收益

5. 摊销应付债券溢价及折价的方法有（　　）。

A. 一次摊销法　　B. 直线法
C. 加速摊销法　　D. 分次摊销法　　E. 实际利率法

6. “长期应付款”账户的核算内容包括（　　）。

A. 应付融资租入固定资产的租赁费
B. 应付赊销款
C. 应付引进设备款
D. 应付利息
E. 应付投资者利润

7. 发行债券的方式有（　　）。

A. 按溢价发行
B. 按折价发行
C. 按成本发行
D. 按面值发行
E. 按费用发行

8. 对债券发行者来说，采用实际利率法摊销债券溢折价时（不考虑相关交易费用），以下正确的说法有（　　）。

A. 随着各期债券溢价的摊销，债券的摊余成本及利息费用应逐期地减少
B. 随着各期债券溢价的摊销，债券的摊余成本减少，利息费用应逐期地增加
C. 随着各期债券折价的摊销，债券的摊余成本及利息费用应逐期地增加
D. 随着各期债券溢价的摊销，债券的溢价摊销额应逐期地增加
E. 随着各期债券折价的摊销，债券的折价摊销额应逐期地增加

三、判断题

1. 应付股利是指企业根据董事会或类似机构审议批准的利润分配方案确定分配给投资者的现金股利或利润，包括股票股利。（　　）

2. 溢价和折价的摊销是发行债券企业在债券存续期间对利息费用的一种调整。（　　）

3. 采用直线法摊销应付债券的溢价和折价，每期的摊销额是相等的。（　　）

4. 采用实际利率法摊销应付债券的溢价，每期计入的费用是逐期增加的。（　　）

5. 采用实际利率法摊销应付债券的折价，每期计入的费用是逐期减少的。（　　）

四、计算会计分录题

1. 某企业经批准从2002年1月1日起发行三年期面值为100元的债券10 000张，发行价格确定为面值发行，债券年利率为6%，每半年计息一次；该债券所筹资金全部用于新生产线的建设，该生产线于2003年6月底完工交付使用，债券到期后一次支付本金和利息。

要求：编制有关会计分录。

2. 甲公司于2008年1月1日从银行借入资金1 000万元，借款期限为3年，年利率为6%，利息于每年年初支付，到期时归还本金及最后一年利息。所借款项已存入银行。甲公司用该借款于当日购买不需安装的设备一台，价款为800万元。另支付运杂费及保险费等费用10万元。设备已于当日投入使用。

要求：编制相关会计分录。

第十一章　所有者权益练习题

一、单项选择题

1. 甲股份有限公司委托A证券公司发行普通股1 000万股，每股面值1元，每股发行价格为4元。根据约定，股票发行成功后，甲股份有限公司应按发行收入的2%向A证券公司支付发行费。如果不考虑其他因素，股票发行成功后，甲股份有限公司计入“资本公积”科目的金额应为（　　）万元。

A. 20　　B. 80　　C. 2 920　　D. 3 000

2. 2005年1月1日某企业所有者权益情况如下：实收资本200万元，资本公积17万元，盈余公积38万元，未分配利润32万元。则该企业2005年1月1日留存收益为(　　)万元。

A. 32　　B. 38　　C. 70　　D. 87

3. 某企业年初未分配利润贷方余额为200万元，本年实现净利润1 000万元，按净利润的10%提取法定盈余公积，提取任意盈余公积50万元，该企业年末可供分配利润为（　　）万元。

A. 1 200　　B. 1 100　　C. 1 050　　D. 1 000

4. 某企业年初未分配利润贷方余额为200万元，本年利润总额为800万元，年所得税费用为300万元，按净利润的10%提取法定盈余公积，提取任意盈余公积25万元，向投资者分配利润25万元。该企业年末未分配利润贷方余额为（　　）万元。

A. 600　　B. 650　　C. 625　　D. 570

5. 下列各项能够引起企业所有者权益减少的是（　　）。

A. 股东大会宣告派发现金股利　　B. 以资本公积转增资本
C. 提取法定盈余公积　　D. 提取任意盈余公积

6. 某企业于1998年成立，（假定所得税率为33%）当年发生亏损总额为80万元。假定该企业1999年至2004年每年实现利润总额为10万元，除弥补亏损外，假定不考虑其他纳税调整事项。则2004年年底该企业“利润分配——未分配利润”科目的借方余额为（　　）万元。

A. 20　　B. 20.2　　C. 23.30　　D. 40

7. 下列各项会引起留存收益总额发生增减变动的是（　　）。

A. 盈余公积转增资本　　B. 盈余公积补亏
C. 资本公积转增资本　　D. 用税后利润补亏

8. 企业增资扩股时，投资者实际交付的出资额大于其按约定比例计算的其在注册资本中所占的份额部分，应作为（　　）。

A. 资本溢价　　B. 实收资本　　C. 盈余公积　　D. 营业外收入

9. 对有限责任公司而言，如有新投资者介入，新介入的投资者交纳的出资额大于其按约定比例计算的其在注册资本中所占的份额部分，应计入（　　）科目。

A. 实收资本　　B. 营业外收入　　C. 资本公积　　D. 盈余公积

10. 某股份制公司委托某证券公司代理发行普通股100 000股，每股面值1元，每股按1.2元的价格出售。按协议，证券公司从发行收入中收取3%的手续费，从发行收入中扣除，则该公司计入资本公积的数额为（　　）元。

A. 16 400　　B. 100 000　　C. 116 400　　D. 0

11. 企业用当年实现的利润弥补亏损时，应作的会计处理是（　　）。

A. 借记“本年利润”科目，贷记“利润分配——未分配利润”
B. 借记“利润分配——未分配利润”，贷记“本年利润”
C. 借记“利润分配——未分配利润”，贷记“利润分配——未分配利润”
D. 无需专门作会计处理

12. 下列项目能引起所有者权益发生变动的是（　　）。

A. 盈余公积转增股本　　B. 宣告分派的现金股利
C. 发放股票股利　　D. 用公益金购建职工集体福利设施

二、多项选择题

1. 所有者权益的组成包括（　　）。

A. 实收资本　　B. 资本公积　　C. 盈余公积
D. 未分配利润　　E. 本年利润

2. “实收资本”账户应按（　　）设明细账进行明细核算。

A. 国家资本金　　B. 法人资本金　　C. 个人资本金
D. 外商资本金　　E. 投资人

3. 盈余公积包括（　　）。

A. 法定盈余公积　　B. 任意盈余公积
G. 应付福利费　　D. 法定公益金
E. 优先股股利

4. 下列项目应通过“资本公积”科目核算的有（　　）。

A. 被投资企业增发股票形成的股本溢价

B. 投资时采用权益法核算，投资成本与享有被投资单位所有者权益份额的差额

C. 宣告分派的现金股利

D. 被投资企业接受外币资本投资所发生的外币资本折算差额

E. 接受货币性资产捐赠

5. 盈余公积金主要用于（　　）。

A. 弥补亏损　　B. 转增资本

C. 分配股利　　D. 职工困难补助

E. 职工医药费

6. 从利润中形成的所有者权益有（　　）。

A. 实收资本　　B. 资本公积

C. 法定盈余公积　　D. 法定公益金

三、判断题

1. 企业用盈余公积弥补亏损，会导致留存收益减少。(　　)

2. 企业处置某项受赠的固定资产时，应将“资本公积——接受捐赠非现金资产准备”科目中与该项固定资产相关的金额转入“资本公积——其他资本公积”科目。(　　)

3. 一般企业在增加注册资本时，新投资者的投入全部计入“实收资本”账户的贷方。(　　)

4. 资本溢价是指投资者实际交付的出资额小于其资本金的差额。(　　)

5. 对于企业接受捐赠资产的价值，应当作为营业外收入处理。(　　)

6. 资本公积的实质属于投入资本范畴，因此所有资本公积均可以直接转增资本。(　　)

7. 投资者投入的资金全部构成实收资本。(　　)

8. “股本”账户应按普通股和优先股设置明细账。(　　)

9. 未分配利润是企业实现的利润与已分配利润的差额。(　　)

10. “利润分配——未分配利润”账户余额如果在借方表示历年积累的未分配利润。(　　)

四、计算会计分录题

1. 甲公司原由投资者A和投资者B共同出资成立，每人出资200 000元，各占50%的股份。经营两年后，投资者A和投资者B决定增加公司资本，此时有一新的投资者C要求加入甲公司。经有关部门批准后，甲公司实施增资，将实收资本增加到900 000元。经三方协商，一致同意，完成下述投入后，三方投资者各拥有甲公司300 000元实收资本，并各占甲公司1/3的股份。各投资者的出资情况如下：

（1）投资者A以一台设备投入甲公司作为增资，该设备原价180 000元，已提折旧95 000元，评估确认原价180 000元，评估确认净值126 000元。

（2）投资者B以一批材料投入甲公司作为增资，该批材料账面价值105 000元，评估确认价值为110 000元，税务部门认定应交增值税税额为18 700元。投资者B已开具了增值税专用发票。

（3）投资者C以银行存款投入甲公司390 000元。

要求：根据以上资料，分别编制甲公司接受投资者A、投资者B增资时以及投资者C初次出资时的会计分录。

2. 甲公司2007年12月31日的股本为20 000万股，每股面值为1元，资本公积（股本溢价）5 000万元，盈余公积3 000万元。经股东大会批准，甲公司以现金回购本公司股票3 000万股并注销。

要求：

第一，假定每股回购价为0.8元，编制回购股票和购销股票的会计分录。

第二，假定每股回购价为2元，编制回购股票和购销股票的会计分录。

第三，假定每股回购价为3元，编制回购股票和购销股票的会计分录。

第十二章 收入、费用和利润练习题

一、单项选择题

1. 企业在委托其他单位代销商品，在视同买断代销方式下，商品销售收入确认的时间是（　　）。

A. 发出商品日期　　B. 受托方发出商品日期

C. 收到代销单位的代销清单日期　　D. 全部收到款项日期

2. 下列各项，可采用完工百分比法确认收入的是（　　）。

A. 分期收款销售商品　　B. 在同一会计年度开始并完成的劳务

C. 委托代销商品　　D. 跨越一个会计年度才能完成的劳务

3. 某企业于2002年9月接受一项产品安装任务，安装期6个月，合同总收入为20万元，年度预收款项4万元，余款在安装完成时收回，当年实际发生成本6万元，预计还将发生成本4万元。该企业2002年年度确认收入为（　　）万元。

A. 8　　B. 12　　C. 20　　D. 0

4. 为促进销售额的增长，某企业在2002年年初设立了销售部，各分厂的产品都售给销售部，再由销售部对外出售，各分厂和销售部的销售收入均按市场价格计价。当年各分厂销售收入总额为150万元，销售部的销售收入为100万元，该企业当年利润表中的“主营业务收入”为（　　）万元。

A. 150　　B. 100　　C. 250　　D. 50

5. A公司对家电产品实行“包退、包换、包修”的销售政策。2002年，该公司共销售家电产品200万元（不含增值税）。根据以往经验：包退产品占2%，包换产品占1%，包修产品占3%。则该公司2002年应确认的收入金额为（　　）万元。

A. 196　　B. 200　　C. 198　　D. 188

6. 企业发生的违约金支出应计入（　　）。

A. 管理费用　　B. 营业外支出

C. 财务费用　　D. 其他业务支出

7. 下列项目按照现行会计制度的规定，销售企业应当作为财务费用处理的是（　　）。

A. 购货方获得的现金折扣　　B. 购货方获得的商业折扣

C. 购货方获得的销售折让　　D. 购货方放弃的现金折扣

二、多项选择题

1. 下列项目应计入营业外支出的有（　　）。

A. 出售无形资产净损失　　B. 处理固定资产净损失

C. 违反经济合同的罚款支出　　D. 因债务人无力支付欠款而发生的应收账款损失

E. 盘亏固定资产净损失

2. 下列哪些项目属于营业外收入核算的内容（　　）。

A. 固定资产盘盈收入　　B. 无法归还的应付账款

C. 出售无形资产净收益　　D. 接受现金捐赠

E. 债务重组收益

3. 下列项目应作为营业费用处理的有（　　）。

A. 随同产品出售单独计价的包装物成本　　B. 随同产品出售不单独计价的包装物成本

C. 出租包装物的摊余价值　　D. 出借包装物的摊余价值

E. 专设销售机构固定资产的折旧费

4. 下列税金应计入管理费用的有（　　）。

A. 房产税
B. 耕地占用税
C. 车船使用税
D. 印花税
E. 土地使用税

5. 下列项目应计入营业费用的有（　　）。

A. 专设销售机构销售人员的差旅费
B. 专设销售机构固定资产的折旧费
C. 广告费
D. 融资租入固定资产的租赁费
E. 行政管理部门人员的工资

6. 财务费用的核算内容包括（　　）。

A. 销货单位发生的现金折扣
B. 利息支出
C. 诉讼费
D. 购货单位享受的现金折扣
E. 银行存款利息收入

7. 下列项目属于营业外支出的有（　　）。

A. 固定资产盘亏
B. 出售无形资产损失
C. 水灾损失
D. 处理生产用固定资产损失
E. 债务重组损失

8. 工业企业交纳的下列各种税金，可能通过“营业税金及附加”科目核算的有（　　）。

A. 增值税销项税额
B. 消费税
C. 城市维护建设税
D. 印花税
E. 营业税

9. 按我国《企业会计准则》规定，下列项目中不应确认为收入的有（　　）。

A. 销售商品收取的增值税
B. 出售飞机票时代收的保险费
C. 旅行社代客户购买景点门票收取的款项
D. 销售商品代垫的运杂费
E. 销售商品收到的货款

10. 按现行《企业会计准则》的规定，下列有关收入正确的表述，正确的有（　　）。

A. 在同一会计年度内开始并完成的劳务，公司应按完工百分比法确认各月收入

B. 在提供劳务交易的结果不能可靠估计的情况下，已经发生的劳务成本预计能够得到补偿时，公司应在资产负债表日按已经发生的劳务成本确认收入

C. 劳务的开始和完成分属不同的会计年度，在劳务的结果能够可靠地计量的情况下，公司应在资产负债表日按完工百分比法确认收入

D. 在资产负债表日，已发生的合同成本预计不能收回时，公司应将已发生的成本确认为当期费用，不确认收入

E. 在资产负债表日，已发生的合同成本预计不能收回时，公司应将已发生的成本确认为当期费用，并按已经发生的成本确认收入

三、判断题

1. 如劳务的开始和完成分属不同的会计年度，就应按完工百分比法确认收入。（　　）

2. 对于附有销售退回条件的商品销售，如果不能合理确定退货的可能性，应在售出商品的退货期期满时确认收入。（　　）

3. 制造费用和管理费用都是本期发生的生产费用，因此，均应计入当期损益。（　　）

4. 制造费用与管理费用不同，本期发生的管理费用直接影响本期损益，而本期发生的制造费用不一定影响本期的损益。（　　）

5. 任何制造企业在月份终了时，“制造费用”账户都无余额。（　　）

6. 车间管理人员的工资应计入产品成本，不计入期间费用。（　　）

7. 报告年度或以前年度销售的商品，在报告年度财务报告批准报出前（如股份有限公司的年度财务会计报告在年度终了后四个月内报出）退回，冲减报告年度的主营业务收入，以及相关的成本、税金等。（　　）

8. 在分期收款销售方式下，企业应按产品收款日期分期确认收入。(　　)

9. 企业按规定用盈余公积弥补以前年度亏损时，应按弥补数额，借记“盈余公积”科目，贷记“本年利润”科目。(　　)

10. 企业得到减免的增值税不包括在利润总额中。(　　)

四、计算会计分录题

1. 某企业2007年12月18日销售A商品一批，售价为50 000元，增值税税率为17%，成本26 000元。合同规定现金折扣条件为2/10，1/20，*n*/30，买方于12月27日付款，假设计算现金折扣时不考虑增值税。

要求：

第一，编制销售过程和收款过程的会计分录。

第二，如果该批产品于2008年5月10日被退回，编制销售退回的会计分录。

2. 某企业于2007年9月1日向A公司销售商品一批，增值税专用发票上注明销售价格为100万元，增值税税额为17万元。提货单和增值税专用发票已交A公司，A公司已承诺付款。为及时收回货款，给予A公司的现金折扣条件是：2/10，1/20，*n*/20（假定计算现金折扣时不考虑增值税因素）。该批商品的实际成本为85万元。9月19日，收到A公司支付的、扣除所享受现金折扣金额后的款项，并存入银行。11月2日，收到A公司来函，要求对当年9月1日所购商品在价格上给予10%的折让。经查核，该商品外观存在质量问题。甲公司同意了A公司提出的折让要求。当日，收到A公司交来的税务机关开具的索取折让证明单，并开具红字增值税专用发票和支付折让款项。

要求：编制有关会计分录。

3. 甲公司2007年3月1日与客户签订了一项工期为1年期的劳务供应合同。合同总收入为100 000元，预计合同总成本为80 000元。至2007年12月31日，实际发生成本64 000元（均以银行存款支付），一次性收到客户支付的劳务款75 000元。甲公司按实际发生的成本占预计总成本的百分比确定劳务完成程度。

要求：

第一，计算2007年12月31日的劳务完成程度。

第二，计算2007年年度应确认的劳务收入。

第三，分别编制发生劳务成本、收到客户支付的劳务款、确认2007年年度劳务收入和劳务费用的会计分录。

4. A企业为增值税一般纳税人企业，增值税税率为17%，有关资料如下：

（1）2008年11月30日该企业尚未抵扣的增值税进项税额为21 500元。

（2）该企业2008年12月发生以下经济业务：

①购进原材料一批，价款100 000元，增值税税率为17%，款项以银行存款支付，材料已验收入库。

②销售给B公司产品一批，增值税专用发票上的售价为300 000元，收到B公司交来面值为351 000元的银行汇票一张，销售成本为200 000元。

③报废旧设备一台，原值为65 000元，已提折旧为60 000元，发生清理费用1 000元，取得残值变价收入为2 000元，有关款项已通过银行结算。

④B公司提出本月购买的产品中，有100 000元的甲产品质量不完全合格，要求在价格上给予40 000元的折让，经查明，符合原合同约定，同意B公司的要求，并办理退款手续和开具红字发票。

⑤于2008年8月1日为客户研制一项产品，工期为6个月，合同收入为330 000元，到2008年12月31日已发生成本220 000元，已预收账款200 000元。预计开发完成此项产品总成本为250 000元。年末经专业测量师测量，产品的开发程度为85%。

⑥用银行存款支付本月管理费用18 430元。

⑦分别按应交增值税的7%和3%计提本月应交城建税和教育费附加。

要求：

第一，编制有关会计分录。

第二，计算2008年12月本企业的利润中下列项目金额（列出计算过程）营业利润、利润总额、净利润。

5. 甲企业2008年利润总额为900万元，应纳税所得额为1 000万元。该企业适用的所得税税率为25%。甲企业递延所得税资产年初数为200万元，年末数为300万元；递延所得税负债年初数为100万元，年末数为300万元。

要求：

第一，计算甲企业2008年年度应交所得税税额。

第二，计算甲企业2008年年度递延所得税。

第三，计算甲企业2008年年度所得税费用。

第四，编制甲企业2008年年度所得税费用。

第五，计算甲企业2008年年度实现的净利润。

第六，编制甲企业年末结平“所得税费用”科目的会计分录。

第十三章 财务会计报告练习题

一、单项选择题

1. 按照（　　）的不同，财务报表可以分为个别报表和合并报表。

A. 反映的经济内容　　B. 资金运动形态

C. 编报主体　　D. 编报时间

2. 满足（　　）对会计信息的需要是财务会计报告的首要出发点。

A. 投资者　　B. 债权人

C. 政府及其有关部门　　D. 社会公众

3. 年度财务会计报告应当于年度终了后（　　）内对外提供。

A. 1个月　　B. 2个月　　C. 3个月　　D. 4个月

4. 下列资产负债表项目，可直接根据有关总账余额填列的是（　　）。

A. 货币资金　　B. 实收资本

C. 未分配利润　　D. 应收账款

5. 下列资产负债表项目，应根据总账科目与其备抵科目抵消后的净额填列的是（　　）。

A. 交易性金融资产　　B. 存货

C. 盈余公积　　D. 资本公积

6. 下列各项，其资产负债表项目金额与总账科目余额可能不相等的有（　　）。

A. 应付票据　　B. 应收票据

C. 应付利息　　D. 应付职工薪酬

7. 资产负债表中货币资金项目包括的项目是（　　）。

A. 银行本票存款　　B. 银行承兑汇票

C. 商业承兑汇票　　D. 交易性金融资产

8. 在资产负债表中，资产按照其流动性排列时，下列排列方法正确的是（　　）。

A. 货币资金 交易性金融资产 存货 无形资产　　B. 交易性金融资产 存货 无形资产 货币资金

C. 无形资产 货币资金 交易性金融资产 存货　　D. 存货 无形资产 货币资金 交易性金融资产

9. 下列各项，属于资产负债表流动负债的是（　　）。

A. 长期借款　　B. 应付债券　　C. 应付股利　　D. 长期应付款

10. 某企业年末“应收账款”科目的借方余额为500万元，其中，“应收账款”明细账的借方余额为600万元，贷方余额为100万元，“预收账款”科目的贷方余额为100万元，其中，“预收账款”明细账的借方余额为20万元，贷方余额为120万元，年末“坏账准备”科目中有关应收账款计提的坏账准备贷方余额为15万元。该企业年末资产负债表中“应收账款”项目的金额为（　　）万元。

A. 585　　B. 620　　C. 605　　D. 485

11. 下列各项，应在资产负债表“预付款项”项目中反映的是（　　）。

A. “应付账款”明细科目的借方余额　　B. “应付账款”明细科目的贷方余额

C. “应收账款”明细科目的借方余额　　D. “预付账款”明细科目的贷方余额

12. 某企业期末“工程物资”科目的余额为100万元，“发出商品”科目的余额为50万元，“原材料”科目的余额为60万元，“材料成本差异”科目的贷方余额为5万元。假定不考虑其他因素，该企业资产负债表中“存货”项目的金额为（　　）万元。

A. 105　　B. 115　　C. 205　　D. 215

13. 某企业资产负债表中部分总账科目余额是：“无形资产”科目借方余额为78万元，“研发支出（资本化支出）”借方余额15万元，“累计摊销”科目贷方余额21万元，“无形资产减值准备”科目贷方余额7万元，则该资产负债表“无形资产”项目应填列（　　）万元。

A. 65　　B. 50　　C. 78　　D. 57

14. 在已计提固定资产减值准备的情况下，资产负债表“固定资产”项目应根据（　　）填列。

A. “固定资产”科目期末余额

B. “固定资产”科目期末余额减去“固定资产减值准备”科目期末余额后的净额

C. “固定资产”科目期末余额减去“累计折旧”、“固定资产减值准备”科目期末余额后的净额

D. “固定资产”科目期末余额减去“累计折旧”、“固定资产减值准备”科目期末余额，再加或减“固定资产清理”科目后的净额

15. 资产负债表中的“应付账款”项目，应（　　）。

A. 直接根据“应付账款”科目的期末贷方余额填列

B. 根据“应付账款”科目的期末贷方余额和“应收账款”科目的期末借方余额计算填列

C. 根据“应付账款”科目的期末贷方余额和“预收账款”科目的期末借方余额计算填列

D. 根据“应付账款”科目和“预付账款”科目所属相关明细科目的期末贷方余额计算填列

16. 某企业2007年年末“短期借款”账户期末余额为10万元，“长期借款”期末余额账户为50万元（其中2008年4月到期的有30万元）；“应付债券”账户余额为100万元（其中2005年4月1日发行的有20万元，2006年7月1日发行的有80万元，均为三年到期、一次还本付息债券），2007年年报中“一年内到期的非流动负债”项目中应填列的金额为（　　）万元。

A. 10　　B. 60　　C. 40　　D. 50

17. 下列税费，不应在资产负债表“应交税费”项目中列示的有（　　）。

A. 增值税　　B. 印花税

C. 所得税　　D. 城市维护建设税

18. 编制月度资产负债表时，“未分配利润”项目应根据（　　）的余额计算填列。

A. “本年利润”科目和“利润分配”科目　　B. “本年利润”科目

C. 损益类科目　　D. “利润分配”科目

19. 某企业期末“本年利润”账户的借方余额是7万元，“利润分配”和“应付股利”账户贷方余额分别为18万元和12万元，当期资产负债表中未分配利润项目金额应为（　　）万元。

A. 30　　B. 23　　C. 18　　D. 11

20. 下列各项，不应作为资产负债表中资产列报的是（　　）。

A. 委托加工物资　　B. 受托代销商品

C. 融资租入固定资产　　D. 经营租入固定资产

21. 企业用盈余公积分配股利后，法定盈余公积不得低于注册资本的（　　）。

A. 10%　　B. 20%　　C. 25%　　D. 50%

22. 下列利润表项目，主要根据科目的贷方发生额分析填列的是（　　）。

A. 营业收入　　B. 营业税金及附加
C. 销售费用　　D. 管理费用

23. 编制多步式利润表的第一步应（　　）。

A. 以营业收入为基础，计算营业利润　　B. 以营业收入为基础，计算利润总额
C. 以营业利润为基础，计算利润总额　　D. 以利润总额为基础，计算净利润

24. 企业当期应交的增值税为54 000元，当期交纳的消费税、营业税、资源税、城建税和教育费附加分别为5 000元、600元、8 500元、6 800元，则反映在利润表上的营业税金及附加项目的数额应为（　　）元。

A. 74 900　　B. 20 900　　C. 14 000　　D. 54 000

25. 某企业2007年2月主营业务收入为100万元，主营业务成本为80万元，管理费用为5万元，资产减值损失为2万元，投资收益为10万元。假定不考虑其他因素，该企业当月的营业利润为（　　）万元。

A. 13　　B. 15　　C. 18　　D. 23

26. 某企业本期营业收入为600万元，营业成本为320万元，营业税金及附加为65万元，管理费用为15万元，投资收益为30万元，营业外支出为5万元，所得税费用为30万元。假定不考虑其他因素，该企业本期利润总额为（　　）万元。

A. 230　　B. 225　　C. 200　　D. 195

27. 某企业2007年年初未分配利润的贷方余额为150万元，本年度实现的净利润为200万元，分别按10%和5%提取法定盈余公积和法定公益金。假定不考虑其他因素，该企业2007年年末未分配利润的贷方余额应为（　　）万元。

A. 350　　B. 320　　C. 297.5　　D. 200

28. 某企业2008年年度营业利润480万元，投资损失为50万元，营业外收入为30万元，营业外支出为10万元，所得税税率为25%。假定不考虑其他因素，该企业净利润应为（　　）万元。

A. 375　　B. 337.5　　C. 322.5　　D. 360

29. 下列项目，符合现金流量表中现金概念的是（　　）。

A. 企业存在银行一年的定期存款　　B. 企业销售商品收到的为期一个月的商业汇票
C. 不能随时用于支付的存款　　D. 从购入日起开始计算三个月内到期的国债

30. 引起现金流量净额变动的项目是（　　）。

A. 将现金存入银行　　B. 用银行存款购买1个月到期的债券
C. 用固定资产抵偿债务　　D. 用银行存款清偿20万元的债务

31. 下列业务不影响现金流量的是（　　）。

A. 无形资产摊销　　B. 商业汇票贴现
C. 收回以前年度核销的坏账　　D. 收到银行存款利息

32. 下列各项，不应在“销售商品、提供劳务收到的现金”项目中反映的是（　　）。

A. 应收账款的收回　　B. 本期的购货退回
C. 预收销货款　　D. 向购买方收取的增值税销项税额

33. 下列各项，属于企业经营活动中产生的现金流量是（　　）。

A. 收到的税费返还款　　B. 取得借款收到的现金
C. 分配股利支付的现金　　D. 取得投资收益收到的现金

34. 下列各项，不应在“购买商品、提供劳务支付的现金”项目中反映的是（　　）。

A. 支付的增值税进项税额　　B. 本期发生的购货退回收到的现金
C. 本期支付的预付款项　　D. 购买工程物资支付的现金

35. 下列各项，不应当在现金流量表中“支付的各项税费”项目反映的是（　　）。

A. 土地增值税　　B. 耕地占用税

C. 教育费附加　　D. 矿产资源补偿费

36. 下列各项，属于企业投资活动产生的现金流量的是（　　）。

A. 向银行借款收到的现金　　B. 以现金支付的债券利息
C. 发行公司债券收到的现金　　D. 处置固定资产支付的现金

37. 在企业处于高速成长阶段，投资活动现金流量往往是（　　）。

A. 流入量大于流出量　　B. 流出量大于流入量
C. 流入量等于流出量　　D. 不一定

38. 支付的在建工程人员的薪酬属于（　　）活动产生的现金流量。

A. 筹资活动　　B. 经营活动
C. 汇率变动　　D. 投资活动

39. 采用间接法编制现金流量表，起算点为（　　）。

A. 营业收入　　B. 净利润
C. 营业利润　　D. 利润总额

40. 企业采用间接法确定经营活动现金流量时，应该在净利润的基础上（　　）。

A. 加上投资收益　　B. 加上投资损失
C. 减去资产减值准备　　D. 减去固定资产折旧

41. 下列各项，不属于筹资活动产生的现金流量的是（　　）。

A. 收回债权性投资所收到的现金　　B. 吸收权益性投资所收到的现金
C. 发行债券所收到的现金　　D. 借入资金所收到的现金

二、多项选择题

1. 资产负债表中的“应付账款”项目应根据（　　）填列。

A. 应付账款所属明细账贷方余额合计　　B. 预付账款所属明细账贷方余额合计
C. 应付账款总账余额　　D. 应付账款所属明细账借方余额合计
E. 应收账款所属明细账贷方余额

2. 按照现行会计制度的规定，在资产负债表中应作为“存货”项目列示的是（　　）。

A. 生产成本　　B. 在途物资　　C. 工程物资
D. 受托代销商品　　E. 分期收款发出商品

3. 资产负债表的数据来源，可以通过以下几种方式获得（　　）。

A. 直接从总账科目的余额获得　　B. 根据明细科目的余额分析获得
C. 根据几个总账科目的余额合计获得　　D. 根据有关科目的余额分析获得
E. 根据有关科目本期发生额确定

4. 资产负债表中的“应收账款”项目应根据（　　）填列。

A. 应收账款所属明细账借方余额合计　　B. 预收账款所属明细账借方余额合计
C. 按应收账款余额百分比法计提的坏账准备科目的贷方余额
D. 应收账款总账科目借方余额　　E. 应收账款所属明细账贷方余额合计

5. 资产负债表中的“存货”项目包括（　　）。

A. 存货跌价准备　　B. 委托代销商品　　C. 受托代销商品
D. 代销商品款　　E. 发出商品

6. 下列资产减值准备相关科目余额，（　　）不在资产负债表上单独列示。

A. 短期投资跌价准备　　B. 无形资产减值准备
C. 存货跌价准备　　D. 固定资产减值准备
E. 长期投资减值准备

7. 下列资产负债表项目，根据总账余额直接填列的是（　　）。

A. 短期借款　　B. 实收资本　　C. 短期投资
D. 应收账款　　E. 资本公积

8. 下列资产负债表项目，根据总账余额计算填列的有（　　）。

A. 存货　　B. 货币资金　　C. 无形资产
D. 应付账款　　E. 应付票据

9. 下列资产负债表项目，根据明细科目余额计算填列的是（　　）。

A. 预收账款　　B. 预付账款　　C. 短期借款
D. 资本公积　　E. 盈余公积

10. 下列资产负债表项目，根据总账科目和明细科目余额分析计算填列的是(　　)。

A. 长期借款　　B. 预收账款　　C. 应收账款
D. 应付账款　　E. 货币资金

三、计算会计分录题

1. 某企业为增值税一般纳税人。本期主营业务收入为1 000万元，增值税销项税额为170万元；应收账款期初余额为120万元，期末余额为180万元；预收账款期初余额为50万元，期末余额为15万元，假定不考虑其他因素。

要求：计算该企业本期现金流量表中“销售商品、提供劳务收到的现金”项目的金额。

2. 某企业本期发生下列经济业务：

（1）以银行存款支付购入原材料价款50万元，增值税8.5万元。

（2）购入原材料价款30万元，增值税5.1万元，货款与增值税尚未支付。

（3）收到前期发生的购货退回货款2.5万元，已存入银行。

（4）以银行存款预付购买材料货款10万元。

（5）购买工程用物资20万元，增值税3.4万元，款项已用银行存款支付。

（6）以银行存款支付到期的应付票据8万元。

要求：计算该企业本期现金流量表中“购买商品、接受劳务支付的现金”项目金额。

3. 某企业2007年12月31日的有关资料如下：

（1）科目余额表（单位：元）。

科目名称	借方余额	贷方余额
现金	10 000	
银行存款	59 000	
应收票据	60 000	
应收账款	80 000	
预付账款		30 000
坏账准备		5 000
原材料	70 000	
低值易耗品	10 000	
分期收款发出商品	90 000	
材料成本差异		55 000

（续上表）

科目名称	借方余额	贷方余额
库存商品	100 000	
固定资产	800 000	
累计折旧		300 000
在建工程	40 000	
无形资产	170 000	
累计摊销		20 000
短期借款		10 000
应付账款		70 000
预收账款		10 000
应付职工薪酬	4 000	
应交税费		13 000
长期借款		80 000
实收资本		500 000
盈余公积		200 000
未分配利润		200 000

注：假定只对应收账款计提坏账准备。

（2）债权债务明细科目余额：

①应收账款明细资料如下：

应收账款——A 公司 借方余额 100 000 元

应收账款——B 公司 贷方余额 20 000 元

②预付账款明细资料如下：

预付账款——C 公司 借方余额 20 000 元

预付账款——D 公司 贷方余额 50 000 元

③应付账款明细资料如下：

应付账款——E 公司 贷方余额 100 000 元

应付账款——F 公司 借方余额 30 000 元

④预收账款明细资料如下：

预收账款——G 公司 贷方余额 40 000 元

预收账款——H 公司 借方余额 30 000 元

（3）长期借款共 2 笔，均为到期一次性还本付息。金额及期限如下：

①从工商银行借入 30 000 元（本利和），期限从 2006 年 6 月 1 日至 2008 年 6 月 1 日。

②从建设银行借入 50 000 元（本利和），期限从 2007 年 8 月 1 日至 2009 年 8 月 1 日。

要求：编制该企业 2007 年 12 月 31 日的资产负债表。（表格如下，要求列出需要进行计算的项目的计算过程）

资产负债表

编制单位：某企业　　　　　　2007 年 12 月 31 日　　　　　　单位：元

资　　产	年末余额	负债和所有者权益	年末余额
流动资产：		流动负债：	
货币资金		短期借款	
应收票据		应付账款	
应收账款		预收款项	
预付款项		应付职工薪酬	
存货		应交税费	
流动资产合计		一年内到期的非流动负债	
非流动资产：		流动负债合计	
固定资产		非流动负债：	
在建工程		长期借款	
无形资产		非流动负债合计	
非流动资产合计		负债合计	
		所有者权益：	
		实收资本	
		盈余公积	
		未分配利润	
		所有者权益合计	
资产总计		负债及所有者权益总计	

4. 某企业属于工业企业，为增值税一般纳税人，适用 17% 的增值税税率，售价中不含增值税。商品销售时，同时结转成本。本年利润采用表结法结转。2007 年 11 月 30 日损益类有关科目的余额如下：

单位：万元

科目名称	借方余额	科目名称	贷方余额
主营业务成本	1 085	主营业务收入	1 550
营业税金及附加	15	其他业务收入	16

（续上表）

科目名称	借方余额	科目名称	贷方余额
其他业务支出	10	投资收益	21
销售费用	34	营业外收入	50
管理费用	19		
财务费用	52		
资产减值损失	2		
营业外支出	20		

2007 年 12 月份发生经济业务如下：

（1）销售商品一批，增值税专用发票上注明的售价为 50 万元，增值税为 8.5 万元，款项已收到并存入银行。该批商品的实际成本为 37.5 万元。

（2）本月发生应付工资 176 万元，其中生产工人工资 120 万元，车间管理人员工资 10 万元，厂部管理人员工资 16 万元，销售人员工资 30 万元。假定不考虑当月计提职工福利费。

（3）本月计提存货跌价准备 1 万元。

（4）本月摊销自用无形资产成本 64 万元。

（5）本月应交城市维护建设税 5 万元、教育费附加 0.5 万元。

（6）适用所得税税率为 33%。假定该企业本年无纳税调整事项。

要求：

第一，编制该企业 2007 年 12 月份业务（1）至业务（5）相关的会计分录。

第二，编制该企业 2007 年年度利润表。（表格如下）

利润表（简表）

编制单位：某企业　　　　2007 年度　　　　单位：万元

项　　目	本期金额	上期金额（略）
一、营业收入		
减：营业成本		
营业税金及附加		
销售费用		
管理费用		
财务费用		
资产减值损失		

（续上表）

项　　目	本期金额	上期金额（略）
加：投资收益（损失以“－”号填列）		
二、营业利润（亏损以“－”号填列）		
加：营业外收入		
减：营业外支出		
三、利润总额（亏损总额以“－”号填列）		
减：所得税费用		
四、净利润（净亏损以“－”号填列）		

参考文献

1. 于长春．新旧会计准则差异实务导读．北京：中国财政经济出版社，2007
2. 葛家澍，杜兴强．中级财务会计学．北京：中国人民大学出版社，2007
3. 张志凤．初级会计实务．北京：北京大学出版社，2007
4. 张一贞．财务会计．北京：中国人民大学出版社，2007
5. 黄晓榕．财务会计．北京：高等教育出版社，2007

备注：

本书的电子课件及课后练习题答案可通过邮箱 jingyi. lv@163. com 索取。